絕對無詮釋學：
京都學派的批判性研究

吳汝鈞 著

臺灣 學生書局 印行

自 序

　　我自一九七四年春季拿日本文部省（教育部）的獎學金到日本留學以來，即接觸京都學派的哲學，打後迄今有三十七年，都持續地看他們的著作，覺得其中一直有一種魅力牽引著自己的思考，也寫過不少有關這方面的文字，結集而成以下三本拙作：

《京都學派哲學：久松真一》，臺北：文津出版社，1995。

《絕對無的哲學：京都學派哲學導論》，臺北：臺灣商務印書館，1998。

《京都學派哲學七講》，臺北：文津出版社，1998。

這三本書都是概論性、定位性的著作，在當時看好像不錯，後來便覺得內容過於清淺，不夠深入。在這三本書之後，我又陸續寫了多篇較深入和周延的有關京都哲學的論文，收錄於以下拙作中：

〈無相立體〉（又名〈京都學派久松真一的禪觀：理解與評論〉），吳汝鈞著《佛教的當代判釋》，臺北：國立編譯館、臺灣學生書局，2011，頁 607-677。

〈信仰與理性〉，吳汝鈞著《純粹力動現象學》，臺北：臺灣商務印書館，2005，頁 268-301。

〈與京都哲學對話：西谷論宗教、道德問題與我的回應〉，《純粹力動現象學》，頁 302-384。

〈純粹力動與絕對無：我與京都哲學的分途〉，吳汝鈞著《純粹力動現象學續篇》，臺北：臺灣商務印書館，2008，頁 167-237。

〈京都學派懺悔道哲學的力動轉向〉，《純粹力動現象學續篇》，頁 239-281。

〈三木清的構想力的邏輯〉，《純粹力動現象學續篇》，頁 497-513。

〈宗教哲學與宗教對話：悼念阿部正雄先生〉，《純粹力動現象學續篇》，頁 515-544。

〈委身他力〉，《佛教的當代判釋》，頁 539-605。

〈當代新儒家與京都學派：牟宗三與久松真一論覺悟〉，吳汝鈞著《儒家哲學》，臺北：臺灣商務印書館，1995，頁 273-297。

（按此文雖刊出得早，但仍可視為此階段之作）

另外，我在三十出頭期間，從日本與德國留學回來，寫了一部《佛學研究方法論》（臺北：臺灣學生書局，1983 年初版，1989 年再版，1996 年第一次增訂版，2006 年第二次增訂版），其中收入了兩篇自己翻譯阿部正雄的文字：〈從「有」「無」問題看東西哲學的異向〉（頁 441-456）、〈禪與西方思想〉（頁 457-492），又在其中的〈佛學研究與方法論：對現代佛學研究之省察〉一長文中論到京都學派的佛學研究法（頁 141-153）。

　　以上所列，是我在寫這本拙著之前對京都學派哲學的研究的成果。這可以分為兩個階段：頭三本拙著是第一階段，寫〈無相立體〉以下是第二階段。第一階段是對京都學派的理解與吸收，第二階段是帶有批判成分的反思。現在出版的這部《絕對無詮釋學：京

都學派哲學的批判性研究》，展示我自己在這方面的第三階段的研究，其中包含有理解與反思，但也有相當濃厚的批判性。我個人在思想上雖然受到京都學派一定的影響，但無法接受它的絕對無的哲學立場。這絕對無作為終極原理、真理，動感始終有限，不能夠充裕地作出多元的文化開拓：知識、道德、宗教、藝術等領域，也不能周延地、深入地交代宇宙萬物的存有論的生起的問題。即便是如此，京都學派的絕對無的哲學作為當代東亞以至國際上的重要的、富有原創性的哲學學派，是毋庸置疑的。它在很多方面與當代的思潮有寬廣的對話空間。

　　下面要說明一下拙著的名稱問題和內容。如同我在寫《絕對無的哲學：京都學派哲學導論》那樣，我仍以「絕對無」一觀念為京都哲學定位。即是，京都哲學的核心觀念是絕對無，一切哲學上的問題，不管是宗教的、道德的、存有論的，以至認知的，都由絕對無一根本觀念開拓出來。京都哲學的主要問題的詮釋，都以絕對無一觀念為主脈。因此，我把拙書命名為「絕對無詮釋學」。我的研究，是有批判性的。這與花岡永子、小坂國繼、藤田正勝等京都學派第四代人物論西田幾多郎、田邊元、西谷啟治的哲學主要是照著說不同。他們要守家法，我則沒有這種約束，因而有較大的闡論自由。絕對無是一個非實體主義（non-substantialism）的哲學觀念，特別是形而上學的觀念。我在這裏說的「形而上學」，採寬鬆角度，不必限於只是具有實體性的質體，如柏拉圖的理型和亞里斯多德的基底，而是泛指存有論義的終極原理、真理。京都學派哲學的主脈，特別是國際認可的主脈，正是絕對無（absolutes Nichts）。我因此認為，以絕對無來理解、詮釋京都學派哲學，是正確的、必

要的。

以下要交代一下拙著的各篇文字。這些文字有些曾在一些刊物中發表過，也有在國際的研討會中宣讀過，也有是新近寫成的，未有發表過，我在這裏把它們集合起來印行出版，定書名為《絕對無詮釋學：京都學派的批判性研究》。其中有些文字，需要特別交代的。第一章〈西田哲學的絕對無與絕對矛盾的自我同一〉是全書最重要的文字，篇幅也最多。「絕對矛盾的自我同一」是一工夫論的語詞，透過它，可以確切而深入地理解西田的絕對無哲學。第四章〈久松真一對禪的解讀與開拓〉是從上面提到的〈無相立體〉一長文擇要抽出來的文字，從中我們可以看到京都哲學如何以禪的思想與實踐為依據發展、開拓出他們自家的哲學。另外有幾篇文字是就京都學派第四代（寬鬆義）如何解讀他們的前輩的哲學。第十一章〈京都學派哲學之批判〉是書中各篇文字中最具批判性的。附錄（Appendix）的英文稿則是這篇批判文字的縮影本，批評京都哲學家並不很懂中國哲學與中國佛學，而且有嚴重的誤解。這篇文字曾在二○○八年六月在中研院文哲所所主辦的當代新儒學與京都學派哲學的比較的國際研討會中發表過。當時有參予我自己主持的一場當代新儒學與京都學派的對話的日本京都學派學者松丸壽雄（他是上田閑照的高足）告訴我，他看過我的那篇文字，覺得並沒有說錯，京都學派的人正是如此的，他們並不關心和認真理解中國哲學與佛學，只是多注意禪方面而已，云云。這便讓我想到，京都學派常以他們所開拓出來的絕對無作為東方文化的精神性（Eastern Spirituality）。實話實說，東方文化的精神性是多元的，除了非實體主義的絕對無外，還有實體主義的印度的婆羅門教的大梵

（Brahman）觀念、中國儒家的天命、天道、天理、良知等觀念，它們的影響也很深遠，也有其理論效力。當然，佛教特別是般若學和中觀學的空、中道，和禪宗的無，都可以概括於絕對無一觀念之內。無論如何，京都學派以絕對無來說東方的精神性，並不正確，有以偏蓋全的流弊。

　　最後，我要對拙著中第九章〈關於京都學派哲學的概括性論述的重要著書〉和第十章〈包含京都學派成員在內及述論其思想的著書〉這兩章的內容作些說明。在我大量閱讀京都學派的著作中，發現其中有關京都學派哲學的概括性論述和包含京都學派成員在內及述論其思想的著書中，特別是後者，含有很多對於京都學派人物的哲學的述論，很有價值，很可供讀者參考，於是隨手把這些富有價值的精采說法錄下，再加以整理，便成為這第九章與第十章了。當然在研究其他對京都學派人物的哲學的專書中，有很多具有卓見的說法，特別是西田和田邊的，但由於資料太豐厚，不能具載於拙著之中，因此只能放棄了。在上述的兩章中，可以看到某些作者對京都哲學的一些重要概念或觀點，有很詳盡的闡論，像一篇論文那樣。對於這點，希望讀者垂注。又此書蒙陳森田先生為作索引，謹致謝衷。

　　是為序。

二○一一年五月
於南港中央研究院

絕對無詮釋學：
京都學派的批判性研究

目　次

第一章　西田哲學的
絕對無與絕對矛盾的自我同一

　　相應於當代新儒學的實體主義思想與絕對有觀念，在京都哲學來說，則是非實體主義思想與絕對無觀念。對於京都哲學的非實體主義思想來說，絕對無是最關鍵性的、最重要的觀念，因此我們在這裏基本上探討絕對無觀念。這個觀念清楚了，京都哲學的非實體主義思想的性格也便瞭然了。如我在很多自己的拙作中所表示，我是以絕對無來鎖定京都哲學的，他們各自有對於這個觀念的理解，由於篇幅所限，我在這裏聚焦於這套哲學的諦造者西田幾多郎上，他的絕對無觀具有代表性。而要講西田的絕對無，則不能不涉及與這個觀念有密切關連的絕對矛盾的自我同一問題。因此，在這篇文字中，我把西田的絕對無與他的絕對矛盾的自我同一合起來探討。另外，西田的著作艱深難讀，而且篇幅龐大，以我目前的條件，只能擇其中最重要（對於理解絕對無與絕對矛盾的自我同一為最重要）的著作為依據來看他的有關說法，這即是《哲學の根本問題：行為の世界》、《哲學の根本問題續編：辯證法的世界》、《無の自覺的限定》（特別是其中的〈私と汝〉）、《哲學論文集第七》（特別是其中的〈場所的論理と宗教的世界觀〉）。這都是西田的

晚年的著作，代表他在有關問題上的成熟思想。當然，我們不會忽略他的成名作《善の研究》，他的很多重要的觀點，已可見於這部著作中了。❶

　　有一點要指出的是，西田哲學的最重要的課題，是對於所謂終極實在（ultimate reality）的探索與體證。對於終極實在，他在不同階段以不同觀念來解讀，這包括純粹經驗、場所、形而上的綜合力量和上帝；絕對無更不用說了。由於這幾個觀念有同一的內涵，故在本文中，我把這幾個觀念交替地使用。不管如何，理解絕對無，除了透過純粹經驗這些觀念外，不能忽略絕對矛盾的自我同一。後者的意味更為具體，同時也最為弔詭；也由於後者問題的複

---

❶　西田幾多郎著《哲學の根本問題：行為の世界》，與《哲學の根本問題續編：辯證法的世界》，載於《西田幾多郎全集》，第七卷，東京：岩波書店，1979。此二書以下簡作《哲學の根本問題》。又，此二書有英譯：David A. Dilworth, tr., *Nishida Kitaro's Fundamental Problems of Philosophy*. Tokyo: Sophia University, 1970。《無の自覺的限定》，載於《西田幾多郎全集》，第六卷，東京：岩波書店，1979；〈私と汝〉，頁 341-451。《哲學論文集第七》，載於《西田幾多郎全集》，第十一卷，東京：岩波書店，1979，頁 289-464；〈場所的論理と宗教的世界觀〉，頁 371-464。此書有英譯：Nishida Kitaro, *Last Writings: Nothingness and the Religious Worldview*. David A. Dilworth, tr., Honolulu: University of Hawaii Press, 1987. 他的開山之作，如正文所示：《善の研究》，載於《西田幾多郎全集》，第一卷，東京：岩波書店，頁 1-200。此書有數種英譯，以下面者為最佳：Kitaro Nishida, *An Inquiry into the Good*. Masao Abe and Christopher Ives, tr., New Haven and London: Yale University Press, 1990.

雜性，故在此分幾小節來解說。

一、絕對矛盾的自我同一

首先看「絕對矛盾的自我同一」這一觀念的意義。❷先從所謂自我同一說起。西田表示，兩個極端物可構成一個整體，這是自我同一。但這極端物不是物件，而是相對反的性質或作用。❸這相對反的性質或作用構成一個背反，特別是具有辯證義的背反（Antinomie）。說到辯證（Dialektik），便不能不涉及變與不變這兩個範疇。西田便表示，真正的自我同一必須是變中有不變，多中有一的情況。❹這讓人想到《老子》書中的「反者道之動」的名句。「反」與「動」都含有變的意味、變的質素，但都不離道，這道便可說一不變的原理，特別是終極原理。

再來是絕對矛盾，這需要配合著絕對矛盾的自我同一來說。「絕對矛盾」中的「絕對」，並不表示一種機械式的、一成不變的

---

❷　在京都學派特別是西田幾多郎的哲學中，有很多名相或表述式，在字眼上常有些曲折，不易索解，例如絕對矛盾的自我同一，絕對的否定即肯定，逆對應，之類。此中一個理由是，這些哲學家吸收了不少西方哲學的東西，但又要用東方哲學的字眼、字彙來表達，不免吃力不討好，甚至尷尬，讓人感到困惑。但如哲學根柢好，便能克服。另外，對應於「絕對矛盾的自我同一」這一表述式，西田的原文往往作「絕對に相反するものの自己同一」。這兩者的意思完全一樣，我只是為直截了當計才用「絕對矛盾的自我同一」這種說法。

❸　《哲學の根本問題》，頁45。

❹　同前書，頁34。

那種與「相對」相對反的絕對性格。毋寧是，它指向一種終極義，
這終極義存在於在哲學上所謂絕對有（absolutes Sein）或絕對無
（absolutes Nichts）這樣的終極原理之中。這兩種原理倘若孤懸於
超離的（transzendent）境界中，與具體的、真實的存在世界沒有
關連，則它們可藉著自身各自連繫的有、無（相對的有無）而合成
兼有正、負面的存在的整體，依具有相對性的有、無而上提為具有
絕對性的絕對有與絕對無的矛盾，而成所謂「絕對矛盾」。❺按西

---

❺ 從表面看，「絕對矛盾」這種提法是有問題的，起碼在邏輯上不能這
樣說。我們通常說矛盾，是就現象的、經驗的層面說，這是相對性格
的。即是，相對性格的東西才可說矛盾，絕對的東西，既是「絕
對」，便不能是相對義的、現象義的和經驗義的，因而無矛盾可言。
故「絕對矛盾」是不通的。我的理解是，從邏輯的角度看固是如此，
但就辯證法而言，便不是這樣。這個意思比較複雜，我在下面會再有
涉及。在這裏，我只想指出絕對矛盾的辯證性格。

又，有關絕對矛盾的問題，留意的人不多，主要還是那些京都哲學家
提出和發揮的。不過，我國的唐君毅先生在他的《中國哲學原論原道
篇》第三冊中，說及絕對矛盾的問題。他讚揚華嚴宗法藏在其義理上
有一特式，這表現於他一方面說緣起幻有的俗諦，也說性空的真諦。
這兩諦不單具有一般的不二而相即的相順意味，同時容許它們的相奪
關係，以成就它們之間的相違（不協調）關係。這兩種不同的關係可
以被會通而成一圓融的理境。唐先生認為這種圓融會通的境界，可稱
為「依絕對矛盾而形成的絕對一致性」。這絕對矛盾之所以能形成絕
對一致的關係，在於在這種絕對矛盾中，矛盾的兩端可以互相破斥，
又能互相徹入。在其中，此端可將彼端的所有奪盡，以成為此端；彼
端亦將此端的所有奪盡，以成為彼端。這無異地是彼此易位，而更無
所奪，最後成就了相與相順的圓融境界。唐先生認為，法藏由這種思
維方式所展示的中道，不同於吉藏與智顗所說的中道。他們只能即就

兩端的偏以成就不二中道。法藏則能就此中兩端的偏，容許絕對矛盾的觀點，讓雙方能相互破斥，而相互徹入，以成就不二中道。唐先生又就這樣成就的不二中道來說緣起。他指出，在緣起的事物中，凡有諸緣和合以生一法的地方，亦不能只就諸緣的和合，而相即相順之處，以見出它們有能生起這一法之用。我們應就這諸緣的相對性格，更見到它們有相互破斥、相互蕩奪，而相互徹入，以交代它們有生起一法之用。具體言之，凡依眾緣生之法，若這眾緣不相互蕩奪，則不能成就眾緣的空性。若眾緣不是空，便不能有生起以成就緣起事。另方面，倘若眾緣不相入，則眾緣亦只是眾緣，這樣，便不能生起法之一。最後，唐先生總結謂，眾多緣相入，則眾多緣中的每一緣，都能攝取一一緣所成的多。每一緣都攝多緣，多緣都入於每一緣。這樣，便可說圓融無礙的義理，展示眾多緣的無自性的狀態，而生起一緣。（唐君毅著《中國哲學原論原道篇》第三冊，香港：新亞研究所，1974，頁 1263-1264。）唐先生的這種說法，展示一種形而上的特別是現象學意義的洞見（phänomenologische Einsicht）。各種事物或諸法之間，有一種相互拒斥同時又相互蕩奪的關係。這種關係不是物理性格的，而是精神上的，心靈上的性格，是在修證的脈絡下展現的，因而是現象學意義的關係。眾緣唯有相互拒斥而又相互蕩奪，才能獲致一種空的狀態、無自性（svabhāva-śūnyatā）的狀態，而得以相互攝入而互動，最後獲致以諸緣的相即相入的互動為基礎的無礙自在（事理無礙、事事無礙）的法界的境界。以胡塞爾（E. Husserl）的現象學的詞彙來說，這種境界正是生活世界（Lebenswelt）。而唐先生所謂的「絕對矛盾」，正是指涉事物之間的那種既是相互拒斥同時又是相互蕩奪的辯證的關係。依於這種辯證性格的關係，才能突破事物之間的相互分離的關係，以相互蕩奪的互動作用把事物連結起來，以成就一個具有終極真理義的華藏法界或世界海。所謂「絕對矛盾」中的「矛盾」，是就事物的相互孤立、相互拒斥的關係說，而「絕對」則指事物通過相互蕩奪、最後相互融合的作用而達致的圓融無礙的絕對的法界。在我看來，這種圓礙無礙的關係亦可有西田幾多郎的

田在這裏的說法，有些難解。所謂「絕對矛盾」指絕對有與絕對無的矛盾。但如他所說，絕對有與絕對無在孤懸狀態、超離狀態中，沒有經驗方面的關連，則有、無便無現實的指向，而成空的概念、沒有現實的指涉的概念，如何能與相對的有、無、現實的有、無相連繫呢？倘若沒有這種連繫，則所謂「存在的整體」便不能說。因為說「存在」，便不能不涉現實世界、經驗世界。除非你所說的存在不從實物（entity）說，而是從超離義的觀念、概念說。再下來是，絕對有與絕對無既然是超離的、孤懸的性格，則與相對的有、無沒有交集，倘若是這樣，則絕對有與絕對無作為具有絕對性的絕對有、絕對無便成重複敘述，沒有實質性的意義了。西田在有關問題上的思考，有些混亂。日本哲學界（也包含京都哲學家在內）對於西田哲學的解讀，幾乎全是首肯的語調，缺乏哲學探究所應有的批判性。在這一點上，只有少數的哲學家如田邊元是例外。

　　至於「絕對矛盾的自我同一」，西田的說法是：在絕對矛盾的根柢中有絕對同一，而且是自我同一。他並強調所謂自我同一，是指在變化活動中的不變者。❻這個意思，從表面來看，自我同一好像牽涉兩個層面的東西：變化活動和不變者。起碼從分解的角度看是如此。但西田不是指這個意思，他說：

　　　自我同一是絕對矛盾的自我同一。所謂絕對矛盾的自我同

　　絕對矛盾的「自我同一」的意趣。不過，這個問題有點複雜，不是在這裏可以處理的，我因此便在此擱下。

❻　《哲學の根本問題》，頁 25。

一，一方面有絕對的實體（substantia，筆者按：此是拉丁語）的限定，亦即是絕對無限的普遍者的自我限定。倘若從自覺來看這普遍者的自我限定，則在能意（noesis）的限定的根柢中有我與汝作為絕對矛盾而相互限定，則又一面我們勢必可由絕對無限的普遍者引出由絕對的實體（substantia）的限定。❼

西田這裏所說的普遍者，是無的普遍者。而無應是絕對無。西田的意思是，所謂同一（Identität），有限定的意味。這限定是分化的、具體化的作用，故是一存有論與宇宙論的作用。這與我所提的純粹力動（reine Vitalität）凝聚、下墮、分化而變現具體的、個別的、立體的事物一點，有相類似性（Homogenität）。不過，西田在這裏不說純粹力動的限定，而說絕對的實體的限定，或絕對無限的普遍者的限定。他便在這種脈絡下，說由絕對無限的普遍者引出由絕對的實體而來的限定。這並不表示絕對無限的普遍者在次元（dimension）上較絕對的實體更為根本，更為先在，卻是展示絕對無限的普遍者更具動感，亦即是絕對無更具動感。在這裏，我想加入兩點插曲。首先，西田用「限定」字眼，來說絕對無限的普遍者的限定，亦應是絕對無的限定。這限定如上面所說，有限制、分裂、分化的意義，就理想主義來說，有點負面的意味，Dilworth 譯為 determination，亦即決定，傾向於中性意味；我認為應譯為 limitation 亦即限制更為恰當。另外，西田提絕對無、純粹經驗、

❼　同前書，頁 50-51。

場所等以說終極實在，明顯地是非實體主義的立場，在這裏又提實體字眼，會讓人起混淆，並不明智。

又，說到動感（Dynamik），我們必須提一下。西田是非常重視動感的，雖然還未到田邊元的程度。他一方面以無盡的發展歷程來說自我，❽同時又強調矛盾的統一必須要在活動、作用中找。❾說到絕對矛盾的自我同一，他更強調這種同一的一個面相是一種無限的辯證的運動。❿便是在這種強調動感（西田用的字眼是「無限の過程」、「作用」、「無限なる辯證法的運動」）的脈絡下，西田說：

> 若單單以主客合一來思考創造作用，則由單純的主客合一，我們甚麼也得不到。倘若以辯證法的歷程來考量，則辯證法的歷程只能被視為絕對無的自我限定。⓫

在距離上面引述的文字不遠之處（頁 157），西田重複說相同的東西，並強調絕對無的自我限定，有場所的自我限定的意味。這樣，絕對無便與場所被拉在一起，作為一個形而上學特別是現象學的精神空間、意識空間來看。在西田看來，絕對無即是場所；限定是一

---

❽　同前書，頁 35。

❾　同前書，頁 47。對於動感，西田在很多自己的著作中，常以「行為」一語詞來表示。所謂「行為直觀」，是他的哲學體系中一個挺重要的觀念。

❿　同前註。

⓫　同前書，頁 155。

種活動，是存有論意義的活動，絕對無的自我限定正生於自我限定的場所。他在另一處說：

　　場所的限定，作為絕對矛盾的自我同一，有其無限的辯證法的歷程。⑫

這樣，絕對無即是場所，它透過辯證的活動而自我封限、限定，這辯證的活動有存有論義，雖然這義涵不是很強；絕對無的自我限定，可基於這種存有論義而開拓出種種存在，以至整個存在世界。這樣說，則絕對無完全不是虛無主義（Nihilismus），卻是具有積極的、正面的涵義，它是作為有的存在的根源。用西田和他的重要弟子西谷啟治的詞彙來說，即是「絕對的無即是有」。⑬在這種旨趣下，絕對無可以發展到絕對有方面去，兩者的不同，不是在存有論的層次的不同，因兩者都展示終極原理，只是絕對無是負面的展示方式，絕對有則是正面的展示方式。雙方都依辯證的歷程而自我限定、實在化，開拓出存在世界。

　　在這裏，我們可以對絕對矛盾的自我同一作一小結。如上面所說，西田以無盡的發展歷程來說自我，則自我是一種活動，而且是純粹的活動（reine Aktion, reine Aktivität）。同時，西田又說矛盾的統一或同一需在活動中找；即是說，矛盾的同一不是一種關係，而是一種活動。很自然地，矛盾的同一即是正、反的統一，而這統

---

⑫　同前書，頁 58。

⑬　同前書，頁 37。關於這種思維，我在下面會再有闡述與發揮。

一便是一種具有辯證性格的統一。西田便在這樣的義理脈絡下，提出絕對矛盾的自我同一是一種辯證的活動，而由於活動是純粹活動，則絕對矛盾的自我同一不涉經驗問題，即不是有限的，而是無限的。而這種無限的同一活動，不可能是一種經驗的活動，它必然是一超越的活動，它活動的空間、場地，不可能是物理的空間，而需是精神的、意識的空間，這便引出他的絕對無的理念·場所的理念。絕對無或場所（絕對無即是場所）是一種超越層次的精神活動，它具有主體性與客體性的兩個面相。主體性的面相是「我（I）與汝（Thou）或永恆上帝（Eternal God）」中的我，客體性的面相則是終極的真理、原理。

　　以上的所述，主要是方法論方面的涵義，辯證便是一種方法論的概念，但不止於此，它在存有論方面也有它的開拓作用，這開拓作用也讓西田的絕對矛盾的自我同一、絕對無的哲學具有一定程度的在存有論問題上的指涉。就義理一面言，絕對無、絕對矛盾的自我同一作為具有超越的、辯證的理念，便可以了，足夠了。但西田不是一個純理念形態的哲學家，他也關心存在世界，特別是後者的現象學的轉化，成為胡塞爾現象學意義的生活世界（Lebenswelt）。在這一點上，他提出限定問題、絕對無或場所的限定問題。這限定是一個存有論以至宇宙論意義的概念；西田不大著力於宇宙論的開拓與建構，但他仍有一定的存有論的意識，這展示於他所提的場所的限定中。場所或絕對無作為一有濃厚的客體義的終極原理，它的動感主要展現於限定活動中，其中重要的一項，是限定而自我分裂，向外敞開、拓展，分化成種種具體的質體（entity）。這與筆者在拙著《純粹力動現象學》（參看下面註

⓰）中所提的純粹力動作為一終極原理，會依凝聚、下墮而詐現為氣，氣再分化而詐現具體的、立體的現象物有相類似之處，不過，筆者說得較為詳細，西田則扼要說，不像筆者有較強的宇宙論意識。在後面我會再提西田的限定概念。

　　由絕對無或場所的限定，並不能馬上成就現象學義的生活世界，此中仍有一種在思維上的辯證的處理，這即是絕對的無即是有。這是西田和他的門徒如久松真一、西谷啟治、阿部正雄等人所念之繫之的。倘若從辯證法來說，絕對無不能是「絕對的」無，這樣的絕對的無發展到了極限，最後會變成真的一無所有，而淪於虛無主義。絕對的無在發展到作為極限的虛無主義之先，便得逆轉思維的矢向，把極限的虛無主義加以徹底的否定，這便有《老子》書中的反的意味。把虛無主義或虛無在認知上和存有論上加以逆轉，在工夫論上大死一番，徹底埋葬虛無主義或虛無，在這種活動中，我與汝的我或真正的主體性會即時活轉過來，而成為有，這是絕對的有，同時把絕對無或場所所作的限定作用而成立的現象物帶動起來，而成為有的、存在的世界。這便是絕對的無即是有。

二、限定問題：絕對無的限定

　　在這裏，我們乘著上面的所陳，順水推舟地對絕對無的限定作周延的探討。「限定」通常是在以下幾個脈絡下被提出來：事物的相互限定、絕對無或場所的限定，有時也說自我限定，這自我限定可以就事物言，也可以就絕對無或場所言。是甚麼意義的限定呢？基本上是就存有論意義來說限定，這即是絕對無或場所的限定。

我們先看絕對無或場所的限定。先從自覺的問題說起。西田對自覺的理解是：自我在自己中見到自己。❹這種說法並不清晰，也不具體，這主要是就自我言。自我可以是現象義的自我，也可以是物自身義的自我，也可以是純智思的、沒有直覺的自我。西田說自覺所指涉的自我，應是物自身義的自我。他強調，自覺是存在於場所對場所自身的限定中的。❺場所即是絕對無，是終極原理，是精神的、意識的空間，無形無相。它對自己限定，如上面所說，有一種要在具體化方面展示自己之意。即是，它把自身放在時間與空間之中，自己分化（differentiate），襲取形相，成為個別的，具體的事物。這種分化的作用是哪一種意義呢？西田未有明說，我的猜想是，分化有存有論甚至宇宙論的意味，牽涉絕對無或場所在分化中的詐現（pratibhāsa）作用。❻通過這種詐現作用，絕對無或場所便得以開拓出具體的事物，讓後者遊息於這場所亦即是絕對無的場域之中。要注意的是，絕對無或場所進行了自我限定，開拓出具體的事物，它自身仍是絕對無、場所，不會喪失原來的本性，因此所開拓出的事物仍能遊息於其中，沒有相互障礙的情況發生。另外一點是，說到絕對無或場所的限定，後者是一種活動，或作用，它要預認一個精神主體性和它所涵有的動感，因此，絕對無或場所不可能

---

❹ 同前書，頁 88。

❺ 同前註。

❻ 「詐現」（pratibhāsa）來自印度佛教的典籍，在拙著《純粹力動現象學》（*Phänomenologie der reinen Vitalität*，臺北：臺灣商務印書館，2005）中，它是終極的力動發展、開拓（不是創造）具體的世界事物的模式、途徑。

是一種客觀的物理場地，它必須是一具有主體性內容的精神或意識的空間，同時稟有強烈的動感。這點也回應了上面西田所提及的自覺存在於場所的自身限定一點。因為說自覺，總會密切地關連到主體性的問題，而場所的自身限定，亦應有自身從客體性轉成主體性的意味，即使這不是場所的自身限定的最重要的意涵。這點也與下面跟著要探討的問題有關。

　　場所或絕對無有提供精神或意識空間的作用，讓所關連的東西在其中活動。西田即表示，「我」通常被視為具有一個客觀的身體，自身則作為主觀的東西而存在。另外，「我」和事物是被視為通過身體的媒介而相互限定的，「我」和「汝」也是一樣，也是通過事物而相互限定。為了讓兩樁事物相互作用於對方，此中必須有一種第三者的關係，這便是場所或絕對無（的限定）。**⓱**即是，事物之間要有所接觸，發生某種關係，需要場所或絕對無作為媒介，才能成事。這便涉及事物的被發現、被注目的問題。西田認為，倘若世界被視為一絕對矛盾的自我同一，即是，被視為辯證的普遍者的自我限定，則這世界的一切事物可當作是透過表現來限定自己。**⓲**在這裏，我想作一些備註或說明。所謂「這世界的一切事物透過表現來限定自己」（すべて此世界に於てあるものは表現的に自己自身を限定する）這種表述若精確地就這個語句（sentence）或陳述（statement）來求索它的意義，這意義不是很通的。即是，世界的一切事物已經被成立，被置定了，如何又限定自己自身呢？西田

⓱　　《哲學の根本問題》，頁 113-114。
⓲　　同前書，頁 124。

的意思應該是，辯證的普遍者自己對自己作限定，宇宙論地分化而成種種事物，構成整個世界。「宇宙論」這個字眼可能不很恰當，西田哲學中的宇宙論思想是比較弱的。一言以蔽之，辯證的普遍者透過自我否定、自我限定，分化（differentiate）而成種種事物，或絕對無自我否定、限定，而成為整個世界。這種觀點若以筆者的純粹力動現象學來看，辯證的普遍者相當於純粹力動，它透過自我限定來吸納和消融絕對矛盾，把實體主義與非實體主義的對峙關係淡化下來，加以綜合和超越。這純粹力動即是絕對無，即是場所。

西田的這個意思，讓人想起海德格（M. Heidegger）的一句名言：存有透過顯露以成就自己的本質（Sein west als Erscheinen）。這句話意味深遠，我在拙著《純粹力動現象學》中時常引用。其意是，存有或實在（Sein）的本質（Wesen）需在顯現中成就；顯現（Erscheinen）是一種活動，是存在對我們開顯，向我們呈露。「實在的本質是甚麼」一問題不能單憑言說性格的定義來處理，實在需要在顯現活動中來成就它的本質。在這裏，本質（Wesen）作第三身單數的動詞（即 west）來說。

最後，西田提出一個很具啟發性的觀點。他強調自己所說的「無的限定」，是指沒有一個「活動的主體」的活動。❶這讓人聯想到他早期提出的一個極其重要的觀念：純粹經驗。後者展示一種超越的活動（transzendentale Aktivität），在其中，沒有主體與客體的對待關係（Dualität），是終極原理或絕對無的一種自我表現，一種本源性格的（ursprünglich）運作。這種限定使終極原理

---

❶ 同前書，頁 155。

的朦昧狀態、渾然一體狀態開始鬆動開來，開拓出一個分別的、分化的世界，但這分別、分化是沒有執取動作的。這是一個無執的世界，它所成就的存有論，是無執的存有論。在這種世界中，真正的表現是睿智的直覺（intellektuelle Anschauung）的明覺。這種明覺看在時、空中的事物，能把時、空性淡化，把事物提升上來，從現象層面作物自身的轉向。所謂「無的限定」，即是絕對無或場所的限定。

　另外一種與此相通的解讀是，無或絕對無作為一終極原理，是一種無主無客的純粹的、超越的活動，主體性、客體性以至一切具體的、立體的現象物或質體，都由這絕對無的活動開拓出來、轉生出來。對於這個意思，可透過佛教的護法唯識學的識轉變（vijñāna-pariṇāma）一概念來助解。識（vijñāna）作為一個傾向於染污性的存有根源的識體，基於顯現，呈露的原則，會自我分裂出相分（nimitta），而自身則以見分（dṛṣṭi）來對相分加以認識與執取。粗略言之，相分相應於客體性的存在世界，見分則相應於主體性的自我。就識自身而言，沒有主客的分野；或者可以說，主客是潛存於識之中，只待它的活動而分別轉生為主體性的自我與客體性的存在世界而已。當然其中還涉及種子的問題，但問題太複雜，這裏不能說，也不必說。我的意思是，在這種類比中，識相應於絕對無，相分與見分則分別相應於在絕對無的限定中所開拓出來的客體性與主體性。另外，不用說，識不是一個活動的清淨的主體。

三、事物的相互限定

上面闡釋絕對無或場所的限定，跟著探討事物在絕對無或場所之中的相互限定問題。西田首先指出，客觀的世界限定個體物，即是，前者是個體物相互限定的場所。因此，客觀的世界不是經驗世界。在表現的世界的根深處，個體物相互限定；它們都是置身於「我」～「汝」的關係中。「我」與「汝」可被視為存在於表現的世界的自我限定的底層中。因此，「我」與「汝」只透過表現來相互限定。❷在這裏，西田把場所與客觀世界連結起來，甚至等同起來，展示他的關心的重點，從形而上意義的絕對無降下，視之為在表現中的世界的背景，又在表現世界的深處說個體物的相互限定，說這些個體物的關係是「我」～「汝」的層次或導向。這「我」～「汝」的關係（I-Thou relationship）值得注意，倘若「汝」（Thou）是指永恆上帝（Eternal God）或同級觀念，如淨土宗的阿彌陀佛的話，則這種關係應含有轉化義、現象學義，而在表現世界的深處的相互限定的事物，應是理想義、終極義。這裏可說現象學（Phänomenologie）。

從「我」、「汝」的關係滑下來，西田把探討的焦點集中在普遍與特殊，或環境與個人方面，強調雙方是相互限定的。或者說，客體性與主體性是相互限定的。依於這種思維，主體性通過行動而被客體化，客體性同樣被主體化。因此人們認為這裏有一辯證歷程。不過，西田認為，在這種意義下的普遍（或普遍者）的限定應

---

❷　同前書，頁 124-125。

就個體物的相互限定來看。這種限定表示場所自我限定為絕對矛盾的自我同一。㉑上面曾明言絕對矛盾的自我同一是一種辯證的思維，或辯證的活動，同時亦涉及變中的不變者。西田在這裏又說，普遍者的限定應以個體物的相互限定來解讀。就常識言，個體物是變化的，普遍者是不變化的。個體物相互限定，這表示變，但不管個體物如何相互限定，它們始終不能遠離場所或絕對無，這則是不變的。若把個體物的層面提升，以至於由經驗層上提至超越層，這裏可以生起一種絕對矛盾關係，但總不能脫離場所或絕對無，後者正是不變的自我同一。因此，我們可以說個體物間可以生起絕對矛盾的關係，但不礙把它們包圍著的自我同一。這是我們解讀西田的絕對矛盾的自我同一這一觀點的另一方式。

　　西田說普遍者的限定應以個體物的相互限定來解讀，此中的意味煞是精采，但應如何理解，需要花一些思考，我在這裏試加以闡釋和發揮如下。普遍者（universal）是抽象性格，從存有論而言，它不能獨立地、外在地離開具體的世界或個體物而有其存在性，卻是要內在於個體物中而存在。它如何內在於個體物中而存在呢？西田的意思是透過凝聚、分化，由普遍的狀態轉成具體的、特殊的狀態，這種狀態只能對個體物而說。西田所謂的「限定」，便是指普遍者的這種分化、具體化為個體物的歷程而言。個體物各有它們的時間性、空間性、關係性、形貌與作用，各各不同，這是西田所說的「變」。但它們來自同一個根源：普遍者的分化、具體化。這普遍者是它們的存在根據，在這一點上，它們是相同的，這是西田所

㉑　同前書，頁 106-107。

說的「不變」。在普遍者這一共同的背景下，個體物仍有種種不同點，如形貌、作用等上述各項。這些項目使個體物成為經驗性格的現象（Phänomen）。這些現象之間基於「變」或「不同」的關係，在相遇合、相摩盪之中各保有其獨立性，而且互相限定，互相拒斥，以維持自身一定程度的獨立性。但在相互限定、拒斥之中，仍不能完全脫離普遍者這一共同背景、根源而存在，故它們在最後還是綜合起來。它們相互限定、拒斥正展示它們是由作為其共同根源的普遍者的自我限定、自我分化而成。故由這些現象或個體物的相互限定可以見到普遍者的自我限定。

西田即從這絕對矛盾的自我同一說下來，以開拓一個現象學意義的世界，他把這世界稱為「真正的世界」（真の世界）。他強調，這個實際的世界由我們的作用而來，因它是個體物的相互限定而成。這限定必須是種種矛盾的絕對的自我同一，亦即是絕對的否定即肯定的限定。❷因此，所謂自我限定，不管是絕對無或場所的自我限定，抑是個體物之間的相互限定（在場所中的相互限定），都是辯證涵義的。辯證的思維或作用可以提高或提升我們對世界在真實程度上的認識。即是說，相互限定本身，可透過其中的辯證的運作，以成就絕對矛盾的自我同一，由變幻無常的情狀中貞定那不變的自我同一，後者是價值的、現象學的導向。

以上是由相互限定說到自我同一。我們亦可逆反地由自我同一來說相互限定。西田說：

---

❷　同前書，頁 89-90。

一個自我同一包含相互限定的個體物，作為絕對矛盾的統合
體。在這種情況下，真正的個體物必須同時是主詞和謂詞，
同時是個體物和普遍者。即是，它是一動感性的個體物。❷

自我同一是由個體物的相互限定引致的，而這相互限定含有辯證的
作用在內。可以說，相互限定的個體物的雙方可成一個正與反的質
體相結合的統合體，此中便有辯證的意味在裏頭。這辯證的意味或
作用以統合的形式作結，這便是自我同一。所謂自我，是指正、反
雙方的要素所共有的不變成分。西田的所謂真正的個體物具有主
詞、謂詞的身分，主詞通常指向個體物，謂詞則指向普遍者，兩者
同具於個體物之中，亦即是在個體物中為等同。這亦指個體物與普
遍者為等同關係。既然是等同，則「個體物」與「普遍者」這些名
相、概念可以消棄，雙方融攝於一個真正的質體之中，這些質體的
聚合，便成西田所謂的真正的世界。

　　上面闡述了兩種限定：絕對無或場所的限定與事物的相互限
定，而事物的相互限定又在絕對無或場所中進行。以下我要探討限
定的同時涉及絕對無或場所的限定、事物的相互限定與這限定進行
於絕對無或場所這種精神、意識空間中。西田說：

絕對矛盾的自我同一與「個體物的相互限定的場所」的限定
是一樣的。個體的人格作為一個真正自我限定的個體物，是

---

❷　同前書，頁 56。

由這樣的場所限定的。❷

即是說，絕對矛盾的自我同一，如上面所透露，指兩種極端物依辯證的方式而構成一個統合體，這兩極端物，如有與無，善與惡，樂與苦，藉著其各自的相互對反、相互矛盾而分別上提至絕對之境，而聚在一起，便成絕對矛盾。這種矛盾通過辯證的處理，便成自我同一，亦即絕對矛盾的自我同一。這個意思，可說成絕對無或場所中的事物的相互限定，這相互限定的結果是雙方交融在一起。所謂人格（Persönlichkeit）便是從絕對無或場所的限定而成立的，這是真正的自我通過限定所得。❷

在這裏，我要提一下西田的後學如久松真一、西谷啟治和阿部正雄他們所倡言的對背反的突破、超克來助解。上面我剛說，絕對矛盾的自我同一指兩種極端物（extremes）依辯證的方式而構成一個統合體，如有與無之類，依於這極端物的相互對反、相互矛盾而分別上提至絕對之境，而成絕對矛盾。久松他們便專就這兩種極端物所成的統合體而說背反（Antinomie），即是說，這兩極端物所成的統合體是一個背反。解決背反的方法，不是以一極端物，如有，來克服另一極端物，如無，因為這兩極端物在存有論上是對等的，此中並不存在一方的極端物對他方的極端物的先在性（priority）與優越性（superiority）。要徹底解決這樣的背反，只能從背反內裏

---

❷　同前書，頁 88。
❷　所謂真正的自我通過限定，是指自我通過限定而分化，成就具體的人格。

突破開來，超越上來，而上達一種雙棄極端物的雙邊否定，如非有非無的絕對境界。在這絕對境界便可說絕對矛盾的自我同一。

　　普遍者限定自身而開拓出存在世界，而存在世界中的個體物又相互限定以呈顯普遍者。光從存在世界的開拓理解普遍者，不夠具體與印象鮮明。從存在世界中的個體物的相互限定來看普遍者，便很清楚了。

　　我們可以說，「限定」是一種具有正面涵義的具體化原理。事物要呈顯自身、表現自身，需要有絕對無或場所的限定，甚至與其他事物相互限定，而達致呈顯（Erscheinen）的目標。甚至再進一步，如上面提到的，事物自身的存在性，要依於絕對無或場所的限定。西田說：

　　　　時間或個人人格只能就絕對無的自我限定來看。無量數的相
　　　　互限定的個體物可作為在絕對無中的絕對矛盾的自我同一而
　　　　存在。㉖

在西田眼中，時間也好，人格也好，都需就絕對無的自我限定來看。這裏時間與人格並提，由於時間的現象性（現象的東西才有時間性，終極的東西則無時間性），故人格也似乎是現象義的人格。這不錯。但人格經過在絕對無的脈絡下的絕對矛盾的自我同一的處理下，應具有正面的理想涵義、現象學涵義。上面提到絕對矛盾自身沒有正面義，但其自我同一則有正面義，以至現象學義。絕對無

㉖　《哲學の根本問題》，頁89。

的限定，作為一具體化原理、呈現原理，可關連著我的純粹力動現象學中的純粹力動的凝聚、下墮、詐現而生起具體事物一點來了解，雙方都有具體化、呈現的原理的意涵。限定是一個呈現、具體化原理上的觀念。㉗至於說時間要就絕對無的自我限定來看，則這個問題比較複雜，這裏不能細論。不過，絕對無有主體性特別是超越的主體性的意涵，㉘這終極的主體性在處理經驗性的事務時，會自我屈折而成經驗性的主體，這種主體需要在時間、空間的形式或脈絡下作用，這屈折亦可視為一種限定作用。這自我屈折是筆者在拙著《純粹力動現象學》中的作為絕對的主體性的睿智的直覺轉而為感性、知性所用的字眼。

以上兩節，都是講限定問題。這無疑是西田哲學架構中的一個極為關鍵性的觀念，但西田對這一觀念的闡釋，總是不夠清晰，而且常以不同的意義在不同的脈絡下說它，這更減少了這個觀念的明晰度。如上面曾說過，Dilworth 譯「限定」為「determination」，幫助也不大；這個英文字本身也有幾個意思。以下我謹綜合以上兩節對限定的解說，作一概括性的論述，希望對自己和讀者有些幫

㉗ 這裏說具體化、凝聚、下墮、詐現等概念，讓人想到我國宋明儒學中胡五峰所強調的形著問題。即是，形而上的天道、天理可透過具體的心的行為、現象而展示它的存在性，這展示即是形著意味：透過心的具體的反省、行為以彰顯天道、天理也。參看牟宗三著《心體與性體》，二，臺北：正中書局，1968，頁 446-454。

㉘ 關於這點，我在自己的兩部研究京都哲學的著書中常常提到，這即是：《絕對無的哲學：京都學派哲學導論》，臺北：臺灣商務印書館，1998；《京都學派哲學七講》，臺北：文津出版社，1998。

助。

　　西田把「限定」放在三個不同的表述式中說：絕對無或場所的限定、個體物的相互限定、自我限定。其中，自我限定的意味又不是很確定，但可被概括在絕對無或場所的限定之中，故我在這裏只處理絕對無或場所的限定與個體物的相互限定的問題。

　　絕對無或場所的限定有時又作「無的限定」。它指具有辯證性格的普遍者的自我限定，也稱為「絕對矛盾的自我同一」。這種限定基本上是在存有論的脈絡下說，即是，作為終極原理的絕對無需要在經驗的（empirisch）、現象的（phänomenal）層面上顯現自己，因此進行分化（differentiation），襲取形相，而成為個體物。存在世界便因此而成立。我們對這世界中的事物有透明的理解，知道它們是絕對無的限定的結果，因而不執取它們。這樣來說個體物，是一種沒有執著的存有論（無執的存有論），這也是京都哲學所說的「妙有」。但西田這樣說存有論，存有的意味不是很強，不如他的高徒西谷啟治所提的空的存有論中事物的迴互相入意思那樣確定。它也不大有佛教所倡言的具有宇宙論義的詐現（pratibhāsa）的意味。

　　至於個體物的相互限定指作為現象的個體事物的相互的限定，這也包括普遍與特殊、環境與個人的限定。這種限定可透過一種辯證的運作，而達致絕對矛盾的自我同一之境。而這自我同一中的自我，則指正、反雙方要素所共有的不變成分。特殊、個人、個體物是變，而普遍者、環境則是不變。另外，說到普遍者，絕對無是涵蓋性最寬廣的普遍者，絕對無或普遍者的限定，可以透過個體物的相互限定來解讀，由個體物的相互限定可以更具體地、更生動地展

示普遍者的限定。

在西田所常說的絕對矛盾的自我同一問題中，後者是以絕對無或辯證的普遍者為背景的。而絕對無正是個體物的相互限定的場所，自我同一則是相互限定的個體物特別是變的個體物中的不變的成素，故我們可以說，絕對矛盾的自我同一與「個體物」的「相互限定的場所」的限定是一樣的。而限定是具有正面義的貝體化原理、呈現原理。

在這裏，我想特別補充一點，那是有關限定的問題。西田說限定，有絕對無的限定、場所的限定、事物或個體物的相互限定和普遍者的限定。此中的「限定」，有多種意思，這些意思相互間有關連，甚至重疊的情況。最合適拿來解讀西田所言的限定的，應該是分化（differentiation）、分裂（split，西田自身便用過世界的「自己分裂」字眼，後面會探討這點）和佛教所常用的詐現（pratibhāsa）。特別是在絕對無或場所的限定方面，這些意思最有關連性。只是詐現的宇宙論意義比較濃，與西田的哲學不是完全相應。分化和分裂的意思，也常見於佛教的典籍中。例如唯識學文獻中常言識轉變（vijñāna-pariṇāma），這在上面已經交代過了。另外，《大乘起信論》又有一心開二門的說法，由作為終極原理的眾生心自我分化，而成心真如門與心生滅門，分別概括淨法與染法。限定的另一意思是否定，特別是普遍者的自我否定。在具有辯證性格的普遍者的自我否定中，普遍者自身的內容個體化、個體物化，形成種種個體物。這種對限定的解讀方式，比較多出現在西田的《哲學の根本問題》的續編《辯證法的世界》中，下面會有詳細的交代。

四、終極實在與絕對矛盾的自我同一

以下我們看終極實在、絕對矛盾的自我同一及雙方的關係問題。對於終極實在，西田以「真的實在界」（真の實在界）來說。他指出，純然是概念的東西，不是實在的。單就對象界而言的，不是真的實在界。真的實在界是關乎在我們的存在的底層對我們限定著的；此中有真正的超越的、客觀的意味。西田特別強調，真的實在界對我們需是既超越而又內在的，既內在而又超越的。更重要的是，真的實在界所到之處，都有對具有自由意志的我們自己的限定作用。這是在根柢方面對我們的人格行動的限定。㉙在這裏，我們把西田的終極實在觀歸納為以下幾點：

i) 純然是概念與對象界，不足以言終極實在。

ii) 終極實在滲透在我們的存在的深處。

iii) 終極實在是超越和內在的。

iv) 終極實在對我們的自由意志與人格行動有限定作用。

在這四點之中，最後兩點最為重要。對於我們來說，終極實在具有超越性（Transzendenz）與內在性（Immanenz）。這可以說是東方哲學言終極實在的共識，如印度教的梵（Brahman）、佛教的空（śūnyatā）、儒家的天道、良知、道家的無、道，都是如此。至於說終極實在對自由意志與人格有限定意義，則一下子不大好懂，需要作些探討。自由意志與人格都不是現象物或質體，後者沒有價值可言。自由意志與人格則是價值語詞（axiological term），是由

㉙　《哲學の根本問題》，頁 90-91。

終極實在作為價值根源而下貫下來的。我們可以說，終極實在與自由意志、人格是同體的，只是分際不同。終極實在是終極原理、真理，它下貫到我們的生命存在中，以自由意志與人格的方式展現出來。由於這種同體的關係，我們便可說終極實在是超越的與內在的，這當然是對於我們人類而言。終極實在既然具有超越性與內在性，則它對我們的自由意志與人格的限定作用、關係，便可從這超越性與內在性來解讀。即是，終極實在作為一客觀的實在，或客體性，與我們人的主體性是不能分開的，它在我們人的主體性中，呈顯為自由意志與人格。不過，這裏還有一個問題：我們對於自由意志與人格，通常是關連著道德性來看的，即是，自由意志與人格是道德性格的。但在西田的哲學體系中，道德不是一個重要的課題；他的成名作《善の研究》中的「善」，不必只是道德性格的，而這部名著的內容，也不限於道德問題，卻是遍及於哲學的各個範圍，如形而上學、宗教學、現象學及睿智的直覺等方面，道德只是其中一項內容而已。因此，西田對自由意志與人格的理解，取徑較寬，有多元性的角度。不過，說他的自由意志與人格的觀念具有重要的道德的內涵，是可以的。

至於絕對矛盾的自我同一，特別是在絕對無之中的絕對矛盾的自我同一，西田有如下的說法：

> 我們的行動必須有「客體性的主體化」的意味，即是，對於物體中的自己的證見。要讓這意味中的創造性的活動生起，絕對矛盾的自我同一是必須的。因此，絕對矛盾的自我同一可以指個體物的相互限定，這種限定使主體與客體的相互限

定成為辯證的行動。那些包含有人格的前列的行動和限定人格的行動的，必須是絕對矛盾的自我同一。❸

這段文字很重要，它對理解西田的絕對矛盾的自我同一的觀點的意義提供一些線索。所謂「客體性的主體化」頗有在存有論上把客體性撥歸主體性的意味。這是熊十力先生晚年的重要思想。從物體中見到自己，正與熊先生的攝客歸主的旨趣相符順。就現象（Phänomen）的層面言，我們無可能從物體中見到自己，因物體與自己是對立的。但就物自身（Ding an sich）的層面言，主體與客體是相互融和為一體的，是相互影照的。因此，作為主體的我們可以從作為客體（其實這個字眼在這種脈絡下也不能用）的物自身方面看到自己。以康德（I. Kant）的哲學詞彙言，與物自身相對比的睿智的直覺（intellektuelle Anschauung）的自我。甚至物自身的存在性、內容，都是由睿智的直覺所給予。❸物自身既是從作為睿智的直覺的自我出來的，則自我在物自身方面看到自己，只是自我覺照、自己認識自己而已。❸

---

❸　同前書，頁 91。

❸　I. Kant, *Kritik der reinen Vernunft* 1, Frankfurt a. Main: Suhrkamp Verlag, 1977, S. 95. 關於這個意思，又可參考拙文〈從睿智的直覺看僧肇的般若智思想與對印度佛學的般若智的創造性詮釋〉，拙著《純粹力動現象學》，臺北：臺灣商務印書館，2005，頁 689。

❸　西田在他的成名作《善の研究》中，花了相當多的篇幅闡發這睿智（西田作「知」）的直覺的作用，特別強調在這種直覺中，主體與客體呈現為一統一的狀態。（西田幾多郎著《善の研究》，《西田幾多郎全集》第一卷，東京：岩波書店，1978，頁 40-45。又可參看大橋

　　我的理解是，在終極實在中的絕對矛盾的自我同一，由於絕對無或場所是終極實在（在西田來說，純粹經驗也是終極實在），因此，這亦是在絕對無或場所的絕對矛盾的自我同一。而這種絕對矛盾的自我同一，是從物自身、「我」與「汝」關係的層次說，不是在現象的層面說，因而具有勝義諦義、現象學義（phänomenologischer Sinn）。這便涉及西田所說的「創造性的活動」，這是睿智的直覺的創造性，把存在的內容或存在性提供予事物，讓後者以物自身的狀態呈現。不過，西田認為，這些事物或個體物不是相互獨立，各不相關，卻是有一種相互限定的關係，而這關係是辯證的關係。辯證的關係或辯證活動的結果是不管個體物的性質是如何不同，最後還是辯證地合而為一，達致諧和的關係。西田舉人格一問題來說。一個人的人格（Persönlichkeit）必須有所限定，限定為一致性，為一個整一體，不能任意泛濫開來，致表裏不一致而成人格分裂。

　　西田又進一步對在絕對無或場所下的絕對矛盾的自我同一的境界作闡述與發揮。他說：

　　　　真正的辯證的普遍者必含有對於個體物的限定；即是，它必是場所的限定，在其中，個體物被限定過來。只在這種義理

良介編《西田哲學選集第四卷：現象學論文集》，京都：燈影舍，1998，頁 160-215。）主體與客體既是在統一狀態中，則作為主體的自我看作為客體的物自身（此中，「主體」、「客體」只是泛說），只是一種自我確認而已，並不是嚴格意義的認知活動。

脈絡下，「真正的活動」的世界才能被構思。……這是真正
的「辯證法的歷程」的立足點；在其中，主體性與客體性相
互限定。這辯證法的歷程便作為無的限定。這是沒有對象的
限定。❸❸

所謂「真正的辯證的普遍者」自是指絕對無或場所，前者對於個體
物的限定，正是絕對無或場所的限定。我們在這裏需要特別謹慎、
小心來了解「限定」這一概念。它的意義不是邏輯的或知識論的，
而是存有論的，特別是具有現象學義的存有論的限定。這完全不是
把事物以範疇（Kategorie）來加以限定，使之成為對象
（Gegenstand）；而是把事物加以確認以至定性，定性為物自身。
由作為物自身的事物聚合起來，便成就一個「真正的活動」的世
界。❸❹西田把這種限定視為一真正的「辯證法的歷程」，是這種歷
程所作用的處所。在其中，主體與客體有一種圓融無礙的關係，這
是雙方相互限定的結果。關於這點，我們需重溫一下上面說到的絕
對矛盾（主體與客體）在矛盾的雙方相互限定下仍能達致自我同一
的圓融無礙的結果。最後西田強調，這辯證法的歷程正是無的限

---

❸❸ 《哲學の根本問題》，頁149。

❸❹ 西田在這裏所說的「真正的活動」的世界，與我自己的純粹力動現象
學中的「動場」很有相通處。在這個世界與動場中，一切事物都以物
自身的姿態存在，而不以現象的姿態存在，因而它們相互間的關係是
無礙的。它們都充滿動感，遊息於「真正的活動」的世界與動場之
中。關於動場觀念的意義，參看拙著《純粹力動現象學》，第十四章
〈作為動場的世界〉，頁385-405。

定，這無（Nichts）自然是絕對無（absolutes Nichts），因而這種限定是絕對無的限定，是場所的限定。這種限定超越一切現象相、對象相，西田把它說成是沒有限定對象的限定。這很明顯展示這種以絕對無或場所作為背景的限定，完全不是知識論意義的，而是存有論意義、現象學意義的。限定一方面是確認、定位的意味，不是施加壓力、縮減自由度或活動範圍的意味。另方面則是分化而成具體事物，存有論意義便在這點上說。

　　上面說，絕對無是一終極原理。作為超越意義的（transzendental）、真實的（wahr）理法，它畢竟是抽象的。雖是真實的、無妄的，但不能算實在；要達致實在，仍需要具體化，在時空的形式下展示出來，才能有實在義。因此，絕對無的動感式的凝聚、分化而以具體的質體出現，仍是必須的。這便是西田所謂的「表現」。西田認為，絕對無要有表現，需同時具有真與實的性格，而為真實義的原理，這便要從絕對矛盾的自我同一著手。上面說過，相對反的兩端或兩個東西藉著相互矛盾而分別上提至絕對境界，便成絕對矛盾。按這裏隱含一個問題：相對反的東西如何藉著相互矛盾而被上提而成絕對者，因而出現絕對矛盾？我們在上面也提過這點，但西田沒有措意，不過，他應有如下意思：這種矛盾必須被突破、被解構，矛盾的雙方的相對性格必須被蕩奪，而以辯證的方式同一起來，才能成為現象學義的質體，才能成就「真正的活動」的世界。這便是以絕對無作為背景的絕對矛盾的自我同一。❸❺

───────────────

❸❺　《哲學の根本問題》，頁 48。我在這裏提到絕對無的動感式的凝聚、分化而以具體的質體出現，來說西田所提的「表現」，是以我自

不過，西田在這一點上，著墨不多。這讓我想起不久前在上面第二節中提及的海德格的一重要的說法，這即是實有以呈顯來證成它的本質（Sein west als Erscheinen）❸❻一說法，表示海氏對呈顯、證成（Erscheinen, Erscheinung）的重視。事物（包括終極實在）是必須呈顯、證成的，這樣才能對它的本質有所交代，才能說本質問題。通常我們都以靜態的狀態（Zustand）來說本質，如柏拉圖（Plato）的理型（Idea）那樣。海德格能以呈顯、顯現來說本質的證成，的確有他的存有論的洞見（Einsicht）在裏頭。

下來，西田為絕對無定位，表示人的生活的環境不是自然，如同沒有概括主體性與客體性在內的類概念那樣。這環境只能是絕對無；它作為無，是自我限定的。❸❼對於人的生活環境，西田顯然不是就周圍的物理性格的各種景象說，如花草樹木、山河大地，甚至隔鄰的住家。他卻是從精神（Geist）的導向說，或從心靈方面說，這便是無，特別是絕對無。這種無是自我限定性格的。這裏的自我限定的意味，西田沒有明說，我們可以參照上面的所說，從存有論、價值論以至宗教上的救贖性（religious soteriology）來想。而西田跟著而來的在這裏的發揮，則有參考的價值。他表示個體物與環境是相互限定的，從這點說，我們的生命與生物的生命並沒有

己提的純粹力動詐現世間事物這一存有論義的程序、歷程作為參照，以表示絕對無作為終極原理，與現實世界的事物的存有論上的關連。這並不表示西田的絕對無或場所必須有這種宇宙論的、存有論義的意涵，更不表示絕對無便是純粹力動。希望讀者不要以詞害意。

❸❻　此中的 Erscheinen（呈顯）是形而上學或現象學中的實現原理。

❸❼　《哲學の根本問題》，頁 137。

不同之處。一方面，我們的生命是從無限的過去流向未來的，同時也是從未來回流向過去的。❸這點很有啟發性，值得深思。由過去流向未來，是歷史的走向；由未來回流到過去，則是宗教的走向。前者開拓不出價值義的目的論；後者則表示未來在宗教救贖方面所獲致的成果，要回向對於未來來說是過去了的現在的、現前的尚在生死流轉中打滾的眾生。❸

五、絕對矛盾的自我同一與純粹力動現象學

以上是有關西田哲學的絕對無與絕對矛盾的自我同一的義涵的闡釋。我用了多面相、多元的方式來解讀這兩個相互有密切關連的觀念，仍不能確定這些闡釋是否切合西田的原意。實際上，西田的絕對無觀念是多義的，他自己便曾以多種名相來說這絕對無：純粹經驗、場所、神、形而上的綜合力量，等等。對於這個觀念的解讀，田邊元則較為直截了當（clearcut），只提出絕對媒介（absolute Vermittlung）和他力大能。西田是綜合形態的哲學家，他的絕對矛盾的自我同一觀點更是讓人感到頭痛，其中有存有論與工夫論的不同面相。後者與他長時期坐禪的修行分不開。前者則密

---

❸ 同前註。

❸ 關於歷史的走向與宗教的走向的問題，德國神學家布特曼（R. Bultmann）與日本京都哲學家武內義範都曾涉及與發揮。布特曼且把宗教聚焦在福音（kerygma）方面來說。限於篇幅，這裏不能對這個問題著墨，有興趣的讀者可參閱拙著《絕對無的哲學：京都學派哲學導論》，臺北：臺灣商務印書館，1998，頁 171-182。

切關切到他的純粹經驗觀念。經驗而又純粹，表示沒有感性的、經驗的內容的經驗。他視經驗活動先在於經驗者和被經驗者，這先在是時間性的，也是存有論性格的。經驗自身需透過分裂、分化，才能生起經驗者與被經驗者的分別。

對於絕對矛盾的自我同一，或許可以透過筆者所提的純粹力動現象學來比較、助解。純粹力動是終極原理，就它自身來說，它是抽象的、普遍的，通過分裂、分化，可開拓出客體世界。即是，它凝聚、下墮而詐現為氣，再由氣分化、詐現而成宇宙間種種個別的具體物、立體物，而成就客體的世界。在主體方面，它直貫而下，成就睿智的直覺。這種直覺可如事物為詐現性格而理解它們，不執取它們，視之為有實體可得，因而開出勝義諦或第一義諦（paramārtha-satya）；它也可自我屈折而成為知性、知覺，在與事物成一主客的二元關係（dichotomy）中理解事物的現象的、對象性格，而開出世俗諦（saṃvṛti-satya）。在這種關係框框中，純粹力動現象學有存有論義和工夫論義，而以存有論義為主。

在哲學上一向存在著兩種相反導向的哲學：實體主義與非實體主義。前者歸宗於絕對有，如柏拉圖的理型、亞里斯多德的實體、婆羅門教的梵、基督教的神、黑格爾的精神和新實在論的實在。後者則歸宗於佛教的空、禪的無、道家的道、天地精神。在存有論方面，純粹力動綜合了絕對有的殊勝點如健動性、質實性、進取性，和絕對無的殊勝點如虛靈性、明覺性。同時也超越了絕對有觀念和絕對無觀念所分別可能發展到的流弊，如常住論與虛無主義。在方法論上，純粹力動現象學相應於佛教中觀學的龍樹（Nāgārjuna）的四句（catuṣkoṭi）邏輯：肯定、否定、綜合、超越中的後兩種邏

輯形態：綜合與超越；綜合絕對有與絕對無，和超越常住論與虛無主義。

　　若以純粹力動現象學為參照來看絕對矛盾的自我同一，那就比較容易理解。絕對有和絕對無都是終極原理。既然說終極，那便是最後的，不能被還原為次元較高的東西。兩者不能作為相互獨立的、不同的終極原理來理解，只能被視為以不同面相來表述的終極原理：絕對有是以肯定的方式來表述的終極原理，絕對無則是以否定的方式來表述的終極原理。有與無是相對反的、矛盾的，把兩者提升到絕對的層次而成絕對有與絕對無，從字眼上說便成一絕對矛盾。但如先前所說，有或絕對有與無或絕對無所成的絕對矛盾在邏輯上是不能成立的，既然兩者都是絕對性格，又何來絕對矛盾呢？要解決這個困難，我們只能另立一終極原理：它不是在絕對有與絕對無這兩終極原理之外的第三終極原理，卻是涵義更豐富的、表述更為周延的終極原理，它綜合同時又超越絕對有與絕對無。這是甚麼終極原理呢？這正是純粹力動。於是絕對矛盾的自我同一的困難便自動消解了。絕對有與絕對無的矛盾在純粹力動之中得到消融，而成為同一狀態、同一事體。

　　這裏有一點非常重要，需要特別識別。絕對有、絕對無與純粹力動都是終極原理，但這並不表示世間、宇宙有三條終極原理。三者都是終極義、絕對義，既然是絕對的，便不容有多元的終極原理。即使說一條終極原理，這「一」亦不能是一數目，而是絕對之意。佛教說到終極原理，用了不同的數目字來表述：一實諦（天台學）、二諦（中觀學）、三諦（天台學）、四諦（《阿含經》），這一、二、三、四都不應作數目字看，而應表示終極原理的內涵可

以從多面說。

六、關於辯證問題

在下面，我們要集中探討西田哲學中的對於辯證問題的理解，這主要是辯證的思維和絕對矛盾的自我同一的關連、辯證法與場所的關係，和人格和真實的世界的成立問題。首先，西田強調辯證法與絕對矛盾的自我同一有很密切的關係；辯證的歷程是建立在絕對矛盾的自我同一上的，後者是限定個體物的。❹即是說，絕對矛盾的自我同一以辯證的方式、思維來限定個體物；絕對矛盾的自我同一便是在辯證的思維方式下證成個體物，而且這個體物不是現象層的個體物，而是以物自身的姿態展現的個體物。這與稍後要提到真實的世界的成立是分不開的。在這裏，我注意到一個問題：現象層的個體物是各自不同的；但這些不同的現象物，在物自身層是相同的呢，抑是不同的呢？一個在物自身層的蘋果與一根物自身層的香蕉，是相同的，抑是不同的呢？這是一個煞費思量的問題。不過，西田的絕對矛盾的自我同一對於這個問題，有助解的作用。自我同一可說相應於物自身，是個體物相通的基礎。在不同的理論體系中，物自身有不同的解讀方式。如在佛教來說，現象物在物自身層都是空性、緣起性；在筆者的純粹力動現象學中，則是純粹力動的詐現性。這是同一的。但個體物仍是個體物，在空性、緣起性、詐現性的同一的基礎下，則有其自身而不同於他者的個體性，其樣

---

❹ 《哲學の根本問題》，頁 49。

貌、作用等方面都不同，這是相異的，甚至是矛盾的。在這種情況，蘋果仍是蘋果，香蕉仍是香蕉。倘若我們不在義理上抓得太死煞，可作這樣理解。

現在我們回轉到辯證與限定的問題、個體物的證成問題。這是重要的一點，意思比較深澀，以下我引述一些西田的有關文字作進一步的助解：

> 想像著一個聚焦於當下的無限地膨脹的現在，而在這現在中，個體物的相互限定是作為絕對矛盾的自我同一的限定作用看的。這想法並不是要否定辯證的運作；毋寧是，辯證的運作可被視為絕對矛盾的自我同一的限定作用。❹

有一點很明顯：自我同一是一種由分離、分化以至矛盾的狀態轉而為統一、統合、同一的狀態，絕對矛盾正是指涉分離、分化以至矛盾的狀態，這樣的狀態的轉移，由矛盾到一致、合一，必須依辯證法而可能。這正是黑格爾（G.W.F. Hegel）所倡導的那種辯證法（Dialektik）。❹以這種辯證法中正、反命題相互結合而成綜合命

---

❹　同前書，頁 61。

❹　「辯證法」（Dialektik）這個概念，其意涵鬆散，說的人也很多。在西方哲學，柏拉圖有他的辯證法，康德也用這個字眼，黑格爾用得最頻，馬列主義也時常用。在東方哲學，也是一樣；道家特別是《老子》書中所說是一種，佛教中觀學（Mādhyamika）的龍樹（Nāgārjuna）也說，天台宗的智顗也說，禪宗則說得最多。我在這裏說辯證或辯證法，如無特別註明，概指黑格爾的那種。

關於龍樹的辯證，我在這裏想多說一點。大約在一九八二年前後，我在《鵝湖》月刊登載了一篇有關龍樹的思考方法的文字〈從邏輯與辯證法看龍樹的論證〉，確認龍樹的辯證思維，強調這種思維在他的《中論》（*Madhyamakakārikā*）中論四句（catuṣkoṭi）的偈頌中可以明顯地看到，並指出這四句思考中有肯定、否定、綜合的辯證性格外，最後還有超越的一步，那是辯證法所沒有的，因此龍樹的思考越過了辯證法，開闢了對終極真理（勝義諦、第一義諦 paramārtha-satya）的體證的新的途徑。這篇文字的英文本後來發表於《印度哲學學報》（*Journal of Indian Philosophy*），15（1987），頁 363-384，題為"The Arguments of Nāgārjuna in the Light of Modern Logic"。在中文稿發表後的一段時間，中文學界一些研究佛學或哲學的朋友陸續發表文字，表示他們的看法，批判性越來越濃厚。實際上，在這椿諍論出現之先，西方和日本的學者對四句的意涵已經有很多討論了，基本上都認為龍樹的思考有辯證法的內涵。我對這些批判的觀點未有作出回應，因為覺得沒有回應的需要。其中一些朋友對佛學並不是內行的，不大明白龍樹思維的印度佛學以至當時整個印度哲學界的背景。他們只就自己熟悉的西方邏輯學來看龍樹的思考。很多西方邏輯家各有他們自己的邏輯系統，如亞里斯多德（Aristotle）、羅素－懷德海（Russell-Whitehead）、布爾－舒露德（Boole-Schröder）以至直覺主義等種種系統，各有其效用（validity）和限制（limitation），對龍樹思維有無辯證要素的問題可以爭來爭去，沒有結果，在這種情況，便得向內部看，看龍樹和同時間的佛學、印度哲學的思維背景和他們相互之間的往來論難，才能得到比較可接受的答案。我對龍樹思想的研究（當然包括四句思維在裏頭），頗有一段曲折的歷程。最初看宇井伯壽的研究，沒有甚麼印象，但覺得有深厚的文獻學功力。然後看中村元和羅濱遜（R.H. Robinson），覺得有些意思，他們基本上是以邏輯代數來詮釋龍樹的。然後看梶山雄一的方程式的處理，由錯誤的前提開始，然後引出前提觀點不能成立，最後確認錯誤前提的相反方面的正確性，這頗有陳那（Dignāga）的觀離

題，正與絕對矛盾的自我同一這種思維相應合，其中也可容納個體物相互限定而發展出融合的旨趣。融合或同一的結果，是以真理、勝義諦（paramārtha-satya）或物自身的姿態存在的東西；這是存有者（das Seiende），而不是存有（das Sein）。在西田哲學中，粗略地說，絕對矛盾的自我同一與辯證的限定或綜合，是同義的。雙方都指向終極真理的開顯、證成。❹這裏有一個問題，我們也應注

（apoha）意味。我也留意印度的彭迪耶（R. Pandeya），他強調言說的限制與終極真理的不可言詮性（indescribability）。在這些學者的研究中，梶山雄一的成果較為突出，他是吸收、消化了宇井伯壽和羅濱遜特別是後者的努力而再向前推進的。我自己對中觀學特別是龍樹的那一套辯證思維可見於拙著《龍樹中論的哲學解讀》（臺北：臺灣商務印書館，1997）中。在此之前，我又寫過一篇〈印度中觀學的四句邏輯〉，發表於《中華佛學學報》，其後收入於拙著《印度佛學研究》中（臺北：臺灣學生書局，1995，頁 141-175）。到現時為止，我還看不到足以推翻龍樹的四句思維含有辯證性格的有力的說法，四句中的最後的超越一義更不用說了。在下面註⑩中提到的山內得立的《意味の形而上學》（東京：岩波書店，1967）一書中，山內表示龍樹的思考方法是緣起論的，不是辯證法。（頁 361-362）不過，他只依《中論》的八不思想立說，未有留意四句觀點。他對龍樹的哲學的理解，顯明地是外行。

❹ 關於絕對矛盾的自我同一與辯證的限定的等同問題，若進一步精確地（precisely）說，則可看西田如下的一段話語：「當我們體會到主體即是客體，主詞即是謂詞時，辯證的限定便會作為絕對矛盾的自我同一而出現了。」（《哲學の根本問題》，頁 149。按「主體即是客體，主詞即是謂詞」在西田原書中作「主詞即是謂詞，謂詞即是主詞」，我參考了 David A. Dilworth 的英譯 Nishida Kitaro's Fundamental Problems of Philosophy, p.76，作如上的表述。我認為這

意。我們通常說辯證，是就經驗的現象物說的。超越的原理、真理能否說辯證呢？我認為是可以的，辯證的結果，是我們找到對於真理的更為周延的表述式。如以絕對有為正，則它的反對面應是絕對無，而所謂合，則是絕對有與絕對無的綜合。這個意涵，可以通到筆者對於純粹力動作為終極原理的提法，後者有綜合和超越絕對有與絕對無的意味。

　　至於辯證法和場所的關係，西田有這樣的說法：

> 只要其中有「場所的限定」這一意味，而個別物又在場所中被限定，則辯證的限定便是一自我限定的場所，即是，自我限定的世界了。這自我限定的世界作為一辯證的普遍者預認環境的自我限定與個體物的自我限定。行為的世界、現實的世界必總會有這樣的意味。❹

這段文字很不易懂，我試作如下解讀。場所即是絕對無，場所的限定即是絕對無中的限定。而這限定並不是負面意義的，毋寧是，它

表述不違西田的原意，同時更拓展了思想上的空間。）「主體即是客體」是存有論的說法，「主詞即是謂詞」則是邏輯的說法。「主體即是客體」要在辯證法的脈絡中，才能成立，這沒有問題。至於「主詞即是謂詞」則是從邏輯上的外延（extension）的脈絡下說，兩個概念的外延等同，正表示雙方的概念的能力（對於有效範圍的限定）都是一樣，這種情況只有在由邏輯的導向突破開來，而臻於辯證法的導向，才是可能的。

❹　《哲學の根本問題》，頁 149-150。

是現象學意義。場所是一種意識的空間，有一種直覺特別是睿智的直覺（intellektuelle Anschauung，西田作「知的直觀」）在躍動。所謂限定指向現象學意義的定位，是辯證的定位，因而是自我的、自覺的定位，是個體物突破一切時空和範疇的現象的、對象的羅網，展現自己與眾不同的獨特的姿采。這種限定、定位若能拓展開去，讓別的個體物都是這樣，則一切個體物便能遊息於絕對無的場所，證成自我限定的世界、睿智的世界（intellektuelle Welt）。這是從因推果，從自我的定位推導出睿智的世界。若從果溯因，則睿智的世界或自我限定的世界作為一辯證性格的普遍原理、普遍境界需由環境與個體物的自我限定來證成。即是，睿智的世界或自我限定的世界預設環境與個體物的自我限定。

由這種現象學意義的限定，西田把探討的重點移回人的問題方面來，這即是人格的行為、行動。他說：

> 真正的辯證法，作為絕對矛盾的自我同一，是認可主詞即謂詞、主客的自我同一的。而個體物與個體物便在相互限定的現實世界中成立。在個體物與個體物的相互限定的根柢中，有人格的行為（行動）的意味在裏頭。❹

在這裏，西田坦率地以辯證法來解讀絕對矛盾的自我同一，這點很重要，因為「絕對矛盾的自我同一」這表述式常常讓人感到困惑。一、矛盾如正、反，應該是相對的，怎能是絕對的呢？二、絕對矛

---

❹　同前書，頁68。

盾既然是絕對性格，又怎能自我同一呢？此中的關鍵點是，所謂絕對矛盾，是相對的有無或其他觀念如善惡、染淨、偏圓等，只是藉著它們之間的相對反、相矛盾而分別上提至絕對的層面或境界，這種上提是相對事物的錯置，絕對的東西是不可能成矛盾的。關於這點，我在上面也已提過了。我們要弄清楚的是絕對矛盾並不是指有兩種絕對義的東西，如絕對有和絕對無，雙方相互對抗而成矛盾，我們不可在這裏捉錯用神。這是一點。另外，絕對矛盾自身並沒有正面的、積極的涵義，但它們的自我同一則有此涵義。絕對矛盾通過絕對者或普遍者在絕對無或場所中的自我限定而成相對的東西，這種相對性在絕對無或場所中可被蕩奪，或減殺，依辯證的思維導向而自我同一起來。經過辯證的處理，相對的東西能綜合起來而成為絕對無或場所中的元素，遊息於絕對無或場所之中，而開拓出具價值導向義和現象學意義的世界。西田進一步說，這些東西或個體物便在相互限定的現實世界中成立。在個體物與個體物的相互限定的根柢中，有人格的行為、行動現成。

在這裏我想再補充一點。絕對矛盾的自我同一所成立的存在，是最真實無妄的實在，這種最真實無妄的實在性，是以辯證歷程作基礎的，它不可能是純然客觀的，它有它的主觀的或更精確地說是主體性的意涵在裏頭，這便是西田所強調的人格的行為、行動。在西田看來，人的人格或人格性（Persönlichkeit），是辯證性格的，不是分解的、分析的性格的。辯證必涵有主觀因素或主體關連，純粹的客觀的物體，不可能說辯證。依此可說，唯物論是無所謂辯證的，馬列主義所鼓吹的辯證法唯物論是不能成立的。

對於人格的問題，西田表示，個別的人格是為絕對的否定的辯

證限定所決定的，這辯證限定是絕對否定，亦即是絕對的否定即肯定。亦即是，個別的人格是透過絕對無的自我限定所決定的。❻西田的這種說法，對於不熟悉京都哲學的思考模式的人來說，會引致困惑。所謂「絕對的否定」中的「絕對」與「否定」，並不表示徹底的否定，沒有出口的、不能轉彎的否定。毋寧是，它是在整個辯證歷程中的反的階段，這相應於禪宗邏輯中的「大死一番」的做法，但大死一番不是真正的死掉，不是一條鞭的負面發展，而是在大死或徹底的否定之後，有「絕後復甦」的前景在裏頭。必須要大死，把個人在認識上的一切虛妄的、顛倒的、迷妄的情況否棄淨盡，然後才有希望，才有生機。這是「置之死地而後生」。這是京都哲學家群的共有的思維模式。在他們看來，具有辯證意義的絕對否定，正是絕對的否定即肯定。這是絕對無（absolutes Nichts），而個別的人格，正是絕對無的自我限定而獲致的。❼

討論到這裏，我謹引述西田的一段說話和略作闡釋來展示西田的說法的具體性，他說：

> 最具體、真正的實在是這個現實的世界；在其中，個體物相互限定。這是作為絕對矛盾的自我同一的「辯證地限定自

---

❻　同前書，頁 87。

❼　在京都哲學家中，西谷啟治是擅長這種思維方式。這種思維方式在他的《根源的主體性の哲學・正》，《西谷啟治著作集》第一卷與《根源的主體性の哲學・續》，《西谷啟治著作集》第二卷中，得到充量的、透澈的發揮。亦可參看拙文〈與京都哲學對話：西谷論宗教、道德問題與我的回應〉，拙著《純粹力動現象學》，頁 302-384。

身」。即是，這是辯證的實在。我們的人格的行動的世界，
是最具體的真正的世界。❹

在這裏，西田作出有關終極的實在（Realität）的平實的描述。我
們現前所對的世界，便是實在的所在，是你我各人都生活、遊息於
其中的地方。我們便是在這個世界中活動的。真正的、具體的活
動，不是上帝的創造，不是天理、天道、天命的流行而成就萬物的
那個性體，卻是我們人們生於斯、長於斯的日常的活動。而在這世
界中的個體物，包括我們人類在內，都是相對相關、相互限定的結
果。這種限定是辯證性格的；基於這種限定，各人便得到如理的定
位，各有其自身的本分與任務。這個世界和在其中的種種事物，都
是平凡的、具體的，也是親切的。要說絕對矛盾的自我同一，便在
這裏說。離開這裏，絕對矛盾的自我同一便沒有適切性了，無用武
之地了。而所謂絕對無，是一個意識的、真理的場所，絕對矛盾的
自我同一的活動，便是在這絕對無中進行的。我們遊息於絕對無的
境界中，各適其適，各得其所。

七、小結：幾種解讀法

平心而論，西田哲學相當艱澀難懂，特別是有關絕對矛盾的自
我同一問題，包含著濃厚的「辯證」、「弔詭」意味，索解不
易；而辯證的展示又常與西田哲學的特別是存有論的「限定」觀念

---

❹　《哲學の根本問題》，頁 63-64。

交織在一起。這套哲學在內涵上的廣度、深度與理論的嚴格性方面，絲毫不遜於西方當代哲學如胡塞爾（E. Husserl）、海德格（M. Heidegger）的現象學（Phänomenologie）、葛達瑪（H.-G. Gadamer）的詮釋學（Hermeneutik）與懷德海（A.N. Whitehead）的機體主義哲學（Philosophy of organism）。在上面幾節中，我對西田的絕對矛盾的自我同一思想作了扼要的闡述與評論，覺得還是不夠周延和深刻，在這裏，我要進一步把這種思想凌空地作一小結，並聚焦在他的存有論義的限定一觀念上。因此，這裏的小結，在一些點上與上面所述不免有重複之處。又由於西田喜歡縱橫交錯地運用哲學的概念、觀念來舖陳他自己的觀點，重複之處更是在所難免了。在西田的高弟中，當以西谷啟治為英傑，他的著作有時也承襲了西田的艱澀作風。

對於絕對矛盾的自我同一思想，西田在他的著作中多處提及。即使是在《哲學の根本問題：行為の世界》與《哲學の根本問題續編：辯證法的世界》這兩部篇幅不算龐大的著書中，也不例外。他喜歡一層一層地以多個概念來堆砌自己的想法，這讓人讀起來感到疲累。他對自己的所陳，充滿信心，頻頻用「必須如此」（でなければならない）的字眼，也讓人有被壓逼感。但這無損於他作為劃時代的大哲地位。首先，我們從絕對有（absolutes Sein）與絕對無（absolutes Nichts）說起。西田認為，作為終極原理的絕對有或絕對無應保持它們的世間性。絕對有與絕對無倘若孤懸於、超離於這個現實世界，與實在的存在世界、經驗世間沒有關連起來，則它們可各自憑藉著與自身聯繫的有、無（相對的有、無）而結合成為同時兼有正、負面的存在的整體，而上提為具有絕對性格的正、負面

的存在的整體，而生起具絕對性的有、無亦即是絕對有與絕對無的「絕對矛盾」。但在絕對矛盾的根抵中有絕對的同一性，而且是自我同一性。而這自我同一性是指在變化活動中的不變者。這樣，絕對矛盾有變化的涵義（倘若只著眼於矛盾一面），而自我同一則是不變者。在他看來，矛盾的東西而取相對義，是不能有自我同一的關係的。矛盾倘若是絕對義，即矛盾的雙方都是絕對性格，例如絕對有與絕對無，則可以具有自我同一的義蘊。矛盾只是對於相對的東西說的；絕對的東西間不會有矛盾關係。

第二種解讀是，相互對反的兩端或兩個東西憑藉著相互矛盾、相互不協調而分別提升到絕對的境界，便可成為絕對矛盾的關係。但絕對矛盾不是終極的歸宿，不能成為終極的目標，它必須被突破，被解構。❹矛盾的雙方的性格可分別被對方所蕩奪，而分別易位，這樣，雙方可通過辯證的方式被同一起來，而成為具有現象學義的質體。或可依循另外的方式：矛盾的雙方的性格同時為對方所蕩奪，而消失，最後矛盾泯滅，而一歸於寂。這寂可視為另類的自我同一關係。

第三種解讀是由限定說變化，由變化顯不變。這需要多費筆墨來解釋。所謂「限定」，有下墮、分化、否定、約制等多種意思，這是西田的絕對無的哲學、場所的邏輯中的一個挺重要的觀念，我不可能作詳細的交代。在這裏，我姑把限定解作約制甚至否定的意

---

❹ 京都哲學家喜歡說矛盾或背反必須被突破，被克服，主體性才能彰顯自身，使自身臻於絕對的境界。但他們所要突破、克服的矛盾不是絕對矛盾，而是相對矛盾，例如生與死、善與惡、有與無。

思。西田認為，限定可有兩種，一是普遍者的限定，一是個體物的相互限定。普遍者的限定需以個體物的相互限定作譬，才能清楚。個體物是生滅法，是會變化的，它們之間的相互限定便表示變化的意味；但它們所置身於其間的絕對無或場所則是不變的。❺若把個體物由經驗層提升到超越層，則可生起絕對矛盾的關係。這種關係的背景的絕對無或場所是不變的。這便是由限定說變化，復由變化而顯不變。任何千變萬化的事物，作為現象看，是不斷變化的；但只要它們被安置於絕對無或場所的絕對的意識空間中，其經驗內容被淘洗掉，則無所謂變化，這便是不變。如同種種緣起法的自性不被執取，而為般若（prajñā）智慧所照見，而明覺它是空的。緣起法是不斷變化的，但在空性（śūnyatā）的基礎來說，則是不變的，是自我同一的。在絕對無、場所的終極真理這一背景來說，一切事物都是相同的，這便是自我同一。

第四種解讀是以絕對矛盾的自我同一指兩種性格對反的東西依辯證的方式（這裏提出辯證的作用）而成為一個統合體，這兩種東西藉著各自的相互對反、相互矛盾而對對方的相對性加以蕩奪而泯去分別，而上提至絕對之域，便成絕對矛盾。由於原來的相對性格被蕩奪，故不能說相對矛盾，只能說絕對矛盾。這種矛盾通過辯證的處理，便成自我同一。這種解讀與第二種相若，但後者著重絕對

---

❺ 在西田哲學來說，絕對無與場所是相通的，兩者都表示真理的場域或空間，甚至是無執著的意識的空間。絕對無除有客體性的涵義外，還有主體性的涵義；它可被視為超越的主體性周徧地融攝萬物的一種精神的空間。

矛盾的被解構、被克服的作用；相同的是，兩種解讀都強調辯證的思維對自我同一具有奠基的作用。

第五種解讀是，關於絕對矛盾的自我同一，特別是在絕對無這個意識、精神的場域中的絕對矛盾的自我同一，西田提出「客體性的主體化」，❺要能從作為客體的物體中證見自己主體。這不能就現象（Phänomen）來說，只能就物自身來說。因為在物自身層面，主體與客體處於一種直覺的關係中，相互融和為一體，在主體中有客體的存在性在。這是由於客體的事物的存在性是由主體的自我所賦與的。主體認識客體，與後者結合，只是自己認識自己，讓客體回歸向自己方面而已。所謂自我同一正是指客體回歸向主體這種導向。由這點我們可以看到西田哲學的觀念論的傾向。

八、我與汝：在自己內裏見到絕對的他者

在上面，我花了很多篇幅說明西田哲學的核心觀點：絕對矛盾的自我同一。不過，這基本上是從存有論方面來說，特別是聚焦於「限定」一概念上。整體來說，上面的說明還未算清晰明朗。以下我要從另外的角度來探討這絕對矛盾的自我同一問題，這些角度是我與汝、逆對應和表現。這都有比較濃厚的工夫論或實踐論的意味；而西田本人在研討、開拓哲學系統外，也很重視工夫實證的問題，這便是他多年來每天都在進行的禪坐工夫。從這些方面看，應有助於對絕對矛盾的自我同一的涵義有較具體的理解。

---

❺　《哲學の根本問題》，頁 91。

　　首先看我與汝的問題。這裏的「我」，通常是就日常生活中的經驗的我而言，但通過工夫實踐，這我可以提升到超越的、普遍的層次，而成為一真我或超越的主體性。而「汝」則是指那絕對的、超越的神或他力大能，所謂「永恆的神」（Eternal God）。經驗的我與超越的他力大能若能有等同關係，則能成就絕對矛盾義的自我同一。

　　讓我們從自覺的問題說起。❺❷西田認為，自覺是自己在自己的根柢中見到他者，這他者有絕對性，是絕對的他者。不過，他對自覺的理解，分幾個階段。最初認為自覺是自己從自己中見到自己，到了晚期，則強調自覺是在自己的根柢中見到他者。例如，在他的後期的〈我と汝〉中，他提出自覺是自己在自己裏面見到自己，後來又說自己在自己裏面見到自己，和自己在自己的內裏見到絕對的他者，進一步，自己即是這絕對的他者。❺❸按由自己見到自己轉為見到絕對的他者，最後見到作為絕對的他者的自己，是一種工夫的歷程，在這個歷程中，不斷地作自我轉化。此中自然有淨土宗的思想在裏頭，絕對的他者即是阿彌陀佛。要注意的是，在這種宗教的實踐中，絕對的他者是絕對的，與我們自己的經驗主體不相符順，此中可以說絕對矛盾；而這經驗主體、經驗自我最後在自己的內裏見到絕對的他者，甚至與後者合而為一，自己也成了絕對的他者，

---

❺❷　西田很重視自覺的問題，他寫過兩本書，是專談這問題的：《自覺に於ける直觀と反省》（《西田幾多郎全集》，第二卷，東京：岩波書店，1978）、《無の自覺的限定》（《西田幾多郎全集》，第六卷，東京：岩波書店，1979）。

❺❸　〈私と汝〉，《無の自覺的限定》，頁386。

這正是自我同一。在這種脈絡下，我們便可說絕對矛盾的自我同一。這是西田對淨土宗的一種創造性的詮釋，淨土宗的重要典籍如《阿彌陀經》（*Sukhāvatīvyūho nāma mahāyāna-Sūtra, Sukhāvatīvyūha*）、《無量壽經》（*Sukhāvatīvyūha*）、《觀無量壽經》（*Amitāyur-dhyāna-sūtra*）不是這樣說。它們以阿彌陀佛（Amitābha, Amitāyus）為他力大能，強調人或眾生如能對阿彌陀佛起信，便能得到後者的悲願攝助，往生於西方極樂淨土。淨土宗文獻只強調眾生能往生於淨土，加快成佛，並未特別強調眾生能成為作為他力大能的阿彌陀佛，雖然一般說的佛與阿彌陀佛是相通的。❸西田的說法有點不同，他有把自己絕對化的傾向或意味。把自己絕對化，視為等同於絕對的他者，自我同一便在這一點上說。他在〈私と汝〉一文中說：

> 自己在自己中見到絕對的他者，會想到依於自己的死去，會有生機；依於確認他者的人格，讓自己成為自己，在我的根柢中有汝，在汝的根柢中有我。正是在這種辯證法的限定

---

❸　阿彌陀佛又作無量光佛、無量壽佛。這個佛現在仍然在西方淨土的極樂世界中說法。有關這個佛的故事，一般是這樣說：在很多劫以前的世自在王佛時期，有一國王發起無上道心，捨棄王位而出家，成為法藏比丘，修行佛事。他遍遊諸佛的淨土，沈潛了五劫的時間，發出殊勝的四十八大願。在距今十劫以前的時間，他終於圓滿成就功德與願行，而成為阿彌陀佛。這與《阿含經》（*Āgama*）所載的釋迦（Śākya）成道的故事，有點相似。他在距離這個世界十萬億土的西方，建立極樂世界，一直說法，以迄於今日。

中，想到在我的內裏見到的他者，並不單純是他者，卻是具
有汝的呼號的意味。**⑤⑤**

這是說，倘若我們能夠達致這樣的境地：在自己的根柢中有汝，在
汝的根柢中有自己，則我與絕對的他者或永恆的神便有一種同一的
關係，這是在自我中發生的，而汝具有絕對性格，找本來只是一凡
夫，雙方是一種絕對矛盾的關係。因此西田提出，倘若我能在自己
的內裏見到汝或永恆的神，則可證成絕對矛盾的自我同一的理想
的、價值的、現象學義的關係。但如何能在自己的內裏見到汝、永
恆的神或絕對的他者，則是一種工夫論的問題。

跟著西田提出他的總結。在這總結中，他並不把「汝」限於永
恆的神或絕對的他者，卻是作與我相對比的你來看。但這點與西田

---

⑤⑤ 〈私と汝〉，《無の自覺的限定》，《西田幾多郎全集》，第六卷，
頁 397。按長谷正當的《欲望の哲學：淨土教世界の思索》（京都：
法藏館，2003），頁 170 錄出此段文字，但作頁 391。此是誤錄。另
外，長谷在其書的參考文獻欄中，並未錄這西田《全集》的第六卷。
日本學者一向在文獻學上持嚴謹態度，長谷在此處的錯失，甚為罕
見。不管怎樣，長谷的這部書是一本相當不錯的作品，我看了又看，
吸收了他在有關京都學派在淨土宗的看法與說明的評論，致有時自己
說到有關問題時，不自覺地反映了他的見解，但都是經自己反思過
的。另外，長谷長時期在京都大學中任教，退休後成為京大的榮譽教
授，他對京都哲學家如西田幾多郎、西谷啟治和武內義範等的思想有
頗為深刻的理解與同情，但他的著作未有受到應有的注意，他自己也
好像未有被視為京都學派中的一員，這讓筆者有點不解。

的總的意思並不相悖，只是有些不協調的感覺。❺即使我與汝同是
凡夫，但通過工夫實踐，雙方都可臻於絕對的他者或永恆的神的境
界。西田的意思是，我和汝在各自的根柢中認證絕對的他者，相互
向絕對的他者趨附，透過後者而結合在一起，建立辯證的關係。我
和汝相互依於各自的人格行為的反響而相互了解。在我們各自的根
柢中，確認絕對的他者，而又相互從各自的內裏向他者移行，便能
成就真正的人格的行為。在這些行為中我與汝相互接觸。這樣，通
過行為與行為的應答，我和汝便能相知和相通了。❺

　　一言以蔽之，此中的關鍵性問題在「自己在自己中見到絕對的
他者」，我在這裏即順著這一點探索下去。上面我們提及自覺的問
題，西田的意思是，自覺是自己在自己的根柢中見到他者，這是絕
對的他者。此中馬上生起一個問題：我們在自覺中見到絕對的他
者，這「見到」（見る）表示絕對的他者本來已內在於自己之中，
但自己未有見到，現在見到了。或者，我們自己中並不具有絕對的
他者，這絕對的他者是透過我們的工夫實踐而獲致的。第一種情況
是存有論問題，第二種情況則是工夫論問題。西田是指哪一種呢？
我們先看一下西田的一段文字：

　　　　我們在考量自己在自己中見到自己時，想到自己在自己內裏
　　　見到絕對的他者的同時，亦應確認這有絕對的他者即是自己

---

❺　關於這點，我在下面會再有解說。

❺　〈私と汝〉，頁 391-392。但長谷在他的書中作頁 391，亦是疏失。

的意味。❺⃝

西田的意思是，在我們的靈性的自覺活動中，我們不但見到絕對的
他者，同時也確認這絕對的他者與自己的同一性。這段文字多說了
一點，這即是絕對的他者正是自己，自己正是這絕對的他者。這絕
對的他者與自己的同一性表示我們在精神上、靈性上可以達致絕對
的他者的境界，亦即是絕對的境界。這當然有修證（實修實證）的
工夫在裏面，但仍不足以證認我們本來便存有論地具有這絕對的他
者的境界，以至自己本來便存有論地與絕對的他者為同一。因此我
們要進深地探討下去。

　　讓我們先看西田的幾段文字：

　　1.在我們自己的自覺的根深處，不管在哪裏，都有超越於自
　　己的東西。❺❾

　　2.在我們自己的根柢中，不管在哪裏，都有超越於意識的自
　　己的東西，這正是我們自己的自覺的事實。❻⃝

　　3.內在即超越，超越即內在地，亦即矛盾的自我同一地，我

---

❺⃝　〈私と汝〉，頁 386。
❺❾　〈場所的論理と宗教的世界觀〉，《哲學論文集》第七，《西田幾多
　　郎全集》，第十一卷，東京：岩波書店，1979，頁 417。
❻⃝　同前書，頁 417-418。

們的真正的自己便是由那裏作動。❻

在第 1 與第 2 段文字，我們看到，我們總會有超越於自己，超越於意識自己的東西。這東西是甚麼呢？西田沒有明說。「超越」可以是某些東西的存有論的性格，也可以是工夫論上的行為、活動。前者可以說到佛性、阿彌陀佛方面去，就筆者所理解的西田哲學來說，人存有論地具有佛性、成為阿彌陀佛的潛能的說法的可能性並不高。即使有這種可能性，也不會是現成的佛，不管是哪一種佛，必須要以實修實證的工夫才能說。這樣，我們的注意力便聚焦在第 3 段文字，特別是有關超越與內在的同一問題。「內在」與「超越」都可以指涉某種東西的存有論的性格，但超越而又內在、內在而又超越，突破超越與內在的矛盾以臻於同一的境界，則非要靠實修實證的工夫不可。不管是一般的矛盾，抑是絕對的矛盾，它們的自我同一，都非要依靠工夫實踐不可。這便引到西田的下面的兩段文字：

> 4.我們自己的根源，不在任何處所。心理地說，不在純然是感官的東西中，也不在單純的意志的東西中，卻是在兩方面的絕對矛盾的自我同一之中。因此，我們進入宗教的信仰，必須要有自己的立場的絕對的轉換。❻

---

❻　同前書，頁 417。
❻　同前書，頁 419。

5. 永恆的生命存在於「生死即涅槃」之中。我們自己與神亦即是絕對的他者的關係，以我們屢次說及的大燈國師的話語最能表達出來。不管哪一處，都是逆對應的、絕對地逆對應的。在其中，我們可以了解到「生死即涅槃」。❻❸

「生死即涅槃」是天台宗智顗大師的說法，日本的大燈國師的話語則是「億劫相別而須臾不離，盡日相對而剎那不對」。像這樣的說法多得很。生死是染污的，涅槃是清淨的，怎能「即」呢？在無盡的空間中分開，又怎能有片刻結合呢？整日相互對向對方，又怎能剎那一刻不相互對向呢？這分明是矛盾，是弔詭（paradox）。天台宗與《維摩經》（*Vimalakīrtinirdeśa-sūtra*）稱這種想法為「不思議」，超越我們日常的思維法則。康德與京都學派則視這想法為「背反」（Antinomie）。這不是邏輯，而是辯證法，而且是實踐性格的辯證法，需要在我們的工夫實踐中證成。京都學派更認為這種背反的消解，不能以背反的一方克服、否定另一方，如以菩提克服煩惱，以涅槃克服生死，以善克服惡，以樂克服苦。因背反的兩方在存有論上是對等的，具有相同的地位，不能以一方克服另一方，卻是要在背反的內部求突破，從背反的內裏突破開來，超越上來，以臻於無善無惡、無生無死的絕對無的次元（dimension）。

這種背反是辯證性格，表示一種對真實（reality, Realität）的洞見。它不是拿來講述的，而是拿來實踐的，要在工夫中表現出來。就上面所引有關文字來說，「生死即涅槃」，生死是染污的，

---

❻❸　同前書，頁 421。

涅槃是清淨的，各有不同的內容，怎能「即」、等同呢？實際上，這即不是等同之意，而是不離之意。涅槃是宗教的理想、目標，是終極關懷的所在。要實現、證成這種宗教理想，需在這個生死輪迴世界中用功實踐。生死雖是相對的，充滿苦痛煩惱的境域，但我們若要從生死中突破，臻於涅槃的絕對的、無生無死的境界，仍需在這個生死世界中作工夫實踐，生死即此即是實現涅槃理想的場域，離開了它，一切宗教理想的實踐都不能說。至於大燈的話語，「億劫相別，而須臾不離」，指兩邊的距離遙遠，有億劫的里程，但仍然可以相聚在一起，沒有所謂寸步的分離。「盡日相對，而剎那不對」，兩邊雖然整日相對，但相對無言，沒有片刻的交集、溝通。這是因為相別、相對，是就空間、時間說，是以經驗、現象的觀點來看事情，是常識的看法。若能把空間、時間的直覺形式抽去，不以經驗、現象的觀點看，而是相互以靈性的、睿智的直覺來看，則結果會大不相同。這是心靈上的純粹的溝通，是物自身層次、本體層次的溝通，空間、時間的阻隔，無從說起。「億劫相別」、「盡日相對」的時空條件便起不了障礙的作用了。

回到絕對矛盾的自我同一的問題。西田提出我們要在自己之中見到絕對的他者或汝，而向後者認同，讓雙方同一起來。絕對的他者自是絕對性格，我們自己若從現實看，則是經驗性格、相對性格，在這裏，絕對的他者與相對的自己構成一種矛盾，亦即是自我矛盾。兩者如何能同一起來，即是說，相對的自我如何能滲入絕對的他者之中，而與後者結為一體，則非要透過工夫實踐不可。上面說到的智顗和大燈的話語，展示一種新的、與一般不同的思維模式，這便是由逆轉（西田說是「逆對應」）、顛倒的關係開展出來的

辯證的工夫，有如禪偈的兩句「人在橋上過，橋流水不流」的意趣。❻這便引出西田所說的「絕對矛盾的自我同一」的濃厚的工夫論的涵意，而不同於從存有論來說的「絕對矛盾的自我同一」觀點。

倘若更深進地看此中有關的問題，我們仍可提出，我們對絕對矛盾的自我同一從工夫論方面來把握，仍不能不指涉到存有論。此中的理據是這樣的工夫實踐勢必預認以至迫出進行這種工夫實踐的主體的存在性。不過，對於這樣的質難，亦不難破解。對於工夫實踐的主體，應是以活動看的，不是以存有看的。主體是以活動（Akt, Aktivität）的方式存在，而不是以存有（Sein）或存有物（Seiende）的方式存在。活動若能從工夫方面來說，自然比較好說了。

九、關於內裏的他者

西田在上面說過「在我們自己的自覺的根深處，……都有超越自己的東西」；「自己在自己內裏見到絕對的他者的同時，亦應確認這有絕對的他者即是自己的意味」。這是說，在我們的生命內部，內在著一種超越性的絕對的他者，這即是阿彌陀佛或神（在佛教來說是阿彌陀佛，在基督教來說是神）。就字眼上說，這超越的他者的內在性，似乎是存有論的，但這意思不夠清晰，不夠確定。「超越自己的東西」，是存有論的超越抑是其他意味的超越呢？更

---

❻ 這便是上面所說的自己立場的絕對的轉換。這是從常識轉向智慧，從邏輯轉向弔詭、辯證法的關鍵之點。

重要的是，「見到絕對的他者」、「確認這絕對的他者即是自己」，我們見到與確認絕對的他者，除了有存在論的意味外，工夫論的意味也很濃厚。我們不能在日常生活中過日子，輕輕鬆鬆地自覺到生命內部有絕對的他者，而是要經歷長時期的艱苦的修行，作內省的工夫，才能做到這樣。「見」與「確認」是主體在見，在確認，這主體要能見、能確認，都是一種活動；這見、確認、活動都是工夫論的觀念。長谷正當提出，這超越者或超越的他者對於我們的超越，不是在我們之外超越自己，而是在我們的內裏超越自己。❻西田把超越分為兩種：內在的超越與對象的超越。前者是發於自己的生命存在裏面的，後者則是發生於生命存在外面的，是涉及外界的對象的。在目下的脈絡中，西田是指涉內在的超越，而不是指涉對象的超越。

在內在的超越中，我們在自己的根柢裏超越自己的有限性而與絕對的他者相接觸，透過這種動作，我們可以凝聚生活的能量、力量。這絕對的他者自然是阿彌陀佛或者是他的慈悲的呼號，甚至是這呼號在我們自己的奧底處的迴響。阿彌陀佛或者是他的呼號可以讓我們對他起著深厚的信賴、信仰，使作為我們的生活的能量、力量的根源的內在世界在自己的生命的根柢中向宇宙界敞開。我們要了解生命的真相，要徹入宗教的意義與作用，便要在這點著眼。

剛剛提到信賴、信仰的「信」的問題。西田比較傾向於禪，但也不忽略淨土宗，特別是日本的淨土真宗，尤其以親鸞為代表者。在西田看來，我們的生活能量、能力，是由在我們自己的奧底中流

---

❻　長谷正當著《欲望の哲學：淨土教世界の思索》，頁 195。

動不息的生命發展出來的，我們要使這自身的內奧的生命源泉湧現出來。這種生命可以說是佛的生命、如來的生命，是精神的、靈性的性格的。所謂信，是指對具有這樣的性格的生命湧現的場所的內裏性的歸依，在這歸依中存在著真我、真正的自己。❻在西田看來，在我們生命的內裏，倘若能夠經驗到或感受到這種由深邃的根源中湧現出來的生命力量，則我們即使是在非常困難的情境中，仍然能夠昂然無懼地生活下去。❼我們能夠這樣做，信或起信起很重要的作用。對信的自覺是宗教生活的一種非常重要的因素、內容。西田所說的自己在自己的內裏見到超越的他者，或自己在自己的根柢中接觸到超越於自己之上的東西，真正地覺知它的存在與作用，亦不外是信的問題。而生命亦離不開信；在西田來說，生命應在「在我們的存在的底層接觸到、感受到超越的、絕對的他者」的脈絡中說，生命甚至可以就我們與這他者的會合說。這裏頗有把自己、在信中的自己與他者同一化的意味，同時，這又表示不是以自我超越自己，而是以他者超越自己。自己是經驗性格，他者則是超越的、絕對的性格，這構成絕對矛盾，加上兩者的同一化，便可以說絕對矛盾的自我同一了。

信的確是西田的救贖論中一個重要的觀念。在他看來，這信的構造，亦即是自覺的構造。上面第七節曾經提過，自覺是自己在自

---

❻ 這是指「我」和「汝」的等同性，也是把信關連著場所說：西田以信的實踐空間為一種場所。

❼ 這頗有《孟子》書的「富貴不能淫，貧賤不能移，威武不能屈」的大丈夫的氣概。

己中見到絕對的他者。倘若要更詳盡、更精確地說，西田的所謂自
覺，是自己在自己的根柢或生命的內奧處見到作為絕對的他者的
汝。他認為，作為絕對的他者的汝，或者超越者，不是在自己之
外，而是在自己的內裏，或者是在自己的根柢中見到的東西。這即
是「汝」。這「汝」是布伯（M. Buber）所提的哲學、宗教學以至
神學中的重要的觀念。在我～汝（Ich und Du）關係中表示永恆的
神（Eternal God），我（Ich）與汝（Du）表示我與神的合一，我
能達致神的境界。較具體地說，我們對於世界可有兩種根本的態
度，一是「我～汝」關係，另一是「我～此」關係。在前者，我把
人格的全體向汝傾斜，與它相合。在後者，我把對手作對象亦即是
「此」看，這「此」可以是人，也可以是物。人若不具有這對象，
便不能生活；若只具有這對象，生活不會是真正的人的性質。人要
能向汝趨附，和它結合，才能成為真的我，而這汝的原始形態，正
是神。關於這神，西田曾說：「神總是從我們的底層作動的，」又
說：「我們在我們的底層見到超越。」❻❽西田所說的人要能向汝趨
附，和它結合，其義理依據，可以說是絕對矛盾的自我同一。

十、阿彌陀佛與神的呼號：信的問題

上面剛提到信的問題。德國神學家巴特（K. Barth）即以信或

---

❻❽　關於這兩句引文，長谷在他的《欲望の哲學：淨土教世界の思索》，
　　頁 173 有提引，並交代這是出自《西田幾多郎全集》第六卷，頁 353
　　的，但我看過有關處所，找不到這兩句。

信仰是對神的呼號的回應，這自然是肯定性格的回應。西田則透過場所來說信，他不把所信者作對象看，不認為我們所信的是一個對象。他卻是要使我們的信仰、反思從向外的矢向逆轉為向內的矢向，要我們在自己的生命中聽到彌陀的呼號。但這種呼號是從超越的邊際而來，此中有一種弔詭情況：我們自身的根本的意願，一方面距離我們最近，另方面卻又距離我們最遙遠。阿彌陀佛或神的呼號，有時像由無邊無際的無何有之鄉發出來，有時卻又像由我們生命的根深處發出。佛或神對我們來說，好像在天壤，又好像在眼前。西田說：

> 我們自己不管在哪裏，都具有在自己的底層超越自己的東西，在自我否定中，我們肯定了自己。在這種矛盾的自己同一的根柢裏，我們讓自己清澈起來，而得見性。[69]

同一的東西，可以超越我們，又可以透過我們自己的自我否定，而接近我們。我們否定自己，亦否定那超越者與我們的相隔，超越者便內在於我們的存在中，與我們同一起來，讓我們見性。見性即是徹見自己的本性、真正的自己，讓自己與超越者結合起來，同一起來。此中自然有背反（Antinomie）的意味，西田稱之為「背理」，並表示背理也有它的理，所謂「背理之理」。[70]這背理之理並不是非合理，而是理與事、知與行的矛盾得以消解，讓雙方同一

---

[69]　〈場所的論理と宗教的世界觀〉，頁 445-446。
[70]　同前書，頁 446。

起來。

在這裏,西田引了一段《臨濟錄》的話語:「佛法無用功處,祇是平常無事,屙屎送尿,著衣喫飯,困來即臥,愚人笑我,智乃知焉。」❼西田的意思是,一般人總是認為終極真理是超越的,佛法也是如此,與我們的日常的經驗生活有很大的差距。實際上不是這樣,終極真理雖有超越性格,但它的存在與展現,是與我們日常生活分不開的,不能相離的。所謂「心即是佛,佛即是心」,「心」是指我們的平常心,不是超越的真心。終極真理的顯現或佛的覺悟,只在這日常的平常心中作動,用工夫,離開了它,真理的顯現,我們對它的體證,便無從說起。在這裏,我們看到絕對矛盾的自我同一的關係。心是平常心、經驗心,佛則是已證得超越的、絕對的真理的眾生,雙方有一種絕對的矛盾;但雙方也不分開,相互內在,相互同一,這便是絕對矛盾的自我同一。

上面所引的那段文字,亦可以有如下的意味。我們要能自覺,與自己相照面,便得作自我否定。在自我否定中有自我肯定:要否定的我是我的影象、光景、假的我,而由否定中翻騰上來的肯定,是肯定那個真實的、不虛妄的我,這是真我。長谷正當認為,我們自己的根源性的意願被鐵壁區隔開來,但透過絕對否定,我們可以與鐵壁的另一邊相遇。西田把這種情事,視為聽聞到「彌陀的呼號」。長谷強調,我們的根源性的意願存在於我們內裏,能夠超越我們自己;我們可即在這種對我們自己的超越活動中,獲致、體證

---

❼　同前註,《大正藏》47·498 上。

我們的真正的我。⓻長谷的說明，大致不錯，只是有些地方需要解釋，才能清楚明白。長谷提到「絕對否定」，這種表述式是京都哲學家所常用的，他們以之來說否定的否定。否定是較原始的層次，否定的否定在邏輯來說，兩個否定的相消，而成為肯定。京都哲學家喜以辯證法來說，否定的否定的結果不是單純的肯定，而是絕對肯定。肯定甚麼呢？肯定「彌陀的呼號」也。⓼這種呼號有絕對性格，故對它的肯定是絕對肯定。這種肯定具有殊勝的工夫論意義：我們對於彌陀的呼號是無條件地承受的，在這種呼號中，我們徹底地放棄自己的主體，盡情委身於作為他力的阿彌陀佛的悲願中，以成就自己。至於所謂「超越我們自己」，則是指我們自己具有根源性的意願，這亦可說為是自由意志。憑著這自由意志，我們有放棄自己的主體的自由，而全情投向（submit to）阿彌陀佛的悲願中。我們可在超越我們自己的個別的、私欲私念的假我中讓自己的普遍的我現成。

委身於作為他力的阿彌陀佛或神，與他們相照面，是在實踐上

⓻　《欲望の哲學：淨土教世界の思索》，頁 110。

⓼　阿部正雄說：「雙重否定（筆者按：即否定的否定）並不是一相對否定，而是一絕對否定。而絕對否定正是絕對肯定。因邏輯地言，否定的否定即是肯定。不過，這又不是一純然的和直接的肯定，它是透過雙重否定亦即絕對否定而會得的肯定。故我們可以說，絕對否定即絕對肯定，絕對肯定即絕對否定。」（阿部正雄著、吳汝鈞譯〈從「有」「無」問題看東西哲學的異向〉，載於吳汝鈞著《佛學研究方法論》，下冊，臺北：臺灣學生書局，2006 三版，頁 447。阿部的這種說法，承自他的老師久松真一與西谷啟治，更可上溯到西田的場所邏輯。）

的信的展示，其矢向是向外的。同時，我們亦需要向內貫徹到自己的生命的根深處，窮究自己內部生命的真實性、完整性。這生命自然不是形軀的、肉體的，而是超越的、靈性的、精神的。這樣的生命要在他者或汝的加持下，洗滌自己的私見、私欲，讓它昇華，與他者或汝構成自我同一關係，而被體證出來。在淨土真宗來說，生命是甚麼的問題，是與阿彌陀佛是甚麼一問題相扣緊的。我們要問：我們要通過甚麼方式、在甚麼地方、如何去行事，才能與阿彌陀佛或神溝通，以至相照面呢？這自然牽涉非常濃厚的工夫義的問題。此中的答案，與信最為相應。在淨土真宗來說，生命的事即是信的事，生命的活動即是信的活動。具體地說，阿彌陀佛在《阿彌陀經》中，有「無量壽」、「無量光」的性格、功德。透過阿彌陀佛的無量壽、無量光，我們得以支撐自己，在種種逆境中能夠挺立起來，感到自己是生活著的，具有宗教意義的熱誠的，這正是對阿彌陀佛的信所致。

信是很奇妙的事。有信，便有盼望（hope），有盼望便有希望。希望是西方的宗教學、神學的頭等大事。❹信即是生命，它表

---

❹ 盼望、希望是西方宗教學、神學的一個極其重要的觀念。聖多瑪斯（St. Thomas Aquinas）便很重視它。他認為人要獲致幸福，需要依賴上帝，從上帝方面接受一些特殊的原則，依於這些原則，人才能被帶引到超越自然的（supernatural）幸福方面去。這些原則稱為「神學的德性」（theological virtues）。這即是信仰（faith）、希望（hope）與慈愛（charity）。參看 Anton C. Pegis, ed., *Introduction to Saint Thomas Aquinas*. New York: The Modern Library, 1945, p.591.按這本書是聖多瑪斯著作的輯要，主要是他的《神學大全》（*Summa Theologica*）的輯要，不是一般有關他的思想的概論書。

示在我們日常生活的儀式、活動中，像燒香、拜佛、念佛、跑香、
禪坐等。信與生命是相互貫徹的，它是一種教義，也是一種行動。
教義是無所謂的，行動才是最重要的。我們要開拓出超越形軀的、
生物學的、心理學的精神生命的次元（dimension），從作為教
義、概念的抽象的信逆轉過來，逆覺開來，克服它的局限性，存在
地、救贖地確信阿彌陀佛的悲願不會捨棄我們，而是加持我們，同
時也確信在我們生命的底層總會有一種無限的生命流在作動。信可
以使經驗性格的我們與絕對性格的阿彌陀佛拉在一起，溝通起來，
使兩者所成的絕對矛盾得以化解、消融，最後同一於阿彌陀佛的極
樂世界中。

　　若要進一步理解信的問題，則要探究一下「逆對應」概念，西
田說：

> 神與人之間的對立，不管在哪裏，都是逆對應的。基於此，
> 我們的宗教心並不是由我們自己生起的，這是神或佛的呼
> 號。這是神或佛的動力，這是來自能夠成就自己的根源。❼❺

西田在這裏提到宗教心，這即是宗教意識、要求救贖的渴求。這宗
教心不是由我們內部生起，卻是由神或佛的呼號而致。這樣人便不
能不被放於被動的位置。凡是他力主義的思想，類皆如此。這裏涉
及逆對應與表現的概念或問題，以下即在這些方面作出探討。

---

❼❺　〈場所的論理と宗教的世界觀〉，頁 409-410。

十一、逆對應問題

「逆對應」是西田哲學在辯證思想方面一個極其重要的概念，它亦與絕對矛盾的自我同一這一根本觀點在義理上有著緊密的關連。這個概念表面看來有點含糊，既然是對應，如何又有逆反呢？以下我會步步清理此中的意涵。在這裏，我們可姑把它理解為具有辯證的性格，或數學中的反比例的程式。

在宗教學中，絕對者與人的關係是一個首要的問題，逆對應即是就這個問題而提出的。我們可先這樣說，逆對應指涉絕對者與人或人與絕對者相互否定而相遇合（encounter）、相接觸（contact）的關係。分開來說，絕對者否定自身，或自我否定，失去絕對性，可在相對的關係中見到自己；與此對比，人否定自身，或自我否定，超越相對性，可在絕對者中見到自己。關於否定，絕對者與人可相互否定對方，雙方亦可各自否定自己，西田的逆對應關係同時具有這兩種情況。另外，抽象的絕對者自我否定，可起分化，最後可發展出個體物，這關連到絕對矛盾的自我同一的存有論方面的問題，我在這裏不想多談（本文開首的幾節已談過了），只想集中在工夫論方面來探討。

逆對應的關係也可表現於人與人的相互否定中，不過，西田是特別就絕對與相對之間的關係來理解。在這種情況，絕對者透過自我否定，而開拓出相對性，在相對關係中見到自己，自身則以名號而出現，這是在淨土真宗這樣說的。另外，人在自家的根柢中接觸到絕對者，在絕對中見到自己，這表示在自己的底層聽到如來或佛的呼號。換言之，個體性的人在自己的根柢亦即是在普遍性中回歸

向後者，在如來或佛的呼號中看到自己。長谷正當表示，西田在這樣的「逆對應」概念中所把握的，正是親鸞在他的《教行信證》中明晰地展示出來的信與行的關係。❼❻在我看來，這信與行應該是同時發生的活動，不能說先有信，然後才有行。這是「即信即行，即行即信」的。先信後行是邏輯性格，信行同時則是辯證的性格，逆對應是在這裏說的，「逆」即是辯證義的否定，有相反而又相成的意味。

我們也可以這樣說，相對者透過絕對否定作為一種辯證義的中介，而得以面對絕對者，這種相對者與絕對者的關係，便是逆對應的關係。就「煩惱即菩提，生死即涅槃」這一天台宗的辯證的真理來說，煩惱、生死是相對者，透過對它們的絕對的否定（不是相對的否定、邏輯的否定，而是辯證的否定），而絕對的否定即是絕對的肯定，結果是菩提、涅槃分別被獲致、被證成。絕對者對於相對者有否定的意味，但這否定不是消滅、捨棄，而是克服、超越，於是我們便可說不捨煩惱而證菩提，不去生死而入涅槃了。西田頗有這樣的意思：絕對者並不去除一切的對、對待（duality），毋寧是，絕對者點化相對者，把相對者轉化為絕對者。正是因此之故，煩惱被點化為菩提智慧，生死被提升為涅槃理想。此中自然有很濃烈的工夫論意義。同時，煩惱、生死為經驗性格，菩提、涅槃為絕對性格，此中有一絕對矛盾在。而煩惱、生死被克服、被超越，一歸於菩提、涅槃，正是自我同一。在這種情況，西田的絕對矛盾的

---

❻ 《欲望の哲學：淨土教世界の思索》，頁 165-166。在這裏，我自己也作了一些補充。

自我同一的弔詭表述便變得具體了，不難解了。

　　這裏有一點堪注意，絕對者可以具有所對的相對者，也可以不具有所對的相對者，這樣的矛盾的存在形態，從辯證的角度來看，是可能的。在「煩惱即菩提，生死即涅槃」的弔詭中，煩惱、生死是相對者，菩提、涅槃是絕對者。分解地就菩提、涅槃看。它們是超越的、絕對的，不含有像煩惱、生死的那種經驗的、相對的染污的成分；但就綜合一面看，菩提、涅槃可以包容煩惱、生死，不受它們的染污性所影響。這樣，菩提、涅槃便可以涵攝煩惱、生死，這裏面當然有天台宗的圓教的弔詭意味在內，不過，這點必須要在實踐的、工夫的面相來理解，若純就概念的、邏輯的、思辯的面相來看，便不行了，便有矛盾了。這樣的思維方式，的確具有圓教的洞見（Einsicht）在裏頭，有存在的、實證的意趣在。在這一點上，西田顯然能接上德國觀念論的黑格爾和佛教《維摩經》、天台宗和南宗禪的思想傳統。這便是逆對應的深微意義；在其中，煩惱、生死與菩提、涅槃都是染淨一如的，不過，矢向不同：煩惱、生死是由下向上轉進的，是淨土宗的往相，菩提、涅槃則是由上向下的，是淨土宗的還相。往相與還相構成大乘淨土宗的一個圓滿境界與導向，而沈積於天台宗的「一念無明法性心」與南宗禪的「即心即佛」的意趣中。這與逆對應也有很殊勝的比照：對應是順理而行，理是邏輯的分解的理，染污便是染污，不是清淨；清淨便是清淨，不是染污。染污與清淨愈行，距離愈遠。逆對應則與此不同，它不是順理，而是逆理，逆邏輯之理，由邏輯上提到辯證法。染污與清淨合為一體，契合無間，但這必須要在實修實證的工夫論中理解，才有意義。

我們更可以進一步透過「創造」觀念來看逆對應關係。絕對者通過自我否定、自我封限，把絕對性沈澱下來，讓相對意義的個體、具體的東西得以證成，這樣地從絕對者的側面來看逆對應，這正是創造：創造存在物、質體。所謂創造，在西田、久松、西谷他們來說，是絕對者否定自己，淘空自己，把自己翻倒向相對者，以成就經驗的、現象的世界。但這又有從工夫論移向存有論的導向了。西田說：

> 自我「自我矛盾地」與自己對立，即是無「無自身地」與無本身對立。真正的絕對者即在這種意義中，能夠說絕對矛盾的自我同一。……絕對者無論在哪裏都在自我否定中具有自己。無論在哪裏都相對地讓自己自身翻倒，在這翻倒的處所中，證成真正的絕對性。真正的全體的一，在真正的個體物的多中，具有自己自身。神總是自我否定地處身於這個世界中的。基於這個意涵，神總是內在的。因此神在這個世界中，甚麼地方都沒有，同時也甚麼地方都有。⓻

西田的意思是，自我否定自己，與自己對立，即是無或絕對無自我否定自己，而與自己對立，真正的自我或絕對無自我否定，其絕對性便消失，而變成相對的個體物。⓼真正的自我或絕對無與相對的

⓻　〈場所的論理と宗教的世界觀〉，頁 397-398。
⓼　西田在這裏未有明顯地標示出個體物，是有意避開存有論方面的問題，而聚焦在工夫論上發揮。京都哲學家分兩群，一群是由西田幾多

個體物構成絕對矛盾的關係。但個體物最後又回歸於真正的自我或絕對無，這樣便可說絕對矛盾的自我同一。絕對者總是要自我否定的，自我翻倒的，由自我否定而開拓出個體物，但絕對者的絕對性並未消失，卻是含藏於自我否定之中，亦即含藏於自我否定後而開拓出來的個體物之中，這便引出下一節要討論的內在的超越的問題。真正的全體的一或絕對無（筆者按：此中的「一」不是數目字，而是絕對或絕對者之意），總是在個體物的多中存在，含藏著自己。這裏提出個體物（「個物」）便表示絕對無自我否定而生起個體物。同時，說絕對無的一存在於個體物的多中，頗有華嚴宗的一即多、多即一、一多相即相入的意味。這裏可以看到西田哲學中有華嚴宗的思想在內。西田又以西方宗教的神來說，這神相當於絕對無。在西田看來，神總是自我否定地存在於這個世界中的。他的意思是，神自我否定而開拓出有種種個體物的世界，祂自己也存在於這個世界之中。這有泛神論的意味，以絕對無來說，這有泛絕對無論的意味。即是，絕對無是無所不在的。❼❾絕對無或神自我否定

郎所帶導，內裏有久松真一、西谷啟治、阿部正雄、上田閑照，另一群則有田邊元與武內義範。前者宗禪，後者宗淨土。在前者中，西田與西谷較重視存有論，但還是以工夫論為主。雖然如此，存有論還是要講的，西田強調表現問題便是明證。關於表現，下面會有專節討論。

❼❾　在這裏，西田的措辭有些彆扭。他只需說絕對無甚麼地方都有或存在便可，卻又說絕對無甚麼地方都沒有或不存在。不過，這對絕對無的性格並無大礙。說某個東西總是存在，又總是不存在，在邏輯上是矛盾的。但就佛教來說，這種說法表示那個東西是超越於存在與不存在所成的相對的層次之上，而為絕對性格。這在佛教來說便是中道

而開拓出個體物的世界，這便是創造。

西田在這裏引佛教《金剛經》（《金剛般若波羅蜜經》，
Vajracchedikā-prajñāpāramitā-sūtra）的說法來助解。他表示《金剛
經》的背反之理，是鈴木大拙所謂的即非邏輯：「所言一切法者，
即非一切法，是故名一切法」，認為這與大燈國師說的「億劫相
別，而須臾不離；盡日相對，而剎那不對」有近似的旨趣。他認為
單單超越地自我滿足的神不是真的神，祂總是要有自我淘空
（kenosis）的活動才是真神。在西田看來，神在有超越性之處，即
有內在性；有內在性之處，即有超越性。這樣的神才是真正的辯證
法的神，這才是真正的絕對者。❽按西田在這裏提出《金剛經》的
名句和大燈國師的話語，有逆對應的意味：表面矛盾，實則表現辯
證的洞見。一切法和非一切法相應於辯證法的正命題與反命題，最
後的是故名一切法則是合命題。在正命題中，我們肯定一切法，那
只是作為現象的一切法，我們對它們有執著，執著它們的自性，而
不見它們的本性是空、無自性。在反命題中，我們否定一切法的自
性，領悟到空的真理。但我們不能停留在這種超越的境界，遠離世
界。在合命題中，我們重返回世界，肯定一切法，但不執著它們，
因為我們理解它們是空，無自性可得。我們的般若智（prajñā）便
是這樣運作的，鈴木大拙說這樣的思考方式是「即非邏輯」（「即

（madhyamā pratipad）。

❽　〈場所的論理と宗教的世界觀〉，頁 399。自我淘空即是自我否定。
在基督教，神透過道成肉身的方式化身為耶穌，來到世間受苦受難，
為世人贖罪，最後被釘死於十字架上。這是神的自我否定、淘空。

非の論理」），此中的「即非」便是指反命題中的對自性的否定性。❸至於大燈國師的那幾句話，如上面所說，是抽掉空間、時間的形式概念而得的，這與《金剛經》的說法有不同的焦點，關係不是如西田所說的那麼緊密。

西田也就與絕對者或絕對無相應的神來說有關問題。在他看來，神由愛而創造世界，這愛是絕對性格。這絕對的愛作為神的絕對自我否定而展示神的本質。這不是萬有神教，這毋寧是萬有在神論（Panentheismus）。我們不能以對象邏輯來思考這個問題，此中的思考應該是絕對矛盾的自我同一的絕對的辯證法的方式。❸

---

❸　關於這種思考方式，參看拙著《金剛經哲學的通俗詮釋》，臺北：臺灣商務印書館，1997，頁 8-11；《印度佛學的現代詮釋》，臺北：文津出版社，1994，頁 81-84。

❸　西田非常重視這種絕對矛盾的自我同一的思維形態，認為它能夠從對象邏輯中脫卻開來。他強調即便是黑格爾的辯證法也不能完全擺脫這種對象邏輯的立場或觀點。他指出，唯有佛教的般若思想能夠徹入這真正的絕對辯證法的內裏。（〈場所的論理と宗教的世界觀〉，頁 399）實際上，西田這種說法是有問題的。根據天台宗智顗大師的判教法，般若思想與中觀學是通教的導向，《法華經》（Saddharmapuṇḍarīka-sūtra）、《涅槃經》（Mahāparinirvāṇa-sūtra）與天台思想則是圓教的導向。通教說涅槃境界的獲致，需要斷除煩惱、生死，圓教則認為不必斷除煩惱、生死，只要能夠克服、超越煩惱、生死，便能證入涅槃境界了。就境界言，圓教顯然較通教更為圓融，更具包容性。若以絕對辯證法為修行的旨趣，圓教肯定較通教更接近絕對辯證法，更符合西田的設準。參看拙著 Ng Yu-kwan, *T'ien-t'ai Buddhism and Early Mādhyamika*. Honolulu: University of Hawaii Press, 1993, pp.39-47.

　　邏輯不能有創造作用，只有絕對的辯證法才有這種作用。上面提到，絕對無或神自我否定而開拓出個體物的世界。在西田看來，創造作用是多與一的矛盾的自我同一的世界能夠在自己自身中表現自己，在無基底的背景下，由被創作的東西向創作作用移行，無限地自己形成自己。❽這正符合上面所說的意思。神或絕對無特別是絕對無自我否定而開拓出個體物的世界，後者與絕對無分別是多與一，這多的個體物的世界與一的絕對無有一種相即相入的關係，甚至多的個體物與個體物之間有相即相入的關係，作為多的個體物在作為一的絕對無或絕對無的場所中相互之間沒有對礙，都能自由自在地遊息於絕對無的場所之中，以表現自己，證成自己。

　　上面提到對象邏輯一問題，我要在這裏簡略地說明一下。這「對象邏輯」是西田喜歡用的概念，也為後來京都學派的人所沿用。所謂對象邏輯大體上是指我們一般所理解的形式邏輯，西田把它與自己所宗的辯證法或逆對應對比著說。在西田看來，逆對應是指人與人、人與絕對者的關係，涉及有關事物的內涵，對象邏輯則只講形式，不涉及有關事物的內容，與辯證法或逆對應是不相符順的。對象邏輯是，對象是外在物，我們越趨近它，它會明顯地、清晰地、巨模地在我們眼前出現。若它離開我們，越離越遠，便會變得細小、模糊，最後會在我們的視野外看不到。這種現象很簡單，一般人都會明白。實際上，我們的日常生活經驗便是這樣。但我們可以從這種生活環境超越上來，生活在一個有逆對應性格的世界中，在其中，我們會經驗到與對象邏輯的世界相反的情況：在物理

---

❽　〈場所的論理と宗教的世界觀〉，頁 400。

上距離我們越遠的東西，對我們來說是接近的、親切的；接近我們的東西，卻又是遙遠的，甚至是無限地遙遠的。真理的世界，或現象學所說的生活世界（Lebenswelt），以至物自身的世界，便是這樣。這是與對象邏輯的世界、知覺的世界不同的，它是概念分析、思辯活動所不能到達的世界，或者說，是絕對矛盾的自我同一的世界。西田正是以「逆對應」的關係來理解這個世界。這個世界的背景，是絕對無，是場所，是「平常底」，是「自然法爾」。

十二、內在的超越

在上面的探討中，我們時常涉及西田的〈場所の論理と宗教の世界觀〉一長文。事實上，這篇作品很重要，它展示出西田晚年對一些重要觀念、問題的看法。此中還有一個關鍵性的觀念，這即是「內在的超越」。以下我要處理這個觀念。在西田看來，我們在自己的根柢中見到絕對的他者，這便是「自覺」活動。在這種意義脈絡來說絕對的他者，有把絕對的他者與自我同一化的意味。倘若真正是這樣，自我即是絕對的他者，則所謂他力主義便變得無意義。就一般的理解來說，我們是否能夠憑自己的力量得到覺悟、解脫呢？若答案是正面的，則是自力主義。若答案是負面的話，即我們不能憑自己的力量以獲致覺悟、解脫，因為自己的力量很有限，很弱，不足以克服生命中的種種無明因素，例如苦與罪，需要倚靠外面一個他力大能，例如阿彌陀佛或神，施以援手，才能解決這些生命的負面問題，而得覺悟、解脫。這樣便是他力主義。西方的宗教，如猶太教、基督教、回教和東方佛教的唯識宗、淨土宗便是在

這種設想、理解下，來處理這些宗教問題。現在西田以在自己的根柢中見到絕對的他者來說自覺，而自覺是救贖活動的一個重要的環節，則他似是走他力主義的路了。不過，問題不是這樣簡單。我們在自己的根柢中見到絕對的他者或他力大能，這他力大能是否必會幫助我們離苦得樂、得解脫呢？這仍是有待研究的問題。另外，我們見到絕對的他者，只是見到而已，我們自己仍是自己，仍然是凡夫，離解脫很遠很遠。

讓我們還是依循西田的說法，從自己在自己的根柢中見到絕對的他者說起。西田在他的〈場所的論理と宗教的世界觀〉中，以「內在的超越」來說自覺：在自己的根柢中見到絕對的他者。他認為宗教總是具有內在中的超越這種性格的，我們不管在甚麼處所中，都要朝著這個導向而行事，這「內在的超越」正是我們步向新的文化的道路。❸這裏提供我們對逆對應關係的理解的新線索。西田把「內在的超越」視為逆對應關係的表示。就內在與超越這兩個語詞來說，在意義上是相對反的：是內在便不是超越，是超越便不是內在。但我們的生命存在不必是邏輯性格的，而是辯證性格的。說在我們的生命內部見到超越的他者，則超越的他者不應是外在於生命，卻應是內在於生命，而為我們所見。不然的話，便不應說在自己的根柢中，或在自己的內裏。而所謂見，不應是視覺作用的那種見，而應是覺察，或許說覺悟、警覺比較恰當。這覺悟、警覺不是在知識論的脈絡下說的，而是在存有論的脈絡下說的。我們在自身中覺察到、覺悟到、警覺到超越的他者，是就超越的他者存在於

---

❸　同前書，頁 461。

我們生命的內裏說的，或者說，我們逆覺到在我們的生命存在之
中，有超越的他者這樣的東西。此中自然有辯證的、弔詭的意味，
但不難理解。❽不過，我們要進一步注意這一問題：存在於我們生
命的內裏的超越的他者是否必定發出超越的作用，讓我們捨染（或
在克服染之中）從淨（或獲致清淨性）而得覺悟、成解脫呢？另一
問題是，即便在我們內部的超越的他者發出作用，這作用是否具有
足夠的力量，讓我們捨染從淨，而成覺悟、得解決呢？西田未有積
極地探討這些問題，起碼就筆者的有限的所知來說是如此。西田
說：

> 透過絕對的他者作為媒介，汝和我得以結合起來。自己通過
> 在自己自身的底層見到作為自己的根柢的絕對的他者，而沒
> 入他者的內裏，亦即是，我在他者之中失去了我自身。……
> 我們在自己的內裏碰著絕對的他者而沒入絕對的他者之中聽
> 到的，可視為自己的聲音，但這不能作為真正的人格與人格
> 的會面看，也不能作為在他者之中聽到汝的聲音看。這仍不
> 能說是真正地在自己內裏見到絕對的他者，未能算是真正地
> 由點到點的移行的辯證法的限定。基於此，我們仍不能說是
> 真正的個人自己通過這樣的限定而發出呼號，這只能視為社
> 會的限定否定個人自己而已。個人自己只依個人自己而呼

---

❽ 這等於說超越的他者有其普遍性：它周遍地，沒有遺漏地存在於我們
的生命的內裏。因此我們可以依說「煩惱即菩提，生死即涅槃」的格
式，說「內在即超越」。

> 號，呼號個人自己的，亦必是個人自己。我以作為絕對的他
> 者的汝為媒介而知道自身，汝通過絕對的他者為媒介而知道
> 汝自身，在我與汝的底層中有辯證法的直覺的意義。❽

在這裏，西田對我們在自己的內裏見到絕對的他者和絕對矛盾的自
我同一作出嚴格的規限，同時也帶出人格和辯證法的直覺的問題。

我是凡夫，汝是超越的神或佛，這成一絕對矛盾，我沒入絕對
的他者的內裏，這似乎可以說絕對矛盾的自我同一。但西田很謹
慎，對於同一關係守得頗緊。我雖然沒入絕對的他者之中，但這樣
太被動，我與絕對的他者的關係並不是對等的，我是被導，絕對的
他者是主導。因此，我雖然可發出自己的聲音，但這不是獨立的聲
音，因我是附著於、依附於絕對的他者，這裏面不能有人格與人格
相對等的關係，絕對的他者有人格，我則沒有人格，沒有獨立的人
格。在這種情況，我即便說人格，也不過是由社會慣習所限定的人
格而已。按西田在他的成名作《善の研究》中，開拓出場所或絕對
無觀念，以之來說終極的實在。他又把這終極的實在說成是意識的
統合力量，具體地說，即是人格或人格的要求。❿這人格不是真正
的人格的主體性，或主體性的人格，它要由社會慣習所限定，缺乏
自主性、自覺性。另外，所謂辯證法的直覺，這不是我們一般所說

---

❽　〈我と汝〉，頁 398-399。在這裏，西田把絕對的他者與汝交替地
　　用。

❿　西田著《善の研究》，《西田幾多郎全集》，第一卷，東京：岩波書
　　店，1978，頁 151-152。參看拙著《絕對無的哲學：京都學派哲學導
　　論》，臺北：臺灣商務印書館，1998，頁 11-13。

的感性直覺（sinnliche Anschauung），而應是睿智的直覺（intellektuelle Anschauung）。前者處理感官的、經驗的、現象的東西，後者則能認識終極的、絕對的東西，如天道、天理、本體、物自身。感性直覺是分析性格的，睿智的直覺則是辯證性格的。西田在他的《善の研究》也談到這種直覺，他稱之為「知的直觀」。**❽❽**

　　還有一點是我們要特別注意的，這便是西田所說的「由點到點的移行的辯證法的限定」（「點から點に移る辯證法的限定」）。所謂點到點的移行，表示階段性，一個點是一個階段，即由正狀態經反狀態而臻合狀態；這合又作為下一階段的正狀態而循環地發展下去。絕對的他者是活的，不是死的，它依階段性而不停地向前發展，為我們所現成，所見到。

　　回返到逆對應的問題。西田通過逆對應來把握、理解絕對者與人的關係。絕對者對於作為凡夫的我們人具有超越性，這超越性有被人視為對象性的傾向，而減殺人與絕對者的關係。因此，西田提出要克服絕對者的對象性。在西田看來，逆對應這一觀念所表示的關係，並不含有將絕對者虛無化的意思。毋寧是，我們與絕對者相互作絕對的否定，由此而生起絕對的肯定，以證成我們在自己的內裏見到絕對者。這樣，絕對者作為超越的他者，並不是外在於我們地超越我們，而是內在於我們地超越我們。因此，就絕對者與我們人的關係而言，西田不說「超越的內在」，而說「內在的超越」。內在於我們而超越我們的絕對者並不以絕對無的姿態而停駐在某一處所，卻是在絕對無的底層來到我們身邊，對我們作彌陀的呼號。

---

❽❽　《善の研究》，頁 40-45。

西田強調，今天的時代精神，不是要得到作為千軍萬馬主帥的宗教，而是求得以絕對悲願為基礎的宗教。**⑧⑨**

在這裏，讀者或許發覺我們一向是說絕對的他者的，這裏則說絕對者了。這是依於文獻的相關處所在稱謂上不同的緣故，並沒有特別的原因。唯一可以說是區別的，是絕對者所涉的範圍大於絕對的他者所涉的範圍。

最後，我要在這裏對逆對應關係作一些總結與反思。絕對者會自我否定，以進行自我分化（self differentiation），超越了、突破了自身的一體性，而形成種種個別自我。**⑨⓪**這樣，我們所相對的存在性便依於絕對者。西田指出，當相對面對絕對時，其結局便是死亡、消滅。西田稱這種情況為「無」，強調我們只有透過死亡，才能逆對應地接觸到神。**⑨①**這應如何理解呢？我的看法是，相對是個體性，絕對是普遍性，相對面對絕對，便會失去個體性，這便是死。這是逆對應，在其中，我們接觸到普遍的神，和祂連結起來。接下來是，我們作為一個凡夫，甚麼也不懂，是一個愚者，但能夠聽到絕對者的聲音，也可以說是自覺，但這是凡夫的自覺。這也可以說無我，我們可以自覺到這無我的性格，同時，這無我是具體的自覺、感覺。在淨土宗的情況，在阿彌陀佛的悲願的呼號中，我們自覺到自己的渺小，這渺小便可以說無我。我們是無我，阿彌陀佛是甚麼呢？它是絕對。西田說：

---

⑧⑨　〈場所的論理と宗教の世界觀〉，頁 439。
⑨⓪　這自我否定、自我分化自然有存有論的意味在裏頭。
⑨①　〈場所的論理と宗教の世界觀〉，頁 396。

絕對在面對無時，成為真正的絕對。相對於、相應於絕對的
無，絕對的有便來了。同時，在自己之外，對象性地面對自
己的，不是任何東西；而與絕對無相對的這樣的情況，可以
說是自我「自我矛盾地」面對自己自身，這便是矛盾的自我
同一。㊈

無自身是絕對無，故絕對者面對無，即是絕對無的自我面對，這正
是絕對無自我確認自己。而與這絕對無相對的，則是絕對有；這只
是邏輯地說是如此，絕對無是夐然絕待的，並不面對任何東西。我
們毋寧應說，關於絕對或絕對者，從正面來說是絕對有；從反面、
負面來說，則是絕對無。絕對有是健動的終極原理，絕對無則是虛
靈的終極原理。並不是有兩種終極原理，只是由於終極原理有其健
動的一面，也有其虛靈的一面。兩者的綜合形態，即是筆者在拙著
《純粹力動現象學》及《純粹力動現象學續篇》中所闡釋的純粹力
動（reine Vitalität）。㊈
　　西田進一步說：

　　　　絕對在自己的內裏，含有絕對的自我否定在內。所謂在自己
　　　　的內裏含有絕對的自我否定，意即是自己是絕對的無。在自

㊈　同前書，頁 397。
㊈　吳汝鈞著《純粹力動現象學》，臺北：臺灣商務印書館，2005；吳汝
　　鈞著《純粹力動現象學續篇》，臺北：臺灣商務印書館，2008。另外
　　又有通俗本：吳汝鈞著《純粹力動現象學六講》，臺北：臺灣學生書
　　局，2008。

己不能成為絕對的無的限度下，自我否定的東西對自己而立，自己在自己的內裏不能含有絕對的否定在內。明乎此，自己自我矛盾地與自己對立起來，有「無」與「無自身」對立的意味。真正的絕對便是在這樣的意義下證成絕對矛盾的自我同一。當我們在邏輯上要表現神，也不外是這樣的意思。神作為絕對的自我否定，逆對應地面對自己自身，在自己自身中含有絕對的自我否定，依於此，通過自己自身而成為某種東西，由於是絕對的無，因而是絕對的有。由於作為絕對的無而證成有，因而是無所不能，無所不知，是全智全能。❾❹

說絕對在自己的內裏含有絕對的自我否定，表示絕對本身在表現上含有無條件的自由（Freiheit），即便是絕對地自我否定也無不可。自我否定有表現、呈現的效應；普遍者作自我否定，可以分化、開拓出特殊的事事物物或行為。故自我否定可以是一種表現、呈現原則。但這要預設作自我否定者是絕對的無或絕對無才行。倘若不是這樣，自我否定者只能有限地面對自己，不能像絕對無那樣對任何事物都全面敞開，不能作有絕對義的自我否定。自我否定必須在絕對性的意義下進行，才能有全面開拓的作用而呈現種種存在物或行為。沒有絕對義的自我否定只是零、虛無，甚麼也產生不出來。絕對的無與無自身對立，進行絕對性格的自我否定，結果是存有論地展現存在物或工夫論地轉出善的行為。最後，存在物或行為

---

❾❹　〈場所的論理と宗教的世界觀〉，頁 297-298。

都可以收歸到絕對的無方面去。否定有矛盾的意味，在這裏便可說絕對矛盾的自我同一。另外一點是，京都哲學家很強調絕對的肯定即是絕對的否定。關於這點的意思，我在上面已作過說明。在這裏，我只想一提，在京都哲學家眼中，絕對無作為終極原理，是不容只有否定的、負面的意味的。它其實同時兼有肯定的與否定的或積極的與消極的意涵，他們很強調終極原理具有真空與妙有兩方的面相。真空相應於絕對無，妙有相應絕對有，雙方的無、有相悖，但都是終極義、絕對義，這便成了絕對矛盾。而雙方又代表終極原理的不同性格、不同作用，統合於終極原理，這是同一。於此，我們便可以理解絕對矛盾自我同一的弔詭的、辯證的觀點了。

就工夫論的角度言，西田強調，在我們與作為自家的生命的根源的絕對者的宗教關係中，英雄豪傑與匹夫匹婦、智者與愚者、善人與惡人都是一樣的，都不能免於苦痛與罪惡，其中的解救之道，在淨土真宗看來，需依賴對佛的聖名的信仰。(95)這種看法，並不如一般所覺得的那樣簡單、素樸，但我在這裏沒有篇幅作周詳的說明。(96)我只想扼要地說，基於表現的目標，絕對者下墮而分化、詐

---

(95) 同前書，頁 410-411。

(96) 對於這個問題有興趣的讀者，可以參考以下著作：
釋徹宗著《親鸞の思想構造：比較宗教の立場から》第四章〈親鸞の思想構造〉，京都：法藏館，2002，頁 61-90。
武內義範著《武內義範著作集第一卷：教行信證の哲學》，III，〈親鸞思想の根本問題〉，京都：法藏館，1999，頁 338-382。
武內義範、石田慶和著《淨土佛教の思想第九卷：親鸞》，第三章，II，〈教行信證〉，東京：講談社，1991，頁 137-188。
武田龍精著《親鸞淨土教と西田哲學》，第八章，四、〈親鸞におけ

現為個體物，開拓出存在世界，前者是後者的根源。對於前者來說，後者都是同一無異的。這是存有論的說法。在實踐上，淨土宗特別是淨土真宗把人的根本、基礎放在苦痛與罪惡中，這個根本、基礎便淪於個別性。我們要把這個別性關連到普遍的佛的聖名方面去，才能得救。西田的意思是，我們在自己生命根柢處存在著無明、罪惡，不能以觀想的方式面向絕對者。我們需要在現實生活的底層聽取阿彌陀佛的呼號，才能面向絕對者，在場所的背景下向絕對者祈求救贖。**❾**

十三、關於表現的活動

「逆對應」是辯證法的一個概念，表示個體與普遍者、矛盾的

る淨土の意義〉，京都：永田文昌堂，1997，頁 633-713。

Hee-Sung Keel, *Understanding Shinran: A Dialogical Approach*. N.P.: Asian Humanities Press, 1995.

❾ 我在這一節中花了很多篇幅來說明逆對應概念，這是理解西田的絕對矛盾的自我同一思想的極其重要的概念。以下再提供一些文獻，供讀者參考：

上田閑照著《上田閑照集第十一卷：宗教とは何か》，第一部〈逆對應と平常底：西田哲學における「宗教」理解〉，東京：岩波書店，2002，頁 69-106。

小坂國繼著《西田幾多郎の思想：二十一世紀をどう生きるか》，下，第 22 回〈逆對應と平常底：晚年の宗教思想〉，東京：日本放送協會，2001，頁 130-146。

竹村牧男著《西田幾多郎と佛教：禪と真宗の根底を究める》，二部〈逆對應と平常底〉，東京：大東出版社，2002，頁 113-266。

消融善與惡、生與死、煩惱與菩提、生死與涅槃，等等的關係，是從理上、動態的關係上說。它也有其動感的面相，表示動態的關係，關於這一點，西田以「表現」、「形成作用」等語詞來說。

表現的思想，在東西方哲學中都很受重視。普遍在特殊中展示出來，抽象在具體中展示出來，理在事中展示出來，道在器中展示出來，理型在倣製品中展示出來，都是表現活動。在柏拉圖哲學中，理型表現為倣製品。在基督教中，神通過道成肉身而表現為耶穌。在黑格爾哲學中，絕對精神表現為歷史發展的行程。在海德格哲學中，實有在本質的呈顯中表現出來。在儒學中，道體、性體在心的實踐中表現出來（以心著性）。在道家中，道在萬物中表現出來。在佛教唯識學中，識體透過相分（nimitta）的詐現（pratibhāsa）而表現出來，等等，各有自己的不同的說法，但都是環繞著終極真理、終極原理（勉強說識也包含在內）如何透過活動而從無形狀態表現為有形狀態，而形的有無，基本上是從感官能否覺知說。粗略地說，能覺知是有形，不能覺知是無形。

「表現」這個語詞是西田自己提出的，它的意思與上面說及的不是完全相同，較上面說及的為複雜。西田說：

> 絕對地相反的東西的相互關係是表現。絕對者並不是去絕相對，而是在絕對的自我否定之中具有自己，在絕對的自我否定中見到自己。依於此，作為絕對的自我否定而面對自己的東西，正是自己自身的表現。❾❽

---

❾❽　〈場所的論理と宗教的世界觀〉，頁439。

此中的意思頗不易解，我們需先知道，相對地相反的東西不是相對地相同的東西，但絕對地相反的東西卻是絕對地相同的東西，只是中間經歷了相反而又相合的辯證的程序。故相對的否定不是相對的肯定，絕對的否定卻即是絕對的肯定，只是中間多了一個辯證的程序。或者可以這樣說，絕對的否定是雙重否定：否定的否定，結果是肯定，但是絕對的肯定。由此，我們得到絕對的否定或絕對的自我否定即是絕對的自我肯定，由這肯定可通到在絕對的肯定中具有自己，見到自己。長谷正當在西田所說的「絕對地相反的東西的相互關係是表現」提出自己的理解方式：當某一東西與另一東西之間成為一定的正確關係時，某一東西可在另一東西中映現出來，在另一東西的內裏展現自己的形像，即是「表現」。他舉房屋為例：房屋 A 藉著牆壁而與房屋 B 區隔開來，房屋 A 的牆壁的另一面即是房屋 B 的表現。反轉來說，房屋 B 的牆壁的另一面是房屋 A 的表現。「表現」是自己在其他東西中映現出來。❾❾這便相應於我在上面所說的普遍在特殊中展示出來的意味了。

由以上的意思，西田提出創造問題與絕對矛盾的自我同一的問題。他說：

> 無論在甚麼地方，自我表現地形成自己自身的東西，或無論在甚麼地方的創造的東西，與在被創造中的創造的東西，或在被製作中的製作的東西，總是有絕對矛盾的自我同一的關係。表現的東西與在被表現中的表現的東西……的矛盾的自

---

❾❾ 長谷正當著《欲望の哲學：淨土教世界の思索》，頁 106-107。

我同一的關係中，必有製作、被製作的事體滲進來。⑩

此中，某一種動作，例如創造，與實際地已進行了的動作，例如被創造，其中所已發生了的動作，例如創造，是不同的。說某一種動作，只是提舉式，與實際上已被引發的動作是不同的，此中有一種矛盾的自我同一的關係在裏頭。譬如，一般提舉地說的創造，與已發生的創造中的創造、已被創作出來的創造，是不同的。前者的創造是一般的普遍性格的創造，後者的創造則是已經發生了的特殊的創造，這普遍的創造和特殊的創造，構成矛盾的自我同一的關係。所謂矛盾，是指一般的提舉而尚未發生的動作與已經發生了的動作之間的關係。所謂同一，是指這只提舉而未發生的動作與已經發生的動作在意義上、作用上的相同性。在理表現為事的例子中，理是一般地提舉出來，是普遍；但在理表現為事的特定的、已發生了的現象或活動中，理是這已發生了的活動中的理，是特殊，所表現的事亦是特殊。普遍的理與特殊的理構成矛盾。

接著，西田提出動力（働き）概念，他說：

> 我理解他（筆者按：這「他」可作一個人看），是一種動力，但這不是來自外面的被進行的動作，也不是來自內部的被進行的動作，而是自我表現地對自己進行的動作。自我表現地對他進行動作也是一樣，自己不是變成為他，他也不是變成為自己，他是自我表現地對他自己進行動作。人與人之

---

⑩　同前書，頁 439。

間的相互理解，亦是成立於這樣的關係中。**⑩**

西田的意思是，表現是一種動力，或它的基礎是動力。一切表現，都不是在自己之外或在自己之中進行的。自己之外是物理的，自己之中則是心理的，雙方不能免於區隔。西田的意思是，一切表現都是自己作為一個整一的、無內無外的生命存在進行的。一切表現都是自我表現；理自我表現為事，抽象自我表現為具體。理與抽象是絕對性格，事與具體是相對性格，此中可以構成絕對矛盾，但事是理的表現，具體是抽象的表現，這些表現都來自同一的動力，這便是絕對矛盾的自我同一。理是事的理，事是理的事；抽象是具體的抽象，具體是抽象的具體。理與事、抽象與具體雙方融合無間。而理表現為事，事即反映出理；抽象表現為具體，具體即反映抽象。理存在於事中，抽象存在於具體中。這樣的絕對矛盾的自我同一主要是從存有論方面說，我們也可以在工夫論、救贖論中說。涅槃表現於生死之中，榮光表現於屈辱中；生死若能轉化，當體即是涅槃，屈辱若能點化，當體即是榮光。

關於絕對矛盾的自我同一的世界，西田又以多與一的關係來說。多是個別性，一是普遍性，分別相應於諸法與法界（dharmadhātu），這種關係在佛教華嚴宗中說得最多，而且是在勝義諦（paramārtha-satya）的層面說，不是在世俗諦（saṃvṛti-satya）的層面說。西田則未有這樣精細的、確定的區分，大抵是勝義諦的傾向。在他看來，在多與一的絕對矛盾的自我同一的世界

---

⑩ 同前書，頁 439-400。

中，在自我否定方面，不管是甚麼處所，總是個體與個體在相對的立場的表現；在自我肯定方面，不管是甚麼處所，總是在全一的立場的形成。⑩自我否定是負面的，因此只有負面義，不具有正面義，有關東西的存在層面無法提升，故表現作用只能局限於個體之間的相對關係上。自我肯定是正面的，因此具有正面義，有關東西的存在層面有普遍的全一性，而展現超越的、絕對的關係。

西田由絕對矛盾的自我同一的世界談到歷史的世界，此中涉及力的概念，值得注意。西田說：

> 在歷史的形成的世界中，所謂表現即是力，是形成作用的可能性。這不是現象學學者和詮釋學學者所說的純然的「意義」。這些學者把表現從它的形成方向抽象出來處理。他們所謂意義涉及在自我否定的立場的極限內自我表現地形成自己自身的世界，任何地方不過是非形成地被視為世界的內容而已。在歷史的形成的世界中，並不具有單純的事實或作用，也不是單純的意義。這個世界具體地具有的，是一切自我表現地形成自己自身的那些東西。⑩

這段文字非常難以解讀，我苦思再三，試作闡釋如下。京都學派很重視歷史，⑩西田是其中重要的一位。他以表現來說歷史形成的世

---

⑩　同前書，頁 440。

⑩　同前註。

⑩　森哲郎編有《世界史の理論：京都學派の歷史哲學論攷》，《京都哲

界，視世界為歷史表現的平臺，而這表現的基礎是力。這力不是一般的物理學中的力學的力，而是作為存有論、宇宙論的一個概念，指形成作用的依據。他不同意西方的現象學、詮釋學，特別是前者，採觀念論的立場來交代世界的存在性。這立場是意識（Bewußtsein）的立場，視一切存在都由意識通過意向性（Intentionalität）的意指作用來構架存在的世界。⑩⑤在表現與形成方面，他們重表現而輕形成，而對於表現，他們傾向於以意義來說，而忽視具有一定程度宇宙論涵義的形成，因此會淪於主觀主

學撰書》第十一卷，京都：燈影舍，2000，其中收入西田幾多郎、西谷啟治、高坂正顯、鈴木成高、務台理作、高山岩男、相原信作、大島康正、下村寅太郎等學派成員有關歷史哲學的文字。高坂正顯自己也寫了一本專書，從現象學方面探討歷史的問題：《歷史的世界：現象學的試論》，《京都哲學撰書》第二十五卷，京都：燈影舍，2002。此書以《高坂正顯著作集》第一卷（東京：理想社，1964）為底本而成。另外，唐木順三也寫有《現代史への試み》，《京都哲學撰書》第十二卷，京都：燈影舍，2001。在國際學術界有一定的知名度的久松真一，更建立自己的絕對無的史觀。參看久松真一著《絕對主體道》，《久松真一著作集》2，〈平常心〉，東京：理想社，1974，頁 103-128。又可參考拙文〈久松真一的絕對無的史觀〉，拙著《京都學派哲學：久松真一》，臺北：文津出版社，1995，頁 66-73。又久松真一的〈平常心〉有常盤義伸（Tokiwa Gishin）的英譯："Ordinary Mind", *The Eastern Buddhist*, Vol. XII, No. l, May 1979, pp.1-29.

⑩⑤ 意識通過意向性或意向作用來構架世界的觀點，主要是由胡塞爾（E. Husserl）提出的，西田雖然未有具體地提到他，但大體上是指涉他了。有關胡塞爾在這方面的觀點，參看拙著《胡塞爾現象學解析》，臺北：臺灣商務印書館，2003，頁 81-89。

義。西田更特別指出，現象學和詮釋學的學者把表現自形成作用中抽離出來，以非形成的觀點來看世界的內容。這樣便對世界的本質與根源在理解上捉錯用神，以偏向意義的表現與非形成眼光來看世界。特別是，對於形成世界，一方面說自我表現，另方面又強調自我否定，這在理論上、邏輯上便不一致，難以說得通；這自然也是一種疏忽。平心而論，西田自己仍是觀念論的立場，他的哲學中的幾個重要觀念，如純粹經驗、場所、絕對無、神、形而上的統合力量、逆對應、平常底，甚至上面提到的力，都有濃厚的觀念論意義。但與現象學比較起來，他覺得自己的實在論意識還是比較強，他所強調歷史的形成的世界中的形成，便有些宇宙論的意味，不是意義一概念所能周延地概括，更與現實性有某種程度的連接，與他所說的現象學的「非形成」不同。西田特別提到這個世界具有「自我表現地形成自身的那些東西」中的「那些東西」，這些東西應是指一些客觀的因素、質料性質的因素，這樣，世界便不純然是意識的單方面的製作了。這些客觀的因素、質料性質的因素正與跟著提出的「性質」相應。

　　跟著要提及的一點很重要，這便是上一段文字開首的「在歷史的形成的世界中，所謂表現即是力，是形成作用的可能性」。西田透過力，將表現與形成作用連結起來。表現的意思比較含糊，它是力，但有多元性，有不同類別、不同層次的力：生理的力、物理的力、意志的力、形而上的根源的力；筆者所提的純粹力動，即是這最後一種的形而上的根源的力。力是靈巧的、難捉摸的、無形而又可感覺或體會的。形成作用則不同，它的層次較低，但可給我們深刻的感受與印象；它也是較為穩定的，比較接近經驗的材質方

面，形而上的意味很淡，生活的意味則很明顯。我們可以粗略地、單純地說，表現有唯心主義的傾向，形成作用則牽涉很多唯物主義的成素。這自然失之於空泛，而流於模糊、不精確（imprecision）。我在這裏只想提出，就性質來看內容，形成較表現更為多元性，它可以概括傾向原理義的表現，也可以概括模式、樣態，同時也指涉感覺經驗、材質。❿

西田畢竟是一個觀念論者，他最後提出意志，把表現、形成和上面提到的有關要素或性質都放在意志中說。他強調，意志總是被看成是一般所想的抽象的、單純的意識作用，而忽略了在自己自身中表現出世界這樣的事體。他更強調倘若沒有這種來自自己的世界的表現，意志作用是無從說起的。❿這從表面看來，好像是主觀主義甚至是獨我主義的說法，實際上不是這樣。西田在這裏說的自己或我們自己，並不是心理學意義的主觀的自我，而是作為一客觀

---

❿　日本的哲學家山內得立（也是西田的學生，有人把他列入京都學派，但不是很恰當）寫了一本《意味の形而上學》，東京，岩波書店，1967，1998，花了接近一半的篇幅探討表現的問題。他在書中特別把「表現」與「存在」作出對比，表示一與多的相對，是存在義方面，一與多相應，則是表現義方面。存在義傾向於客體性，表現義則傾向於主體性。存在作為存在，時常是一的，表現作為存在的表現，則具有多種意義。在具有多種意義的存在中，可以看到存在的各種模式、樣貌，存在與存在的模式或樣貌，不一定是同一的。（頁 360）山內的意思是，同一的存在，可以有多種不同的表現。故存在是穩定的，表現則是輕盈的、會轉變的。如作為水的 H_2O 是存在，它可有不同的表現：液體、固體、氣體。

❿　〈場所の論理と宗教の世界觀〉，頁 440。

的、普遍的、存有論的共我。他說：

> 意志是依於我們以自己作為世界的自我形成點而自我地表現
> 世界，而形成世界的那種動力。⑩

即是說，意志是作為共我而有普遍性的主體性，它自身即是表現、形成歷史的世界的基礎，它不是沒有實在性的非實在的東西，卻是我們作為世界的自我表現而形成歷史的世界的力。這共我或主體性作為絕對者，不管在哪裏都是基於自我否定地、在自己之中見到自己的立場而成立人的世界、歷史的世界的。

　　回到表現的問題上，西田表示表現與逆對應是一體的，是同一事體的兩個面相。這分別相應於親鸞所強調的信與行。所謂信，在西田看來，是一種樣態，在其中，個體作為唯一無二的個體，在意志的前端面對絕對者。⑩西田認為，宗教，不管是甚麼宗教，只要是真正的性格，它的入信點必須被放在意的前端，亦即是最重要的位置。同時，宗教並不是單純地從感情開始，當事人必須要自己盡力而為，才能入信。⑩

　　至於意志與表現的成果，西田表示，不管在哪種情況，都非涉及意志不可，也非涉及唯一的個別的東西不可，否則便不能說宗

---

⑩　同前書，頁 440-441。

⑩　如同凡夫、個人面對阿彌陀佛那樣，而成一種信的關係。

⑩　〈場所的論理と宗教的世界觀〉，頁 428。

教。⑪西田的意思大抵是，宗教是雙方互動的事情，絕對者是一方，個別東西（眾生）的意志是另一方，宗教的焦點是信，信是個別的意志向絕對者的全情投入。絕對者若是神、阿彌陀佛，當事人便要收斂其主體意志，與絕對者融和成一體。絕對者與作為個體的當事人，一邊為絕對性格、超越性格，另一邊則是相對性格、經驗性格，這中間有絕對矛盾。當事人放棄其自身的意志，全面委身於絕對者，與後者結合成為一體，藉著後者的加持，而得著解脫。這便是絕對矛盾的自我同一。

十四、總結與反思

在上面我們花了很多篇幅探討西田幾多郎的絕對無與絕對矛盾的自我同一的問題。西田哲學的體系龐大，在思維上又有很濃厚的辯證性格，故解讀不易。在這裏，我想作些總結與反思。首先看絕對無。這是京都學派哲學的核心概念，它的規模與矢向，在西田哲學中已有相當清晰的展示。它表示一終極原理或真理，一切存在與工夫活動，都從這裏開拓出來。在存有論方面，它是主體性，也是客體性；更精確地說，它是主與客未分前的純粹狀態，由於它的分化活動，乃開出主體與客體兩大範疇；一如西田的知識論在開首說的純粹經驗，它不是對象也不是主體，而是對象與主體的根源，在雙方分立前（此前不是時間義，而是理論義、邏輯義）的渾融狀態。

---

⑪　同前註。

　　絕對無是終極原理，在活動上則是絕對矛盾的自我同一。一如絕對無那樣，或可說是與絕對無相應，絕對矛盾的自我同一也有存有論與工夫論的兩個矢向。就存有論（也有輕微的宇宙論意味）來說，我們可先就絕對性的東西和相對性的東西的矛盾來說絕對矛盾。絕對的東西如菩提、涅槃、法性、神、佛、汝，相對的東西則如煩惱、生死、無明、人、眾生、我。在性質方面，雙方是對反的、矛盾的，一方是清淨的，他方則是染污的。雙方在存有論上是相即不離，這即是同一或統一。絕對性東西與相對性東西之間構成絕對矛盾關係；而在絕對矛盾的根柢裏則有同一關係。同一的基礎是在變化活動中有不變的東西存在。關於絕對矛盾的自我同一，我們可初步理解為在矛盾中雙方的對反關係需先被突破，被克服，矛盾的雙方的相對的內容要被蕩奪，被淘空，而上提為絕對矛盾，最後雙方辯證地融合起來，統一、同一起來。

　　在西田看來，矛盾與同一有限定的意義，這即是絕對無或絕對無限的普遍者的限定，這限定有分裂、分化以至具體化、特殊化的意味，這些分化等最後會歸向於同一。矛盾的同一要在活動中證成，而且有辯證的要素在內，故矛盾的同一是一辯證的活動。在絕對無的場合來說，絕對無的自我限定有辯證的存有論義：絕對的無即是有，或絕對的否定即肯定。

　　就世界來說，西田認為世界是一絕對矛盾的自我同一的自我限定的結果。一切事物都可透過表現而自我限定，一般宗教上的「我」、「汝」是存在於表現（自我限定的表現）的底層，有現象學的意義。即是說，「我」、「汝」都有宗教上的轉化的性格，不同於一般的經驗的、現象的東西。本來，我是自我，是生滅性格

的；汝則是絕對者，是基督教所說的永恆的神（Eternal God）。自我被轉化，會提升到永恆的層面，與永恆的神會合，現象學義便是從這一點上說。

上面說，表現是自我限定的表現。關於表現，下面會有更進一步的闡釋。這裏先聚焦在限定的說明方面。限定是一個個體化原則，也有呈顯的作用。普遍者限定自身或作自我限定而開拓出種種事物以至整個存在世界；而存在世界中的各個分子或個體物又相互限定對方以突顯、逼顯出普遍者。故限定（limitation）有決定的作用，有特殊化、具體化的轉向的正面意涵。事物要呈顯自身、表現自身，便需要限定：絕對無的限定、場所的限定或與其他事物相互限定，以達致呈顯（Erscheinen）的目標。這呈顯可與海德格所說的「實在的本質在呈顯」或「實在透過呈顯以完成、證成它的本質」（Sein west als Erscheinen）的說法接軌，即是，實在透過個體物的轉向以自我呈顯，而個體物亦需呈顯實在或普遍者以證成後者的旨趣與性格。

絕對矛盾的自我同一是一種高層次的限定作用，它是依辯證法的方式進行的。絕對矛盾指涉分離、分化以至矛盾的狀態，自我同一則是一種由分離、分化以至矛盾的狀態轉而為統一、統合、同一的狀態。這樣的狀態的轉移，由矛盾到同一，必須藉著辯證法的運用而可能。融合或同一的結果，是以真理或物自身的姿態存在的東西。我們也可以說，絕對矛盾的自我同一與辯證的限定或綜合是同義的，雙方都指向終極真理的開顯、證成。西田也正是以辯證的思維來闡釋絕對矛盾的自我同一。所謂限定，是自我封限、收歛，作現象學意義的定位。這是辯證性格的定位，因而是自覺的。一切個

體物若都能有辯證的定位，則相互間有一種協調、無障無礙的關係，遊息於絕對無的場所中，而構成一睿智性格的存在世界。這是真理的世界，是華嚴宗所強調的毗盧遮那大佛（Vairocana Buddha）在三昧禪定中所證成的事事無礙的大緣起的法界（dharmadhātu）。

以上所說的，是絕對矛盾的自我同一的存有論方面的意涵。以下看它在工夫論方面的涵義。首先從自覺的問題說起，西田的理解是，自覺是自己在自己的根柢中看到絕對的他者。此中有一工夫歷程：首先是在自己中看到自己，然後看到絕對的他者，即是，把相對的自己絕對化，等同於絕對的他者。這內裏可說絕對矛盾的自我同一。自己是相對的，絕對的他者則是絕對的，此處可成一絕對矛盾。要梳理、超越這矛盾，便得作工夫實踐，把自己的相對性格轉成絕對性格，以達致自我同一。這又牽涉背反（Antinomie）。所謂背反指兩個性質相對反的東西總是要聚在一起，相互擁抱，不能分開，因而造成背反，這會引致矛盾、衝突。我們的平凡的生命中，便存在著多種背反：善與惡、罪與福、苦與樂、染與淨、煩惱與菩提、生死與涅槃、識與智、輪迴與解脫，等等。必須要突破、超越背反，達致圓融暢順，如大燈國師所說「億劫相別而須臾不離，盡日相對而剎那不對」，生命才有希望。背反是生命、生活的現實，能克服它，才有生活的真實、理想可言。這便要作工夫。

西田提出消解背反的工夫核心是自覺，與自己相照面，這便得作自我否定，突破背反，在自我否定中逆轉而為自我肯定。要否定的是自我的映象、光景，這是假的我；而由否定中翻騰上來的肯定是，肯定真實無妄的真我。說到這工夫，西田著力闡明淨土真宗的

做法，特別是對阿彌陀佛的信。就淨土真宗來說，生命的事即是信的事，生命的活動即是信的活動。這種實踐是他力主義的實踐，不是自力主義的實踐，後者是要以自己的力量為基礎，解決生命的背反問題；前者則認為單靠自己的力量來解決背反問題，是不夠的，必須依靠阿彌陀佛的他力大能的加持，才能成事。西田主要是自力論者，但也不疏忽他力的作用，因此強調對他力大能的信。在筆者看來，信可以把經驗性格的我們凡夫與絕對性格的阿彌陀佛拉在一起，使雙方所成的絕對矛盾得以化解，而匯歸於、消融於、同一於阿彌陀佛的極樂世界中。

由信便可通到逆對應問題。逆對應是西田的絕對無與絕對矛盾的自我同一思想的重要概念，它指涉絕對者與人或人與絕對者相互否定而相遇合、相接觸的關係。絕對者否定自身，脫去絕對性，因而可在相對關係中見到自己。人否定自身，脫去相對性，可在絕對者中見到自己。雙方便這樣地成就自覺活動。特別是，在淨土真宗，絕對的他者透過自我否定，而開拓出相對性、相對世界，在相對關係中見到自己，自身則以名號（如阿彌陀佛）而示現。同時，絕對的他者可以點化相對者，把後者轉化為絕對者，而作覺悟的轉向。

逆對應有創造的意味。絕對者通過自我否定、自我限定，把絕對性格沈澱下來，以證成相對意義的個體物。這可說是絕對者創造相對者。西田認為，創造是多與一的矛盾的自我同一的世界能夠在自身中展示自己，在無基底（Ungrund）的背景下，亦即是在絕對無的背景下，有被創造傾向的東西向創造作用移行，無限地自己形成自己。另外，逆對應也有「內在的超越」的性格，這關連著自覺

的問題。西田在〈場所的論理と宗教的世界觀〉中，說到自覺，強調這種活動正是在自己的根柢中看到絕對的、超越的他者。這絕對的、超越的他者應是存在於我們的生命中，但能否發揮作用，讓我們離苦得樂呢？在這個問題上，西田把它擱下，未有明說。不過，肯定的是，這「內在的超越」的性格也能展示逆對應的涵義，它是辯證的，不是邏輯的。

逆對應傾向於靜態意涵，表示特殊與普遍的逆反關係。它的動感方面，西田以「表現」與「形成作用」來說。表現是絕對地相反的東西（例如菩提與煩惱、涅槃與生死）的相互關係發而為行為、動作，也有自己在其他東西中映現出來的意味。進一步看，表現或它的基礎是一種動力，一切表現都是自己作為一個整一的、無內外分別的生命存在進行的。如普遍的理表現為特殊的事，一個抽象的原理落實於具體的行為中，這些表現都來自同一的動力，這正是絕對矛盾的自我同一。故絕對矛盾的自我同一不單是一個存有論與工夫論的活動原則，同時也是一種具有創造作用的根本力量。

西田又以表現來說歷史形成的世界，而表現的基礎在力。這應該是精神的、形而上的力，是形成作用的可能性。他不像現象學那樣強調意識對存在的濃烈的根源性，卻強調有實在論傾向和切近生活的形成作用。⓬

⓬　雖然如此，日本京都學派的圈子中仍有人把他的思想與現象學拉在一起，認為他的哲學頗有現象學的基調。例如由上田閑照監修、大橋良介和野家啟一編集的《西田哲學選集》仍以整全的第四卷來概括西田的現象學方面的論文，看來這不單只是負責編輯與解說的大橋良介個人的意思，而是一些學派成員的共識。這些論文所涉及的思想和觀

　　最後，西田提出意志，把表現、形成、有材質傾向的要素總合起來，成為表現人的世界、形成歷史世界的動力。在這一點上，西田著墨不多，我在這裏也就不多說了。只是想提一下，西田哲學的核心觀念是絕對無（absolutes Nichts），他曾從不同角度，以不同名相來解讀它，包括純粹經驗、場所、神、形而上的綜合力量、意志，最後自然包括絕對矛盾的自我同一。

　　以上是西田哲學中的絕對無與絕對矛盾的自我同一的概括性的總結。我對絕對無說得較少，那是由於我在自己的其他拙作中對這個觀念有過相當周詳的探討的緣故。⑬絕對無是西田以至整個京都學派的哲學的核心觀念，西田曾以不同的名相來闡釋與發揮它，如上面剛說及的。其中，絕對矛盾的自我同一是其中最複雜和最難解

念，都是西田哲學中的重要組成分子，例如自覺中的直覺與反省、場所、睿智的世界、絕對無的自覺的限定、行為的直觀，等等。參看大橋良介編輯和解說的《西田哲學選集第四卷：現象學論文集》，京都：燈影舍，1998。在其中，大橋氏指出，西田對胡塞爾與海德格的現象學持批判態度，特別他們兩人的初期的思想。不過，大橋指出，西田對柏格森（H. Bergson）的思想的共鳴，展示他的思維與現象學之間的親近性。（同前書，頁 420）而西田對於能意（noesis）與所意（noema）的用法，也是參考胡塞爾在他的《觀念》（*Ideen*）第一冊而來。（同前書，頁 423）他的純粹經驗觀念，亦可隱約地在胡塞爾現象學中看到。（同前書，頁 423-424）

⑬　這些著作包括：《絕對無的哲學：京都學派哲學導論》，臺北：臺灣商務印書館，1998；《京都學派哲學七講》，臺北：文津出版社，1998；《京都學派哲學：久松真一》，臺北：文津出版社，1995；《純粹力動現象學》，臺北：臺灣商務印書館，2005；《純粹力動現象學續篇》，臺北：臺灣商務印書館，2008。

讀的。西田哲學本來已經不好懂，絕對矛盾的自我同一更是西田哲學中的難中之難。上面所寫有關這個表述式的涵義，自己也不是很滿意，是否能表達出西田的原義，也沒有十足把握，但已盡了力了。倘若讀者看後不但沒有所得，反而覺得困惑、頭痛，那我真是罪過罪過了。又倘若將來有同行的朋友在這個問題上作出更好的、更精確的說明，那真是善哉善哉了。

　　讀者可能會問：你說絕對矛盾的自我同一有存有論義，也有工夫論義，到底哪一方面的義理較接近西田的本意呢？這是一個頗費思量的問題。西方哲學著重理論思辯，每一個出色的哲學家都有他自己的一套理論體系，工夫實踐是比較少提的。東方哲學則不同，它表現很濃烈的實踐意識，同時也多能擺出一套工夫歷程，讓人按序而行，俾能體證真理。中國的儒、佛、道三家都是如此。我想我們可以順著這一點來考量。西田是學貫東西的哲學大師，在他的著作中，我們可以找到西方哲學家的思想痕跡，最明顯的，莫如康德、費希特（J.G. Fichte）、謝林（F.W.J. von Schelling）、黑格爾等所組成的德國觀念論（Deutscher Idealismus）和萊布尼茲（G.W. von Leibniz）的大陸理性主義，近代的則有柏格森的直覺主義、生命哲學和詹姆斯（W. James）的心理學、宗教學與倫理學。在東方特別是中國哲學方面，西田顯然吸收了道家、儒家、佛教華嚴宗與禪宗的思想，也深刻地受過日本淨土真宗的親鸞思想所熏陶。特別的是，他不大講禪，卻經年坐禪、參禪，他的哲學的重要觀念，如絕對無、自覺、逆對應、平常底，很明顯地是從禪學發展和提煉出來的。這樣地看，我們可以說西田較深刻地受到東方思想的影響，在他的著作中，很多時都會涉及工夫實踐的問題。在絕對矛盾的自

我同一的觀點的構思上，我認為工夫論的色彩較為濃烈。但就東方哲學來說，工夫論與存有論或本體論時常渾融在一起，不易找到明顯的區分界線，明末儒者黃宗羲的「即工夫即本體」說法，有它的道理在。

第二章　田邊元的
絕對媒介與懺悔道哲學

　　田邊元是京都學派中的第二號人物，他的哲學很有分量，可以與西田幾多郎並駕齊驅，只是沒有西田那樣受到廣泛的關注。此中有一個重要原因：京都學派哲學與佛教哲學有深厚的淵源，特別是禪。西田有習禪的宗教體驗，他的後學如久松真一、西谷啟治、阿部正雄、上田閑照等，都在禪的研修中建立自己的學養。田邊元則比較寂寞，他不宗禪，而宗淨土。在學派打後的兩代中，只有武內義範重視淨土思想，因此在傳承方面比較弱，不能與西田一系比較。

　　整體地看田邊的哲學，最重要的自然是懺悔道哲學和對黑格爾的辯證法的進一步的開拓，特別是發展出絕對媒介的思想方法。我們也可以留意他的哲學的幾個來源，那就是佛教特別是淨土思想、基督教和馬克思主義。這幾方面都肯定一定程度的動感和對現實世界的關懷，田邊也有這些方面的理解與發揮。當然他也受到西田哲學的影響，雖然在晚期對西田哲學提出多元性的批判。他的哲學的動感內容和現世意識都比西田強。以下我們試就上述兩點看一下田邊哲學。

　　京都學派哲學的核心是對於絕對無觀念的闡釋與開拓，各人以不同的方式、語詞來解讀與發揮這個觀念，而成就所謂「絕對無的哲學」。田邊元以他力大能和絕對媒介來說絕對無，這在京都哲學中頗具特色；在這裏我們也可粗略地看到田邊哲學的存有論的旨趣。

一、絕對媒介的思考

　　關於他力大能，我們相當清楚，它在他力主義中的地位，也毋庸申述。我們要注意的，是媒介，特別是絕對媒介。媒介的作用，顯而易見，是溝通的工具，這是一般的情況，而絕對媒介則具有終極義，它可以提供一種意識空間、精神空間，讓萬物遊息於其中，並育而不相害、不相礙。這便是絕對無的作用。另方面，絕對無可以自我限定、自我放棄，以否定的又是辯證的方式，現身為萬物，通過萬物的生生不息，來呈顯自己的性德，這便有存有論、宇宙論的意思了。即是，絕對者可以透過自我分化、分裂，以此為媒介，展現為宇宙萬物。由於這媒介來自絕對者，因此便可說絕對媒介（absolute Vermittlung）。田邊說絕對媒介，具有以上兩種意義，不過，後者的意味較強。

　　按田邊哲學的立場，是以絕對媒介為中心的辯證的立場。這絕對媒介是要在絕對與相對或有與無的轉化之中發揮辯證功能的思考，以成就一種有濃烈反省意味的哲學。關於媒介，在田邊看來，在這種東西中也有被作為媒介而處理的。任何東西都不能直接地作

為前提而被給予。❶這是說，沒有任何東西能夠單獨地、直接地被給予而成為前提，或作前提看。這是要否定直接的所與、對象。這頗有拒斥實在論的意味。即是，實在論以至新實在論認為，外在的存在世界，其中的種種事物，如花草樹木、山河大地，以至在這些東西的背後而撐持這些東西在時空中的存在性的基體，都有其一定程度的實在性。因此，外在的存在世界是相當穩定的，它不會隨著我們的意識活動而有所改變，更不是我們的意識活動所生起的東西。它有自己的客觀性。在西方哲學，羅素（B. Russell）、摩爾（G.E. Moore）等分析哲學家便持這種思維方式。在印度哲學，以吠檀多（Vedānta）派為代表的六派哲學也有相近似的看法。在佛教，則早期的說一切有部（Sarvāsti-vāda）和經量部（Sautrāntika）也持這種看法，他們強調法有我無的說法。即是，外在世界的事物都有其法體（bhava）或自性（svabhāva）來撐持，這些法體具有恆常的存在性，不會變化，也不會消失。對於這種思想，一切有部執之甚堅，經量部則沒有那樣堅持，但外界實在的看法或設定，則是他們所認可的。在這個問題上，田邊傾向觀念論的說法。即是，外界事物的實在性需要透過絕對媒介的辯證作用，讓它們在意識的臨照下，有其臨時的存在性、實在性，但無終極意味。另外，田邊強調，媒介的雙方不能是一方從屬於（sub-ordinate）他方的關係，雙方都是獨立的、自立的，而這自立性卻又是指依於對立的他者而可能的關係。在其中，沒有一者從屬於他者、前者由後者導引而出，

---

❶　《田邊元全集》卷 6，東京：筑摩書房，1964，頁 473。以下若引用這全集，只列其名、卷碼和頁碼。

或後者本著其基礎性而開顯出前者的因果關係。❷換句話說，一方面一切都需要以無為媒介，即「總持的直接的存在由於其相對性，因而陷於交互否定之中，這必須是有的失去，而回歸於無。」❸另方面，「無必須要以有作為媒介」。❹這便見到辯證法的構造了。特別是，「無必須要以有作為媒介」或「無要運作，必須通過有」。這頗有絕對無的自我限定而開展，以呈現（在佛教唯識學 Vijñāna-vāda 來說是所謂「詐現」pratibhāsa）或實現自己，建構存在世界的意味。這「無要運作，必須通過有」是田邊自己提出來的，用以對抗西田的場所邏輯。❺細看這種思維，很像《老子》書中所說的天下萬物生於有，有生於無，和以有為萬物之母，以無為天地之始。此中「有」介於萬物與無之間，有媒介的作用。即是，無是萬物的根源、存有論的源頭，但無並不直接創生萬物，卻是先透過有，或者先顯現為有，再由有衍生萬物。田邊的思想有否受到道家《老子》的影響，就筆者淺狹的所知，好像沒有。就我所知，田邊在他的著作中未見有提及道家及《老子》。但思想的事很難

---

❷　《田邊元全集》卷 9，頁 248。按這種說法有些矛盾，令人不解。既然說自立或沒有從屬關係，不說這自立的 A 依於對立的 B 而可能，復又說不是從屬關係，也不是因果關係，難道此中又涉及辯證的問題嗎？細谷昌志在這裏說相互性，但相互連繫，也可以是相互排斥，到底是哪一種呢？細谷則沒有明說。（細谷昌志著《田邊哲學と京都學派：認識と生》，京都：昭和堂，2008，頁 34。）細谷這本書寫得不錯，本文有好些論點是參考它的。

❸　《田邊元全集》，卷 9，頁 152。

❹　同前書，頁 139。

❺　在西田來說是場所邏輯，在田邊來說則是絕對媒介的辯證法。

說，未有在著作中指涉及某一文獻，並不必然表示未有受到該文獻的思想所影響。

　　田邊在其《懺悔道的哲學》（《懺悔道としての哲學》，此書我們會在後面作詳細的討論）中，更強調絕對無一觀念。在他看來，絕對「對於相對」的作用，不外是相對「對於相對」的作用而已。按這表示絕對不是外在的，它是存在於相對中的。即使是絕對無的場所也不能是直接地存在的。田邊強調，相對與相對間的相互關係的種的有的場所❻，是通過平等的交互憑依而被種類化，場所作為絕對媒介在絕對轉換中而虛無化、無化，而變為無。田邊強調，無、絕對分別以有、相對為媒介，才能成為絕對的無。❼在這裏，我們看到，田邊並未有直接把場所與無或絕對無等同起來。他是以場所為絕對媒介，經過所謂「絕對轉換」，或以絕對境界作為其目標而向上提升，而且這種提升不是單純的、沒有內容、過渡階段的提升，而是要以有，或相對性格的媒介（有即是相對性格的媒介）作為導引而來的提升。此中有一種空虛化、虛無化，從有方面轉生出來的過程。結果自然是絕對無的證成。這便與西田哲學的情況不同。西田以場所來說絕對無（也以其他如純粹經驗、神、形而上的綜合力量來說），田邊則是加上一些曲折，以絕對媒介為曲折，來開拓出絕對無。另外，田邊又提出「絕對分別」一概念，這

---

❻　種介於屬與個體物之間，是相對性格，相對與相對的相互關係即是種與種的相互關係。

❼　《田邊元全集》，卷9，頁31。他在前面曾說過絕對無通過媒介的有或現象以展現自己。

有點麻煩。不過，既然在絕對的層次上說分別，則這種分別的基礎或潛在意涵正是無分別、絕對的無分別。這個歷程的結果是絕對無的證成。由此看來，絕對無指絕對地以否定的媒介來對待自己的那種動力（絕對無とは自己を絶對的に否定的媒介するはたらきを謂を）。❽實際上，絕對分別這種語詞在邏輯上來說是不通的。「分別」只能在相對的領域中說；「絕對」是自我同一，在其中，一切言說分別都不能成立。細谷昌志認為在這裏我們可以見到田邊所主張的絕對媒介的辯證法的整全容貌，這是田邊哲學的方法論的要義。❾

　　就相對或相對性與絕對或絕對性作為媒介的情況而言，不光是相對性為絕對性作媒介的處理，絕對性也為相對性作媒介的處理。田邊元說：

> 要知道我們作為有限相對的存在者，自己的存在「非存在地」被延綿起來，「作為自己的規定」的有同時作為無被規定下來。當然也要知道在無限絕對者的統一根柢中有超越自他的情事。無限的絕對者以我們為媒介而能知自己，我們亦為無限的絕對者所知。❿

這段文字需要解釋一下。所謂非存在性地被延綿，是指我們作為一

---

❽　《田邊元全集》，卷 6，頁 473。

❾　《田邊哲學と京都學派：認識と生》，頁 34。

❿　《田邊元全集》，卷 13，頁 34。

經驗性的、具體存在的人，雖背負著有限的性格，但也可以被轉化
而為無限的性格。存在是有限，非存在、延綿則是無限。人可以本
著自身的有限的、存在的本性而向上逆轉，超越有限性、存在性，
而獲致無限的、非存在的本性。這當然是一種辯證性格的、艱難的
工夫論的歷程，需要決心與洞見（Einsicht）才能成就。另外，更
重要的是，無限的絕對者或絕對無需藉著我們個人為媒介而知自
己，這種觀點隱含著一種存有論、實現論的睿思。絕對無是抽象的
原理，它不能永遠停滯在超越的、抽象的狀態中，它必須展現於時
空之中，以實現其本質。除非它沒有本質；有本質，便需要實現。
❶如何實現呢？這實現需是一種自我限定、分化的活動，而成就我
們具體的個人才行。在這種意義中，無限的絕對無便以我們為中
介、媒介來實現自己，這也是知自己。這知固然有知識論的意味，
更有工夫論的意味，以至存有論、宇宙論的意味。關於這點，我們
在下面會有較周延的闡釋。在這裏，我們只要說明認識論地認知某
物，是與某物相互對待、對峙，平面地了解它，在時間中與空間中
以感性吸收它的與料或內容，以知性的範疇來組織、整合它們，讓
它們成為我們的對象，而不必對它們有所增添或減少。此中沒有創
造可言。但存有論的認知則不同，這涉及對它們的改變、改造；即
是，主體垂直地處理某物，把它創制出來，或者說，給予它新的內

---

❶　所謂實現，是實現其本質，或透過活動，讓本質能透顯出來，而得現
　　成（realization）。海德格（M. Heidegger）有一句名言：Sein west als
　　Erscheinen，存有在顯現中成就它的本質。這個意思非常好，我在自
　　己的著作中，常提出這種說法，在這裏就不細述了。

容，另方面也認知它們，視它們為一物自身，而不是一客觀的對象。物自身（Ding an sich）即是事物在其自己地呈現出來的結果，它在存在的層次上較對象為高。

進一步看絕對媒介的問題。我們要注意「絕對」的字眼。按絕對是對相對而言的，這是一般的用法。在田邊來說，與「相對」相對的「絕對」，亦只是相對。真正的絕對應該是「絕對無」，它是超越和克服相對的。但絕對無不是單純的無（Nichts, nothingness），而是以「有」作為媒介而展示的動力，這便是所謂「無即有」。按以有作為媒介可以理解為以作為一種外在的東西有為仲介，又可理解為以有的狀態甚至佛教唯識學所說的詐現為有而展現自己。只有後者有存有論、宇宙論的意義。田邊說的媒介似是後者，但還不是很確定。在田邊看來，有是無的絕對轉換。相反地，無（絕對無）不管在甚麼地方都以有（相對有）的形式而展現的。田邊說：「絕對總是絕對媒介，不通過自力的否定便不能作動。」❷要有否定才能有力量、能作動，表示絕對媒介的功能有辯證的意味。另外，就有無存有論、宇宙論的意義的問題，田邊這樣說，則我們似可這樣理解：絕對無要自力地否定自己，才能有力量、能作動，這絕對無似有存有論、宇宙論的意義。田邊的這種說法，即是絕對無的自我否定，與西田的絕對無的自我限定的說法，很有相通處。這種否定、限定，是一種辯證的活動，能起創生的作用：創生現象世界的種種事物，創生經驗界的「有」。上面說在田邊看來，有是無的絕對轉換，可以關連到這裏所說的創生的意味。

---

❷　《田邊元全集》，卷9，頁150。

即是，絕對無本來上、分解上是抽象的，絕對性格的，它要透過有來開拓出存在世界，這是一種有正面意義的轉化、轉換，由這有可以分化出宇宙的萬事萬物，故田邊說有是無的絕對轉換，也可以說絕對無通過有作為絕對媒介，開拓出存在世界。有之可以是絕對媒介，是因為它可以承託、擔當絕對的無或絕對無實現自己、把自己的本質展現於時間與空間的世界中，以證成自己的本質。這種本質的證成，非要靠有不可。這又回到西田所說的限定作用了。

　　上面的意思仍是環繞著絕對媒介而說。田邊更進一步強調媒介的重要性，表示絕對的知依據「歷史的相對性與自己」的媒介作用，似乎可以真正得到、保有其絕對性，但結果是遠離、偏離這媒介而把自己疏外了。在抽象的無媒介的情境要求絕對性，反而會失去絕對性而落於相對的層次。**⓭**這裏的意思有點曲折，需要作多些說明與提示。所謂「絕對的知」當然不是指以感性和知性所相合而得的知識的、認知的體系，不是指我們一般所說的認知的機能，或認識心。它毋寧是指涉更高一層的認識機能，這由「絕對」一語詞可以看到。我想這應該是指上面剛提過的睿智的直覺（intellektuelle Anschauung）。說這睿智的直覺可依據歷史的相對性與自己作為媒介一方面可以與歷史的現實接軌，同時又可保有其絕對性格。這本來不錯，但實際執行起來，並不如想像中、期望中順利。睿智的直覺依歷史與自我而現實化、具體化，讓自己正面地、親近地接觸現象世界，提升它的存在境界。但倘若以歷史與自己純粹是工具性格的媒介，致目的達致後便將它們丟棄，便會下墮

⓭　同前書，頁 101-102。

為實用主義的境況，失去原來的理想、目的，結果不但不能與現實的歷史與自己連結起來，反而超離了經驗世界，讓自己變得比原初的更為孤懸，更為疲弱，最後連原有的絕對性格也保不住了。我們要知道，真正的絕對性並不是從與現實世界隔絕、隔斷開來而成的，而是建立在與現實世界的密切的關係中的。田邊的這種說法，可謂的論。

接著上面的所說，細谷昌志提到田邊總結他對實存性的理解：人的實存性經過絕對的轉換而內在於作為這絕對的轉換的「絕對無的媒介」之中，⓮實存性作為「有即無」的有無的轉換的當體而不會停滯不前，哪怕是瞬間的停滯。⓯這裏所說的實存性是一個表現的問題；即是實存性必須要被表現出來，才有有效的、實質上的意義與作用。倘若實存性不表現，則它只能是一個概念而已，沒有存在的、經驗的狀況，這對於歷史與社會的發展，沒有推動的力量。這歷史與社會的發展，是在時間與空間中出現的，而實存性的表現，也不能離開時間與空間而作用。田邊所說的絕對的轉換或絕對無的媒介，也是在實存性的表現的脈絡中說的。

如同筆者在另文〈西田哲學的絕對無與絕對矛盾的自我同一〉所表示的，「表現」的說法，主要是指在抽象狀態的普遍者透過實存的動作在具體的東西中展露開來。即是，當某物與另一物之間構成一定的正確關係時，某物可在另一物中映現出來，在另一物中展現自身的形象，這即是「表現」。而這某物往往是具有普遍性的東

⓮　所謂絕對媒介即是絕對無。
⓯　這是因為轉換是不停地發展下去的，這接續性是不會停止的。

西，另一物則是具體的、實存的東西。從這裏我們回返到剛才正討論著的實存性的絕對的轉換方面來，實存性透過表現，可以從抽象的、普遍的狀態轉化成具體的、特殊的狀態，是「無即有」；而具體的、特殊的狀態中又有抽象的、普遍的狀態，這便是「有即無」。這中間發生了一種絕對的轉換的活動，此中的「絕對的轉換」的「絕對」，正是指那在實存性的狀態中的抽象的與普遍的某物。

　　田邊表示，人不能佇立在冰上，一旦要停下來，便會滑倒。人正是要在冰上不停地滑動，才能維持身體的正位（按即是直立而不滑倒過來）。這有如有絕對的動才能有所謂靜。純然的靜止只會讓主體自身疏外起來，而向基體傾斜、跌落。❶細谷指出黑格爾的思辯哲學之能實存化，正是依於在絕對與相對之間的辯證的媒介關係中的實存的絕對轉換的原理。與黑格爾哲學比較，田邊哲學更具行動性、歷史性、持續性、斷片性以至極微性。❷按這裏田邊所提的比喻和細谷所舉的黑格爾的思辯哲學的實存化極好。所謂在冰上不停地滑動，是比喻作為終極原理的絕對無是存在於動感、活動的狀

---

❶　《田邊元全集》，卷 6，頁 222。這裏所說的基體是負面義，是不變動的實體、死寂的實體。

❷　《田邊哲學と京都學派：認識と生》，頁 37。按這裏所謂思辯哲學的實存化，應該是就黑氏的「具體的普遍」（concrete universal）觀念而言。具體性與普遍性本來是一對相互對反的概念，就分析的、分解的角度來說，兩者很難聚合在一起。但雙方有辯證的關係，具體性含藏普遍性，普遍性表現於具體性之中，絕對的普遍性與相對的具體性相互為媒介而各自現成，然後又相擁抱在一起，以證成具體的普遍。

態中，無所謂靜止。但動感、活動的態勢或強度可有不同，倘若態勢弱下來，好像靜止不動了，那是由於我們的感覺太粗疏，不夠細密，因此以為不動而已。其實絕對無是恆常地在動感的、活動的狀態中。至於黑格爾的思辯的哲學的實存化，在田邊元的情況來說，則是絕對無透過一種辯證性格的轉換的具體化歷程，讓自己從抽象的狀態中解放出來，在時間與空間中作為現象而表現出來。

二、懺悔道的哲學

以下轉到懺悔道的哲學問題方面去。按這種哲學源於淨土思想，特別是日本的淨土真宗，而又聚焦在親鸞的《教行信證》一書的義理與實踐的結合的思想上。就思想歷程來說，田邊元是先接觸禪的，後來轉到淨土真宗方面去。淨土思想本來是很簡單的他力主義思想，在實踐上是念佛：念誦作為他力大能的阿彌陀佛（Amitābha-Buddha）的名號，希望得到祂的悲願助力，能夠從苦與罪中脫卻開來，往生於淨土世界，而有利成佛。這本來是一種單純的、淺易的與消極的思想與實踐，經過田邊元的發揮與開拓，而成就一種新的懺悔道的哲學，讓人的強大的但是隱藏於生命深處的動感進行反彈，在反思與懺悔中成就佛道。這可以說是田邊元對淨土宗的創造性的詮釋與開拓。❶

---

❶ 有關這懺悔道的哲學的深層意義和力動的表現，參看拙文〈京都學派懺悔道哲學的力動轉向〉，拙著《純粹力動現象學》，臺北：臺灣商務印書館，2008，頁 239-281。

　　田邊在第二次世界大戰最後一年，亦即一九四五年，發表他的
《懺悔道的哲學》（《懺悔道としての哲學》），展示出自己的思
想的根本的轉化，也為京都學派哲學在西田的自力主義的場所哲學
之外開拓一種新的導向（orientation）。他對這種懺悔道的哲學思
維的開拓進行自白。他表示在自己一己的一般的生活中，證成了在
懺悔中的自我否定到自我肯定的轉化。在這種轉化中，自我放棄、
死亡可以讓自己得到復活，得到再生；絕望可以轉為希望。他特別
把哲學與生活聚合起來，連成一體；離開了哲學便沒有自己的生
活，在自己的生活以外也不能有自己的哲學。❶他強調懺悔道哲學
是自己的生活的原理，在其中，自己可以復活、再生，有光明的前
途。❷懺悔甚麼呢？田邊的意思很明顯，便是對自己過去所犯下的
道德的罪與宗教的惡全體承擔下來，作徹上徹下、徹內徹外的反
思，徹底追悔，從而決定重新開始，做一個自己作主的人，以種種
行為來對過去的罪惡補過，而求救贖。在這種深邃的懺悔中，田邊
表示自己所走的路：哲學沿著哲學自身的必然發展，以至於懺悔
道，是自己的哲學的命運。這不是把淨土真宗的他力信仰移植到哲
學方面去，而是自己的現實的、實存的體驗和自己與哲學進行抗爭
的必然結果。❷這裏所說「與哲學進行抗爭」中的「哲學」，是指
思辯性格的、理論的、與生活疏離的哲學。田邊不走這樣的哲學之
路。

---

❶　在這種脈絡下說的哲學，正是一種生命的哲學、生命的學問。

❷　《田邊元全集》，卷 9，頁 40。

❷　同前書，頁 39。

　　進一步看懺悔道哲學，田邊甚至想到自己對過去所犯下的罪惡是如此深重，致讓自己感到自己已失去了生存的資格，自己存在於社會讓社會感到羞恥。他表示，自己自覺到腐蝕自己的存在根源的否定性，由此而自己放棄自己的存在資格。❷既然自覺到自己不配存在，便應自殺。但田邊不這樣做，毋寧是，他要自強，要做一些積極的事情，來為自己的惡行贖罪。他認為憑個人的力量不足以彌補過失，便請求作為他力大能的阿彌陀佛，向祂懺悔、告解、求助。他表示，在自己之外的他者在這問題上有一種催促的作用，讓自己轉換、轉變方向，從全新的道路出發。故懺悔是一種他力的行動。❷他更指出，懺悔道是「向著自己的死的道路」（自己への死の行道）。❷按這「死的道路」，可能是通於禪所說的「大死」，對自己的虛妄性的徹底的否定。西谷啟治提出他的解讀，表示在懺悔道中，自己總是要向內面回歸，徹入自己的無力的罪性中，到處與他者的動力相遇合。❷田邊甚至直認懺悔是事實，如如地活現的現實。說懺悔是事實是對的，但我想更精確地說，懺悔是一種徹底的無我的工夫，而且是有代價的，這即是苦痛。田邊自己也曾表示過，沒有苦痛便沒有懺悔。懺悔的核心是轉換、轉化。苦痛可轉而為歡喜，懺悔可轉而為感恩。❷

---

❷　同前書，頁 20。

❷　同前書，頁 4。

❷　同前書，頁 19。

❷　《西谷啟治著作集》卷 9，東京：創文社，1987，頁 241。西谷在這裏所說的他者，應是指他力而言。

❷　《田邊元全集》，卷9，頁 12。細谷昌志提到，倘若從學術的方法論

三、批判哲學

　　上面剛提到批判哲學的問題，這裏便接著從這點闡釋下去。在這之先，我想先就田邊所重視的行為與直覺這些問題作點交代。這自然會關連到田邊元所承接的西田哲學，而西田也相當重視這些問題。另外，說到批判，田邊提出絕對批判，他認為這種批判在康德的批判哲學中未有受到注意，但這非常重要。首先，田邊提出他寫《懺悔道的哲學》的動機，這即是以懺悔的行為來貫通哲學，以建立他力信仰。**㉗**這裏的貫通，應該是通貫、疏通之意，並跨越義理與實踐兩個領域。田邊把懺悔道說為是 Metanoetik，這字眼可拆開成 Meta-Noetik，即是「超越理性的直覺」之意。這理性的直覺有點像胡塞爾（E. Husserl）所說的範疇直覺（kategoriale Anschauung），和佛教唯識學陳那（Dignāga）、法稱（Dharmakīrti）所說的意識現量（mano-pratyakṣa），是把知性與直覺結合起來的一種認識能力。但田邊在這裏用的 Metanoetik，不是認識論的意涵，而是工夫實踐義，這由「超越」（Meta-）可以

的觀點來看，這正與康德的批判精神相應。所謂批判，是認可事實，而探求它的根據。在田邊元方面，他直接提出難以否定的事實，承認這事實，然後追問它的成立的根據在哪裏。他所說的「我的作為他力哲學的懺悔道，其線索是康德以外的西方思想中見不到的。」（《田邊元全集》，卷 9，頁 236。）這種說法，表明《懺悔道的哲學》這本著作是清晰地、沒有含混地從「批判」這種哲學精神出發的。（《田邊哲學と京都學派：認識と生》，頁 45。）

㉗　《田邊元全集》，卷 9，頁 32。

看到。他表示懺悔道不是基於自力的直覺，而是為他力轉換作為媒介而證成的行、信、證。在他來說，一般的神秘主義（Mystik）主要是作往相方面的觀想，懺悔道則以還相方面的實踐為其特點。❷往相是出世性格的，還相則是入世性格的。這頗有對西田哲學的批判的意味。在田邊看來，西田是偏於出世一面，行為、動感不夠濃厚。

關於直覺，田邊的理解是「在個別內容中看到全體現前」。❷這自然不是就感性直覺（sinnliche Anschauung）而說，而是一種睿智的直覺（intellektuelle Anschauung）。感性直覺只能在個別事物中看到這個別事物。倘若個別事物或對象是很大的東西，或者很複雜，則可能只見到它的一部分而已。在個別事物看到全體，而且是全體現前，則這全體不應是某種個別的對象，或特殊的對象，而應是具有普遍性的東西。以佛教來說，我們面對一個茶杯而知它的全體，這必定是它的本質、本性，這即是「空」。只有睿智的直覺才能見空，感性直覺受空間性的限制，不能見到沒有空間性的空。康德不承認人可有這種睿智的直覺，只有上帝可有之。但他後來的費希特（J.G. Fichte）、謝林（F.W.J. von Schelling），以至胡塞爾，都不同意他的說法，而認為人也可以有這樣的直覺。京都學派基本上認為人可具有這種直覺；在西田的《善之研究》（《善の研究》）便有一專節討論這個問題，西谷更把這種直覺稱為「不知之知」。田邊也認同這種看法，不過，他比較重視具體的行為，認為要在行為中展現這睿智的直覺。所謂行為，即是破除一切覺或觀，

---

❷　同前書，頁 18。

❷　同前書，頁 426。

而由有入無。㉚他所說的直覺哲學，主要是指感性直覺的哲學。他認為直覺哲學、思辯哲學都是立根於理性（Vernunft）的自我同一的關係，這是一種閉塞的關係，我們要以行為、行動來突破這種自我同一的閉塞關係，通過由死到復活的轉換來達致一個新的、開放的平臺。此中的要諦是「轉換要在行為中被自覺到」。㉛而行為是本來的自我突破的自我超脫。㉜特別重要的是，此中的突破自我同一是沒有限制地去除直覺、否定直覺的超越的、精神性的轉換，這是一種他力的轉換，無的轉換。㉝這是依於作為絕對無的他力大能的轉換。

　　跟著看與突破、轉換有密切關係的批判問題。在這裏，田邊提出兩種批判：理性批判與絕對批判。康德的批判哲學是理性批判，是對理性的批判，這限制了理性的權能與範圍，只批判理性，但進行批判活動的理性本身不能作為被批判的對象。田邊元認為，康德未有留意和探究理性的自我批判的問題。田邊認為，這樣的批判是不夠的，我們必須深化批判，批判「批判自身的可能性」。田邊把這種深邃的、後設的批判稱為「絕對批判」。絕對批判是理性批判的徹底化的行為，是釜底抽薪的做法。這種批判形構出懺悔道哲學的理論側面，是批判哲學的「大死一番」，是懺悔道的邏輯。㉞田邊

㉚　同前書，頁 54。按這是行為的自覺。而破除一切覺、觀，應是破除一切官覺的執著。

㉛　同前註。

㉜　同前書，頁 78。

㉝　同前書，頁 54。

㉞　同前書，頁 46-47。

指出，在康德看來，我們若把理性包含於形而上學的絕對的認識之中，則理性不可避免地會陷於二律背反（Antinomie）的自我矛盾之中。這裏所說的理性，是理論理性（theoretische Vernunft），不是實踐理性（praktische Vernunft）。倘若這樣做，批判（Kritik）會把自身投向自我分裂的危機（Krisis）中，而造成自我的「突破粉碎」。❸按田邊在這裏用「突破粉碎」來說自我的字眼並不好。突破與粉碎有矛盾的意味：突破是好的，粉碎則是不好的，兩個語詞都是估值性格。只用「突破」便好，這是理性的自我突破。倘若能夠善巧地進行自我突破，則自我不必有分裂的危機。理性不光是對他者作批判，同時也批判自身，作自我批判，讓自我得以突破，人便能在這突破中脫困，由死中復活。田邊的說法是由自我突破的無而得活現，這正是超理性的理性行為。❸前一「理性」是理性當身，後一「理性」則是辯證行為。田邊即在這種脈絡中說絕對批判：理向無傾斜而又在理之上成立事，這是無即有或空有的存在，這存在正是理性的自我突破的復活的轉換、轉化之所。❸此中，「無即有」、「空有」都是弔詭的說法。

細谷昌志則提到，田邊的絕對批判有「不是哲學的哲學」的觀點，這觀點有兩個側面，第一個側面有華嚴宗的教說的意味，可視為「理」與「事」由交互媒介而成（媒介在這裏作動詞用）。這即是「理被轉換至事的立場，而回歸到批判對批判加以批判的『批判

---

❸　同前書，頁 48。
❸　同前註。
❸　同前書，頁 48-49。

的交互性』這樣的事實的核心，而在批判的循環的事之中，突破理的矛盾，正是絕對批判。」❸田邊稱這種「理在事中被轉換」為「不是哲學的哲學」（哲學ならぬ哲學）的一個側面。❸

　　第二個側面是，田邊指出懺悔道作為像他那樣的愚者凡夫的哲學，有其必然的意義。這是滯著於有限的、相對的立場的自覺行為，它雖有理性批判的道路可行，但很難遠離二律背反的結果，也不能推展出絕對批判，反而易導致理性的自我放棄，而讓自己陷入複雜的矛盾關係中，最後不得不承認自己根本沒有繼續生存、繼續存在於世間的資格，因而走向死滅之途。但這並不表示甚麼也不能做，完全沒有出路。站立在聖賢的哲學的無限的、絕對的立場的希望的實現，自然是很遙遠的了。我們仍可作最後的努力與堅持，遠離肯定或否定的任何一方，而向敞開性格的中道關卡挺進，讓自己攀上超越的無的境界中，克服生與死的兩極對峙關係，通過絕對轉換的媒介，而證信得大悲行。田邊認為這正是懺悔道的核心意義。❹細谷認為這是「不是哲學的哲學」的第二個側面。❹

四、進深的懺悔

　　進一步看懺悔的問題。在《懺悔道的哲學》中，田邊的思索焦

---

❸　同前書，頁 49。

❸　《田邊哲學と京都學派：認識と生》，頁 46-48。

❹　《田邊元全集》，卷 9，頁 233。

❹　《田邊哲學と京都學派：認識と生》，頁 48。

點在懺悔、罪惡與救贖三者的交互關係上。當時他所取的思考模式，是淨土真宗的親鸞的《教行信證》一書所展示出來的懺悔與救贖的辯證的結構。他很重視信的問題，並提出兩種深信：「機的深信」與「法的深信」。他由懺悔道的立場出發，表示人由於罪惡深重，自覺到沒有出離生死的條件與緣分，這是機的深信；另方面又相信他力阿彌陀佛的大悲本願，這則是法的深信。這兩種深信又有相即不離的關係。在這種關係中，懺悔的轉換作出媒介的作用，讓這兩種深信依懺悔而形造出動感性的辯證的統一。只有在這樣的統一中，才有真正的辯證法可言。❷對於懺悔的轉換，田邊有時又作懺悔的本願。他認為懺悔道自身中便有絕對媒介在。❸田邊的意思是，懺悔便是絕對媒介。這樣說，有一種好處：我們當然可以視絕對無為絕對媒介，但這樣說不夠具體，動感也不足夠。懺悔是一種全動感的行為，它作為媒介，可以讓一切的死得以轉換而復甦。

懺悔與自力主義的主體的奮發不同。前者是他力的行為，也可說是「以他力作為媒介的行信」。即是，懺悔的來源不是自力，不是從自己作為當事人發放出來，而是來自具有救贖的大悲心的他力，自己隨順這他力，一方面否定苦痛，同時也享受肯定的歡喜。❹懺悔也是一個歷程（process），有它的核心，這便是絕對的轉換、轉化。田邊稱這絕對轉換為「大非即大悲」、「無即愛」。對這兩點的自覺，是懺悔道的成立的樞紐。在這些問題上，他力都是

---

❷　《田邊元全集》，卷 9，頁 222。

❸　同前書，頁 247。又《田邊哲學と京都學派：認識と生》，頁 48-49。

❹　《田邊元全集》，卷 9，頁 22。

很重要的動力來源。田邊認為,在邏輯上說,絕對他力正是絕對媒介。❹絕對媒介的作用不是分析性的,而是綜合性的,最重要的是,它是辯證性格的。田邊說:

> 使自己超越地復活的絕對的大悲,以它的大非的作用為媒介,方便施設自立的相對性。本來是絕對的他力卻以相對性作為自己的他者,而施展媒介的作用,顯現絕對媒介性。❹

這段文字不好解,但有重要的意義。絕對的他力的最重要的、最深層的內容,是絕對的大悲,我們甚至可以說,絕對的他力即是絕對的大悲。它如何跟世界的經驗性溝通呢?田邊辯證地提出絕對的、大肯定的大悲通過辯證的大否定,下陷而為大非,以這大非作為媒介,以開出相對的世界,而以絕對的大悲心來面對這個相對的世界,讓它進行宗教意義的轉換作用。由大悲經作為媒介的大非而普濟群生,這媒介發自絕對的大悲,因而是絕對媒介。我們也可以順著田邊的闡釋而作如下的理解:絕對者本著其本質無而作動,由無開出有,以有為媒介,對於一切相對性格的東西有所要求,激發它們起動。這樣,絕對者便能夠受容對於自己來說的他者。田邊認為,這也是作為一種否定契機的相對性格的自立性,亦即是惡的傾向。❹這裏田邊標示出惡的傾向或性格,這是就否定契機說的。其

---

❹　同前書,頁 233-234。
❹　同前書,頁 233。
❹　同前書,頁 35。

實在這個場合，惡是與人的傲慢性相連的。即是，惡是要人忘卻自己的有限性、相對性，把自己絕對化。

這惡讓我們想起康德提出的根本惡的問題，這根本惡相當於基督教所說的原罪概念。在田邊看來，根本惡作為「為有限的自我背負著的超越的否定契機」，是理性的力量不能將它虛無化的「無底的闇黑」。這正是康德為了超越和克服它而提出神的恩寵的必要性的理由。按對於康德來說，他認為人不能徹底地去除根本惡，而需借助神的恩寵來處理這個問題。田邊取的大體上亦是這個意思：這無底的闇黑是一超越性格的障礙，❸我們不能以道德的實踐理性來解決它。要超脫根本惡，除了憑藉作為絕對善的原理的神的神聖意志之外，便沒有其他途徑了。❹

到了這裏，田邊就大悲一觀念作結。他指出，絕對或絕對者能夠容受向相對者的惡傾斜，而相對者自覺到這根本惡，對於「濫用了被容受的自由，而使其內藏的傾向得以現實化，對不可能止滅的惡的現實」的自己的罪過作出懺悔，達致救贖的福祉。能夠這樣做的，正是大悲。田邊在這裏強調作為罪過的自覺的懺悔與作為它的赦免的救贖之間有交互媒介（媒介作動詞用）的辯證的關係。田邊表示，他力大悲的救贖把自力傾注於其中，但卻對於它的無力性感到慚愧，求道者因而自省、懺悔。大悲即在大非的否定轉換中得以證成。❺按救贖與懺悔應是表裏相即的，兩者是同時發生的，這一

---

❸　就道德與宗教而言，都是如此。

❹　《田邊元全集》，卷9，頁144。

❺　同前書，頁30-35。

面在懺悔，那一面即得救贖。不是先有懺悔然後隔了一段時間便有救贖。我們即便說懺悔是救贖的媒介，救贖是懺悔的目的，這媒介在懺悔與救贖之間，並無時間上的隔閡。我們本著這個意思便不難理解田邊如下的說法：懺悔不單是救贖的媒介，懺悔在作為救贖的媒介之中，兩者轉換相入而相即相通；懺悔自身是一種自力即他力的行為的自覺。❺田邊在下面的說明，更為重要：

> 作為絕對轉換的絕對否定的行為、絕對無的動力的大非，在
> 救贖性格的大悲之中，而證成信證，正是他力信仰的核心。
> 大非即大悲、無即愛的行、信、證，是宗教的本質。❺

這一段說明需要疏通一下。所謂「絕對轉換」是指由世俗轉化到絕對的、終極的宗教境界方面去，這不是一條順取之路，而是逆反性格，逆反到我們生命中的無明、罪惡、私念私欲方面去，逆反到這些東西，便當下對它們作出徹底的否定，所謂「大非」。這徹底的否定正是絕對的否定，讓我們對神性、佛性與魔性劃清界線。唯有對魔性徹底否定、捨棄，才有再生、覺悟的現成。這種現成是終極的現成。這種對魔性的徹底的、絕對的否定，正是田邊所說的大非。這大非是大悲的一種負面的表示方式，說它內在於大悲中作為一種超凡入聖的媒介，亦無不可。「大非即大悲」是田邊所堅持的一種宗教意義的工夫論的總綱；在這個意義下，細谷昌志說這是田

---

❺　同前書，頁 21。
❺　同前書，頁 23。

邊哲學的獨特的宗教理解，❸是很恰當的。

五、神與絕對無

　　最後要看一下與懺悔道哲學有密切關連的神與絕對無的問題。京都學派以絕對無作為他們的核心觀念，田邊元自然也不例外。不過，他同時也說神、他力、絕對媒介，在不同脈絡把它們關連到絕對無方面去。在這裏，我們先看田邊有關神的宗教思想。上面提過，神的愛表現於對人的恩寵中，而赦免世人的惡。神的愛的本質，有些曲折，祂不對惡的人下許諾，但對人的惡給予救贖。這救贖是一種行為、呈顯，神的本質、本性即在對人的救贖中展現出來。田邊指出，充滿著愛的神，總是忘卻自己，把自己無化（虛無化）。在這個意義上，無是作為原理看的。祂以被救贖的人的自發的行為為媒介，通過這自發行為的實存性格而施與救贖。❺在這個面相，便有神的淘空（kenosis）的說法，這也是回應上面說的無化、虛無化。❺祂以神之子耶穌為媒介，通過後者，把愛的訊息傳

---

❸　《田邊哲學と京都學派：認識と生》，頁 51。

❺　《田邊元全集》，卷 9，頁 329。

❺　神的淘空是神以其尊貴的地位，自我否定，以道成肉身的方式化身為作為神之子的耶穌，降臨到大地，謙卑地承受種種苦難，為世人贖罪，最後被釘死在十字架上，三天後復活，回歸到神方面去。關於這個問題，參看 Masao Abe, "Kenotic God and Dynamic Sunyata," in John B. Cobb, Jr. and Christopher Ives, eds., *The Emptying God: A Buddhist-Jewish-Christian Conversation*. Maryknoll, New York: Orbis Books, 1990, pp.3-65. 又可參考拙文〈阿部正雄論自我淘空的神〉，拙著

到大地每一個角落。人對罪過的自覺，是神的救贖行為的一部分，也證成了神對人的愛。救贖需要力量才能達成，神的力量從何而得呢？田邊認為這基於絕對無的轉換、轉化的動力而來。按絕對無（absolutes Nichts）自身是一以負面方式、否定方式表現出來的終極原理，它不是一種力，如筆者所提的純粹力動（reine Vitalität）。這力的根源是甚麼呢？田邊在這個問題上似乎未有作深入的探究。但顯而易見，這牽涉到辯證的問題、絕對轉換、轉化的問題。

以下我譯出田邊元自己的一些說法，或許有助我們對絕對無、轉換等觀念、問題的理解：

> 轉換這樣的東西的原理，即是絕對者的原理。在我們對絕對轉換的意義（的理解）中，對於絕對者的叫法，沒有比「絕對無」更好的了。這絕對者與我們的關係是怎樣的呢？絕對者是絕對無的原理。不過，絕對無不是一直接地存在的東西，❺❻由於它只有在對於「有的否定」的「轉換的動力」中才能成立，因此，絕對無作為絕對轉換，也必須轉換自己。即是，轉換自己的無，而以「有」（的方式）顯現出來。這是一種對「他」的否定、轉換。這種自己的動力也要轉換，把自己轉向作為相對者的他方面去，以還相的方式把相對者

《絕對無的哲學：京都學派哲學導論》，臺北：臺灣商務印書館，1998，頁 215-240。

❺❻　直接地存在應是指一般在時空中出現的事物、現象。

活轉過來，必須以這種形跡來展現自己。要約言之，絕對無中的絕對，以作為相對的有為媒介，以無即有這種方式在還相方面施展動感。相對的東西由於其相對性，常與絕對者對抗，而倍育其我性。它是作為相對者而與絕對者對決，以認證它的獨立性，常在自身中涵有根本惡這種罪惡。❺

轉換、轉化來自作為終極原理的絕對無，則絕對無不是一種純然的客體，例如所謂「理」。它毋寧是一種主體，或主體性。我們通常所說的理是不能活動的，它是一個準則、典範，是人所模仿的、學習的，例如柏拉圖的理型。只有心才能活動，才能發揮出動力，故絕對無即便有客體、客體性的意義，還是以主體、主體性為主，這便是常被與理對揚的心。田邊說絕對無不是一直接存在的東西，不是一般的具時空性的事物，而應該是超越、抽象性格。它不能獨自成立，我們不能在宇宙中找到一種獨自存在、與一般東西沒有關連的東西：絕對無。它的存在性只有在有的否定、轉換的動力中見，特別是轉換自身的無，或「無性」，而顯現為有、為現象事物的脈絡中見。這樣，絕對無要自我轉換，把自己的無轉換為有，轉向為相對的他者，這他者即是現象界的存有、存在。田邊在這裏以「形」或形跡來說絕對無的展現方式，這便有存有論的意味，表示絕對無通過一些動作、活動轉出具體的、立體的東西。至於怎樣轉法，田邊則沒有說下來。佛教唯識學以識的「詐現」（pratibhāsa）來交代存在事物，筆者在拙著《純粹力動現象學》

---

❺　《田邊元全集》，卷11，頁124-125。

（包括《續篇》）則以作為終極原理的純粹力動透過凝聚、下墮而詐現為氣，再由氣的分化而詐現心、物等種種存在。這本身有一個活動的歷程（process）。田邊在這裏則語焉不詳。

另外要留意的一點是，田邊說絕對無中的絕對以作為相對的有為媒介，以無即有這種方式在還相方面施展動感。這又帶來另外一個訊息。絕對無以有為媒介，而施展動感，作為媒介的有早已存在，不是絕對無的展現，它是在絕對無之外，而為後者當作媒介、中介來處理，俾能讓後者憑藉它來展開動感。這種把絕對無與作為有、相對有的現在視為同時存在，在存有論上雙方是獨立的，誰也不依靠誰。這便沒有上面說的絕對無自我轉換為有、相對的他者的意味，因而淡化了絕對無與現象的有的存有論的關係，現象的有從絕對無而來的意味也消失了。但在現象的有方面又生起了一個存有論的問題：現象的有作為經驗性格、相對性格的東西看，它的根源是甚麼呢？除非把現象的有視為具有終極的性格，像胡塞爾所說的現象那樣，不然的話，這現象的有的可能性仍是一個存有論的問題，其根源也就無從說起。

作為終極原理的無或絕對無是絕對的，作為現象的有則是相對的。雙方的關係是辯證性格的。絕對無有其動力，這便是「轉換」，它以懺悔的實踐作為媒介而作用，我們自己在日常行為、生活中可以即時信證這種轉換，視之為「只今便是對我們作用的動力」，我們的覺悟、轉化當下可以現成，在這裏可以講實存性、此在（Dasein）。實存性、此在正是這樣的動感性的尖端的轉換。❽

---

❽　《田邊哲學と京都學派：認識と生》，頁 52。

田邊提出「行為的自覺」，表示這種自覺是否定自己而信賴作為他者的絕對。即是，對於作為自己的空有（按：無即有）而被肯定的媒介由此即可證成。我們可以說，這轉換作為二律背反的矛盾的統一在行為的轉換中被自覺到、意識到。❺❾在這裏，自己自覺到「在無之中被轉換而以方便的空有作還相」的行為。在田邊看來，自覺正是「在無之中的超越的轉換」；也可以說，「無的自覺必然是自覺的無」。❻⓿自覺的動力並不是自我同一地被直覺，而是在無的媒介中被轉動，在不斷地轉換中被自覺到。即是，不是遇上自己而自覺，而是在無中依轉換的媒介而來的「轉換的絕對無的根柢」作為「超越的統一」在自己中被自覺。通過這種行為的自覺，面對著「絕對」的自己的這種每次的「方便的空有」的存在方式而成立。所謂「自己的行為又不是自己的行為，是無的行為」，❻❶這正是「作為行為的自覺的媒介的絕對無」。❻❷按田邊在這裏的闡述非常贅累，他的意思不外是，絕對無以懺悔為媒介，在這種懺悔活動中，自覺到空有、空即有的妙有真諦，而達致自我轉換、轉化，特別是宗教義的轉換、轉化。這是在絕對無中出現的超越的轉換行為，也正是自覺的諦義。自覺不是單純地遇上自己，對自己進行認識、反省，而是覺識到自己的徹底的宗教轉換。這是絕對無的超越的流程，也是內在的展現，這正是「還相」、還向現象世界的自己

---

❺❾　《田邊元全集》，卷 9，頁 247。

❻⓿　同前書，頁 51-54。

❻❶　同前書，頁 22。

❻❷　同前書，頁 84。《田邊哲學と京都學派：認識と生》，頁 52。

與他人的導向。

六、對西田哲學的批判

田邊元並不是注意懺悔問題的唯一人物。對於這個問題，西田幾多郎也有涉及，他並且把懺悔區分為道德的懺悔與宗教的懺悔，但輕重不同。在他來說，普通的懺悔是對於自己的惡行感到後悔，但這不是宗教義的懺悔。他表示，對於被對象化的道德的善，倘若有無力感在裏頭，不管這種感覺是如何地深邃，其根柢應存在於道德力量的自信之中，與宗教心沒有關連。即使說懺悔，也應是在道德的脈絡中說，而不是宗教的懺悔。❻這是說，對於懺悔問題，西田只留意它的道德的導向方面，而未有留意它的宗教義，這與田邊重視宗教義的懺悔不同。這自然與他們各自有所宗有關。西田宗禪，禪是講自力解脫的，這對向一個外在的他力大能祈求、懺悔，希望得到祂的加持、扶助不同。田邊則宗淨土，後者是講他力解脫的。人的力量有限，由於自身資質不夠好，再加上宿業問題，要得解脫，不能靠自己的力量，而需向一個他力大能求助。祂是外在的，你必須對祂懺悔，祈求祂發悲心宏願，把你引渡到極樂淨土，解脫才能說。故在田邊看來，宗教義的懺悔是少不得的。❻

---

❻　《西田幾多郎全集》卷 11，東京：岩波書店，1979，頁 407。

❻　細谷昌志提到，西田認為田邊（あの人）所說的不是懺悔，而是後悔。（《田邊哲學と京都學派：認識と生》，頁 28。西田大抵是以宗教義的懺悔為道德義的後悔，他顯然沒有對田邊的懺悔觀點的善巧的、恰當的理解。他也不是以很認真的態度面對宗教義的懺悔問題。

這是田邊元在宗教哲學上很不同於西田幾多郎的地方。他對西田除了向他學習，受他的影響之外，也對他進行批判，特別是在他的後期。我們可以從他如何對西田批判，從另一角度看到他自己的哲學思想的特點，在哪些方面與西田不同。同時也可看到兩個傑出的哲學家如何不同。在這裏，我們即基於這點來考量，田邊如何批判西田。

總的來說，田邊對西田的批判，集中在兩個重點方面，一是「現實存在的觀念化」，另一是「哲學的宗教化」。關於這些批判，起始自田邊哲學發展的中期，這也是西田的哲學體系漸趨成熟、完成的階段。❻田邊的批判是由自己的立場出發，一直持續下去，沒有停止，也沒有改變。這當然基於田邊對自己的哲學的自信與堅持。不過，他也在某種程度上理解、贊同西田哲學的觀點，並受到後者的影響。總的來說，田邊在自己的哲學探索中，前期是追隨西田的，後期則是反對、批判西田的。這在哲學界中是常見的事。例如海德格最初是師承胡塞爾的，後來便批評他。熊十力最初也是學習、讚賞唯識學的，其後寫《新唯識論》，對唯識學進行嚴酷的批判。田邊對西田的論爭，是透過論文的撰寫，但西田好像沒有寫文章來回應。

概括而言，田邊對西田哲學的重心：場所的自覺的評論是較黑格爾哲學在能意（noesis）的問題上有進一步的推展。❻按能意是觀念論立場上的一個挺重要的概念，胡塞爾的現象學便常常提到

---

❻　《田邊元全集》，卷 12，頁 333。
❻　同前書，卷 3，頁 310。

它，視之為意識（Bewuβtsein）在主體性方面的表現。田邊對西田的批判的矢向集中於西田要解釋世界的《一般者的自覺的體系》（《一般者の自覺の體系》）的內裏隱涵有「發出論的結構」。❻❼在田邊看來，《一般者的自覺的體系》只能說是依於「絕對無的場所的自我限定」而嘗試把一切一般者體系化而已，但西田把種種階段的存在聚合於最後的一般者中，這樣解釋世界，是一種發出論的構成方式，與新柏拉圖學派的普羅提諾斯（Plōtīnus）所說的萬物都從那終極的一者流出相似。這種思維有過分強調主體性一面而輕忽客體性一面的傾向。田邊的批判是，這樣確立終極的作為不可得的一者，透過它自身而進行限定以交代現實的存在，有哲學自我廢棄的傾向。❻❽在這一點上，田邊即進行對西田的批判。

　　先看第一點批判：現實存在的觀念化。現實存在即是如其如是生起的實際事物，這是依於絕對無的場所的自我限定而主觀地、能意地被觀念化而變成一種虛的、影像的存在，因而所謂現實的存在性便無從說起。這是說現實存在被觀念化（概括在能意之中）而失去其現實性，而不是絕對無的場所自我限定而開拓出存在世界。田邊在這裏所強調的論點是「歷史現實的非合理性」和「生起不斷的創造的意志的行為的原始性」。❻❾田邊對於他所堅持的「在非合理性的歷史存在的根柢中的無限深邃的東西」，認為有否定原理存在著，依於這否定原理的媒介作用，一般行為便得以成立。田邊似有

---

❻❼　同前書，卷 4，頁 309。

❻❽　同前註。

❻❾　同前書，卷 4，頁 310。

這樣的意思：無限深邃的東西，是不可能自覺地涉入的東西（自覺に入る能はざるもの，按這裏有神秘主義的意味）；在看見到的東西中有永久地對立的否定原理（見るものに永久に對立する否定原理，按對立的否定原理恐怕是與自我限定有關連、交集）。就歷史的非合理性亦即是絕對偶然性❼⓿的東西的成立言，更進一步看反價值的根源，則需從與這否定原理的狹義一面的行為的一般者亦即是睿智的一般者的對抗關係中求之。❼⓵田邊更提出宗教的自覺必須以歷史的所意（noema）的限定為媒介，即就當前的非合理的現實來證成。❼⓶這要對照著西田的具有濃厚的能意意義的《一般者的自覺的體系》來進行。細谷昌志認為田邊對於西田的「現實存在的觀念化」的批判的論點是明確的，到現時仍不失其有效性。❼⓷

　　跟著看田邊元對西田幾多郎的「哲學的宗教化」這一點的批判。在那個階段，田邊的宗教學的學養仍然薄弱，他對宗教與哲學的理解是，宗教是包含一切動作在內的絕對的靜止狀態，哲學則是求靜止的動作。又認為宗教的體驗是超越歷史的，哲學的反省則是歷史性地相對的。❼⓸如本文註❼⓸所表示，田邊當時對宗教的理解，

---

❼⓿　按偶然性是經驗性格，沒有必然性、絕對性，但這裏卻提「絕對偶然性」，不知何故。

❼⓵　《田邊元全集》，卷 4，頁 318-319。《田邊哲學と京都學派：認識と生》，頁 29-30。反價值的根源不與行為的一般者亦即睿智的一般者相通。即是，倘若反價值的根源與睿智的一般者相通，則無適切性。倘若是對抗關係，則有適切性。

❼⓶　同前書，頁 318。

❼⓷　《田邊哲學と京都學派：認識と生》，頁 30。

❼⓸　《田邊元全集》，卷 4，頁 311。法國哲學家柏格森（H. Bergson）

只是一偏之見而已，後來的理解，則是完整得多。又，對於田邊元說西田幾多郎的哲學有「哲學的宗教化」的傾向，細谷昌志認為我們倒不若說西田哲學有「宗教的哲學化」為恰當。即是，在宗教的體驗中即此即生起哲學的思維。倘若說西田哲學成立於對意識自身的立場的破斥，則西田可以反駁田邊的哲學是站在意識或反省的哲學立場。**⑮**根據西谷啟治的說法，倘若取宗教的立場，則只要突破

提出宗教有兩種：靜態的（static）與動感的（dynamic）。這兩種宗教分別與兩種社會相應：封閉的（closed）與開放的（open）。在柏氏看來，靜態、封閉是負面的，動感、開放則是正面的。田邊以絕對的靜止來說宗教，只是一偏之見而已。有關柏格森的宗教哲學，參看拙文〈柏格森的宗教理論〉，拙著《西方哲學析論》，臺北：文津出版社，1992，頁 87-113。另外，他認為宗教體驗超越歷史，哲學反省是歷史性的相對性格，這種觀點也欠周延性。宗教特別是宗教真理自然是具有普遍性的，說它超越歷史，並沒有錯。但宗教不止於此：它要對向社會，不離世間，社會、世間才能得到解脫，得到救贖。就佛教而言，大小乘佛教都強調普遍的真理，但不能免於消極離世與積極救世的區分，小乘相應於前者，大乘則相應於後者。田邊元對宗教的理解，顯然不夠全面、圓滿，起碼在他作那種說法時是如此。後來他發展出、開拓出懺悔道的哲學，其中的宗教觀點便很不同。

⑮ 細谷把西田哲學關連到對於意識自身的立場的破斥，而把田邊哲學關連到站在意識或反省的哲學立場，就上面的闡述，特別是田邊批判西田哲學有「現實存在的觀念化」的問題，並不恰當。把現實存在觀念化即把現實存在的可能性歸於意識，以西田對能意的重視來說，他的確有這種傾向。至於這種傾向是好抑是不好，是行得通抑是行不通，那是另外的問題。在這裏我們可以不予討論。不過，就田邊來說，這是不好的、行不通的。兩人雖然同是京都學派的創派人物，但立場不是完全相同。西田接近觀念論，田邊則微有實在論的傾向。

意識的自己便可以了。但如以哲學思維自身亦要被哲學地處理（哲學するといふこと自身が哲學される），則我們可以對西田哲學作如下的批判：在西田哲學來說，宗教、道德、科學和其他領域自然全部都要被哲學地處理，而哲學這種東西在那些領域之中，有甚麼意義，佔甚麼位置，是不能體系地被視為問題而提出的。❼這樣，西田哲學便不能主題地把意識自身的立場作為問題來處理了（意識的自己といふ立場そのもの主題的に問題としていない）。❼細谷指出，若要徹底地處理作為反省的學問的哲學，首先要確認可成立的，是田邊的「絕對媒介的辯證法」，這是「不是哲學的哲學」（哲學ならぬ哲學）的所謂「絕對批判」。他認為本著這個意思，田邊對西田哲學的批判，在方法論上仍是有效的。❼在這一點上，細谷沒有細說下去，殊為可惜。

❼ 這是因為宗教、道德一類是學問本身，而哲學則是後設的，故不能同樣處理。
❼ 這即是說意識自身不能被視為一客觀問題來探討。實際上，上面所說的田邊對西田的批判，並沒有很專業性的意味。
❼ 《田邊哲學と京都學派：認識と生》，頁 31。

第三章　田邊元的
種的邏輯思想

　　種的邏輯是田邊元的哲學的重要部分，他在這方面起碼有兩部重要的著作：《種的邏輯的意義的闡明》（《種の論理の意味を明にす》）和《種的邏輯的辯證法》（《種の論理の辯證法》）。一般關連到這方面的問題與研究，都以這兩部著作為依據，而在這方面的探討也很多。其大意雖沒有參差，但在枝節問題上仍有一定的落差。誰最能理解田邊元，特別是他的種的邏輯思想呢？我想應數武內義範。在京都學派中，西田主自力主義，田邊主他力主義，大部分成員都追隨西田，只有武內追隨田邊。而且武內與田邊的關係，非比尋常，他和田邊溝通最多，除了在大學聽田邊的課外，他與田邊互通訊息，田邊晚年尤甚。因此在這裏，我選擇武內的一篇重要文字：〈田邊哲學與絕對無〉（〈田邊哲學と絕對無〉）來理解田邊的種的邏輯思想，再加上自己的理解與整理，便成就這篇文章了。這篇〈田邊哲學與絕對無〉收入於南山宗教文化研究所編《絕對無與神：西田、田邊哲學的傳統與基督教》（《絕對無と神：西田、田邊哲學の傳統とキリスト教》，東京：春秋社，1986，頁 196-202）。

　　田邊以實際的、實在的眼光來說種，以民族、國家、社會等項目來展示種。這也可以是迄今為止的邏輯問題，以「類」和「個體」為中心，類是普遍，個體是個別。而「種」或特殊在邏輯上的構造，則完全被忽略。在形式邏輯來說，種、特殊（das Besondere）與普遍（das Allgemeine）跟個別（das Einzelne）對揚，是在兩者中間浮動、遊移的概念；在推理來說，則被稱為「媒詞」。對於普遍的大幅度收窄，便是個別；而在把個別大幅度擴張、抽象到普遍的過程之中，則有種、特殊作為中介。不過，這特殊或種並不只是中間階段的意思。當體意義的種、特殊，或種的本來的——邏輯上的、存有論上的、獨自的——意義，學界並未有弄清楚。田邊元對於一直被這樣的邏輯形式所支配的哲學的思考方式進行批判，指出種這種特殊義的東西作為存在：民族的存在、國家的存在、社會的存在，實具有這樣的歷史的存在的基體的意義，需要我們特別具體地加以考量、研究。

　　武內繼續說明，「個體－種－類」的關係，例如蘇格拉底（個體）－人（種）－有死的東西（類）的情況，表示在經驗範圍內的事物的關係問題。但在推理中，種是介於相對的普遍與相對的個體之間的一個媒詞，而有其媒介的作用。❶這三者在邏輯推理中都有它們各自的意義、機能，這些概念都具有客觀有效性。但一旦超出經驗的範圍而產生絕對的普遍、絕對的個體時（這從意義言，應該是物自身。現象的領域並無絕對的東西），問題便來了。這即是墮

---

❶　在邏輯推理的三段式中，有大詞、小詞和中詞之分，種即相當於中詞性格。

入康德所謂的二律背反（Antinomie）之中。此中有兩種情況：一
是原來的種一邊向類方面傾斜，一邊又向個體方面傾斜，這便分裂
為相互對反的方向。另一是透過飛躍，讓這分裂歸向統一，而做成
兩重二律背反的東西，這些東西本質地在存有論上、邏輯上是同時
地被含容的。❷這自然是一種自我矛盾的性格。田邊便把這種自我
矛盾用到現實的環境中，例如民族與國家，這便有力與力之間的對
抗關係。康德的這種二律背反的情況可用於歷史的社會中，而認證
它的原型。

　　對於這種社會中的矛盾、對立，黑格爾在他的《邏輯學》
（*Wissenschaft der Logik*）中把它承接下來，加以發展、整理，以
至在他的《法的哲學》（*Philosophie des Rechts*）中從社會方面將
它中和化而成立客觀精神的辯證法，但田邊都不滿意，要將之作為
特殊的、現實的東西，在社會中的歷史矛盾的東西來把握，把對於
這些東西的克服，為了未來的企畫著想，實踐地就其自身而予以自
覺，看得非常重要。而種與個體的問題，正是在這樣的社會的矛
盾、種自身的自我矛盾之間被挾持、夾擊，使屈從於這些挾持、夾
擊的個體（個人）的自覺在自己自身之中激發起分裂、抗爭、葛藤
而無逃脫的途徑。

　　在田邊的辯證的思維中，依於種的問題的出現，而催動這辯證
的矛盾的性格變得非常極端化（種の問題というものが出てくるこ
とによって、その辯證法を動かす矛盾というものの性格が非常に
變わってしまった）。另方面，田邊指出，在考量這樣的矛盾時，

───────────────

❷　按從這裏便轉入辯證法的導向了。

要注意由此而被激發出來的個體的自我分裂。這樣，邏輯上的個體問題，便會讓激發起自我矛盾、自我分裂的個體的自覺問題深化起來。即是，我們要注意的，不是「個物」（das Einzelne）的問題，而是「個人」（der Einzelne）的問題，是要深化實存的、存在的問題。在這種情況，矛盾需要實存地在固有的弔詭（paradox）這種形式中被考量，這是一面。另一面是，這樣的矛盾常常要作為社會存在的問題而在社會的矛盾的形式或狀況下被處理，這是另一面。武內表示，這兩面需要網絡在一起來探究。

武內指出，田邊的「實踐理性的背反」，或「實踐的背反」，是來自康德的。但這與康德的《純粹理性批判》（*Kritik der reinen Vernunft*）所說的作為理論理性的問題而提示出來的背反不同。另外，康德在《實踐理性批判》（*Kritik der praktischen Vernunft*）所釋出的實踐理性的背反與田邊的也隱約地有相當程度的相違性。田邊的二律背反對於例如社會的矛盾、社會的鬥爭這些東西是非常重要的契機。跟著，武內又說到禪的公案方面去，說與田邊講的矛盾相應的實存的弔詭，禪公案的矛盾與田邊的意思是相近的。武內並說公案的社會化，便會釀成那樣的問題。

在第二次世界大戰期間，田邊致力於把社會存在關連到黑格爾的「客觀精神」作存在性的探究。黑氏要把絕對精神（absoluter Geist）與主觀精神（subjektiver Geist）、客觀精神（objektiver Geist）相對抗問題加以消除，把精神視為屬於這三契機的三一的構成性格，而成立他的《哲學百科的全書》（*Encyclopädie der philosophischen Wissenschaften im Grundrisse*）的體系。他提出絕對精神是把主觀精神上提到絕對精神而與後者連結起來的體系構造。

他的《精神現象學》（*Phänomenologie des Geistes*）同樣地與這部
《哲學百科的全書》所講的相當於客觀精神的部分在這交叉點中被
認可過來。而《法的哲學》（*Philosophie des Rechts*）所講的也未
超出《哲學百科的全書》內有關客觀精神的詳細闡釋範圍。❸

　　田邊元在營構自己的「種的邏輯」時，有以絕對（者）在主觀
精神中顯現之意，也有在客觀精神中顯現之意，同時，客觀精神與
主觀精神都參予絕對精神的建立。值得注意的是，黑氏在這裏並不
光是講精神問題，而是把它關連到社會存在與國家結構方面去，把
這兩種精神視為絕對精神的媒介而存在於社會之中。這樣便成就了
真正的社會與國家結構。在黑格爾的思想中，絕對是個人的自覺和
現實的世界的社會存在應現的結果。正如佛教中的菩薩，他作為絕
對者或佛的顯現，能夠在種種式式的眾生世界中，相應於眾生的根
機而示現在他們面前，以進行救渡。故絕對正是在種這樣的社會現
實中應現出來。

　　不過，田邊在後來寫《懺悔道的哲學》（《懺悔道としての哲
學》）的階段，便未有堅持這種看法，但興趣猶在。他提到現代國
與國之間的鬥爭、抗爭，根本惡不單存在於人類各個個體之中，卻
又在作為一個大規模的種的國家前出現，並強調要在心靈方面扭轉
這種超級的根本惡。他指出，絕對精神與客觀精神的媒介在現代正

---

❸　德國哲學家勒松（G. Lasson）認為，黑格爾在他的《邏輯學》的開
　　頭部分所加上去的解說，和黑氏自己的宗教哲學的講義，都嘗試展示
　　一種體系，以客觀精神是絕對精神的顯現。但其內容則未有很清楚地
　　表示出來。勒松屬新黑格爾學派，以編集黑氏的全集而著名。

在以巧妙的方式存在，它的勢頭讓絕對精神變身為惡靈一類東西出現在現時代之中，所謂國家、民族的種種不同的關係變得非常混亂、詭異。❹

　　田邊的這些想法，讓他在寫完《懺悔道的哲學》之後，除了注意具體的自我是社會的存在外，還注意我與汝的問題，具體地與根源地把社會中的這兩種對立的勢力以至契機轉為在自己的內部擔負起代表性的我與汝。這些代表各各抗爭的新、舊勢力便是以這種形態對決起來。作為個體的實存，本來是政治的存在，在田邊的哲學中以敵友對抗的方式成為社會的實存，在由被投擲性提高到企圖投擲性的力的場所中被處理，而成為麻煩的問題。❺在這種情況下，有一種向一個統一的關係傾斜的狀況，客觀精神即此即出現矛盾，主觀精神也是一樣，要克服這種二重的背反（即 Antinomie 的 Antinomie，背反的背反），便有賴由絕對無的方向而來的統一了。❻這是田邊在《懺悔道的哲學》以後的思想方向。

　　就田邊來說，種這種形態所帶來的社會矛盾，與作為個人的命

---

❹　田邊在這裏可能是指共產國家的極權政權，在國家、民族的大招牌的掩護下，大規模地鎮壓老百姓，迫他們去做一些只對自己有利的事情。

❺　田邊在這裏所說的「場所」是一般意思，不必指作為西田哲學的核心觀念的「場所」。

❻　這由絕對無的方向而來的統一可以比對著黑格爾的絕對精神來理解，雙方都是處於渾然一體的狀態中，還未出現分化（differentiation）、二元關係（dichotomy, bifurcation, Dualität）的對立狀態，這亦可就出現分化、二元關係之前說。這「前」可以是時間義，也可以是邏輯義、理論義。後者是依據、基礎之意。

運的遭遇的矛盾結集成一體，在自己自身中被體驗。《懺悔道的哲學》對於田邊來說，是一種個人的體驗；這個人的體驗是種與個體的關係。即是，在戰爭的末期，在國家之中，有一種愛自己的國家，為了國家的理想而生存的自覺。另方面，戰爭關連著國家的實際利益，和國家的生存或消滅都有聯繫。哲學家置身於這樣的認識之間，應該做的事是甚麼呢？沒有回答。❼在這種社會中的兩種對立的要求之中應該如何調度，也不清楚。

　　田邊在絕望的處境中，逆反地感到由絕對無方面而來的救贖問題。在其中，他想到由絕對無方面而來的救贖的事實，和被自覺到的信證亦即是自身所感受到的「無的統一」，和對於帶來這「絕望」的現實社會的矛盾的歷史性的克服，以及根本地回復到統一，等等的問題，都是非常難以解決的。就《懺悔道的哲學》所說到的，要完全地放下自己自身的能力，揚棄自力，在對自己本身的絕望的極限中，感到自己的存在非常柔弱，內心起了一種隨順一切而不加抗拒的情懷之時，感到自己被「無的原理」所推動，自己自身有新的甦醒和體驗，覺得作為實際問題的社會矛盾需要透過行動來解決，在自己自身與社會方面要確定一個方向，對這些矛盾予以驅除，讓統一的理境能夠證成。這都是非常棘手而難以處理的問題。

　　在田邊看來，一切都是歷史的、時間的存在；個人、社會都在

---

❼　這裏所說的社會中的兩個對立的要求，可以是社會的矛盾與個人的矛盾，也可以是愛國家的自覺與對國家的實際利益的關心。愛國家是道德性格，國家的實際利益則是政治性格。武內這裏是取哪方面的意思，沒有很清楚的表示。在我看來，兩種說法都說得通。

歷史的、時間的流向中啟動❽；在個人的契機中，社會的契機中，以至兩者之中，都有保守的東西與革新的東西在對立、對抗；這種意味的矛盾性格便成為問題。在田邊的思維中，這是有特色的東西，它的事態也是重要的。不過，在這之外，過去的、未來的情況中，都有保守性、革新性的東西在對決，這在某種意義來說，都是普通的常識罷了。本然的矛盾是甚麼呢——包含社會的矛盾與自己自身的矛盾——這樣的東西都隱藏下來。就現代性來說，作為由現代推向未來而拓展的推動力的矛盾，在目下大體上是存在了。這樣的現代的根本矛盾到底是甚麼呢？存在於哪裏呢？如何存在呢？這些問題都不是常識所能推定的。

武內又提出一個問題：現時所謂保守與革新的東西，是不是就是這樣的呢？誰也不能無疑。他又回到田邊方面去，表示田邊當時的哲學的、宗教的體驗，讓他經歷辯證法的自覺，而提出一條新的道路——他以「不是哲學的哲學」來說這種道路或「道」，而信守奉行。當時基於絕對無的動感的推進，讓他樹立一種重新生起的實存的、存在的立場，提出黑格爾的「那又是這又是」（Sowohl als auch）的辯證法與如齊克果（S. Kierkegaard）表示自己的立場而命名的「那個或這個（作出決定）」（Entweder oder）的辯證法對揚，而稱自己的辯證法為「那又不是這又不是」（Weder noch）。

---

❽ 關於這點，我們可以關連著服部健二的意思來理解。服部認為，田邊以其種的邏輯，批判西田哲學，認為西田的無的場所、辯證法的一般者的立場，並不能明確地處理歷史的世界的具體性的問題。（服部健二著《西田哲學と左派の人たち》，東京：こぶし書房，2000，頁262。）

「那又不是這又不是」表示任何東西都予以放下（lassen）的由無
而來的救贖義的體驗。

對於這種體驗，田邊最初以佛教的經驗來看待。但這與社會的
存在的問題分不開，雙方必須連結在一起。而種的邏輯又要接續下
來而被處理，在《懺悔道的哲學》之後，這種邏輯的探討變得更為
迫切。武內指出，這種困難的問題從來沒有在佛教中被認真地加以
面對。依於此，田邊在完成他的《懺悔道的哲學》的撰著後，便把
關心的焦點由佛教轉移到基督教方面去，留意到社會宗教的改革的
運動問題。他頗有宗教性與社會性要結合起來成為一體的想法，認
為要鑽進一種深邃的革新的宗教性的內裏。這在他寫的表示對基督
教的觀點的《基督教的辯證》（《キリスト教の辯證》）中可以看
到。在這書中，他提到在今日的環境中，基督教比佛教更具親切
性、實用性。❾

武內又指出，在田邊的這部《懺悔道的哲學》著作中，所謂絕
對否定的原理是來自絕對者的；而絕對者自身通過自我否定、自我
犧牲而讓自己在歷史社會的現實環境中展現出來，這即是「無即
愛」。❿我想這「無即愛」可以參考孟子的性善或性即善的觀點來

---

❾　《基督教的辯證》是田邊後期的著作，因而思想也比較成熟。關於這
　　本書的內容的研究，有尾崎誠（Makoto Ozaki）的 *Introduction to the
　　Philosophy of Tanabe*. According to the Englisn Translation of the
　　Seventh Chapter of the Demonstratio of Christianity. Amsterdam-Atlanta:
　　Eerdmans Publishing Company, 1990. 這是尾崎在荷蘭的萊頓
　　（Leiden）大學寫的博士論文。
❿　絕對者並不是透過自我否定而展現為具體的事物，而是展現無即愛這

理解。在孟子看來，人的本質、本性是善的；在田邊來說，則是作為終極真理的無或絕對無是關愛的；對萬物有一種愛護、愛惜的情懷。武內又進一步闡釋，這絕對者以「自我犧牲而示現」為媒介，讓它關連到愛的活動、行為方面去。而在人方面，則展開為自我否定、自我犧牲的行為。

　　以上是武內義範所闡述的田邊元的種的邏輯思想，也包括我自己的解讀和整理在內。以下是我對這種「種的邏輯」所作的梗概式評論。「種」本來是一個邏輯概念，介於普遍者與個體之間，而連結這兩者，成為邏輯上的中詞或媒詞。普遍者與個體分別是大詞和小詞。三者之間的分別是邏輯推理中的外延（extension），而外延是一個概念所能延伸的範圍，或者它能應用於其中的範圍。田邊把種從邏輯推理中抽出來，讓它有一種實際的作用：指述民族、國家、社會，這不能不說是一種實際的、實效的轉化（pragmatic turn），是由概念、理論向歷史方面的開拓。此中自然有價值可言，但也會導致種與個體之間的矛盾，讓社會分裂。田邊把這種矛盾，比對著禪宗的公案的矛盾來說。按禪本身便是一種涉及矛盾、顛倒的學問、實踐，透過對這矛盾、顛倒的突破，而臻於較高層次

　　種原理。這自我否定、展現不是存有論以至宇宙論的義涵，而是倫理的、宗教的義涵。「無即愛」中的「無」，我想可以就下面一點來說。無即是絕對無，它作為宇宙的終極原理，對一切事物都有一種推動作用，推動它們不斷向前發展，遊息於絕對無的場所之中，自在無礙。這頗有《老子》的無為、自然和海德格（M. Heidegger）的泰然任之、任運（Gelassenheit）的意義，後者有時也作讓開（Lassen）。

的理境。如所謂「南泉斬貓」一公案：南泉普願禪師一日聚集大眾，手執著貓，對他們說：「你們快說快說（真理的訊息），不然我立時把這貓斬掉！」大眾中無人回應，南泉於是把貓一刀砍了。其後他的高足趙州從諗雲遊歸來，有人告訴他這件事，趙州即時把鞋脫下，戴在頭上。該人轉告南泉，南泉讚說，當時若趙州在，那貓便不用枉死了。這表示南泉印可趙州的做法，認為他能體證終極真理。趙州的做法，把鞋戴在頭上，表示一種矛盾、顛倒，即是，禪的真理是需要透過以至突破種種矛盾、顛倒的迷執才能達致的。田邊不必看過這一公案，但他認為真理的體證需要透過對弔詭（paradox）的破解，才能現成，則是無疑的。這與上面所說的公案相通。

　　在種的邏輯的思想中，普遍是絕對無，種和個體則是絕對無的顯現。田邊的意思是，絕對無可以透過自我否定，或自我犧牲，展現於歷史、社會中。否定、犧牲或西田幾多郎所說的限定，是一種具體化原則、呈現原則，讓有關的東西從形而上學或邏輯思維釋放出來，在歷史、社會中出現。田邊又運用黑格爾的絕對精神、主觀精神和客觀精神來譬況，絕對精神相對於絕對無。主觀精神、客觀精神相應於出現於歷史、社會中的東西，兩者之間自然有矛盾，但都消融於絕對精神中，同時也強化了後者。

　　如所周知，種的邏輯是田邊元的方法論，他的處理卻與一般不同。他要把它從形式邏輯中推出來，而用於歷史與社會，讓它有一種實效的意義。它讓絕對無的救贖意義得以落實於歷史與社會中。依於它，一切個體都能感受到由無而來的推動力，而變得積極起來，要在國家、民族方面擔當重要的任務，成就卓越的貢獻。這又

得以具體的行動來證成，因此，田邊非常重視行為的動感。在這一
點上，他比西田幾多郎還要強得多。

第四章　久松眞一
對禪的解讀與開拓

一、京都學派的定位與成員

毋庸置疑，西田幾多郎所開拓的京都學派的哲學已漸向世界哲學推進，成為西方哲學界、宗教學界、神學界理解東方哲學與宗教思想的一個重要媒介。這個學派的很多重要的哲學著作已有了英文與德文譯本，還有少量的中文譯本。其中最受注目的，和外文譯本最多的，自然是西田幾多郎，由他最早期的《善的研究》（《善の研究》）到後期的《哲學的根本問題》（《哲學の根本問題》），都有了很好的西方文字的翻譯。估計這套哲學會對國際的人文思潮帶來深遠的啟示與影響，而這哲學學派的成員的哲學還不斷在被研究、被發掘中，新一代學者亦即第四代的成員也正在成長中，其哲學思想也在不斷發揮中。這個哲學學派是當代東亞最強而有力（分量）的學派，較諸當代新儒學尤有過之。

「京都學派」的名稱早已確定下來。由於它是由日本近現代最傑出的哲學家西田幾多郎所創，而其中很多有關人物都是追隨西

田，或是他的授業門人，因此這學派又稱「西田學派」，他們（包括西田本人在內）所任教或活動的地方，主要是京都，特別是京都大學，因此其學派稱為「京都學派」，其哲學稱為「京都哲學」。

京都學派的成員可以很多，而他們的哲學思想也涉及非常廣泛的範圍或多方面的、多元的問題。這使留意或研究它的哲學的人可以帶來極大的困惑。這些問題所涉的哲學家和宗教家包括柏拉圖（Plato）、亞里斯多德（Aristotle）、基督教的保羅（Paul）、德國神秘主義（Deutsche Mystik）的艾卡特（M. Eckhart）、伯美（J. Böhme）、聖法蘭西斯（St. Francesco d'Assisi）、斯賓諾莎（B. Spinoza）、萊布尼茲（G.W. von Leibniz）、康德（I. Kant）、費希特（J.G. Fichte）、謝林（F.W.J. von Schelling）、黑格爾（G.W.F. Hegel）、尼采（F.W. Nietzsche）、海德格（M. Heidegger）、懷德海（A.N. Whitehead）和詹姆斯（W. James）等，以上是西方方面的。中國方面則有孔子、老子、莊子、王陽明等。和他們有最密切關係的，還是佛教，如印度佛教的釋迦牟尼（Śākyamuni）、龍樹（Nāgārjuna）、般若思想（Prajñāpāramitā thought）、《維摩經》（Vimalakīrtinirdeśa-sūtra）等。中國佛教則關連最大，如華嚴宗、淨土宗與禪宗。而在關連最多的禪宗中，又以《壇經》、《臨濟錄》、《無門關》、《碧巖錄》和《從容錄》等語錄文獻所涵有的思想最受注意。

先說取義較寬鬆的成員，他們所擅長的和重視的思想，也差別極大，有時更是南轅北轍。如高山岩男、高坂正顯有很強的西方哲學基礎，特別是知識論。下村寅太郎則是科學哲學家，又精於宗教

哲學，曾寫了一部有關上面提到的聖法蘭西斯的巨著。❶和辻哲郎的研究重點是倫理學，又熟諳原始佛教，對日本民族的風土人情更非常熟識。三木清則早期是西田的信徒，其後轉向共產主義方面去。山內得立是形而上學的專家，又精於邏輯、道（Logos）的問題。辻村公一則是海德格專家，對於禪也有一定程度的理解與涉入。山本誠作則是懷德海哲學研究的權威學者，另方面也講西田哲學。

　　日本國內的學術界流行這種取義較寬的京都學派成員的看法，甚至有人把國際著名的禪學倡導者鈴木大拙也包括在內。鈴木是西田的好友，與西田的一些門人如西谷啟治、阿部正雄、上田閑照也有往來。他的學問淵博得很，幾乎無所不涉獵。他有哲學家、宗教家、心理學家、禪修行者、佛教佈道家等多重身分，好像甚麼地方都可以把他容納進來，不獨京都學派為然。

　　照我看，京都學派應是一個哲學學派，它應該具有一個核心觀念，其哲學思想可由這一核心觀念所包涵和發揮出來。而其中的成員，都應對這觀念有自己的詮釋。同時，作為京都學派的成員，他自身應已建立起自己的哲學體系，不應只是在宣揚西田幾多郎的哲學，當然對西田哲學的深度與廣度的理解是少不得的。另外，寫出具有一定分量的著作，也是不能缺少的。現在的問題是，這核心觀念是甚麼呢？如何決定呢？我們得先看創教者也是最具洞見、理論能力最強的西田幾多郎的著作。在他龐大的著作林中，我們發現有幾個觀念是時常出現的，它們的意義相一致，都反映終極真實或終

---

❶　下村寅太郎著《アッシシの聖フランシス》，東京：南窗社，1998。

極真理的一個面相。這些觀念包括：純粹經驗、超越的主體性、場所、形而上的綜合力量、絕對無、神、絕對矛盾的自我同一，等等。這些觀念的意義，我們可以「絕對無」（absolutes Nichts）來概括。有關這些觀念的意義，在西田自己的著作和研究他的哲學的著作（也包括我自己寫的），都有涉及。我試在這裏作一扼要的提醒。純粹經驗展示對主客二元性的超越，表示在經驗者和被經驗者成立之先的一種超越的活動，由此可通到超越的主體性，這主體性超越主客的二元對立關係而為一絕對無對象相的終極原理、真理。形而上的綜合力量表示這終極原理的動感，它具有概括一切的作用，本性是精神的，不是物質的。神不是西方基督教所立的具有人格性的至尊無上的創造主，卻是指那種具有創造性的非實體性的終極原理，它是萬物或一切法的存有論的基礎。場所則是一精神空間、意識空間，這有胡塞爾（E. Husserl）的絕對意識（absolutes Bewußtsein）的意味，也有佛教華嚴宗所說的法界（dharmadhātu）的涵義，事物可以其自身本來的姿態遊息於其中，而相互間沒有障礙，這是「萬物靜觀皆自得」（程明道語）的「自得」的境界。魏晉玄學家郭象解莊子的逍遙境界為「自得之場」，也很能展示這種場所的意義。在這種場所之中，一切大、小等的經驗性格、相對性格都會消失掉，都不作現象看，而是以物自身（Ding an sich）的身分存在於這「即場所即法界」之中。至於絕對矛盾的自我同一，則是西田哲學中挺難明白與處理的觀念。一般來說，矛盾是相對的，不可能是絕對的。但若相對的矛盾而被置定於絕對無的場所之中，則成了絕對矛盾：在場所中的絕對矛盾。這樣的矛盾最終會被解構，因矛盾的雙方或兩種物事會在這絕對的場域或場所中被轉化

而成互不相礙，而同一起來。❷

　　綜合以上所說的那幾個觀念的意味，都是環繞著絕對無一觀念
而展開的，它們可為絕對無所概括，展示出終極原理或真理的多元
的面相，而這終極原理即是絕對無。其中的「無」表示負面之意，
即是，絕對無指透過負面的、否定的方式來展示的終極原理。這
「負面」、「否定」字眼並沒有估值意味。

　　這樣，我們便可以確定京都學派哲學的核心觀念是絕對無。作
為這個學派的成員，都須對絕對無有深入的認識，並且有所發揮，
不能完全依恃西田的說法。關於這個學派的成員問題，也可以確定
下來，他們是：西田幾多郎、田邊元，這是第一代。第二代是久松
真一、西谷啟治。第三代是武內義範、阿部正雄、上田閑照。他們
都強調絕對無，並以不同的方式來說、開拓這個觀念。關於西田自
己，不用說了。田邊元歸宗淨土，以他力大能亦即阿彌陀佛來說絕
對無。久松真一以無相的自我來說。西谷啟治以空、事物的迴互相
入的關係來說。武內追隨田邊元，也以他力大能來說絕對無，但加
入一些西方神學家的元素，他們包括布爾特曼（R. Bultmann）、
巴特（K. Barth）、鄂圖（R. Otto）、羅賓遜（J. Robinson）、邦
霍費爾（D. Bonhöffer），以至哲學家海德格和雅斯培（K.
Jaspers）。阿部正雄則以非佛非魔、佛魔同體來說絕對無。上田閑
照則以人牛雙忘、主客雙泯來說絕對無。

---

❷　參看拙文〈西田幾多郎的終極實在的哲學〉，拙著《絕對無的哲學：
　　京都學派哲學導論》，臺北：臺灣商務印書館，1998，頁 1-23。

二、久松真一與東洋的無

　　以下我們要探討久松真一的思想。他的學養的基礎在禪佛教；
不過，他對西方宗教學與神學思想也有廣泛的涉獵，如德國神秘主
義（Deutsche Mystik）、布巴（M. Buber）、布爾特曼（R.
Bultmann）、布魯納（E. Brunner）、巴特（K. Barth）、田立克
（P. Tillich）等人的思想都有認識。自己除了講習禪的義理外，也
參禪，包括靜坐、參話頭公案。也擅長與禪有關聯的文化、藝術活
動，如禪的美學、茶道、禪畫、禪書（法），能以漢詩和俳句來表
達禪悟的境界，積極推動禪的宗教運動，是一個全才型的禪宗教家
與哲學家。

　　久松在禪方面的經驗與體證，聚焦在六祖慧能在《壇經》中說
的「無一物」對一切對象性的超越和「不思善，不思惡」的對一切
二元對立關係、背反的克服方面。他認為，在這種體證與思維中所
突顯的主體，是絕對的主體性（transzendentale Subjektivität），這
樣的實踐修行正是「絕對主體道」。在他看來，《壇經》所說的
無，是終極的原理、真理，也是終極的、最高的主體。他認為這無
是東方哲學與宗教的關鍵性觀念，因此稱之為「東洋的無」。

　　久松寫了一篇〈東洋的無的性格〉（〈東洋的無の性格〉），
暢論東洋的無的性格或特質。❸在他看來，這東洋的無正是絕對
無。久松自己也強調這種無是在與西方文化對比的脈絡下的東方文

---

❸　久松真一著〈東洋的無の性格〉，《久松真一著作集 1：東洋的
　　無》，東京：理想社，1982，頁 33-66。

化的根本的契機，或關鍵性的思想，它特別是佛教的核心概念和禪的本質。這種無有六大特性。第一點是無一物性。久松認為東洋的無不能作對象看，它不是一個物事。就主觀的心境來說，我正是無，在我方面是一無所有。這我超越內在與外在的分別。通常我們很少有不與內在或外在事物相連的時刻，由顏色、聲音到善惡、身心，都可與我相連起來。所謂自我或心靈，總是一個與對象相連起來的自我或心靈。久松特別強調，哪一個東西，不管是具體的抑是抽象的，只要是與我相連，成為我的對象，即是一個存在，即是一物（Seiende），即足以束縛自我。若我不與任何對象相礙，即是「無一物」。特別是，此時它可以不止是無一物性，而且有無一物的作用，能在種種事物中起種種妙用。這樣，無一物便不純然是負面的、否定的意味，它毋寧已轉化為一種活動，一種不指涉任何對象性的活動。這實已通於西田的純粹經驗，甚至筆者所提的純然是動感的純粹力動（reine Vitalität）了。

第二點是虛空性。久松引述永明延壽《宗鏡錄》卷六所陳虛空的十義，並一一關連到東洋的無方面去。他的說法如下：

1.無障礙。東洋的無無所不在，它遍佈十方世界，但不為任何東西所障礙。它包含一切東西，但不保留任何東西的痕跡。按這頗有西田的場所的意味。場所是一切諸法的遊息之所，但諸法去後，無形無跡存留。這是由於場所是精神性格的，不是物理性格的。

2.周遍。東洋的無滲透至一切東西之中，包括物質性的、精神性的東西。它是無所不在的。按這是指東洋的無的內在性。

3.平等。東洋的無平等對待一切東西，而沒有淨染、貴賤、善惡、真妄、聖凡之別。這些都是相對相，東洋的無是克服一切相對

相的。按這是指東洋的無的超越性。

4.廣大。東洋的無是一個整全，其中不包含任何外物在內。在時空方面都沒有分限、際限。它超越時空性。按這有表示東洋的無超越現象層面，屬本體層面的意味；但這本體不是實體，而是終極原理之意。

5.無相。東洋的無沒有空間的物相與時間的心相。在一般眼光看來，物體是在空間方面有相狀的，它總占有空間；但心不占有空間，沒有相狀可言。久松以為，心相是在時間上說的，故心還是有相。只有東洋的無才是真正的無相，它超越空間與時間。按久松這裏說心，是從現象方面、經驗心理學方面說，故還是有相。東洋的無有心方面的涵義，亦即是主體性，這是絕對的、超越的主體性（absolute-transzendentale Subjektivität），沒有時空性可言，因而是無相，既無空間相，亦無時間相。

6.清淨。東洋的無不是物也不是心（按這是指經驗的、現象的心），因而完全沒有封限，故自身沒有染污，也不會被其他東西所染污。有封限的東西才有被染污的可能。可以說，東洋的無是絕對清淨的，它超越一切染污與清淨的對立格局。按這種說法讓人想起北宗禪的神秀所說明鏡臺或清淨心可被塵埃熏染的說法。神秀所說的清淨心有靜態的傾向，一如明鏡那樣，可以擺放在那裏，因而可為塵埃所熏染。而作為東洋的無的心則是超越的活動，它不停在動轉，任何染污若沾上它，馬上會被它的動感所揮去，因此它是純淨無染的。

7.不動性。東洋的無無始無終，這是超越時間；無內無外，這是超越空間。它不生不滅，因而沒有成壞可言，故不變化，不作

動。按在這裏我們需要注意，這裏說不動、不作動，並不是東洋的無不能活動之意，卻是這東洋的無活動而無動相。動相是在時空中展示的，東洋的無是超越的活動，不在時空所宰制的範圍，因而無動相可說。

8.有空。東洋的無完全超越一切分別與計量。久松認為有是有量，是可量度性。東洋的無沒有可量度性，故是有空。

9.空空。東洋的無不是「某些東西的有與無」中的無，卻是超越這些東西的有與無。倘若它是這有與無中的無，則它不過是相對於某些有的事物的無，是相對性格，不是絕對性格。東洋的無是絕對性格的。所謂「空空」指不是空或無，否定空或無。這被否定的，正是與有相對反的無。按這空空既是對於與有相對反的無的否定，則亦必否定與無相對反的有。這樣，便得出同時否定相對意義的有與無，這便是非有非無。這正是中觀學龍樹所提的中道（madhyamā pratipad）的義蘊。

10.無得。東洋的無即是無一物，故不能擁有任何物，它也不能自己擁有自己。它是完全無物可得的。這表示東洋的無排斥對象性，它不是一種可以被處理的對象。

久松以為，東洋的無與虛空同時具足這十種義理，但它畢竟不同於虛空。虛空不但沒有覺識，也沒有生命。東洋的無則有覺識與生命，這主要表現於心靈中。它是一個超越的主體性，在活動中表現其存在性。這裏要注意的是，東洋的無是一種有機的（organic）主體，或主體性（主體與主體性暫不作區分），這種機體主義有點像懷德海（A.N. Whitehead）所採取的哲學立場，在他來說，作為終極實在的事件（event）、實際的存在（actual entity）、實際的

境遇（actual occasion），都是一種機體（organism），整個宇宙也可說是一個大機體。

綜觀東洋的無的這種虛空性所具有的十方面的義理，很有重複的意思，這即是東洋的無或虛空的超越性，超越一切事物、對象的二元性（Dualität）、背反性（Antinomie）。這超越性自然可以通到《壇經》所說的「無一物」的意味。無一物即是對對象性或物性的超越，對象性或物性都是相對性，對象或物（體）都存在於背反的關係中，亦即存在於相對的關係中。東洋的無的最大的意義特色，便是對一切背反的超越、克服，亦惟有超越了、克服了背反，絕對性才能說。久松的這種思維方式，與《壇經》的說法是一貫的。

東洋的無的第三個特性是即心性。久松以心來說東洋的無，可謂恰當。這心不是認識心，不是道德心，不是藝術的欣趣心，更不是經驗慣習的情識，而是上求救贖的宗教解脫心。它是終極的主體性，是無執的主體性。它是通過遮詮的、否定的方式顯現出來，如久松所示，是「身心脫落」（道元語）境界中所透顯的心。在「身心脫落」中的「心」（被脫落掉的心）是有執的心，執著身與心也。使身心脫落的心，則是這無執的主體性，是東洋的無。禪籍中常常提到的「正法眼藏，涅槃妙心」、「直指人心，見性成佛」、「以心傳心」、「直心是道場」（《維摩經》語）、「自心是佛」、「即心即佛」、「心外無法」等，其中的心，大體地、寬鬆地來說，便是這無執的主體性、東洋的無。不過，我們可以說，這種透過遮詮的、否定的方式突顯的心，總是帶有消極的、被動的意味。我們同時可以表詮的、肯定的方式來說心，展現它的積極性、

動感。如筆者所提的純粹力動，是心也是理，是純然的、沒有經驗內容的超越的主體性，是萬法的存有論與宇宙論的依據。它的意義與作用，是正面的、積極的、動進的。

　　第四點是自己性。這是內在性的問題。東洋的無具足內在性，內在於我們的生命之中。久松以為，東洋的無是佛的性格，它自身便是佛的所在，佛即是自己。東洋的無是作為自己的佛，不是作為能超越與控制自己的那個主體。佛即是自己，是純粹的主體、絕對的主體。久松以為，禪視佛為一終極的主體性的主體，亦即絕對的主體，這即是東洋的無。《壇經》曾說「自佛是真佛。自若無佛心，何處求真佛？汝等自心是佛」，這所謂「真佛」，便是指東洋的無。還有，禪門中喜言「見性」，或「見性成佛」，這所見的、所顯現的「性」，可以說即是東洋的無。這是自己的生命的本質，亦即是佛性。按久松說來說去，無非是要強調東洋的無即是佛性，是成佛的超越的依據（transzendentaler Grund）。這亦是《壇經》所說的自性。

　　第五個特性是自在性。這是指東洋的無對於一切相對的兩端、種種分別的二元對立的超越性而言。它超越是非、善惡、凡聖、生佛、有無、生死、存在非存在的二元性，而為一絕對的主體性。久松認為，禪的境界是任運自在，不把佛放在超越地和客觀地外在的位置。《碧巖錄》所謂「有佛處不得住，住著頭角生；無佛處急走過，不走過草深一丈」，便是教人不要住於有佛（佛）與無佛（眾生）的相對的兩端。所謂「有佛處不得住」、「無佛處急走過」也。這相對的兩端足以做成身心的束縛。不為佛或眾生凡夫的分別所繫，便是真正的、自由自在的境地。按久松這樣以超越一切相對

性來說東洋的無，其意實已涵於上面所說的東洋的無的虛空性中。不過自在性是從正面說，虛空性則傾向於負面的、消極的說法。

第六也是最後一個性格是能造性。久松認為，東洋的無對於現象世界來說，具有能造性，它是創生宇宙萬象的本原，但它自身卻能保持不變，所謂「不動性」。久松以水與波浪的關係作譬，水能變現出成千上萬的波浪，但自身總是不變。久松以為六祖所謂「自性本無動搖，能生萬法」、「一切萬法不離自性」，與《維摩經》所講「從無住本立一切法」，都是東洋的無的能造性的意思。在這裏，我想對久松的說法作些澄清與回應。說東洋的無是創生宇宙萬象的本原，因而有能造性，這是宇宙論的思維。「造」與「創生」有相當濃厚的宇宙論的意味。在佛教中，唯識學（Vijñāna-vāda）有這樣的思維傾向，它所說的種子現行、在變現（pariṇāma）、詐現（pratibhāsa）中建立諸法，的確有構造論、宇宙論的意味，存有論更不用說了。但在禪來說，則完全沒有這種意味。禪的目標，如達摩禪的旨趣「直指本心，見性成佛」，完全是救贖、救渡意義的，它對客觀世界的事物的生成、建立與變化，並不是很關心。我們可以確定地說，禪是沒有宇宙論的；上面所引《壇經》的「自性……能生萬法」，並不是宇宙論意義，「生」不是宇宙論的概念，而與依據義有直接連繫。即是，作為佛性的自性，是萬法特別是緣起性格的萬法的依據；佛性不是實體，更不是創造主，不能宇宙論地生起萬法。這個意思與龍樹的《中論》（Madhyamakakārikā）所說的「以有空義故，一切法得成」，倒是非常接近。佛性與空義對於萬法來說，不是創生者，而是義理上的依據。久松以東洋的無具有能造性，能創造宇宙萬象，顯然不諦

當。《維摩經》說的「從無住本立一切法」，這「立」也不是創造、創生的意味；《維摩經》也沒有宇宙論的思想，後者是專講宇宙的生滅法的生成與變化的。

久松也在這能造性的脈絡下說東洋的無的動感。他認為創生是需要動感的。說東洋的無具有動感，這不錯。但動感不一定要關連到宇宙論的創生方面去。實際上，久松自己便有「能動的無」的說法，以表示無的能動性。❹這能動性的意味亦應涵於上面的即心性之中。以無為心，為主體性，心或主體性自然是能活動的主宰，故無亦應有能動性。

綜觀久松所說的東洋的無的六個特性，大體上與般若思想與中觀學的空特別是禪的無相應，展示出非實體主義（non-substantialism）的哲學旨趣。但亦有其問題所在，如上面剛提及的能造性。這能造性通常是就實體主義說的，由此可推演出一套宇宙論來，如基督教的上帝、印度教（Hinduism）的梵（Brahman）和儒家特別是宋儒如張載所提的氣、太虛。非實體主義很難說宇宙論，要說，便得間接地通過終極原理的變現、詐現作為媒介。久松在這一點上顯然著力不足，誇大了東洋的無的功能、作用。另外一點是，那東洋的無的六大特性在意義上有重疊，上面提到的超越性是一明顯的例子。而橫列地把東洋的無的特性拆分為六個方面，讓人有零碎的感覺，顯現不出作為終極原理、真理的整一性格、一體性格。對於禪所說的心、佛性、自性，或東洋的無，我在拙著《游

---

❹　參看久松真一著〈能動的無〉，同前註，頁 67-81。

戲三昧：禪的實踐與終極關懷》❺中以不捨不著的機靈動感或靈動機巧的主體性來說，這則是縱貫的說法，久松所提的那六個特性的意涵都包括在裏面了。縱貫地說是綜合地扣緊靈動機巧的動感來說主體性，把它的一切性格都還原到這種靈動機巧的動感方面去；散列地、橫列地說則是把有關的性格一一列出，以分解的方式闡說這些性格的涵義。

三、無相的自我

　　上面說，京都學派哲學的核心觀念是絕對無，每一位成員對於這絕對無都有自己的解讀和發揮。當然這些解讀和發揮在義理上是相通的，互補的，也與各成員自身的獨特學養與旨趣分不開。就久松真一來說，他以無相的自我來說絕對無。這種說法與六祖慧能的《壇經》的精神最為相應，而與由慧能傳承下來的禪法如馬祖禪、臨濟禪以至無門慧開的《無門關》的內容，也有非常密切的關係。《壇經》所說的「無一物」的根本旨趣、立場和「無念為宗，無相為體，無住為本」的三無實踐，都是久松的無相的自我的義理與實踐基礎，特別是「無相為體」的說法直接展示久松與慧能禪法的一脈相承。

　　久松在自己的著作中時常提到無相的自我，這是他的終極主體的觀念。以下我基本上依據一份較少人留意的文獻來闡述他的無相的自我觀點，這即是他與田立克（P. Tillich）的對談紀錄；這紀錄

---

❺　《游戲三昧：禪的實踐與終極關懷》，臺北：臺灣學生書局，1993。

自然談不上學術性，但頗能在一種比較宗教的角度下反映出無相的自我的深層義蘊。按無相的自我的主要意思，自然是沒有任何相對相狀的自我、絕對性格的自我；同時，亦應含有自我不在一種相對的脈絡認取對象的形相，以至執取對象的形相為實在的意味。

　　首先我們可以說，無相的自我是一個觀念，是我們的生命存在的真實的主體性。但這樣說還不夠，我們應從實踐一面看無相的自我在現實生活中的呈現，和它所起的作用。久松先提出德國神秘主義大師艾卡特（M. Eckhart）的「孤離」（Abgeschiedenheit）觀念，表示當人在任何事物中達致這孤離的狀態時，正是喚起、喚醒自己的無相的自我的好時機，這亦可以說是孤離的自我。這孤離並不是負面意味，不是否定。具體地說，孤離不是一種相對意義的否定，也不是一種簡單的對行動的否定。在艾卡特來說，孤離表示一種空掉自身的狀態（Zustand）。但這並不表示要消棄一切相對性格的內容；毋寧是讓自己從紛亂的狀態中釋放開來，以達致一種寧靜的心境。這心境是要呈現自我、無相的自我的首要條件。即是說，孤離可使我們從所謂物理的、軀體的東西、精神性的東西分離開來；而正在這種分離之中，真我、寧靜的自我便能自我喚醒和自我呈現。這有集中的意味，集中自我的生命力量的意味。但不是田立克所說的集中，如田立克在柏林的咖啡室中集中地、專心地準備作一場演講的那一種。這只是集中精神在來日要進行的講演、講課、講道等的論點或題材方面。按這是以思考作為媒介而使自己的精神、精力集中起來，不往外發散；是一般的集中。久松所說的集中，是沒有對象的集中，不管這對象是甚麼，這可說是無集中（對象）的集中，是真正的集中。無相的自我便是在這樣的集中中透顯

其自己，由潛存的狀態轉而為實現的狀態，由此可以生起種種妙用。我們也可以說，在這種集中而起妙用中，集中者與被集中者冥合而為一體。這其實也可以說是一種解構的集中，當所有東西被「解體」、被「否定」或被「空掉」時，只剩下空無（Nichts），這正是無相的自我展現自己的殊勝背景。

弔詭的是，無相的自我在無對象的集中、無集中的集中中，呈現了自己。而它的呈現，有一種活現的作用，有一種自由的運作，在這種狀況之中，一切具有形相的事物便出現，成立起來。即是，由於無相的自我的自由作用，可使有形相的東西呈現它自己。這是無相的自我的妙用，京都哲學家說的「真空妙有」中的「妙有」，也有這個意思。但這種情況只能在達致「真空」的境界才可能，而真空的境界正是無，無自性（asvabhāva）、空（śūnyatā）。這境界與無相的自我一脈相承。要注意的是，這真空妙有使一切諸法成立，只有存有論的意義，真空妙有可作為諸法的存有論的依據。但這與宇宙論無涉，後者是直接交代諸法在經驗層中的生成與變化的。真空妙有不談這些問題。

關於無相的自我的呈現問題，我們可以說，無相的自我自身便有一種讓自身呈顯的力量，不需要依靠外在的媒介。這種思維，讓我們想到海德格的一句名言：真實的本質便是呈顯，或真實在其呈顯中證成它的本質（Sein west als Erscheinen）。❻無相的自我是真實，它自身便含有呈顯的能力，這呈顯正是它的本質。

---

❻ M. Heidegger, *Einführung in die Metaphysik*. Tübingen: Max Niemeyer Verlag, 4. Auflage, 1976, S.108.

　　另方面，久松又就無相的自我的呈顯的背景宣稱無相的自我是最具體的實在。與它比較，所有事物都是抽象的。無相的自我可以說是在實際時刻中的「實質的創造」或「具體的運作」。與無相的自我比較，一般的形相如杯子或桌子都是抽象的。這種說法展示一種超越常識的洞見。說無相的自我是具體的，自然不是就以分解的方式把無相的自我跟它所創造的事物分離而單提地說，而是從既成的存在物中含有無相的自我的存有論的依據這一點說。即是，無相的自我具有自我呈現的能力，這也是它的本質；說無相的自我是具體的，是就它存在於依它而存有論地成立的具體事物說。無相的自我是最具體的實在，表示存在於具體事物中而作為它們的本質的無相的自我是具體的，一切存在都不能遠離無相的自我而有其存在性。這種說法與現象學宗師胡塞爾（E. Husserl）所說的「本質是具體物（Konkreta）」在旨趣上不謀而合。❼胡塞爾的意思是，本質（Wesen）不能被抽離而存在，它必存在於具體物之中，故一說本質，便須關連著具體物說，在這個意義下，他說本質是具體物（Konkreta），不是抽象物（Abstrakta）。無相的自我是本質層次的東西，但它不能存有論地遠離具體的事物。這顯示出人有東西方的地理上的不同，但在思維上則沒有東西方之別。就筆者所知，久松的著作似乎未提及胡塞爾的現象學，即使有，也不多見。他們的

---

❼　E. Husserl, *Ideen zu einer reinen Phänomenologie und phänomenologischen Philosophie*, Erstes Buch: *Allgemeine Einführung in die reine Phänomenologie*. N. hrsg von K. Schulmann, Den Haag: Martinus Nijhoff, 1976, S.153.

相近說法，實表示出「人同此心，心同此理」也。

說到無相的自我的顯現，我們不妨就藝術創作這種文化活動來具體地說明一下。田立克便提議我們直觀一件藝術品，以例釋無相的自我的存在性：我們仍未能達致無相的自我的自覺層面，而直觀一件藝術品，與已達致這個層面而看同樣的藝術品，有甚麼不同？久松的答覆是，一個藝術家若已喚醒他的無相的自我，呈現他的無相的自我，則無相的自我會被表現於藝術品中。以禪的繪畫為例，畫家正是那被繪畫的。畫家在他所畫的東西中表達了他的無相的自我。看畫的人也會喚醒他的無相的自我，而他所注視的禪藝術也同時表現了他的無相的自我。按我們應再加一句：所有的無相的自我都是同一的，無相的自我是一普遍者（universal）。只是在個別的當事人中，依後者的特殊的條件，而有不同的呈現。

進一步，久松真一表示，如果一個已覺醒的畫家在一幀畫作中表現他的無相的自我，而那幀畫作被某個還未覺醒的人觀看時，看畫者便因此能夠把自己滲透到他自己的無相的自我中。按倘若是這樣，我們觀賞藝術作品，特別是那些能呈現作者的無相的自我的作品，有助於我們喚醒自己內藏的無相的自我。

有一點我們要注意，上面提過我們的無相的自我自身便具有呈現的能力。久松更堅定地表示，無相的自我只要它是自我，便包括了自我覺醒，這其實是自我呈現，這亦可通到上面所提海德格的說法方面去：無相的自我本質上便會呈顯。久松的說法是無相的自我是有活動的，它是要自我表現或展示它自己的。這種禪的無相的自我不是一個死的本體觀念、存有觀念，而是一個「活的」自我喚醒或自我實現，能創造地自我表現。而作為一種正在運作的「活的」

無相性，它能夠在任何內容或透過其中來表現自己，表現為「無內容」的自我。按這內容是指經驗世界的多樣內涵。說無相的自我有內容，表示它可以透過經驗世界內任何東西表現它自己。久松自己便說，無相的自我有無限的內容，所謂「無一物」有著具有無盡藏的內容的意味，它可用的形相或內容是無限定的。

以下我要略述艾卡特與田立克對於與無相的自我相應的道的看法，以突出無相的自我在比較的脈絡下的義蘊。田立克提到，艾卡特認為道（Logos）內在於每一個人之中，它顯示一點，那是人不能空掉的、否棄的，這即是神存在於每一個人的心中。道會受到有限事物的障蔽，不能顯發出來，只作為潛質而存在。但若能去除這些障礙，道便能開顯。按無相的自我亦有這種潛藏的狀態，它的喚醒相應於這道的開顯。道與無相的自我的顯著的不同在於，它不是沒有形相的，它自身便是神的形相。它的呈現，是「被生」，為神所生，也可以說是為我們所生，因它是內在於我們之中的。它是一個具體的神聖形相，艾卡特常將歷史上的耶穌與這道聯繫在一起，以《聖經》中的耶穌的圖像來把它具體化。因此，道不是無相。

就佛教特別是禪與德國神秘主義來說，艾卡特有完全貧乏（Armut）一觀念，這是空卻主客的二元性（Dualität）的意味。二元性被空卻、克服後，並不是完全空虛，卻是正在空卻的活動中，有真正的解脫的、救贖的意義的行為生起。田立克指出，道是一個具足動感的原理，是愛或恩惠（agape）的原理。但它不是無相的自我，無相的自我是那個我們所自來的神聖的深淵（Abgrund），是那無基底者（Ungrund）。在久松看來，這無基底者正是人的無相的自我，是具體的呈現，所有有形相的東西都由此而來。正是由

於無相的自我的自由運作，具有形相的東西才能出現。❽

久松以無相的自我來說絕對無，表面看來，很能吻合南宗禪特別是慧能禪、臨濟禪、《無門關》的精神。特別是慧能禪的《壇經》裏面講的精義，如「無一物」（「本來無一物」）、「無念為宗，無相為體，無住為本」、「不思善，不思惡」等的涵義，都在無相的自我中得到申張。這是非常明顯的一點，我想不必在這裏闡釋了。不過，若深入地、仔細地思索禪的本質，一方面有它的靜歛的一面，《無門關》提到的「游戲三昧」中的「三昧」可以印證這點。❾按三昧或三摩地（samādhi）是一種心所，是把心力、精神聚歛起來而不向外發散的統一作用，把心、精神集中到一對象上去，而凝歛其力量，進入宗教意義的深沉的瞑想境地。進一步可把對象移除，心、精神也能自我集中，如久松所提的無對象的集中、無集中的集中。「無相的自我」中的「無相」，與這點很能相應，相即是對象、對象相也。這樣說無相，是在工夫論上說，是沒有問題的。但若從存有論上說，問題便來了。相（lakṣaṇa）是對象（Phänomen），概括現象世界、經驗世界。這世界在佛教來說，

---

❽ 在這裏，無相的自我是以精神主體說，它畢竟是抽象的主體，這主體如何能生起立體的、具體的有形相的事物，需要一宇宙論的演繹。久松沒有做這種演繹，他對宇宙論問題沒有興趣，殊為可惜。又，上面所涉及的久松與田立克的對話內容，參看筆者與梁萬如先生據英文版本所作的翻譯〈東方與西方的對話：保羅田立克與久松真一的會談〉，載於拙著《京都學派哲學：久松真一》，臺北：文津出版社，1995，頁 207-257。至於該對話的英文版本，參看前註，〈序〉，頁4。

❾ 無門慧開著《無門關》，《大正藏》48・293 上。

是指世俗存在，是俗諦（saṃvṛti-satya）所對的世界。這雖不是勝義的存在，與第一義諦（paramārtha-satya）沒有直接關係，但是我們日常接觸的、生於斯、長於斯的環境。我們凡夫畢竟是腳踏著這個世俗的大地而生活的，在很多方面都與這個現象世界不能分離，與後者有極其密切的關連。倘若「無」了、否定了、遠離開它，生存便失去依據，連存在於甚麼地方，都成了問題。故作為現象世界的相是不可無的，無相的確有虛無主義的傾向。京都學派喜歡說「真空妙有」，若否定了相，「妙有」便不能說了，妙有是以相為基礎的。我認為，相是不能無的、否定（單純的否定）的。我們應該「相而無相，無相而相」。即對於相或現象世界，我們不應執取，不應視為有自性，這是「相而無相」；但最後還是要回落到這個現象世界中，只是不對之執取便是，這便是「無相而相」。久松只注意相而無相，未充分注意無相而相，是義理上的弱點。

　　至於「無相的自我」中的「自我」，則更犯了佛教的大忌。「我」（ātman）這個字眼在佛教特別是釋迦牟尼和原始佛教的教法中，是要被拒斥的，因此說「無我」（anātman）。三法印中的諸法無我，此中的我，可指我的自性（svabhāva），也可指諸法的自性。不管怎樣，「我」總是負面的字眼，一切與佛教有關連的說法，都應避免用這個字眼。龍樹所強烈拒斥的，是勝論（Vaiśeṣika）、數論（Sāṃkhya）等實在論，拒斥的焦點即是神我（puruṣa）。六祖《壇經》說到佛性、如來藏，都不涉及「我」，而說「自性」。但這自性又易與佛教緣起說所說的諸法無自性的自性相衝撞，那是另一問題。《大般涅槃經》（*Mahāparinirvāṇa-sūtra, Yoṅs-su mya-ṅan-las-ḥdas-pa chen-poḥi mdo*）雖說常、樂、

我、淨，發揚涅槃大我，這我不同於無我的我，但一說到佛教，自然會把焦點置於釋迦佛法與原始佛教之中，為免誤會，還是不提「我」為妙。久松以自我說無，以無相的自我說絕對無，並無必要，特別在涉及禪的本質來說，並不明智。筆者說到禪的本質，以不捨不著的靈動機巧的主體性來說，可以避免「自我」字眼的問題。

四、人的生命存在的構造的三個導向：*FAS*

在京都哲學家群中，除了久松真一、三木清、戶坂潤等外，基本上都是當學者、大學教授，在學院中做研究，退休後則或隱居，或到國外講學、交流。他們對現實社會的問題所知不多，也很少參與社會的種種事務。他們留給後人的，是篇幅浩繁的全集或著作集，供有心人去研究，繼續作哲學與宗教問題的探索。三木清和戶坂潤則推行共產主義思想，要改革社會，但沒有甚麼成效。久松真一則不僅在學院中講學、研究，還走出學院推進文化業務，組織協會，進行宗教運動。這即是由他所創立與帶動的 FAS 協會。在這一點上，他很明顯是超越他的前輩和迄今所見到的後來者，而上追禪的祖師如道信的營宇立像、弘忍的敞開東山法門、百丈懷海的「一日不作，一日不食」的親身普渡眾生的勞動精神，也與鳩摩羅什（Kumārajīva）和玄奘主持譯場以大量流布佛典的事功遙遙相契。至於成果如何，那是另外一回事。

按久松所說的東洋的無，在佛教不同的思想學派中，有不同的稱呼，與它相應。般若思想稱「淨心」；如來藏思想稱「如來

藏」，或「如來藏自性清淨心」；佛性系統如《大般涅槃經》稱「佛性」；達摩禪稱「真性」；六祖《壇經》稱「自性」、「本心」、「本性」；《大乘起信論》稱「眾生心」；天台智者大師稱「中道」、「中道佛性」；華嚴宗稱「法界性起心」。在東洋的無的那六個性格中，久松顯然很強調即心性、自己性與自在性，這最接近禪，與他以 FAS 來發揮東洋的無，有密切的關連。以下我們即詳論這 FAS。

　　久松在一篇〈關於 FAS〉（〈FAS について〉）的文字中，談到 FAS 所涵的三個意思，實基於人的生命存在的構造的三個導向，這亦是 F、A、S 所分別表示的三面涵義。**❿** F 是 Formless self，即是無相的自我；A 是 All mankind，指全人類；S 是 Superhistorical history，亦即超越歷史的歷史。這三者合起來，構成一個總的意思，或理想：覺醒到自家的超越的無相的自我，站在全人類的立場，去建構世界，創造一個超越歷史的歷史。這裏說以超越的無相的自我去建構世界，讓人想到胡塞爾的以意義構架對象的思想，但久松很可能是自己提出的，沒有受到胡塞爾的影響。他是在禪的脈絡下提出的。這無相的自我正是禪一直宣說的我們的本來面目，或說「自心是佛」中的自心。而覺悟到自家的無相的自我，其意不外是覺悟到那作為禪的根本、根基的本來的自性。這無相的自我若要顯示人的生命存在的深層問題，便要關連到全人類的立場來，這是人的生命存在在廣度方面的次元（dimension）。我

---

❿　久松真一著〈FAS について〉，《久松真一著作集 3：覺と創造》，東京：理想社，1976，頁 457-472。

們作為人類的一分子所要關心的，並不單是自己的事，所謂「己事究明」，更要超越個人，站在世界的立場，去考慮人類全體的事。這世界的立場不是特定的民族、階級、國家的立場，卻是全人類的立場。除此之外，人的生命存在還有在深度方面的問題，這即是歷史的問題。所謂站在全人類的立場去運作，並不是站在超越單單是個人的立場，卻是要指涉到歷史方面，要創造歷史。久松認為，我們要由無相的覺悟開始，確立自己的超越的主體性，然後進入時空的世界，顧念全人類的福利，再進而把我們的努力運作滲透到歷史中去。但我們的運作不能只限於歷史之內，受歷史的制約，卻是要站在歷史的立場，超越歷史，去創造自身的歷史。這便是創造一個超歷史的歷史。

F、A、S 這三者是甚麼關係呢？久松以為，三者中，F 所表示的無相的自我是最基本的，這也是東方傳統中所說的一貫的主體性，但它與 A、S 二者的應有的關係，卻從來未能受到足夠的注意與闡揚。而在東方傳統中，雖不能說 F 中完全沒有 A、S 的方向，但在 F 中，A、S 的確定的涵義，卻從未得到清楚的闡述。在這種情況下，F 的運作便常受到質疑。久松認為，目下我們要做的，並不是只從禪的背景來看這 F，而是要擴大開來，從人的生命存在的整一體來看。我們必須在人的生命存在的構造（這不是構造論）上，把 F 與 A、S 緊密地結合在一起，視 A、S 為 F 的不能分離開來的次元。即是說，必須在無相的自我中安插世界與歷史這兩個次元，必須視自我、世界與歷史本來便是三而一、一而三地一體性的。必須這樣處理，無相的自我才能在時（歷史）、空（世界）中得到充分的證成。

在這種觀點下看，F、A、S 三者對於完全的人的生命存在來說，是缺一不可的。倘若只有 A、S，而缺少了 F，則生命存在的源頭便不清晰；反過來說，倘若只有 F，而沒有 A、S，則人的存在開拓不出來。F 所代表的無相的自我，是人的生命存在的真正的、有力的源頭，必須先認悟這個源頭，人的生命存在才有一個真正的主體性，一個決定將來要走的方向與承擔由此產生出來的一切道德責任的真我。但無相的自我也要向空間的社會與時間的歷史方面拓展開來。必須具有這兩方面導向的開拓，無相的自我或主體性才能充實飽滿，才有豐富的內涵。主體性的真實涵義、內容，畢竟是要在具體的時間與空間的情境中落實的。

F 與 A、S 的關係，顯然是一體（源頭、根源）用（發用、表現）的關係。F 是 A、S 的體，A、S 是 F 的用。即是說，無相的自我是拓展至全人類與創造歷史的無相的自我，而拓展至全人類和創造歷史也是無相的自我的拓展至全人類與創造歷史。就這兩方面來說，久松畢竟是比較重視無相的自我這一最高主體性的；在體與用之間，他畢竟比較強調體。在他的一篇長文〈絕對危機與復活〉（〈絕對危機と復活〉）中，他這樣表示：

> 在禪裏面，那擺脫了外面的他在的神或佛的自我是真正的佛。它完全不受限制，在一切之中自在地妙用它自己，它是在一切之中妙用自己的主人公。這裏，「妙用」的意思是指形成世界及創造歷史的神妙的活動。禪所說的自我以其妙用自在地創造歷史，而不受任何事物所圍。因此，禪所說的自我「超越歷史地創造歷史」（以「S」為記號）。再者，建

構世界是以普遍的真正的自我的立場來進行的，意思是真正
的自我是以「全人類的立場」（以「A」為記號）來形成世
界的。所以，真正的自我是真實地創造歷史的根源的主體
性，是以全人類的立場來形成世界的根源的主體性。……我
們所說的無相的自我，就是這樣的一個自在的、創造的，及
建構性的無相的自我。

因此，基本的主體性是無相的自我（F），而妙用則可以用
A、S 來表示。單單是 A、S 而沒有基本的主體性，就不是
A、S 的真正的存在方式。同樣地，單有 F 而沒有妙用 A、
S，就不是真正的 F。那個 F 應該與妙用 A、S 結合，但又
不為它們所限制。具有 FAS 這種動態構造的人就是真正的
人。[11]

要注意的是，這裏說無相的自我是體，不是形而上的實體
（Substance）的意思，佛教或禪都反對實體觀念。這種體用觀也
不是我在拙著《純粹力動現象學》所嚴加批判的體用論。這體毋寧
是借說，指根源、源泉之意。具體地說，即指一切妙用、發用的本
源。妙用不是虛浮無根的作用，卻是發自真實的主體性。

---

[11] 久松真一著〈絕對危機と復活〉，《久松真一著作集 2：絕對主體
道》，東京：理想社，1974，頁 192-193。中譯：林德賢、吳汝鈞譯
〈究極的危機與復活〉，吳汝鈞著《京都學派哲學：久松真一》，頁
128-183。

這裏我們要注意到一點，久松很重視己事究明，亦即覺悟內在主體性的事。他也意識到這內的主體性是要拓展的，因而提出世界究明與歷史究明，俾那作為內在主體性的無相的自我能開拓出空間與時間方面的新天地。但若具體來說，無相的自我如何在空間方面站在全人類的立場去真正地建構世界呢？又如何在時間方面超越歷史而又創造歷史呢？世界歷史的真正面應該是怎樣的呢？這些顯然都牽涉一些具體的細微的專技問題。在這些方面，久松未能有深入而詳盡的交代。他只在原則上提出有照顧及世界與歷史方面的需要而已，只在原則上提出無相的自我需要在空間上與時間上有進一步的開拓而已。這自然是不足夠的。大抵這是由於他是哲學家、宗教家，對理想的、原則性的問題有深入而廣闊的研究，但卻少措意於現實的、經驗的問題所致。

京都學派是一個哲學學派，其中的主要成員都是哲學家、宗教學家，他們的活動離不開講學、著述和宗教對話。只有久松和他的高足阿部正雄在這些活動之外，進行 FAS 的宗教運動，影響終是有限。

五、終極的二律背反

以上我們一直都在探討觀念的問題，包括東洋的無、無相的自我和 FAS。以下我們要集中在工夫實踐或救贖、救渡的問題方面。在這一點上，禪說得很多，但都是傳統的雙邊否定或雙非的說法，久松則從現代的哲學概念、視野來發揮。所謂雙邊否定或雙非，是透過對一對相對概念的同時克服、超越，而提升上來，達致

絕對的理境。這種例子在禪籍中多得很，特別是慧能禪和他的譜系。如《壇經》的「不思善，不思惡」、「於一切法不取不捨」、「惡之與善，盡皆不取不捨」，《馬祖語錄》的「無造作、無是非、無取捨、無斷常、無凡無聖」，宗密論馬祖禪「不起心造惡修善」、「不斷不造」，《臨濟錄》的「生死不染」，《洞山語錄》的「不背一人，不向一人」，《人天眼目》的「非染非淨、非正非偏」，《五燈會元》的「無寒暑」，等等。此中的善惡、取捨、是非、凡聖、生死、背向、染淨等相對概念的組合，稱為背反（Antinomie）。所謂背反，如我在自己很多著作中都提過，指兩個意義完全相反卻又總是糾纏在一起，不能分開的概念組合。由於背反的兩端是相對性格，它們表示相對的理境，要達致絕對的理境，獲得解脫，便得解決背反的問題。

背反或二律背反通常是就人方面說。久松非常重視背反的問題，他在一篇專文〈絕對危機と復活〉中，對背反的解決，進行了全面而深入的反思。這是京都學者群中論背反的一篇重要文獻。西田幾多郎也曾深刻地討論背反（他稱為絕對矛盾）的處理（自我同一）方式，但思辯性太強，不如久松所論般親切、具體，和富有生命存在的實存性格。久松談到很多重要問題，例如罪與死，及復活、覺悟。他把罪與死視為宗教的契機，認為這些契機潛藏究極的或終極的二律背反的性格。人由罪與死所引生的宗教問題，必須深化到它們的究極的二律背反的層面，才能得到終極的、徹底的解決。這便是救贖、解脫了。

久松以危機來說人的死與罪。就死來說，死只是人的生死性格的一端，它的另一端是生。生與死作為人和生物的生命現象，不是

兩回事，不能分開來說。兩者其實是同一事體（event）的兩個面向，這事體即是生死性格。久松說：

> 單單是死這回事是不存在的。說到底，死是不能與生分開的。死是生的另一面。在這個意義下，我們必須說死恆常地是「生死」這種性格。**⑫**

久松認為，我們的生命的苦痛煩惱，其根源在於生命的生死性格。要解決苦痛煩惱的問題，必須徹底地從生死的性格著手。這性格可以進一步擴展下去，推延至生滅，以至有無，或存在（有）非存在（無）的極限。按生死只是就有生命的個體說，生滅則可兼就沒有生命的個體說，有無或存在非存在則超越生滅法，指向一些有永恆義的東西，有更廣泛的包容性。久松以為，人的生死危機或背反，可深化至有無或存在非存在的危機或背反。在他看來，這是本體的危機、本體的背反，亦是終極的背反。這可通到西田所說的絕對矛盾方面去。

　　久松進一步說，人的終極的背反並不只是存在非存在這一矢向，還有價值反價值、理性非理性的背反矢向。他的說法是，人是涉及價值的存在。他的罪及惡是反價值的東西，其對反面是善，具有正價值的意涵。人總是要追求價值的東西，而揚棄反價值的東西，不知兩者是不能截然分開的，像生與死那樣。久松認為，人先追求感性的價值，然後進於理性的價值。這種傾向，很自然地把價

---

⑫　久松真一著〈絕對危機と復活〉，同前註，頁 152。

值與理性結合起來，而以價值是理性的，反價值是非理性的。就關連到存在非存在的背反方面來說，價值反價值、理性非理性的背反總是連著存在非存在的背反在生活中表現出來。只要我們對存在或生命具有期望（實際上，人對生命是具有熱切期望的），便證明存在非存在的背反已與價值關連起來了。久松的意思殆是，存在是價值的，非存在是反價值的。即是說，生是價值的，死是反價值的。人追求生存，厭棄死亡，即顯出濃厚的價值意識。因此久松以為，存在與價值不可分地交織在一起，構成人的本質及具體的構造，兩者都涉及究極的二律背反。所謂究極的二律背反指在背反的相互對反的雙方所構成的存在的、價值的層面，是最具根源性的、終極性的，它們不能被還原為更根本的層面。有無或存在非存在是究極的二律背反，價值反價值或理性非理性也是究極的二律背反。

久松的著力處，聚焦在與罪有直接關連的理性非理性的究極的二律背反上。他說死具有生死的性格，一般人總是喜愛生而討厭死。從相對的眼光來看，人是可以以生來克服死，超越死的。但這缺乏終極的或絕對的涵義，因為在生命的根柢處存在著存在非存在的究極的二律背反。要徹底解決死的問題，必須要從根柢處著手，對存在非存在的二律背反來一個徹底的超越、克服。超越了和克服了存在非存在的二律背反中的生死背反，才能獲致永恆的、真實的生命。這在禪中稱為「大死」。

上面是說死。罪又是如何呢？為甚麼有罪的問題？久松的答覆是，人的有罪，是因為他的生命存在的構造中有一理性非理性或價值反價值的究極的二律背反。更具體地說，我們的理性本身有一根本的構造，這便是理性與非理性的對立。在價值意識上，我們要除

掉非理性，保留理性。我們可以相對地這樣做，但這沒有究極性、徹底性。要究極地、徹底地除掉非理性，便得把理性非理性的二律背反從根本方面克服過來，突破上來。久松不以為理性（Vernunft）是萬能的，是圓滿無缺的，卻是有它的不可避免的局限性，這便是理性非理性的究極的二律背反。在這極限中，埋藏著理性自身的極為困厄的、危險的處境，也可說究極的、終極的、無以過之的危機。❸

　　久松的意思是，在我們的理性的構造中，存在著究極的、終極的二律背反，這即是理性非理性甚至是理性反理性的背反。這樣的理性的構造，是一切苦惱的根源，它不停地壓縮、催迫我們的心靈、生命存在。要消除這些苦惱，便要徹底解決理性與非理性之間的矛盾。如何能這樣做呢？久松提出對理性要做出徹底的批判。這批判是對以理性生活為人類生活的根源的時代的批判，是對以理性為其根本主體的時代的批判。通過這種批判，我們要找到一個跨越理性生活的取向。這種取向是甚麼呢？是宗教的取向，其關鍵點是覺悟。按久松的這種對理性的批判，與康德對純粹理性（reine Vernunft）的批判不同，後者強調我們的純粹理性的功能有一個限度，只能處理知識的問題，不能處理道德、藝術、宗教以至形而上的問題。倘若它越出它所能作用於其中的現象（Phänomen）的領域，而探索形而上的物自身（Ding an sich）的領域，便會引致種種背反。不過，康德還是提出實踐理性（praktische Vernunft），認為可以處理道德的、形而上的問題。久松不會同意康德的這種做

---

❸　久松真一著〈絕對危機と復活〉，同前註，頁 149-150。

法，因為道德仍有道德非道德的背反，仍有價值非價值的背反，甚至理性非理性的背反。要解決理性的問題，非得依靠宗教的覺悟不可。

　　久松說死與罪是引領我們進入宗教殿堂的契機。死可以深化至存在非存在的究極的二律背反；罪也可深化至理性非理性的究極的二律背反。因此這兩種究極的二律背反是真正的宗教的契機。這兩種背反展示出一切人的真正的、現實的、實存的存在方式。從現實的角度看，一切人都生活於這兩種二律背反之中，受到無盡苦惱所折磨。此中仍有一問題：死的問題是存在問題，因而有存在非存在的究極的背反；罪則牽涉價值，因而有理性非理性的究極的背反。在哲學上，存在與價值屬不同領域，可以相互分開；存在非存在與理性非理性這兩個究極的二律背反是否也可互不相涉，分離開來呢？久松的看法是，就具體的人來說，這兩個究極的背反是一體的，不能分開的。在其中，我們有對存在與價值的一體化的自覺。他的論點是，把這兩個背反分開，表示單獨地處理生死或理性非理性的問題，這是抽象的、概念的做法，與我們現實的生命存在關連不起來。久松的意思是，從生死與理性非理性的具體的實在來說，兩者是二而一，不能分開。我們提出何以生死（徹底地說應是存在非存在）的究極的二律背反會為我們帶來苦痛煩惱，而逼使自己去尋求解脫，當我們提出這種問題時，已經有理性的判斷作為基礎了。這是由於我們不單感到苦痛煩惱是極可惡的，也將苦痛煩惱判斷為可惡的。由於我們這樣思考，才使「由苦痛煩惱解放開來而得解脫」成為一個真實的、客觀的和普遍的問題。由此我們看到生死或存在非存在的二律背反與理性的價值判斷不可分，亦即與理性非

理性的二律背反不可分。久松的觀點是，一言以蔽之，生死問題不能當作純然是生死問題來處理，它不能不牽涉真妄、善惡與淨染方面；存在問題從現實的角度來看，不能不有取捨的不同抉擇，這必預認價值。故存在與價值是不能截然分開的。❶

　　久松的說法，有他的道理。從分析的角度來看，存在是實然的、實際上如此的；它是經驗的、現象的性格。價值則是理想的、現象學的性格。實在不必是價值、估值意涵，現象論不是現象學。不過，久松談的不是純粹的哲學、分析問題，而是宗教上的救贖、解脫問題。在這種探討中，我們是把當事人作一整體看的，特別是，這是涉及當事人的教化、轉化的問題，而且這教化、轉化是在行動中展現的，這則不能不預設一有價值義特別是絕對價值義的目標；同時，由於涉及教化、轉化的行動，則必然會關連到現實存在向理想的、價值的目標挺進的歷程。在這種脈絡，存在與價值勢必要有交集處，雙方自然不能截然分開了。黑格爾說存在即是價值、合理，在這種脈絡來說，不算妄言。

六、覺悟與救贖

　　上面說，存在非存在的究極的二律背反與理性非理性或價值非價值的二律背反是人生一切苦痛煩惱的根源。我們當務要做的，自然是從這兩方面的二律背反突破出來。如何突破呢？久松認為，這

---

❶　這個意思，是筆者讀了〈絕對危機と復活〉對終極的、究極的二律背反的總結而得。

兩面二律背反是一體的，因而可就一面說。拿理性非理性的究極的二律背反來說，由這背反而來的危機，深藏於理性的根柢之處，這是理性本身的危機，它的解決，不能是理性性格的，卻是要突破理性自身，突破理性非理性的二元的對峙狀態（Dualität）。對於存在非存在的究極的二律背反的處理也是一樣。

久松提出，要解決或突破理性非理性的究極的二律背反，不能依於任何理性的方法。他認為應使用宗教的方法，唯有這方法能讓我們超越價值反價值或存在非存在之上。由於這種突破或超越是我們自身的生命存在的事，亦即是主體性或自我的事，而這方法正是能超越一切對礙而顯現作為最高主體性的自我的方法，故是有效的。這是覺悟到那不具備價值反價值、存在非存在的自我的方法。這便是真正的覺悟，解脫（mokṣa）或救贖亦從這點說。這覺悟的狀態，其實是我們自身、真我。這真我既不是存在非存在的自我，也不是價值反價值的自我，卻是非「存在非存在」的、非「價值反價值」的自我。它超越一切定義與形相，是一無相的自我。

就久松的這種說法來看，康德把宗教還原為道德理性，❶唐君毅先生以一切文化意識（包括宗教意識）皆立根於道德理性的說法，❶都不諦當。在工夫論上，宗教比道德更為根本。阿部正雄更強調道德必須崩壞，才有宗教的可能性。在宗教與道德之間，京都

---

❶ 這是康德的被視為第四批判的《在純然理性的界限內的宗教》（*Die Religion innerhalb der Grenzen der bloßen Vernunft.* Stuttgart: Philipp Reclam Jun, 1974）的主旨。

❶ 這是唐君毅先生的鉅著《文化意識與道德理性》（香港：友聯出版社，1960）的理論立場。

學派大體上都持這種看法：宗教較道德更具根源性。

　　關於覺悟與救贖或得救的問題，久松有自己的一套宗教的方法論，並認為具有客觀妥當性。所謂覺悟，是指由究極的二律背反轉變成為完全擺脫了二律背反。對於現實的究極的二律背反，我們不是要隔離它，而是要克服它，完全地擺脫它。一個本身是二律背反的人轉化為一個完全擺脫了那種存在方式的人，是真正而又究極的轉化。此中的轉化的線索，久松在上面已指出，理性的路是不行的。我們需要一種可以使我們表現沒有價值反價值或存在非存在性格的自我的宗教的方法。依著這方法，我們會被驅逼至究極的二律背反，自己的本原的自我（按這是無相的自我）即以這二律背反為契機，由它突破出來，而得覺悟、救贖。

　　理性是有局限性的，我們要克服、超越這局限性。只要我們仍然肯定理性的立場，我們便見不到這局限性。當理性被深入地反省與批判，我們便能穿越究極的二律背反的根深處，理解理性：它不是作為客觀的事物而被了解，卻是作為一根本的主體而被了解。這是一種自覺（Selbst-Bewuβtsein）的活動，由此自覺可導致覺悟與救贖。這覺悟的狀態，是我們自身、自我。它不是存在非存在的自我，也不是價值反價值的自我，而是非「存在非存在」、非「價值反價值」的自我，是無相的自我。從覺悟的字眼來說，是那自我在究極的二律背反的根柢處克服了究極的二律背反而覺悟了。久松特別強調，克服究極的二律背反的，不是別人，正是當事人自己，便是由於自己的努力，而讓自己覺悟。他是由究極的二律背反之內而突破出來，而得覺悟，脫穎而出。任何絕對的他在的神或佛，在這一點上，是無關聯的。我們只是自己在覺悟，自己救贖自己，不是

依他者而覺悟，被他者救贖。所謂「被救贖」的意思是，那本來是覺悟的，但尚未覺悟的真我現在覺悟了，救渡自己了，那是由於他自己克服了那究極的二律背反而致的。按這種觀點與《大乘起信論》有點相近，本來是覺悟的但又未覺悟相當於該書所說的本覺，現在覺悟，救渡自己則相當於始覺。久松自己對《起信論》很有研究，在這觀點上，他可能受到此書的影響。

久松進一步表示，在本來的我的覺悟（按這相應於本覺）上，有一種對自我的絕對的肯定。當那覺悟了的自我肯定地將現實安頓在真正的生命中時，真正的宗教便成立了。即是，那個以理性的自我為主體的世界被轉成為一個以覺悟了的自我為主體的世界。這世界並不是被安置於與日常世界不同的時間空間中，毋寧是，它是時間空間的根源，時間空間由它那裏生出來，並在它裏面成立。這樣的時間空間的觀點，是以時間空間的根源歸於以覺悟了的自我為主體的世界，亦即是本體的、物自身的世界。這可通到康德的時空觀。不過，康德把時間空間視為感性攝受外界與料的形式條件，但對時間空間的來源未有清晰的交代。筆者在拙作《純粹力動現象學》中，以睿智的直覺（intellektuelle Anschauung）自我屈折成知性（Verstand），並撒下時空之網，讓這知性在時空之中範鑄那些由感性得來的外界與料，使之成為對象（Objekt）。這是把時空的來源歸於睿智的直覺，與久松的時空觀頗有相通處，後者視以覺悟了的自我為主體的宗教的世界為時空的發生處。

久松也關連著覺悟與救贖而論及歷史的問題。他強調自己的宗教批判的立場，不認可那種與現實歷史的世界有別的理想世界，例如天國或極樂淨土，認為這些世界與現實的歷史完全隔離開來。追

求這樣的隔離世界,是對現實歷史的逃避,對於現實的救贖也沒有幫助。這很明顯是衝著基督教的天國和佛教淨土宗的極樂世界而來的嚴刻的批判:與現實的歷史隔絕的世界,不過是童話的、神話的性格而已。他認為,覺悟的宗教的世界,是透過對自己與現實隔離的宗教的批判而成立的。這世界應該是那被救贖的、真正的歷史的世界。在這裏面,救贖並不是在另一歷史的世界中獲致永恆的未來的生命,而是現實的、歷史的世界的根本的主體性的救贖,是從它的歷史的根柢處得救。只有在那種情況,一個新的、創造的主體的歷史觀才能在覺悟的基礎上成立。也只有這樣,我們才能在歷史之內超越歷史,和不須在與歷史的世界的隔離下創造歷史。即是,人可在歷史之內超越歷史的局限性,那超越的、創造的主體性能自在無礙地創造歷史。按這點正是久松所提的 FAS 宗旨中的 S 所表示的在歷史之中而又能站在歷史的立場,超越地創造歷史:Superhistorical history。這點實可與我在上面第六節中論到 S 的意義合起來看。

以下,我們看久松如何本著禪的精神來說具體的覺悟活動。他表示,在以禪的方法來解構二律背反時,人的生命存在中的煩惱、兩難、矛盾之屬,會替解構提供機緣,這便是內心中的懷疑。就一般的宗教來說,人需要相信,不能懷疑。禪則不同,它要人徹底地懷疑。這懷疑正是二律背反本身,它是人與世界的「二律背反的存在」。在這懷疑中,人徹底地認清作為終極的二律背反中的他自己和世界。在禪來說,人自身與世界透徹地成為一種所謂「大疑團」,這是一切背反的消解的先決條件。這作為大疑團的懷疑自然是要消解的,這消解不是在信仰方面出現,而是在喚醒方面。即

是，人在懷疑中，人成為大疑團，成為二律背反的存在自身。這大疑團或二律背反只能由新的喚醒，才能解決，才能破除（按這即是禪所說的「打破漆桶」，漆桶即是疑團）。在其中，所有疑團的難解的成分：理智的矛盾、感性的苦惱和意志的兩難（dilemma），都立時崩解。但喚醒甚麼呢？喚醒無相的自我，或無相的自我的「自我喚醒」。要注意，究極的二律背反的消解與無相的自我的喚醒，是同時發生的，可說是同一事體的不同表現、面相。這喚醒也沒有時空性。即是，作為宗教的主體性的無相的自我從背反的內部突破開來，把一切懷疑（包括大疑團）熔化掉。喚醒便是喚醒，這是真正的覺悟、徹底的覺悟，這是真理的永恆的開顯。倘若受到時空的限制，則喚醒以後仍可在另一時空中說不喚醒。這不是真正的覺悟、真理的開顯。

第五章　上田閑照論西谷啓治
的虛無主義與空的思想

　　京都學派第三代人物上田閑照在他和堀尾孟編集的一本書：
《禪與現代世界》（《禪と現代世界》，京都：禪文化研究所，
1997）中，刊載了他自己寫的一篇長文〈禪與世界：就西田、大
拙、久松、西谷來說〉（〈禪と世界：西田、大拙、久松、西谷に
即して〉，頁 2-54），以禪為焦點，述論西田幾多郎、鈴木大
拙、久松真一、西谷啟治的思想，其中有關西谷部分，論到他的虛
無主義與空的思想，非常精采，由此可以看到作為京都學派的第二
代的重要人物的西谷啟治的哲學路向。在這裏，我即以上田的這篇
文章的有關部分為線索，來看西谷哲學，並聚焦在虛無主義
（Nihilismus）與空（śūnyatā）這兩方面。我也會提出一些質疑。

　　西谷的思想淵源，非常多元性，概括東西方的重要的哲學與宗
教。在西方方面，有亞里斯多德、德國神秘主義（特別是艾卡特
M. Eckhart）、德國觀念論、尼采、海德格。在東方方面，則以佛
教為主，尤以般若思想、禪、華嚴思想對他有較深而廣的影響，此
中尤以禪的關係最為密切。當然也少不了他的老師西田幾多郎。這
裏我便以禪和西田哲學為參照，來看西谷哲學。

　　上田指出，西谷自己曾說過在自己的哲學中不斷地活動、產生影響的要素是禪，這禪貫通著哲學以前而又向哲學以後敞開。❶當然哲學是恰如其分地以它應有的範圍作為它的思考的場所。❷西谷提到「貫通於哲學以前而又向哲學以後敞開」，清晰地自覺到這正是禪。對於這一點，我們可以反過來說，就西谷而言，禪作為「貫通於哲學以前而又向哲學以後敞開」，是以哲學作為媒介而成就的。在這方面，禪亦可見之於哲學，是西谷所謂「自己分內的哲學的自覺之道」。所謂「自分」並不是單純地指個人的，而是指「在世界史的廣大的視野下現時代東方世界與西方世界急速地統合起來而成一個整一的世界」中生活著的個人。生活在「現代世界」中，禪本著貫通哲學以前的根源性而向哲學以後的究極性延展的導向，以「求取哲學的立場作為媒介」而發展。❸在上田這樣理解下的西谷，顯然有把禪與哲學拉在一起，而互補對方的不足。哲學的不足處在實踐，禪的不足處則是辯解性的概念思考。透過這種互補，禪便可以與哲學有很大的對話空間。特別是，禪能貫通哲學的根源性，讓哲學能夠以它為指標，開拓出存在的、主體性的活動，這的確是很具實踐性（practice），是實效的（effective）與實用的

---

❶　這「活動」當然是指具有生命的、在行為中展現的意思，是生活中的禪，不是佛教史或公案集中的禪。而所謂哲學以前、哲學以後的「前」、「後」，主要不是時間義，而是理論義、邏輯義。

❷　上田自註謂西谷所說的「以前」相當於西田所說的「哲學的根柢」，「以後」則相當於「哲學的終結」。這亦有筆者在註㉕中所提及的意思。

❸　《禪と現代世界》，頁 42。

（pragmatic）性格。

　　上面剛提到存在的、主體性的活動，這是禪不同於一般的重視理論、概念的哲學的顯明之處。上田也強調西田與西谷都是走禪的存在的、自覺的步道，並且對西方哲學全面地敞開而容受它。這以西田的字眼來說，是在日常生活與思索中把哲學當作是自己的「動感的場所」（働き場所）來處理。❹這樣又展示出哲學的工具價值、實用價值。倘若我們能把禪與哲學善巧地結合起來，讓雙方都能發揮自己的長處，便可以說理想的生活了。但這需要很高的實踐的與理論的智慧。

　　至於禪能否對西方哲學全面地敞開與容受它，則是一個富有爭議性的問題。禪以無或京都學派的絕對無為終極真理、原理，亦是終極的主體，如《壇經》所言的自性。這是非實體主義的典範和立場。西方哲學則基本上立根於實體主義，以實體或上帝為絕對有。雙方的導向正相對反，如何能以禪的絕對無來融攝西方的絕對有呢？阿部正雄提出上帝的自我淘空（kenosis），試圖以佛教的空觀注入上帝這一實體觀念中，提出「空的上帝」（emptying God）來取代原來的實體性格的上帝，是不行的，只是一廂情願而已。上帝怎能淘空、自我淘空呢？若淘空了，祂便不能創生萬物了，不能做創世主了。進一步說，若要融攝絕對無和絕對有，把空、無與實體這些觀念拉在一起，不能採取直接的融合方式，只能建立一個第三終極觀念，這即是筆者所倡導的純粹力動（pure vitality, reine Vitalität）。但這並不表示我們有三個終極觀念，在存有論上可以

---

❹　同前書，頁 41。

建立三個終極原理。而是終極真理有三種表述方式：絕對無、絕對有、純粹力動，即是說，絕對無強調真理的負面性格，絕對有強調真理的正面性格，純粹力動則兩方面都兼顧到，更能周延地表達真理的內涵。

接著上面的論述，上田提出「禪與哲學」的口號。他指出，在西田方面，「禪與哲學」是在非反省的反省以前的呈現，這與「反省的反省」之間有一種斷裂（gap）；這斷裂需要一種動感的聯繫、思索才能消除或過渡。在這點上，我們要確認一種哲學方面的新的質素。西谷亦是在這種核心的活動中展開自己的哲思。❺在這裏，上田提出兩種反省：非反省的反省與反省的反省。所謂反省應是指一種實踐的、涉及生命自身的自覺活動。非反省的反省指遠離生活實踐、非存在性的自覺活動；在這種活動中，所覺醒到的自己，應該是智思的自己，而不是直覺的、存在的自己。前者是抽象性格的，後者則是具體性格的。❻反省的反省則是一種具有實踐的、直覺性的反省，所反省的自己是在具體的生活實踐中呈現的自己。上田說這兩種反省之間有一個斷裂，正是指抽象的、辯解的反省與具體的、存在的反省的斷裂。以禪與哲學來說，禪相應於具體性、實踐性，哲學則相應於抽象性、分解性。在非反省的反省中，禪與哲學是分離的、兩不相涉的；在反省的反省中，禪與哲學有一種善巧的結合，兩者成為一體：禪是哲學的禪，哲學是禪的哲學。

---

❺　同前註。

❻　這兩種自己分別相應於康德的純智思的自我與在直覺中展現的自我。
　　一是存在的自我，另一是非存在的自我，只是一種我思。

上田顯然是認可反省的反省，而不認可非反省的反省，西谷也是這樣。而上田所說的哲學方面的新的質素，是指由思辯性、抽象性轉而為自覺性、具體性。禪與哲學若是分開的，則是非反省的反省，若是結合的，則是反省的反省。

下來，上田把討論的焦點向核心方面移行，轉到無、虛無的問題方面去。這得從東西方的哲學史或哲學傳統方面說。他首先指出，西方哲學史與東方精神的傳統真正地面對面遇合、對話以至對決，就西方一面來說，它總是在與東方直接交集中面向世界哲學史而廓大西方哲學史的平臺。這種廓大不是連續的，卻是超越「哲學史的終結的非連續」的取向。西方哲學史的終末的動向是向「無」的方向趨附，而在東方的傳統中，我們反思「由原來的無」的發展方向，環繞著「無」而實施在不和合（背中合わせ）的環境中求取遇合，以至一致性。❼這裏說西方哲學史廓大自身的平臺的「廓大」不是連續的，而是非連續的。所謂「連續」應指平面的、順暢的，「非連續」則是多元的、游移的。上田的意思是，西方哲學要超越哲學史的終結或終極的最後歸宿的非連續性。這是說哲學史的發展應有一個一致的目標。上田又說西方哲學史的終極動向是向「無」的方向趨附，這種動向在尼采、海德格與德國神秘主義（Deutsche Mystik）已可看到端倪。東方哲學的方向是以本原的無來面向不同的環境，以求取一種消融一切矛盾的遇合，以圓融的境界為目標。按說西方哲學有無的轉向的傾向，並不見得完全合乎客觀的事實。西方哲學自希臘的亞里斯多德、柏拉圖，經中古神學的

---

❼　《禪と現代世界》，頁43。

聖多瑪斯、奧古斯丁，至德國觀念論特別是黑格爾，以至現象學的胡塞爾，都很強調宇宙的實體，亦即是強調絕對有的一面。近現代的摩爾（G.E. Moore）和羅素的新實在論，基本上也是實體主義的導向的。尼采和海德格出來，才重視無或絕對無、虛無的問題；沙特有相當濃厚的虛無傾向，懷德海講機體主義，對於無的思想，有推波助瀾的作用。但這畢竟不是主流，不能與整個西方實體哲學的傳統相提並重。阿部正雄在西方提出神或上帝的自我淘空（self-emptying），在西方的宗教界、神學界以至哲學界的強烈的回應與反彈，便可以展示出西方人的實體意識仍然是非常濃厚的。這是一種意識形態的問題，不是一兩個人以東方的思想傳統便可以改變的。另外一點是，在東方的思想傳統中，絕對無並不是唯一的思維導向；儒學、印度六派哲學以至印度教，都是講絕對有的，不是絕對無獨領風騷的。

在終極真理這個問題上，西田與西谷的取向又如何呢？上田指出，面對東西方兩個傳統的遇合，西田認為雙方各自自覺到「實」的性格。❽在西谷來說，這兩個傳統在徹底的虛無主義底下更有被「虛」化的意味，展現出更廣遠的思維的自由空間。上田又留意到，西田比較多關心邏輯（論理）方面的問題，例如「絕對無」與「絕對矛盾的自我同一」；西谷則注意情意方面，他的「情意中的空」（情意における空）這種字眼展示他的思索浸潤於詩的情調之中。❾關於這點，我們可以留意兩點：一是由於西田有較濃厚的邏

---

❽　這實應是指實在（reality, Realität）而言。

❾　《禪と現代世界》，頁 50。順便一提，西谷歿後，上田編了一本書

輯意識，西谷則偏重情意的略帶有美學的情調，因此有較強的動
感。另外，西谷特別把東西方兩個傳統與虛無主義連結起來，其後
集中於虛無主義方面的思索，讓它成為自己哲學中的一個重要的部
分。以下即著筆於西谷的虛無主義的思想的探討。

　　上田指出，在接上西田的東西方的遇合而謀求新的世界統合之
際，由科學、技術的急激發展而導致社會的高度產業化快速地傾覆
東方與西方的和諧關係，這關係帶來「一個整一的世界」的表面的
一樣性或齊同化，和世界的虛無化，這正是西谷所面臨的世界的存
在狀態或存在形態。對於這樣的世界和它內裏所埋藏著人的虛無性
格，西谷繼尼采之後，重新規定「虛無主義」，對它作出深邃的探
究，讓我們重新認識到、自覺到虛無主義是世界各處的共通的問
題，和要通貫虛無主義以開拓出超克虛無主義的道路，以實現
「空」的理想。上田特別標明，虛無主義的問題不是由東方移挪向
西方，向後者提出的問題，而是整個世界共通的問題。在這方面，
西谷提出「空」來回應這個問題。如西谷自覺地明言，「空」是由
大乘佛教中借來的基本概念。在這虛無主義的漩渦中，這種思想由
於西谷的空的想法才被發現是東方方面的一種根本的思想，而在世
界中亦有其適切性。❿實際上，在西方哲學、宗教學中，虛無主義
很早便以「無」的觀念出現過，這即是德國神秘主義的艾卡特
（M. Eckhart）、伯美（J. Böhme）等所提出的無的觀點，其後有

　　來紀念他，書名正是《情意における空：西谷啟治先生追悼》，東
　　京：創文社，1992。

❿　《禪と現代世界》，頁 51-52。

尼采與海德格承之，海德格更喟歎西方的科學與技術急激地發展而讓人性與社會性被扭曲，讓人變得沒有家（heimatlos）。

　　不過，有關上田在這裏提到的虛無主義的問題是整個世界共通的問題，我想可以作進一步的商榷。目下東西哲學界、宗教界有虛無主義思想在流行，這不是問題。但虛無主義仍不是國際間流行的唯一的意識形態。在西方，特別是在前蘇聯和東歐洲，共產主義流行了一段相當長的時間，即使是這個地區在政治上已經變天，具有共產主義的意識形態的人仍然不在少數。在印度，印度六派哲學和印度教仍是思想界和宗教界的主流，很少人提虛無主義。勉強說與虛無主義有交集的，是過那種頭陀行或苦行的宗教徒，但已沒有很多人了。在以中國漢文化為軸心的東亞，如中國大陸、臺灣、日本、韓國，儒學與大乘佛教仍然有其活動的空間。特別是儒學，在東亞國家和新加坡，講習的人仍然不少，更有人認為近現代的日本和亞洲四小龍（南韓、臺灣、香港、新加坡）在經濟上奇蹟地崛起，主要還是儒學的影響所致。這些現象與虛無主義都搭不上關係。京都學派這樣強調虛無主義，恐怕和他們崇尚德國神秘主義、尼采和海德格有關，和他們所承接的消極的蒼白的神道教的大和魂也有些影響。

　　到了這裏，上田進一步把探討的問題聚焦在虛無主義思想上。他指出，在哲學史的平臺上，由西田到西谷特別是後者的發展中，可以看出有一種思想被突顯出來，這正是虛無主義的思想。關於這個問題，他提出兩點。一是關於科學的。西谷認為科學理論這種東西可被視為由死的面相來看實在，我們在科學自身中已可看到虛無主義的影子。對於現代這個時代，西谷視為「東方世界與西方世界

急速地統合為一個世界」的階段，我們可以說世界確實地變成、合
而為一了。這個世界系統並不單是如西田所說的堵塞了向「更深邃
的根底」進發的途徑了，它變成如尼采所說的堵塞了無的深淵，而
含有神的虛脫的深淵那樣的虛無主義了。⓫正是在這種虛無主義的
內裏忘懷了虛無主義了。⓬由於虛無主義的沒落，而變成遺忘了虛
無主義的「不像原來的虛無主義的鬼子」（ニヒリズムの鬼子）⓭。
西谷所在生的現代的「一個整一的世界」，便是這樣透過由這深淵
的虛無主義以迄於不像原來的虛無的「鬼子的虛無」的幅度被連結
為一體。「一個整一的世界」與「一團虛無」差不多是同義的，而
造成這樣的「盛況」的外表的，正是近現代世界的科學、技術、產
業之類的東西。這正是西谷要探索和解決的問題。東西文化有共通
性，依於這共通性有世界文化的創造。在以這創造為內容、果實的
一個世界的歷史課題有超拔表現的，正是科學、技術，這使世界的
現實徹底地產業化、經濟化。這是徹底地忘卻了虛無主義而又正是
這平板的、單調的、貧弱的虛無主義造成的。⓮上田在這裏又提出
兩種虛無主義，其一是具有強烈力量的、能斷除人的一切迷執的虛

⓫　按這裏所說的無的深淵是正面意義的，而神的虛脫的深淵則是負面意
　　義的。

⓬　按這裏是一種弔詭的說法。前一虛無主義是正面的，後一虛無主義則
　　是負面的。

⓭　按這裏提出兩種虛無主義，前一虛無主義是積極的、有殺傷作用的虛
　　無主義，後者則只是虛無主義的側影，不是真正的、實在的虛無主
　　義。

⓮　《禪と現代世界》，頁 45-46。

無主義，是不應忘卻的。另一則只是一面倒地消極的、破壞性的虛無主義，否定一切的、沒有建樹的虛無主義。

在這裏，上田又回返到禪與哲學的口號或問題來。他表示，在西田看來，「禪與哲學」是在內容上東方文化與西方文化所涉及的問題。東方與西方以其傳統的真實（reality, Realität）而遇合，「禪與哲學」便是以這樣的「東方與西方」作為人的存在的可能性而成的主體性格的組合。因此，在「禪與哲學」中的「與」（と）之中，「純粹經驗」以至「場所」使禪脫胎換骨，成為哲學的根本範疇。在西谷來說，以科學為立足點，是如上面意義的「一個整一的世界」把「東方與西方」推向虛空化，重要的問題不是「東方與西方」，而是「一個整體的世界與其虛無性」。❶這裏有一點很堪注意，上田以範疇來說西谷的空與西田的絕對無、場所，視之為普遍概念，與東方抑西方無關。這樣來說範疇，自然是與知識無關，而是在存有論或真理論的脈絡中說的。空、絕對無、場所作為一種存有論的範疇，是從終極實在的角度來說事物的真相、勝義諦性，而與客觀的知識無關，後者是落在世俗諦的層面說的。而且這些存有論的範疇或概念都有其更重要的一面，那便是其工夫論的意義。它涉及我們應如何去體證作為真理看的空、絕對無、場所。不過，上田在這裏著筆不多，故我在這裏的提示亦點到即止，不進一步作較深邃的說明。

不過，這裏還是有一點需要注意和解釋的。西谷啟治提到以科學為立足點，把「東方與西方」推向虛空化。這似有把科學與虛空

---

❶　同前書，頁 46。

化關連起來，視兩者的結合會引致一種負面的結果的意味。在西谷的看法，科學與虛空並不必定是負面的。兩者在人的與文化的成長的理想的達致是中性的，有工具的意義，它們的價值，端看我們能否適當地運用它們。適當地運用，它們有正面的意義，不適當地運用，它們會帶來災害。具體地說，科學能提供我們對自然世界種種物體、現象客觀而正確的知識，讓我們善加利用，以改善、提高生活的質素。虛無則有一種有效的殺傷力量，讓我們能徹底斬斷一切知見上的迷執的葛藤，以體證得真理。但若不能善於利用，科學會讓人的心靈、精神變得僵滯而機械化，以至於物化。虛無會促使人否定一切，以一切都是虛空、無有，最後走上徹底的虛無主義的道路，只有破壞，沒有建設，一切文化價值、生命意義便無從說起。特別是科學和技術所可能引致的負面結果，或科學主義的流弊，海德格曾作過深刻的探討，西谷在這方面更推而廣之，我們必須警惕。

　　以上的闡述，是關乎西田特別是西谷在虛無主義的闡發中涉及科學的問題的一點。以下我們看另外一點，亦即是第二點。上田先提醒，我們處理問題而加以探究，就西田與西谷來說，都是「禪與哲學」的問題。在此中的「與」方面，西田提出「純粹經驗」以至「場所」。⓰通過純粹經驗的「非主非客」與「『超越與包含』有

⓰　上田說西田以純粹經驗、場所來說「禪與哲學」中的「與」，似乎表示能關連著禪與哲學這兩樣東西，讓它們聚在一起的，是純粹經驗、場所，亦即是絕對無。絕對無是宇宙的終極原理，禪與哲學都不能離開它而獨自存在。也就是說，禪與哲學之能具有其當身的意義，要依靠絕對無。絕對無是第一序的，禪與哲學則是第二序的。因此我們便

的場所在內的絕對無的場所」，我們可以一個語詞來展示西田的思維的根本範疇，這即是「絕對無」。在西谷來說，他對於「與」提出其根本範疇，這即是「空」。「空」本來是大乘佛教的根本語詞，西谷大膽地從正面確認它為哲學的根本範疇，恐怕是第一次吧。在「絕對無」與「空」之間，可以看到由西田到西谷在思維上的轉移。為甚麼西谷不說「絕對無」，而說「空」呢？上田表示，這表徵著西谷在哲學史（上田自註：西方哲學史／世界哲學史）和東方的精神傳統上的獨特位置。西谷曾清晰地表示「空」一根本範疇是來自佛教的。他在自己的〈我的哲學的起步點〉（〈私の哲學の發足點〉）一文中，表示自己漸次地考察過佛教思維的各個範疇。❿

上田在這裏作一小結，表示由西田的絕對無挪移到西谷的空，具有關鍵性的意義，這正是西谷要提出和探索虛無主義的問題。西谷自己便表示過，就哲學以前與哲學來說，他的根本課題，是通貫著虛無主義而又要超克虛無主義（ニヒリズムを通してのニヒリズムの超克）。除了貫串虛無主義而向它的基盤潛鑽進去，沒有其他的路了。有關「空」的立場如何能超克或超越、克服虛無主義，在他的《宗教是甚麼》（《宗教とは何か》）一書中已有說明。但西谷為甚麼不說絕對無而說空呢？上田指出，在東西方的思想傳統的遇合中，西方的根本立場是以絕對為有，西田則高豎「絕對無」的旗幟，強調絕對必須是無才行。在徹底的虛無主義的境位中，絕對

可以說，禪是絕對無的禪，哲學是絕對無的哲學。兩者都從絕對無方面獲得其可有的生命與價值。

❿ 《禪と現代世界》，頁 47。

這一自體必須是虛脫性格的。說絕對必須是無，這「無」不是有無的無，而是在存有論的平臺上說的根本概念。⓮上田認為，絕對無作為一個存有論的觀念，就徹底的虛無主義來說，並不具有妥當性。⓯上田認為，在西谷看來，在西方的傳統中，固然是「神已死」（Gott ist tot），而由哲學的思維開展出來的「絕對無」也是失效的。⓴而在西田方面，他要提出一種新的世界統合的構想，要以絕對無一觀念為基礎來撐持這種構想。上田認為這的確有點冒險性。在徹底的虛無主義的境位中有「絕對」的虛脫、存有論的平臺的消失和「絕對無」的失效問題。依於這一點，要把絕對的有收納在絕對無中而成為一根本範疇，是不大可能了。我們不大可能把這樣的絕對無與徹底的虛無同時吸收過來，由現實的虛無（虛無的現實）在本質方面轉換為原來的絕對無，而成為具有動感的根本範疇。㉑西谷則是要在大乘佛教的「空」方面找出路。他說虛無主義的問題正是要尋求這「空」，它具有空性、空虛、虛無的微細神韻（nuance），同時也涉及對於空虛的「空卻」（作動詞看）的動

⓮　按有無的無在次元（dimension）上較絕對無的無為低，前者是相對性格的。

⓯　這自然不是抑絕對無而揚虛無主義，上田在這裏顯然是要把絕對無與虛無主義分開、切割。絕對無不是徹底的無、一無所有、一無所是的無。

⓴　這表示在西方的虛無主義中，不但不能說神，也不能說絕對無。至於所謂「神已死」，則是尼采提出來的。

㉑　這是西田提倡絕對無的困難所在，亦是由此開啟出西谷棄用「絕對無」而改用「空」的權宜的做法。

感、動性，而在情意上的換質也包含在其中。㉒在西谷看來，虛無主義的虛無有向消極的、負面的、破壞的意味方面傾斜的可能性，他認為哲學的發展到了虛無主義還是不完足的，我們要從疲弱的虛無突破開來，超越上來，而向佛教的空轉進。㉓

在這裏，我想評論一下西谷由絕對無轉而為空的可能性。按空是印度佛教特別是般若思想與中觀學的最重要的觀念，而西谷所理解的空，亦大抵是沿著這般若思想與中觀學而來的。但這兩個思想派系的空，是沒有自性的意思，這沒有自性，便是諸緣起法都是依因待緣而得成立，這便是真理、終極的真理，故空表示事物的真理的狀態、正確的狀態。這是虛的，不是實的，不是實有內涵。後來印度如來藏或佛性思想盛行，以如來藏、佛性為不空。但這不空是指成佛的方便、功德，它並沒有生起諸法的作用，不能生起妙有。

㉒ 《禪と現代世界》，頁49。

㉓ 這裏說空具有一種空卻、解構的作用，這即是要否定一切迷執，讓人從黑暗的雲霧突顯出來，看到慧日的真理。空的這種功能常為京都哲學家提起，如久松真一說「能動的無」（無即是空），阿部正雄說「動感的空」（dynamic śūnyatā）。他們認為真空可以有建構方面的積極作用，所謂「真空妙有」或「妙有真空」也。但動感應是從力而出，或動感是一種力的表現，佛教特別是空宗（般若思想、中觀學）的空，作為真理看，是事物的緣起無自性的意思，這表示一切法（生滅法）的真正狀態（Zustand），難以說到力用意義、力動性格方面去。參考拙著 Ng Yu-kwan, *T'ien-t'ai Buddhism and Early Mādhyamika*, Honolulu: University of Hawai'i Press, 1993, pp.13-20。另外又可參看拙著《絕對無的哲學：京都學派哲學導論》，臺北：臺灣商務印書館，1998，頁 134-136。這是論由虛無向空轉進的。

京都學者喜歡說「真空妙有」，好像現象世界的一切妙有，都從空生起，但這樣說並不妥當。真空作為終極真理以說諸法的真相，並無生起諸法的作用。這在文獻學與義理方面都有理據可尋。反而說如來藏或佛性生起諸法會好些，因如來藏或佛性具有微薄的體性義，說它們是存有論意義並無不可，只是有點勉強。一言以蔽之，「真空妙有」是京都學者所喜說的，但空和有的關係，不可能這樣草率地提出來。

　　回到範疇問題，上面提到，西田的絕對無與西谷的空都可以作範疇看，但不是康德意義的偏重知識論性格的範疇，而是在存有論方面展示、概括事物的終極真相的範疇。上田則指出，西谷言根本範疇，取空而不取絕對無；但這決不是不以西田的絕對無來思考而放棄它。他是要從徹底的虛無主義的失去效力扭轉過來，從頭開拓新的意義而敞開課題的空間。在把虛無空卻而開出具有意義性的種種事情之中，把覆蓋在所謂「一個整一的世界」的虛無化內裏的「東方與西方」的問題再度提出來探討。❷要注意這裏所說的「敞開課題的空間」中的「空間」是意識上的、精神上的空間，而不是物理的空間。

　　上面提到「神已死」這一尼采的說法，這「神」是上帝，也是實體，是絕對的有。故神已死暗含絕對有或有的被否定、被棄置的意思。絕對有或有已失效，人們自然會想到絕對無或無來。上田因此表示，隨著西方哲學的有的原理次第失去其效力而解體，以這有的原理為依據而成立的種種體系不能再建構下去了，因而有向

---

❷　《禪と現代世界》，頁50。

「無」的終極方向趨附的傾向，而對於西方哲學的由禪而來的洞識而原理化地思考與對於「無」的來源的追尋，使「無」的問題徹底地進入議題，人們開始留意在其中是否可以找到具有生機意義的「一個整一的世界」的原理。正是在這種狀況之中，世界在思想上的體系化逼切地被提出來。與此同時，「無」被變質地視為虛無。這樣，「東方與西方」勢必變得無意義，世界也會同樣地成為虛無化的末期的虛無主義的世界了。在虛無主義的內裏潛藏著的虛無性應被「無」化掉，西谷因而思索出「空的立場」，他作為一個哲學家便在這「空的立場」的觀念下被定位了。❷❺

　　最後，我要作出一總的省思，評論一下西谷提出「空」這樣一個存有論的範疇來取代尼采的虛無主義的「虛無」，同時也吸收西田的「絕對無」的殊勝性和佛教般若思想與中觀學的「空觀」來建立 一 個 新 的 哲 學 體 系 的 可 行 性 （ tenability ） 和 圓 滿 性（perfectness）。第一，西方哲學發展到尼采，它的實體主義思想已不能膨脹而延續下去，實體意義的有的觀念已走到盡頭，因此帶來尼采的「上帝已死」的宣言。上帝是大實體的有，有既然不能說，不能作為哲學特別是形而上學的依據，人們便想到無。這無的思想其實一直都潛伏在有或絕對有的思想中，這由德國神秘主義中可以見到。西田承著東方特別是禪的無的思想，而提出「絕對無」（absolutes Nichts）作為終極原理。另方面，尼采的虛無主義思想太傾向於極端化，致導致無或虛無具有過強的殺傷力，讓一切價值

---

❷❺　同前書，頁 53-54。

都被否定掉。❷而東方所強調的無的思想也易被人扭曲，成為負面的虛無。即使說絕對無，也不能回應時代的思想問題。西谷的考量是，虛無主義固然有過強的殺傷力，但也不是完全沒有意義、作用。只要能善巧地處理虛無，它的殺傷力可以徹底否定、去除人們在知見上的迷執、愚癡，斬斷頑強的自我中心主義的葛藤。西谷意識到這一點，因此未有完全廢棄虛無主義，卻是把它善加利用。另方面，他又感到光是虛無是不行的，虛無不能建立正面的價值，我們要由虛無向另一觀念或原理轉進，向佛教的「空」轉進。❷空不是完全空虛，而是能催生有正面意涵的「妙有」。這樣「真空妙有」便可作為一種存有論與價值論的典範。再進一步，他覺得佛教的空宗所講的空還未足夠，它能空卻我們的執著和苦痛煩惱，但與現實世界的種種存在、諸法有疏離的傾向、危險，於是又吸收華嚴宗的諸法相互攝入的邏輯所開拓出來的事事無礙的法界、真理的世界，建立以自體為基礎的空的存有論，並謂這種諸法互融的境界為「迴互相入」。❷

不過，這裏有一個問題，不但西田沒有面對，西谷也沒有面對。即使西谷有考量，有在這方面的思想，但明顯地是不足的。這

---

❷　尼采要揚棄上帝，以超人來取代。結果自己沒有做成超人，卻患上癲狂病，五十出頭便死了。

❷　佛教學派對空發揮得最多、最成熟的，是般若思想中觀學，兩者合起來便成為空宗，與唯識學的有宗對揚。

❷　有關西谷的迴互相入的空的存有論，參考拙著《絕對無的哲學：京都學派哲學導論》，頁 121-149；拙著《京都學派哲學七講》，臺北：文津出版社，1998，頁 93-144。

便是所謂「一個整一的世界」的問題。這整一的世界當作原理看，是可以的，但需要有一普遍的、超越的基礎，這在西田來說，是絕對無；在西谷來說，是空。但整一的世界固然要有它的普遍性、超越性；我們所生活於其中的，不直接地是整一的世界的普遍性、超越性，而是現前的具體的、立體的、由多種物體與現象成就的環境，而絕對無或空的理想，也需要在這種環境中實現，離開了它，如何證成絕對無、空呢？依於此，整一的世界的全體和它的組成的具體的種種法的問題便出現了。即是說，作為環境的世界，特別是它的構成物的種種法，從何而來呢？如何可能呢？這需要有一存有論以至宇宙論的推演。在西田與西谷的情況是，絕對無或空如何能作為種種法生起的源頭呢？關於這個問題，西田提絕對無的自我限定，或場所的自我限定（絕對無即是場所，西田提限定有三種方式：絕對無的自我限定、絕對無對個體物的限定、個體物的相互限定。在這裏，只有絕對無的自我限定是相關的，其他兩種限定都先預設了個體物或種種法，在這裏沒有適切性）。對於絕對無的自我限定，限定是甚麼意思呢？絕對無作為一終極原理，哪來的力量讓自己對自己限定呢？種種法如何在絕對無的自我限定下成立呢？這些都是有關絕對無的存有論以至宇宙論的推演的問題。西田在這個問題上未有詳加處理。❷❾

西谷在這裏也面臨同樣的問題。即是空作為終極原理，如何能作為種種法的存有論的根源？我們如何以空作為基礎，而開拓出種

---

❷❾　關於西田的限定概念的探討，參看本書〈西田哲學的絕對無與絕對矛盾的自我同一〉一文。

種法的世界？空有何力量以自我開展，而展現為種種法的世界？若就佛教的般若思想與中觀學來說空，則空傾向於展示種種事物的無自性的、真確的狀態的意思，此中並無力動可言。即使提出「真空妙有」這種口號式的說法，也不能回應我們提出的問題，即是：真空如何能發展出妙有？真空沒有體性，沒有內涵，如何能轉出有具體內容的妙有、種種法？這需要對真空作一種存有論的以至宇宙論的推演才行，但西谷沒有這樣做。即使他後來建立空的存有論，吸收華嚴宗的法界觀開拓出事事無礙法界，讓種種法在空作為一種意識空間、精神空間的大背景下，成為種種法相即相入的「迴互相入」的境界，問題還是未能解決。不管種種法是以現象的形態呈現，抑是以物自身的形態呈現（應是以物自身的形態呈現），我們仍可問：種種法的存在如何可能？種種法的存有論的依據在哪裏？光以空來回應是不行的，它沒有形而上的體性，也沒有力量、力動，它如何生起種種法呢？這個問題勢必逼出筆者所提出的純粹力動現象學的「純粹力動」一觀念。但這已不是本文的用心所在，我們即在這裏擱筆。

第六章　小坂國繼等論西田與田邊哲學

一、心靈的真實與終極關懷

　　京都學派第四代學者小坂國繼寫了一本《環繞西田幾多郎的周遭的哲學學者的思想：近代日本的哲學與宗教》（《西田幾多郎をめぐる哲學者群像：近代日本哲學と宗教》，京都：ミネルヴァ書房，1997），泛論西田和他周圍的弟子、學者的哲學思想。在此書的第一部分，作者檢討西田哲學的根本性格，把這種哲學定位為「宗教的自覺的邏輯（論理）」。按西田自己曾多次強調自己的哲學是具體的「歷史的形成的邏輯」，這可以說是「徹底的實證主義」，或「絕對的客觀主義」。所謂歷史的形成作用是指由徹底的宗教的自覺而生起的實踐與作用，這亦可稱為「心的邏輯」，這是由於西田自身的思考是以心作為對象的緣故。他曾經以「心靈的真實」來說宗教。

　　在這裏，我們要注意西田以心靈的真實來說宗教一點。這裏所謂的宗教，應該是就宗教的本質言，而不是就宗教的儀式言。我們

一般所理解的宗教，通常都就以下面兩點來考量：本質與儀式。每種宗教都有它們自身的信仰和禮拜儀式，如基督教講受洗、祈禱之類，佛教則講剃度、念佛、打坐之屬。又有它們的創始者和所宗奉的經典，所謂聖典。如基督舊教亦即猶太教以摩西（Moses）為創始人，以《舊約聖經》為聖典。基督新教則以耶穌（Jesus）為創始者，以《新約聖經》為聖典。佛教則以釋迦牟尼（Śākyamuni）為創教者，以《阿含經》為聖典。這些點都是個別的，每種宗教都不同。它們的普遍的、共通的一面，則是宗教的精神，我們通常稱之為本質。關於宗教的本質問題，它所要求的答案是一樣的，但實際上宗教學者有不同的說法。在西方的宗教學界，有一種流行的說法，認為宗教需連繫到終極關懷一點來說，宗教應是能解決人的終極關懷（ultimate concern）問題。這是德國神學家田立克（P. Tillich）所提出的。他說：

> 宗教是為一種終極關懷所緊抱的狀態；這種關懷使其他所有的關懷成為準備〔階段〕的，它自身包含有關我們的生命意義的問題的答案。因此，這種關懷是無條件地誠懇的，它顯示一種意願：要犧牲與這種關懷衝突的任何有限的關懷。❶

即是說，宗教必須指涉一些終極性的、永恆性的東西，而加以關心。在田立克來說，這要關心的，是有關生命的意義問題，要尋

---

❶ Paul Tillich, *Christianity and the Encounter of the World Religions.* New York: Columbia University Press, 1964, pp.4-5.

求一個恰當的答案。這答案可以是宗教的，也可以是道德的、美學的。田立克自然是留意宗教方面的答案。西田對於宗教問題，聚焦在心靈方面的探索，要面對心靈方面的真實性，證成心靈活動的價值。這種說法比田立克的終極關懷說較為具體，容易掌握。心靈是一切價值的源頭。我們談一切價值問題，包括生命的意義問題，都要在心靈內裏用心，不向外推求。羅曼羅蘭也說：「唯有心靈使人高貴。」這高貴便是無尚的價值。

　　平心而論，田立克以「終極關懷」來說宗教，已經不錯。宗教自然是有所關心、關懷的。但提出終極關懷的終極義，便需作出解釋。所謂終極是最盡頭的、最究竟的，終極性的東西，不能被還原為較它層次為高的其它東西。例如今天中午下班去吃午飯，應該到哪一家飯店呢？吃甚麼呢？這些問題只是一時權宜地提出的，可以有很多選擇，沒有必然性，只有有限性。這些都不是終極的問題，不是終極的關懷。終極關懷則是那些最具原則性、立場性的關心，有其必然性、無限性。對它的關懷比任何對其他東西的關心更為重要。因此田立克在這裏提出「犧牲」字眼。即是，為了全力達致某一理想，我們要以不惜擱置其他的關心，這裏沒有其他的選擇。當年蘇武以漢使身分往訪匈奴，不願投降，寧願在北海牧羊十九年，以成就他的氣節、對漢族的忠誠。這是寧死不屈、堅持理想的行為，正是本於一種終極的關心，關心他的節義。一切都可以放棄、犧牲，唯有這點必須堅守，堅守到底。倘若有人仍然不滿意這種解釋，我們可以更具體、與生活有更密切的例子來說：終極關懷是生死相許的。蘇武為了保衛他的名節、人格尊嚴，而寧死不從，拒絕匈奴人給他的種種金錢財物，甚至大官的誘惑。故終極關懷是生死

的關懷，生命可以丟掉，名節、操守必須維持。❷這種關心，可以
關連到西田的心靈的真實性方面。氣節、人格尊嚴是精神性的、心
靈上的事情；生死則是身體的。

二、往相、還相的自覺與絕對無的生起作用

　　小坂喜把西田哲學與齊克果（S. Kierkegaard）、斯賓諾莎（B.
de Spinoza）作比較。他認為齊克果的神是「超越的內在」，西田
的絕對無❸則是「內在的超越」。前者的神對我們來說，是「絕對

---

❷　「生死相許」這個述語讓人想到武俠小說家金庸在他所寫的《神雕俠
　　侶》中說到楊過與小龍女的純潔的、原始的情或愛情：「問世間，情
　　是何物？直教生死相許。」這幾句話並非金庸所自作，而是出於元遺
　　山（元好問）的一首詞〈摸魚兒〉（或作〈邁陂塘〉）：
　　　　問世間，情是何物，直教生死相許？天南地北雙飛雁，老翅幾回寒
　　　　暑。歡樂趣，離別苦，就中更有癡兒女。君應有語，渺萬里層雲，
　　　　千山暮景，隻影向誰去？
　　　　橫汾路，寂寞當年簫鼓，聲音依舊平楚。招魂楚些何嗟及，山鬼暗
　　　　啼風雨。君也妒，未信與，鶯兒燕子俱黃土。千秋萬古，為留待騷
　　　　人，狂歌痛飲，來訪雁丘處。
　　　筆者完全不懂詞，點句亦必有問題。只是覺得此詞所透顯的深意，殊
　　　為純淨無瑕，讓人讚嘆，而又惋惜不捨。兩只小雁雙雙在空中飛翔，
　　　何期幸福痛快，只是天有不測風雲，人有旦夕禍福，其中一雁一時大
　　　意，墮入人所設置的網絡中，必死無疑。另外一只不願獨自偷生，忽
　　　從空中飛墜，撞擊地面，傷重而亡，與伴侶共赴黃泉。情之為物，竟
　　　有神聖高潔如此者。
❸　西田的絕對無相當於神。在其《善の研究》中，他以神來解讀絕對
　　無。

的他者」，後者的絕對無則是我們的「絕對的自者」。對於斯賓諾莎，西田作出較多的比較。他強調斯氏的「神即自然」的說法，對我們人來說，是內在的，也是同性（相同的本質）的。西田的絕對無與斯氏的神，自然有較多的交集，後者表示神人同性。進一步就宗教的自覺言，小坂提出，人自覺到他們的精神的本質也是神的永恆的樣態，最後他們會回返到作為自己的根源❹的神方面去，這是「往相的自覺」。西田哲學的宗教的自覺則是，自己感受到一種自覺的力動，透過絕對無自身的自覺的限定作用，一切回歸自己，這是「還相的自覺」。「往相」與「還相」本是佛教淨土宗的概念，分別表示向超越方面趨附的矢向，要脫離塵俗的世界、有生有滅的現象世界，而向清淨無染的超離的境界傾斜。「還相」則方向相反，要還落人間，回歸到這個經驗的、生滅的世界，開展普渡眾生的偉業。就基督教來說，「往相」是感到自身的無力，不能獨自解決生而有之的原罪問題，要向神方面求援。「還相」則是從神的世界還落人間，將一切功德施與仍在塵俗的世間打滾的人。這也可以指神道成肉身，化身為神之子耶穌，以人的形象來到世間，受苦受難，最後釘死在十字架上，以替世人贖罪，以流出的寶血清洗世人的罪垢。最後復活，回返到神的世界。進一步說，在斯賓諾莎的哲學中，較為著力於神方面，讓人在神之中看到自己，或透過自己的滅去以還歸於神。西田哲學則著力於個體物，讓自己在自己的內裏見到絕對無，或者在宣說「由絕對無生起」中，讓個體物與絕對無

---

❹　這根源可以說是存有論的，也可以是倫理學的，是從善惡方面看。

或與個體物相互對決、爭鬥。❺小坂作結謂，斯賓諾莎的想法是無世界論的、主知主義的、觀想的性格，西田幾多郎的想法則是個體主義的、主意主義的、行為的性格。

「由絕對無生起」應是由絕對無生起個體物的意思，這表示絕對無具有生起萬物的作用。絕對無作為終極真理，自身沒有體性，則它如何能生起萬物呢？這顯然需要為絕對無提供一種存有論特別是宇宙論的推演。但小坂沒有這樣做，西田的著作似乎也沒有提到這點。就筆者的純粹力動現象學來說，作為終極原理的純粹力動（reine Vitalität）自身會凝聚、下墮，詐現為氣，氣再分化，詐現為個體物、具體物，是立體的東西，不是平面的東西。在這整個程序中，詐現（pratibhāsa，唯識學的名相）是關鍵性的活動、表現。這需要具有力、力動，才能成就。西田的絕對無能否說是力、力動，抑是相應於佛教的空，表示事物的無自性的性格、狀態（Zustand），是頗費思量的問題。這需要作周詳的探討，不是在這裏要討論的問題。

對於第二部分，小坂指出，這是探討絕對無與辯證法的，並說這最能展示現代日本的哲學界的哲學性格，這自與西田和他的追隨者有關。他強調，自古希臘以來，西方哲學總是站在傳統的「有」的邏輯立場進行、發展，而日本哲學則繼承佛教哲學的傳統，重視「無」的邏輯（這其實是辯證法）。有的邏輯是肯定實體、對象、形跡的存在性、實在性的，是實體主義（substantialism）的思維形態。無的邏輯則是相反，不承認實體、對象、形跡的存在性、實在

---

❺ 以上的敘述是筆者參考小坂書的序文加上自己的整理而成的。

性，是非實體主義（non-substantialism）的思維形態。小坂又強調，絕對無不是單純的無，不是與有相對的無，不是有的欠缺而作為非有的消極的、否定性格的無，它毋寧是超越有與無的對待的根源義的無，以至一切有、存在的依據的能動的、絕對的無，具有積極的、肯定的性格。小坂指出，絕對無透過自我否定而讓自己成為有，這是具有形跡的東西顯現出來的動感，是絕對的自我否定。因此，絕對無的作用在本質方面具有辯證法的性格。絕對無的哲學必然地含有辯證法的性格。西田哲學是宗教的自覺的邏輯，這自覺本質上是辯證性格的。最後，小坂作結謂，宗教的自覺、辯證的自覺、絕對無的自覺是現代日本哲學的共通性格。❻

三、絕對無的限定作用

小坂在上面提到絕對無生起個體物，絕對無透過自我的否定，讓自己成為有，這是絕對的否定，具有辯證性格；又說及絕對無的自覺的限定作用，和個體物與絕對無、個體物自身相互對決，這些都是關要的概念、論點，但小坂未有作詳細的說明，這可以說是他的不足處，說缺點並無不可。首先，說絕對無生起個體物，但絕對無不是實體特別是精神實體；它也不是力動，如何能有生的作用呢？關於這點，上面我作過扼要的陳述。實際上，絕對無自身有一種自我限定的作用，這限定有否定的意味；透過這限定、否定，而成為有，開拓出個體物，成就存在世界。但如何否定、限定而能成

---

❻　這是指對自覺的後設的自覺。

為有的個體物、世界呢，小坂沒有交代，而在西田的著作中也難以找到清晰的、令人滿意的解釋，如上面所提及。此中最具關鍵性（most pivotal）的概念，莫如「限定」或「自我限定」。關於這一點，西田在晚期著作《哲學的根本問題》（《哲學の根本問題》）中，透露出一點線索。所謂限定，有以下三種情況。一是個體物的相互限定；二是絕對無或場所與個體物的相互限定；三是絕對無或場所的自我限定。第一情況的個體物的相互限定，是個體物在現象層面的相互排斥、相互限制，這是具有現象性的東西所不能免的。這些東西都是有限的，有時間性與空間性。兩個個體物不能同時出現，更精確地說是不能同時出現在我們的感官，例如視覺面前，讓我們同時地、一下子地認識它們；兩個個體物也不能同時佔有一個空間、位置，A 物佔據了某個位置，B 物便得讓開，不能也佔據該位置。第二情況是絕對無或場所與個體物的相互限定。這是一種有正面義、現象學義的限定。個體物在面對絕對無或場所中，由於經過絕對無或場所的處理、熏陶，因而被點化，由現象層提升上來，達至物自身層面。種種個體物以物自身的身分遊息於絕對無或場所中，互不相妨礙。而個體物對絕對無的限定，則是要把後者扯下來，從超越性下落到經驗性方面，以具體地顯現自己。

至於第三種的絕對無或場所的自我限定，由此開拓出存在的世界，牽涉的問題頗為複雜，要花多一些篇幅來說明。在西田看來，絕對無是一終極原理，具有普遍性、必然性，但它是抽象狀態，我們的一般的覺識不能接觸到它。我們可以作這樣推想，對於終極的、超越的真理，或原理，我們的感性直覺（sinnliche Anschauung）不能認識它，但我們有睿智的直覺（intellektuelle

Anschauung）這種洞見機能，應該可以接觸它、認識它。但睿智的直覺的證成，或要達致睿智的直覺的認識層次，需倚賴艱苦的工夫或實踐修行；在平常的、一般的情況，我們不能展現睿智的直覺。睿智的直覺的展現，不能寡頭地、孤懸地、沒有對象地展現。它要先有一種經驗的、現象的對象作為所緣或被認知物，讓我們的一般的經驗層、現象層的認知機能，亦即是感性與知性，加以接觸、吸收和認識，認識之為現象義的對象。這自然不是終極的、超越的真理義的認知。我們要提升認知層次，提升至認知物自身、本體的層次，則先要有現象義、經驗義的對象作為所緣或誘因，認知層次的提升才能說。在這種情況，絕對無或場所自身需要主動地、正面地、積極地作出一些活動，那怕是自我封限、自我否定自己的絕對性、終極性、普遍性、無限性，讓自己接受二元性，開出主客的個別物，讓個別物承受相對性、權宜性、特殊性、有限性，以作為我們的感性與知性的對象、認知對象。這樣，一元性格或絕對性格的絕對無或場所的分裂（split）便不能免了。這樣的思維方式，佛教唯識學便具體地提出一個範例：總體性的心識（vijñāna）自己分裂，而開出客體的相分（nimitta），作為對象，而自身則以主體的見分（dṛṣṭi）去了別相方，並執取相分或對象為有自性、實體。實際上，西田自己也有類似的思維方式。他提絕對的、一元的純粹經驗，以之為一切存在與活動的根源。然後下開為經驗者與被經驗者，分別代表主體與存在世界。關於這點，我想很多人已熟知，因此不擬多作說明。

四、限定與顯現

　　以上我是從發展、發生歷程來看西田的絕對無或場所的自我限定的涵義。是否有當，我自己也不敢必。跟著要從理論上、觀念上來說。在形而上學上，我們通常會設定一些終極原理、本體或實體，通過它的展現、具體的展現以表示、證成它的本質或功德，同時也開拓出現實世界。在這個問題上，海德格提出極為重要的一點：存有在顯現中證成、完成它的本質（Sein west als Erscheinen）。這裏的「存有」（Sein）有終極義，可視為真理、終極原理。這終極原理是抽象性格，但也不是不能活動，它是具有動感的。為了證成它的本質，它非要以動感來自我展現不可，這是定然的（imperativ）。如何以動感來自我顯現呢？這有多種不同的說法。唯識學以詐現來說，透過識的詐現（pratibhāsa）為相分、見分來說，使人覺得好像有某些東西呈現、存在，實則不必是這樣。不過，它所說的識是虛妄性格，不能作為終極原理說。但它有轉識成智的說法：妄識轉化為淨智，由智與真如的合一，智便可以終極原理來說。胡塞爾以絕對意識（absolutes Bewußtsein）透過意向性（Intentionalität）構架能意（noesis）與所意（noema），分別發展出主體的自我與客體的世界。筆者自己則提出純粹力動現象學，以純粹力動為終極原理，它凝聚、下墮，詐現為氣，氣再分化，詐現為種種事物、存在。在西田來說，則是提出作為終極原理的絕對無或場所的自我限定。但這限定應作何解，則西田未有明說，起碼就筆者所知是如此。不過，當西田提限定字眼時，很多時是與否定、絕對的否定、辯證性格等字眼一起說，又說絕對無透過

自我的否定讓自己成為有、絕對無的自覺的限定作用。由這些伴隨字眼和說法看，限定似乎有其正面的意涵。例如否定是負面義的，但絕對的否定則是積極義，京都學者阿部正雄曾說絕對的否定即是絕對的肯定。❼另外，說限定有辯證性格，這便不尋常；辯證在京都學者中，常關連到洞見方面，是一種智慧的代詞，能提高真理的層次，例如佛教說由俗諦提升為真諦，由真諦提升為中道第一義諦。不過，上面說的絕對無透過自我的否定讓自己成為有，是否有本體宇宙論的開拓意義，便很難說。「有」是一個存有論以至宇宙論的概念，即使是這樣，這「有」如何能通到個體物方面去，仍是一個懸案。除非以詐現來說，但西田似乎沒有這個概念。這可能是西田哲學以至京都哲學的死結，他們無法交代現象世界中的個體物的生成與變化的問題，亦即是存有論與宇宙論的問題。只有西谷啟治在這方面有點成績、貢獻。在他的空的存有論中，他參考過華嚴

---

❼　研究西田哲學的根井康之在他的《絕對無の哲學：西田哲學の繼承と體系化》（東京：農山漁村文化協會，2005）中，提到絕對矛盾，表示相互對反的兩端有相互否定的關係，同時也有相互肯定的關係。（頁 135）這種看法，只能在辯證的思維中成立，在分解的思維中是不可能的。即是說，在相對矛盾中，相互對反便是相互對反，這是相互否定；但在絕對矛盾中，相互對反既是相互否定，同時也是相互肯定。因為在絕對矛盾中，相互對反或相互否定的兩端把自身的反面或否定面都拒斥掉，兩端辯證地在存有論上達致合的階位，這合有辯證的、絕對的性格，因而是絕對肯定。根井康之的另一著作《創造的生命の形而上學：近代科學技術文明の超克》（東京：農山漁村文化協會，2007）也提過，在絕對無的場所中，絕對否定即絕對肯定。（頁137-149）

宗的事事無礙法界觀念，以空為基礎，開拓出事物的迴互相入的關係、境界。❽

上面說，西田自己對絕對無的自我限定較少作正面的、詳細的說明。實際上，其他京都學派的哲學家也少涉及這方面的問題。例外的是，根井康之這個較年輕的學者在上面提到的《絕對無的哲學：西田哲學的繼承與體系化》一書中對西田的「自己限定」作過明確而扼要的解釋。他表示，作為一整一的絕對無，依於自我分割，生起相互區別的有、無兩邊。絕對無是不受任何其他東西的制約的實在，因而不會為其他東西所分割，它只是自己對自身起分別，而開拓出有與無。❾

約實而言，京都學派以絕對無或場所（或絕對無的場所）作為終極原理，即使說絕對無對自身作自我限定，也不易解決存在世界或種種個體物的生成和變化的問題。這與它的絕對無基本上是由佛教的空發展、開拓而來有不可分割的關係，雙方都是非實體主義的思維形態。有人可能提緣起（pratītyasamutpāda）觀念，說存在的來源，但這是一種現象論的說法，不是現象學的說法，不能證成理

---

❽ 關於這點，參看拙文〈西谷啟治的空的存有論〉，拙著《絕對無的哲學：京都學派哲學導論》，臺北：臺灣商務印書館，1998，頁 121-149。

❾ 根井康之著《絕對無の哲學：西田哲學の繼承と體系化》，頁 89。根井又在同書另處作過一些補充。他表示，所謂自我限定或自己限定，是絕對無自我分割而開展出兩項相互對立的存在，這兩項存在當然是區別的。依據絕對無的自我限定，具體地說明作為兩端或兩項所成的全體的可能態與作為個體物的現實態的成立。（同前書，頁135）

想的、價值的世界，仍然不能說生活世界。即使說唯識學的識轉變
（vijñāna-pariṇāma），也於事無補。因為在這種觀點中的識是虛妄
的心識，它所轉變、變化出來的存在世界傾向於染污義。唯有透過
轉識成智的活動、工夫而得的智，可以作為存有的根源，這便是智
轉變了。但唯識學只提識轉變，沒有提智轉變。因此，現象學特別
是胡塞爾的生活世界（Lebenswelt）仍然不能說。若要在唯識學中
開展出智轉變（jñāna-pariṇāma），則在理論上便要重構，這是一
個廣而且深的工程。

五、力的問題

　　存在世界的生起，需源於終極原理、終極真理，這是一定的，
觀念論在這方面有一定的理論效力。但終極真理未必一定能究解決
存在世界的生起問題，它必須是一種精神的實體或超越的力動才
行。中國的儒家與德國觀念論特別是黑格爾的精神現象學，和筆者
所提的純粹力動現象學，在這方面是沒有問題的。佛教的空，倘若
作為事物的真正的、真實的狀態來看，便有問題了。狀態有靜態的
傾向，很難關連到動感方面去。京都學派的久松真一提「能動的
無」、阿部正雄提「動感的空」（dynamic śūnyatā），表示無或絕
對無和空具足動感，是很難說得通的。絕對無或空沒有體性義，或
沒有足夠的體性義，其內含（Inhalt）也難說。要開拓存在世界，
總得要有內涵、一定程度的體性，才能竟其功。

　　至於超越的力動，像筆者所提的純粹力動，它自身便是一種超
越的力動、活動，自身便是一種生命和存在的創造力，不必借助其

他任何有實體義、體性義的東西作為發力的源頭。它為了證成自己的本質，便需作自我展現、自我彰顯，透過凝聚、下墮、分化、詐現等動作，以呈顯自我和存在世界。

　　絕對無不是精神實體，也不是超越的力動，不管怎樣建構它，都難以交代、解決自我與存在的生起的問題。根井康之認為絕對無是一種力，一種自由的、活現的無限的力。他強調絕對無不依於他者而存在，自己自身便是一種自由的實在（按是實在，不是實體）。宇宙中沒有任何東西和它對立、對反，它自身是絕對的實在。不受任何他者而來的限制，而是一無限的實在。這唯一的實在具有唯一的活力、力量。根井又強調，絕對無是自由的、無限的力動，它一方面包含，另方面超越有與無。它是無一物，也是無盡藏。絕對無作為具有勝過任何事物的力的實在，是全能的。根井甚至說，絕對無可以喚起內在於自己之中的無限的力，可以作為這種力以外的一切存在的東西而顯現出來（絶對無は、自己に內在する無限の力を自己喚起することによって、その以外のすべての存在者として顯現する）。在與這顯現的活躍的同時，絕對無也可以促使與此相反的非顯現活躍起來。這樣地，顯現、內在、展開和非顯現、超越、收攝的對立的逆向的活躍，在全實在界中同時生起。❿根井甚至把絕對無視為遍滿於全實在界中的具有無限創造性的能量（energy）。⓫

　　根井的這些說法，問題不少。首先，說絕對無是一種力或力

---

❿　《絕對無の哲學：西田哲學の繼承と體系化》，頁 84-85。
⓫　同前書，頁 85-86。

動，並不符合我在上面提到的力動的條件。京都學派說絕對無為實在，而不說實體。但實在是否一定能具足力動呢？這很難說。實在的涵意很廣泛，它可以有佛教所說的真實不虛妄義，也可以說是新實在論的普遍的終極原理，以至於在現實中為我們的感官所接觸的實在物、個體物。但不能是力動，特別是形而上的、超越的力動。西田曾說過絕對無是一種形而上的綜合力量，但其意思不是很清晰，游離於神、實體與超越的力動之間。它綜合甚麼呢，西田自己在《善之研究》（《善の研究》）中也說得不清楚。至於以具有無限創造性的能量來說絕對無，問題更為嚴重。能量是物理學的概念，是經驗性格，與超越的力量沒有交集。特別是，能量是生滅法，它可變為質，也可以能量的形式存在。能也好，質也好，其強度都是可以透過科學的操作來量的，都是生滅法。一切生滅法都是相對的、有限的性格，不可能是絕對的、無限的性格。根井以能量來說絕對無，視之為具有無限的創造性，是錯誤，而且錯得很明顯、很嚴重。

六、田邊元對西田的直覺主義轉向的反彈

　　以上敘述了小坂國繼和根井康之對西田哲學的闡釋。以下要看小坂如何看西田之外的京都學派成員的哲學。限於篇幅關係，這裏只能就田邊元一人說一下。按田邊是京都學派中和西田並列的第一代成員，他比西田後出了十五年，其哲學也是從對西田哲學的學習與批判中成長的。我們先看他如何批判西田哲學。依小坂，西田在他的《從動者到見者》（《働くものから見るものへ》）的後編部

分收錄了〈場所〉一篇論文，在其中，他從心理主義、主意（意識）主義的立場作直覺主義的轉向，把先在於主觀與客觀的「純粹經驗」、「直覺」與「反省」同一於其中的「自覺」，更而概括作為「自覺的自覺」或自覺的極限的終極根據亦即是「絕對的自由意志」，都包攝於自我之中，而建立「場所」的思想立場。基於這一點，他在後來寫成的《　般者的自覺體系》（《一般者の自覺的體系》）和《無之自覺的限定》（《無の自覺的限定》）中，提出其場所邏輯⓬。這引來田邊元的強力反彈。田邊有一段頗長的時間受到西田的主意主義的影響，並以科學、康德哲學和黑格爾的辯證法來理解、支撐這種場所的立場。但對西田的這樣的直覺的主義的轉向，感受到哲學的獨立性有危險之虞。從這一點開始，田邊即由追隨西田、被視為西田的後繼者轉而變成西田的批判者。他在〈向西田先生請教〉（〈西田先生の教えを仰ぐ〉）一文中，對西田提出多方面的質疑。在田邊看來，哲學的獨立性建基於理性甚至知性的思維，其性格是分析的、清晰的，他早期為學的重點，是在科學、數學方面，在這些學問方面，直覺的牽連不大；反而若太強調直覺，會讓人遠離意識、主意主義，而墮下到感性直覺、感覺方面去，這樣，哲學的客觀性便不能說⓭。在這個階段，田邊的思路頗近於胡塞爾的現象學，後者強調思維性，特別是思維的嚴格性。但

⓬　按這「一般者」在西方哲學來說即是「普遍」或「普遍者」（universal）。

⓭　這裏的說法顯然容易讓人聯想及胡塞爾的意識現象學。意識、意向作用或意向性、能意和下面提到的所意都是胡氏現象學的重要概念。

到了後期，田邊的思想起了根本轉變，向柏格森（H. Bergson）的直覺立場傾斜。

小坂指出，西田在他的《從動者到見者》的後論和《一般者的自覺體系》中，由判斷的一般者出發，通過判斷的主詞（特殊）和述詞（一般）之間的包涵關係來考量作為這述詞的超越面的自覺的一般者，其後又以意識的意向作用作為線索，考量作為能意（noesis）的超越面的睿智的一般者，進一步又在睿智的一般者的能意在超越方向的極限的脈絡中，思考絕對無的一般者。但在《一般者的自覺體系》的後半開始，在《無之自覺的限定》中，西田逆轉地著眼於無一觀念，由見到自己自身的絕對無的自覺出發，思考在能意的限定方向中的無限的「生命流」；又思考在所意（noema）的限定方面中的「廣義的行為的或表現的一般者」；再進一步考量在這一般者的能意的限定方向中的「狹義的行為的一般者亦即睿智的一般者」；又想到在這所意的限定方向中的「表現的一般者」；最後及於作為具有行為的自己的所意面的意義的「表現的一般者」的能意的限定面的「自覺的一般者」；又及於作為這所意面的限定面的「判斷的一般者」。對於這些東西都各各思考、考量。

小坂在上面一段的陳述的確過於拖累（拖泥帶水），讓許多名相交疊在一起，非常欠缺善巧性。我們可以把這陳述總結為以下意思：西田在《一般者的自覺體系》的前半部中，對一般者的超越性格有多元的描述：它是自覺的，在能意亦即是主體方面是睿智性的，它是絕對無。西田顯然預設了這超越的一般者的存在性。在《一般者的自覺體系》的後半部及《無之自覺的限定》中，西田強

調一般者是無限的生命流❶，它有廣義的行為性格或表現性格，狹義方面則是睿智的行為。另外也說到能意與所意，能意在自覺中見，所意則在判斷中見。實際上，所謂一般者即是絕對無；它有兩面表現：主體方面表現為能意，客體方面表現為所意❶。特別值得注意的是，西田說自覺，說睿智性，及行為、表現，是在直覺的脈絡中說的，不是在知性、理智中說的。正是在這一背景中，我們說西田是直覺主義者。另外一點要注意的是，西田頗強調絕對無的自覺，這是在無之中見到自己，在作為主體性的能意中開拓出生命流（生命の流れ），這是一種向直覺傾斜的思考。西田的思想發展到這一階段，的確有遠離知性的思辯，而傾向直覺的思維，這直覺又是睿智性的，因此便可說睿智的直覺，這便靠近康德。而從一般者開展出生命流，又顯示出柏格森的思想痕跡。

　　跟著看田邊一面。小坂指出，對於西田的如上的思考，田邊未有無條件的首肯。就田邊的觀點來說，西田的思考與西方新柏拉圖學派的代表者普羅提諾斯（Plōtīnus）的一者（to hen）觀點相似。普氏順次由一者推導出理性（nūs，又可作精神、心）、靈魂

---

❶　由生命流可以說動感。西田的一般者不是處於完全不動的靜態的狀態。

❶　這頗類似筆者在純粹力動現象學中所開拓出來的純粹力動的三體結構（threefold pattern）：純粹力動在整個活動的中心的渾圓狀態中進行分化，開拓出主體的睿智的直覺與客體的存在世界。絕對無相應於純粹力動，能意相應於睿智的直覺，所意則相應於存在世界。另外，有一點需要注意，這兩個體系都不是知識論的性格，而都是存有論的性格。

（psychē）、自然（physis）、質料（hylē）四個元素。這一者是一切實在、萬物的依據，它超越一切，是存在的彼岸、絕對善、絕對美，是一種「發出論」（emanatische Logik）的基本概念。這發出論的觀點是，哲學立根於這最後的不可得的一者或一般者，現實存在都依於它的自我限定而可能。但在這裏我們要作些分別：普羅提諾斯的思想是實體主義的思路，田邊元則是非實體主義者。普羅提諾斯的一者是作為實體的絕對有，依於此，發出論便很自然地被提出來了。即是，一者是一本，作為宇宙萬物的根源，它生發萬物，而萬物也承受了它的性格。一者是多元性格的，因此由它所流出來的萬物也是多元的性格。田邊元講絕對無，便沒有這種狀況。

　　不過，這裏有一個問題。以所謂一者作為萬事萬物的根源，是理性、靈魂、自然、質料等元素的依據，則它應該可以涵蓋精神與物質兩個領域。從它超越一切，是存在的彼岸，再加上具有絕對善、絕對美的性格，則它應是一種終極原理，是普遍的、抽象的。依發出論，一切事物都由它而出。但一切事物中不乏具體的、立體的東西，這些東西如何由普遍的、抽象的一者流發出來呢？這裏需要有一種存在論以至宇宙論的推演，不然的話，發出論的理論是不能成立的。西田、田邊好像都未正視這個問題而作出恰當的回應，起碼就筆者的粗淺的理解是如此。另外，根據發出論，那不可得的、不可觸摸的一者或一般者會進行自我限定，而成就種種現實存在。這「限定」是甚麼意思呢？是分化，抑是否定（自我否定）呢？都未有說清楚。下面我們回返到田邊元方面去。

七、絕對無的預設與睿智的直覺

　　田邊以警惕的語氣提出，這種發出論的哲學最後會導致哲學自身的廢止、解構，後果非常嚴重。❶他認為，從哲學的立場來說，絕對者畢竟是被尋求的極限點，它不能作為體系的基礎而先被給予，被預設。即是說，我們應該在哲學的思考與體證中去尋求絕對者。對於這個東西，我們或許能找到，或許不能找到。而在西田來說，絕對無的場所是終極地被給予的，我們以此為前提，然後以發出論的方式來建構整個哲學體系。

　　平心而論，在絕對無的場所這一問題上，西田先預設絕對無的場所的存在性，是存有論的入路。這與他以純粹經驗先在於一切，通過限定作用而轉出能意與所意所代表的二元對待局面（duality, dichotomy），開拓出自我與存在世界，是同一的思想形態。田邊元在這相關的問題上提出相反的旨趣，這即是工夫論的導向。他以絕對無的場所的終極原理是我們要努力爭取的目標（這不是對象義的目標），在這種抗爭的歷程中展現我們的意志的自由性與價值性。可惜小坂在這一點上的處理與發揮得不夠。

　　約實而言，田邊元在這裏所提出的警告，並不是沒有理論的、邏輯的基礎。絕對無的預設，並不是有充足的理論的有效性。我們

---

❶　田邊元著《田邊元全集》，卷 4，東京：筑摩書房，1964，頁 309。發出論中的一者是預先被設定的，然後推導出宇宙萬物透過這一者的自身否定、限定而得成立。倘若這設定有問題，則宇宙萬物的存在性便趨於動搖，以至潰散。

如何能確認這絕對無是真實無妄，在存有論上其存在性是毋可置疑的呢？就一個胡塞爾現象學的論者來看，他會先提出以下的問題：絕對無是否有明證性（Evidenz）？這明證性如何能說是真確不移的？倘若我們的回應是否定的話，它會提出懸擱（epoché）的處理方式，把絕對無的問題暫時放下，從一些具有嚴格的科學的明證性的問題開始探討。

　　筆者在另一論文〈田邊元的絕對媒介觀點與懺悔道哲學〉中，提到田邊元對西田幾多郎的批判有兩點：現實存在的觀念化與哲學的宗教化。現實存在的觀念化一點可以涵蓋在這裏說的先預設絕對無或場所的存在性，透過絕對無的自我限定而轉生出現象世界的種種事物這一點。絕對無這一場所不是物理的場所，而是意識的場所、意識的空間，它是以觀念形態存在的；或者說，它自身是一種終極性的觀念。最重要的是，它是預先設定的，它的存在是毋庸置疑的。我們如何確定有這種東西呢？西田的答案是靠直覺，這是睿智的直覺，西田稱之為「知的直觀」**⓱**，西谷稱之為「大智」**⓲**、「叡知的行」**⓳**。另外，西谷也有如西田的「知的直觀」的稱法。**⓴**一切東西都由這作為主體的睿智的直覺的絕對無的自我限定而開拓出來，而成立，這正是現實存在由觀念而轉出的現實存在的觀念化，這便與田邊不滿和批評西田先預設一觀念性的絕對無、場所，

⓱　《西田幾多郎全集》，卷 1，東京：岩波書店，1978，頁 40-45。

⓲　西谷啟治著《宗教とは何か》，東京：創文社，1973，頁 26。

⓳　同前書，頁 27。

⓴　西谷啟治著〈獨逸神秘主義〉，上田閑照編《ドイツ神秘主義研究》，東京：創文社，1982，頁 50。

把一切存在的事物都看成是這絕對無的自我限定而生起的觀念論有點相應。與西田的這種觀念論傾向對比著來看，田邊肯定是向實在論傾斜的。

再看直覺問題，西田是直覺主義者，這種直覺顯然不是感性的（sinnlich），而是睿智性的（intellektuell），有辯證的意味，也有邏輯的、解析的意味。田邊的思維則一方是分析性格的，另方面也是絕對的辯證性格的。㉑特別是他晚年提出的懺悔道的哲學，則幾乎是辯證的，而且展示濃烈的動感。西田的「生命流」、「行為」、「表現」等概念自然也有動感義，但未到田邊的懺悔概念所涵有的懺悔的實踐所展現的巨大無倫的辯證的反彈力量的程度。㉒

㉑　田邊早期是習數學、科學的，這些學問，需要很強的分析能力。到了後期，他才開拓自己的辯證思想，此中並無矛盾。

㉒　關於田邊元的懺悔思想，特別是懺悔所帶來的反彈力量，參看拙文〈京都學派懺悔道哲學的力動轉向〉，拙著《純粹力動現象學續篇》，臺北：臺灣商務印書館，2008，頁 239-281。

第七章　花岡永子論
絕對無與哲學觀念的典範

一、花岡永子與哲學觀念的典範

　　京都學派經歷了第一代的西田幾多郎、田邊元，第二代的久松真一與西谷啟治及第三代的武內義範、阿部正雄和上田閑照，到了第四代，可算是進入多元性的年代。他們各自有其師承關係，也各有自己在西方哲學、宗教學與神學方面的專業研究，也漸漸在日本思想界與國際思想界冒起來。大體上，這些學者與筆者的年齡相近，仍然在研究階段，有些也漸漸能突顯個人的思想旨趣。不過，他們基本上仍是循著西田幾多郎與田邊元的哲學導向向前推進、發展。他們包括花岡永子、長谷正當、冰見潔、大橋良介、松丸壽雄、小坂國繼、野家啟一、藤田正勝、尾崎誠、岩城見一、大峯顯等，大有西田、田邊下來京都學派的開花散葉的盛放。這一代年輕的學者除在京都學派中有其師承之外，大多數有留學歐洲特別是德國的資歷，取得博士學位後返回日本發展。有些甚至拿幾個博士學位，如花岡永子靠研究拿了兩個學位，另外又有一個榮譽學位。這

種現象顯示京都學派有由綜合性的思想開拓轉向學術性的研究、探索的傾向。他們的前輩如武內義範和阿部正雄，好像都沒有拿甚麼博士學位，基本上是靠實力來打江山的。他們並不太重視學位。在第四代中，我特別留意到西谷啟治的高足花岡永子的表現。原因一方面是她近年（2002 年）出版了一本《絕對無的哲學：西田哲學研究入門》（《絕對無の哲學：西田哲學研究入門》，京都：世界思想社），這跟我在多年前出版的《絕對無的哲學：京都學派哲學導論》，都用相同的字眼作書名，旨趣也相近。另一點也是重要的一點是，她對絕對無提出一種另類的處理，對我們理解西田的哲學也有幫助。我覺得可以在這裏提一下她的說法，和作些評論、回應。即使是負面的也無妨。在這本書中，花岡教授把「絕對無」跟「相對有」、「相對無」、「絕對有」、「虛無」聚合在一起來比較，視之為哲學觀念的典範（paradigm）。在這五個典範之中，她自然是特別推崇絕對無，視之為這些典範的互動的基礎。❶這種解讀絕對無的方式，還是很少有，但不無新意，故值得注意。

在這裏，我想先簡介一下花岡的學問背景。上面提及，花岡是師承西谷啟治的，後者與當代歐陸的哲學有多元性的交集，特別是德國神秘主義、尼采、海德格的哲學，以及於當代的德國神學。花岡在這方面很受她的老師的影響，因此，她具有相當扎實的德國哲學與神學的基礎。另方面，對於她的前輩（京都學派的前輩）的哲學方面，她對西田下的工夫最多，可以說是西田哲學的專家。她認

---

❶ 《絕對無の哲學：西田哲學研究》，頁 20-25。為方便起見，我對花岡的見解隨文交代出處，不另立註。

為西田哲學的立場，建基於大乘佛教，其思維的方式源於華嚴宗的四法界說和龍樹的四句思維。不過，她並未有很多有關於大乘佛教教說的著作，包括四法界與四句方面的。

二、哲學的典範觀念與相對有、相對無

京都學派的哲學的核心觀念是絕對無，花岡自然也很重視這個觀念。不過，她論述絕對無，有自己的一套方式，與他人不同。這便是透過如上面所說的相對有、相對無、絕對有、虛無這些典範來凸顯絕對無的殊勝性。關於典範，有理念的意義，是概括整套哲學體系的總原則，如柏拉圖的理型、基督教的神、婆羅門教的梵（Brahman）、佛教的空、儒家的天道、道家的自然之類。在這裏，我先不對典範一觀念作詳細的辯析，卻直接討論花岡所提的各種哲學的典範，讓各個典範自己說話，最後，典範的意義自然明白。不過，有一點我想提一下，花岡說哲學的典範，指相對有……絕對無為哲學的典範觀念。其實我們可進一步視之為存有論的典範觀念，有、無都是存有論概念。

先看相對有這一典範。略去觀念字眼，花岡認為，相對有只關連到有限的世界，而且不真實，是虛的（但不必是虛妄般負面的意味），是「永恆的影的世界」。以海德格的詞彙來說，它是存有者的存有（das Sein der Seienden），只有從屬的意味。它是現象世界所具有的東西，不是個體物的永恆的核心，如哲學上的 idea, ousia, eidos 等，或宗教中的神、佛。（《絕對無の哲學》，頁 20-21。）按花岡在這裏以相對有比配到存有（Sein），顯然有問題。相對有

應是存有者（Seiende），不是存有。另外，她說「永恆的影的世界」（永遠の影の世界），顯然是以「永恆」（永遠）指柏拉圖的理型（idea），以「影」指理型的仿製品。即是說，相對有相當於柏氏的現象，後者是柏氏所輕視的。這種解讀，頗有新意。在柏拉圖的形而上學中，區分兩種存有，一是理型，另一是它在現實世界的仿製品。理型存在於理型世界，是抽象的、普遍的；仿製品則存在於現象世界，是具體的、個別的。仿製品雖不如理型般完美，但它總是有某種程度的實在性，不如影子那麼虛玄無據。就存有論（ontology）來說，理型有實在性，一如儒家的朱子的理有實在性。一般事物或仿製品的實在性要依附理型才能說。就價值論（axiology）來說，理型有絕高的價值，仿製品則不能跟理型比，只有工具的價值。後來羅素（B. Russell）與摩爾（G.E. Moore）出，同時肯定形而上的東西和經驗的個體事物都有實在性，雙方不存在原型與仿製品的關係。花岡以「影」來說相對的、具體的、經驗的東西，是否定這些東西的實在性，影（shadow）是虛而不實的，它的存在性、實在性依附於實體物、實在物。花岡的「影子」說，已經超越她的老師西谷的限界，而傾向於尼采（F.W. Nietzsche）的虛無主義了。西谷並不忽視虛無主義的重要性，認為虛無有摧破一切相對主義、二元性思考的作用，但他又見到虛無主義的疲弱性、空虛性，不能建立存有論，特別是空的存有論。❷他認為我們不應止於消極的虛無主義，卻是要越過虛無主義，向佛教

---

❷ 關於西谷的空的存有論，參看拙著《絕對無的哲學：京都學派哲學導論》，第六章〈西谷啟治的空的存有論〉，頁 121-149。

般若思想的空（śūnyatā）或真空轉進，開拓出積極的妙有世界。關於這點，下面會有進一步的討論。

至於相對無，花岡提出，它與絕對無不同。相對無與相對有是一體的，是相對有的內相。她指出，有一種強調相對無的哲學思維，與實存哲學或存在主義聯繫著。這種思維是現代哲學所不能欠缺的。這種立場以對自己的自覺為基礎。（同前書，頁 21-22。）花岡未有明顯地確認（specify）這是哪一學派的思維，但這樣來說相對無，有主體主義、主觀主義的意趣。自覺活動是一種主體的活動，有時也不能免於墮下至主觀傾向。不管怎樣，這主體主義、主觀主義還是過於偏向感性一面，缺乏足夠的理性基礎。另外，以實存哲學來代表相對無，頗能展示相對無的現實性格，同時也讓相對無多些向生命的存在的負面如罪、苦、死方面傾斜，這樣更能讓自己奮發以求自強。

三、絕對有

跟著看絕對有。這是古希臘哲學中以 idea, ousia, eidos 等觀念為主脈的哲學。花岡認為，絕對有含藏有實體，這是永恆的、普遍的、不變的實體。在絕對有之中，人的生命個體是絕對有的自我表現的一個表現點，這是通過絕對的自我否定、對大死一番有所體證的緣故。但自尼采宣佈「上帝已死」之後，絕對有的立場已失去了適切性，任何人都不能忽略這點。（同前書，頁 22。）按花岡的這種說法，基本上是就西方哲學的發展脈絡而言。但即使只說西方哲學，也不全是這樣。亞里斯多德（Aristotle）言實體，基督教言

上帝，都有絕對有的意味。黑格爾哲學的核心觀念「精神」
（Geist），也是實體、絕對有的思維導向。這幾種思維導向有同
有異。同的是三者都能說動感，後者是終極原理與現象世界建立交
集的必須條件。亞里斯多德的實體加上動力因，便能活動，而有所
創造。基督教的耶和華創造人類與萬物，表現濃烈的動感。黑格爾
（G.W.F. Hegel）以精神的行程說人類歷史與文化的起源與開拓，
其動感是毋庸置疑的。異則是亞里斯多德的實體思維與黑格爾的精
神活動都基於理性，基督教的耶和華則是一人格神，理性弱而獨斷
強，即使聖多瑪斯（St. Thomas Aquinas）致力於以理性為依據來
建立他的神學思想，特別是論證神的存在，影響也不大。另外一面
更為重要的是，作為絕對有的上帝已死的說法，是尼采的一廂情願
地提出的，客觀的情況並不見得非是這樣不可。尼采要以「超人」
來代替上帝，但他自己成不了超人，卻變成了瘋子，在精神錯亂中
死去。我們不必像花岡那樣，視絕對有自尼采提出那著名的宣言
（上帝已死）後，便失去了適切性，變成一無用的觀念。另外一點
是，說人的生命是絕對有的自我表現而致，是可以的。但以這生命
是我們體證得（應該說是「經由」）絕對的自我否定和大死一番而
現成的，便有些問題。絕對地（或徹底地）否定自我與大死一番是
在禪思想的脈絡中說的，而禪思想是一種非實體主義，就這方面來
說生命或自我的現成，是可以的。但這能否在作為實體主義的重要
觀念絕對有中說呢？這不能不成問題，是需要另作探討的。花岡的
說法，顯然忽略了這一點，因而變得不夠周延。此中的問題是，在
實體主義中，自我是一實體，有它的恆常性、常住性，是不能否定
的。要徹底地捨棄它，讓它「大死」，是不可能的。我們不能在存

有論的脈絡中否定作為主體性的自我，如同我們不能否定作為客體性的上帝、理型、實體、梵、天道、良知那樣。

四、關於虛無問題

　　至於虛無（nihil），花岡以非常負面的文字來說。她認為虛無作為一典範，表示一切歸於無有，生命受到輕忽，最後甚至迷失了；同時，價值被顛倒過來。這是一個任由動物本能來支配的世界，像尼采所說的那樣，依於權力意志而嚮往超人境界。花岡強調，倘若這虛無的次元（dimension）不能被體會，被超越，便不能開拓出絕對無的價值的世界。要開啟絕對無之門，需要突破相對有的立場、相對無的立場、絕對有的立場。個體的自我要向絕對無敞開，絕對無亦要向個體的自我敞開，自我的目的性的形成與世界的表現性的形成相互交錯起來，才能證成「歷史的生命的自覺」。但花岡提醒謂，上面所提到的突破和敞開，有下陷至虛無的可能性。在相對有、相對無、絕對有、虛無的無底之底中的絕對無，會由深淵方面轉向虛無那邊去。關於這一點，筆者認為花岡是過慮了。京都學派一向是非常重視歷史的，他們有自己一套史觀，那便是絕對無的史觀，這種史觀需要包涵在絕對無中的妙有一面來說。他們認為絕對無雖然不能直接開拓出歷史來，但作為絕對無的重要表現的妙有世界，是歷史活動的來源、動力。❸他們以一種另類的

---

❸　西田、田邊、西谷在他們的著作中，時常提到歷史的問題。久松真一更提出自己的絕對無的史觀。參看拙著《京都學派哲學：久松真

亦即是機體的角度來看歷史，認為歷史是絕對無在這個世界中的應跡現象。絕對無特別是其中的妙有是會生長的、發展的，其發展的軌跡正是歷史。這可能是受到黑格爾的世界史觀的影響，也可能關連到詮釋學的一代宗匠葛達瑪（H.-G. Gadamer）的啟發。後者的巨著《真理與方法》（Wahrheit und Methode）中便有一專章是論歷史的。❹倘若他們的史觀與核心觀念絕對無站不穩，垮了臺，則整個京都學派便會崩潰、被解構。這種看法毫不誇張。試想黑格爾的歷史哲學倘若崩解下來，他們的宗教觀、美學觀若站不住腳，則他的精神現象學會變成甚麼東西呢？

到底虛無與絕對無有甚麼不同呢？花岡提出，這是空虛與充盈的不同，無意義、無目的與恆常是充盈、是目的自體的不同。（同前書，頁 22-23。）在這裏，花岡很明顯地以片面的方式否定虛無的精神價值，未有強調虛無有一種摧破一切迷執的作用，後者是她的老師西谷啟治所重視的。另外一點是，西谷認為，在救贖問題方面，虛無基本上是解構性格，有極強的破壞力量。故我們要克服、超越虛無，作絕對無的轉向。這絕對無，在西谷來說，正是佛教的空（śūnyatā），特別是般若文獻（prajñā literature）和中觀學（Mādhyamika）所盛言的空。他認為空是對自性（svabhāva）的否定，但不是純然的負面意義的否定。空也有動感，能摧破一切虛妄

一》，臺北：文津出版社，1995，頁 66-73。

❹ H.-G. Gadamer, *Hermeneutik I, Wahrheit und Methode: Grundzüge einer philosophischen Hermeneutik*. Tübingen: J.C.B. Mohr (Paul Siebeck), 1990, S.270-312.

顛倒的邪見和行為，從真空中轉出妙有，而成就無執的存有論，如上面所表示，我把這種哲學稱為「空的存有論」。花岡在這點上，則著墨甚少。跟著的一點是，空的存有論是需要建立在虛無的被克服、被超越這樣的基礎上的。這種先破後立的思維，有點像他的另一高足阿部正雄對道德與宗教問題的處理。阿部認為，道德與宗教不能並存，宗教較諸道德有更強的基源性，道德必須崩壞，才能轉出、建立宗教。❺阿部及整個京都學派在道德與宗教的關係問題上的看法，與當代新儒學的取向完全不同。唐君毅以包含宗教在內的一切文化活動都建基於道德理性，牟宗三以道德的理想主義為其哲學的理論立場，都展示道德對於宗教的先在性（priority）與優越性（superiority）。

關於虛無主義，我個人倒有一些正面的看法。倘若我們能夠善巧地處理虛無問題的話，則大可以利用虛無，作為一把鋒利的劍（如臨濟禪說的殺人刀、活人劍），把人們由於迷執而生起的種種顛倒的認知與由此引生出來的種種顛倒的行為加以堵塞，以至摧破，斬斷一切迷執的葛藤。這肯定有助於我們開顯空的智慧。對於空來說，虛無可以扮演開路先鋒的角色。

五、絕對無與絕對矛盾的自我同一

最後，花岡說到絕對無。她認為這是西田哲學的立場，如上面

---

❺　關於這點，參看拙著《純粹力動現象學》，第十二章〈宗教與道德〉，頁 284-285、286-287。

已透露，建基於大乘佛教，其思維方式源於《華嚴經》的四種法界（筆者按：四種法界的說法似是華嚴宗的法藏所倡導的，與《華嚴經》沒有甚麼關係。關於這點，待查），與龍樹的《中論》（Madhyamakakārikā）的四句（catuṣkoṭi）的思想。關於西田哲學的最重要問題之一的絕對矛盾的自我同一，花岡也提出一些意見，由此以顯示絕對無的深邃涵義。她表示，大乘佛教的空作為宇宙的根本原理（Logos），通過自我限定而表現出來，而在與這空相應的絕對無的場所之中，以「個體與普遍」、「個人與辯證法的普遍者」作為基礎的世界，就對象邏輯地（原文是「對象論理的に」）而言，是處於絕對地矛盾的狀態中，而有所謂絕對矛盾的自我同一的關係。在其中，個體與普遍、個人與辯證法的普遍者雙方之間，沒有一方能有優越性（筆者按：這應是指存有論的優越性）。同時，個體的「自我的目的性的形成」與世界的「表現性的形成」這雙方的作用，也同樣地作為絕對矛盾的自我同一而成立。在這個體「自我的目的性的形成」與世界的「表現性的形成」之間，前者的時間側面和後者的空間側面，都同時證成了歷史的生命的自覺。歷史的實在、歷史的生命、自我的自我目的性的側面與世界的表現性的側面，都在絕對矛盾的自我同一性的內裏同時得到證成。花岡作結表示，作為西田的宗教經驗的邏輯化的「絕對無的場所邏輯」，是二十世紀末、二十一世紀初的哲學中最重要的邏輯。個體與普遍、一與多、理與事等方面不用說了，在各個領域中的二元性與兩極性所成的絕對矛盾的自己同一，在差異性、分裂性、分化性等支配下的現代社會中，是最重要的邏輯。（同前書，頁 24-25。）

按花岡在這裏花了很多篇幅與氣力解釋西田的絕對無與絕對矛

盾的自我同一思想，她對西田哲學的解讀，有自己的努力在，也受到她的老師西谷啟治的影響。❻她基本上是就二元性、兩極性、差異性、分裂性、分化性的存有論的相對立的關係的消解，來說絕對矛盾的自我同一。對於花岡的這種解讀，筆者有兩點回應。首先，她未有交代「絕對矛盾」中矛盾何以是絕對性格的，絕對矛盾如何可能？同時，絕對的矛盾如何能夠被消棄而統合起來，同一起來，對於這些關鍵性的問題，花岡完全沒有碰觸，更不必說解決了。這與我在本書中的〈西田哲學的絕對無與絕對矛盾的自我同一〉一文中在有關問題的處理比較，我的說法不必是正確，但至少已觸及這些難題，交代了絕對矛盾的可能性與消解的思維方式。這種處理，總算是較花岡進了一步，更有建設性與積極涵義。

　　第二，如我在拙文〈西田哲學的絕對無與絕對矛盾的自我同一〉中所展示，西田提出的絕對矛盾的自我同一這種表面上是弔詭性格但卻充滿辯證的洞見的說法，可有三方面的意涵。一是絕對無或場所的自我限定，由此生起存在世界。二是事物在絕對無或場所中的相互限定，以展現絕對無或場所或普遍者。三是普遍者與特殊

---

❻　西谷啟治是西田幾多郎最傑出的弟子之一，也是在國際哲學界上最能闡發西田哲學的哲學家。花岡從遊於西谷，對西田的哲學的理解，肯定吸收了西谷的一些見解。西谷便寫過《西田幾多郎：その人と思想》（東京：筑摩書房，1985）一書，此書後來以《西田幾多郎》之名收入於《西谷啟治著作集第九卷：西田哲學と田邊哲學》之中。另外，此書有一英譯本如下：

Nishitani Keiji, *Nishida Kitaro*. Tr. Yamamoto Seisaku a. James W. Heisig, Berkeley and Los Angeles, California: University of California Press, 1991.

者、環境與個人或客體性與主體性的相互限定。花岡自己提到西田哲學的立場建基於華嚴宗的四法界和龍樹的四句的思想，如上面所說。另外，在她的著書中的另處，她又重提華嚴宗的四法界、龍樹的四句（tetra-lemma），並加上臨濟的四料簡、洞山的正偏五位，表示我們可以以這些說法的思維方式來理解絕對無的場所的邏輯。（同前書，頁 17-18。）花岡提四法界，說得非常好，可惜她自己未有進一步說明華嚴宗這種思維方式如何可與西田的絕對無的場所邏輯相通。我在這裏姑代她補充一下。就華嚴宗的四法界來說，與絕對無的場所邏輯相通的是第三法界事理無礙法界和第四法界事事無礙法界。事相當於特殊者，理相當於普遍者，事理無礙，相當於特殊者與普遍者相互限定。要注意的是，西田所說的限定，並不是負面的制約、束縛的意味，而是表示在呈現、實現這一目標下，雙方相互競技，表現互動的關係。而事事無礙則相應於事物在絕對無或場所之中的相互限定，以提高雙方的存在層面。

六、絕對無作為典範與宗教體驗

現在讓我們回返到花岡所特別重視的典範問題，並簡明地就相對有、相對無、絕對有與虛無的意思來凸顯絕對無的殊勝的典範性格。花岡認為，人自身固然要向敞開的絕對無邁進，同時也要經歷相對有（作為現象看的森羅萬象，結果是一切事物應時而萎榭）、相對無（在實存思想中顯示不安、絕望與罪業意識）、絕對有（永恆而普遍、不變的實體性的神與古代西歐的傳統的形而上學的idea、eidos）、虛無（尼采宣稱神之死的痕跡的空虛無力性的漂浮

的場所）❼這些階段。而絕對無是緣起與空的概念經過西田作邏輯的處理的結果，是我們人類思考的根本基盤的框架，這即是我們思考的典範，故絕對無可視為實在的邏輯。（同前書，頁 111。）❽她又強調絕對無以外的那四個典範最終亦會讓自身的典範性加以絕對化。（同前註。）

　　就花岡的說法看，筆者覺得她的宗旨、旨趣是宗教哲學，而不是一般的理論的、思維的哲學。這是通於京都學派的全體（或幾乎是全體）成員的。她自己便明確地表明，相對於相對有、相對無、絕對有和虛無的哲學，絕對無的哲學非要是宗教哲學不可。這即是要開拓出一種經歷理性的死亡，以至經歷以哲學的「懺悔」作為學術看的哲學。❾亦即是以「非思量的思量」為方法論的根幹而轉生出來的宗教哲學，這不是單純地客觀的、對象思維性格的。她強調學術性的哲學不在對身心一如的智慧的愛的內裏，不是對於知識的愛的那一種。我們要開拓出一種給予一切學問以依據、基礎、關連的「非思量的思量」的哲學，❿這必然是「宗教哲學」以至「諸宗教的神學」。為甚麼呢？因為絕對無是透過宗教經驗而體證得的，

---

❼　這裏說的場所自然不同於西田所說的場所。前者是負價值的、無現象學義的，後者則是終極價值的、現象學意義的。

❽　這裏說典範，除指絕對無外，亦應包含相對有、相對無、絕對有、虛無這幾個概念，而花岡的行文也應有這個意思。

❾　田邊元自身便建立了懺悔道哲學，以開拓出淨土教的辯證的發展。參看田邊元著《懺悔道としての哲學》，東京：岩波書店，1993。

❿　花岡自註：「這是以絕對無的典範為骨幹的思索，而絕對無是居於一切的一切的中心，同時也在四周、周邊而現成的。」

各人的自我能夠覺悟到自己，便能證成宗教經驗。花岡又強調宗教經驗來自森羅萬象的各各自己❶與世界合而為一，這是一種一性的自覺經驗。❷這是一種「作為實在的一心的自覺」。（同前書，頁177-178。）

在這裏，花岡把宗教哲學從一般的重概念思維、理論建構的哲學揀別開來。後者通常指形而上學、知識論、實在論、邏輯之屬；宗教哲學則是把實踐特別是宗教實踐放在首位，這宗教實踐主要是對終極原理、真理透過個人的存在的、主體性的體驗把它體證出來，這不是以概念、理論來認識世界，而是以瞑思、睿智的直覺來包容世界，與世界合而為一，也與世界的本質、根源合而為一。所謂「非思量的思量」或「非思量底」正是指這種與世界及其根源相契合的活動。「非思量」中的「思量」是指那種在二元性（Dualität, duality）的關係下所表現出來的認識活動，「非思量」便是否定、超越（以超越來說較為恰當）這樣的活動，此後的「思量」則指在非思量中所表現的與終極原理、真理的契會，由此而獲致絕對的、自由自在的心靈境界。京都學派的人特別是西谷啟治、阿部正雄便常運用「非思量的思量」或「非思量底」的語詞，花岡是接著他們說的。

---

❶ 這是指各種事物，但應是以人為主。

❷ 這一性是同一性，所謂「天地與我並生，萬物與我為一」，或「天人合一」。

七、靈性問題

　　花岡在她的書中，花了好些篇幅說明和論析「靈性」一觀念。這對於理解西田哲學與京都哲學有正面的意義，故我們在這裏作些探討。花岡指出，靈性是由鈴木大拙提出，是在佛教與基督教相遇中所表現的靈性交流的活動背景下說及的，他們有所謂「日本的靈性」的語詞。❸在今日看來，這靈性可以說是貫串到宗教的底層所積澱下來的精神活動、救贖活動的主體要素，它讓「自然」、「人間」、「超越」這三個次元（dimension）在一種統一、綜合中變得清澈晶瑩而被證成，三者也在相互獨立的關係中存在。花岡認為，這是靈性所表現出來的靈明的動感的活動所致。（同前書，頁108。）在西田幾多郎和田邊元來說，這活動是在絕對無的場所完全敞開的狀態中進行的。（同前書，頁 109。）但對於這場所，西田與田邊各以不同的語詞、背景來說。西田的說法是純粹經驗、神、形而上的綜合的精神力，田邊則說他力大能、絕對媒介。

　　倘若就東西方的宗教而說其靈性，則我們大體上可以說西方希臘精神的靈性是美的主體，基督教的靈性是救贖主體，印度教的靈性是暝契主體（暝契大梵 Brahman），儒家的靈性是道德理性，道家的靈性是靈臺明覺。至於日本思想的靈性是甚麼呢？這頗為難說。日本民族一直以神道教作為其精神的表徵，但神道教的大和魂

---

❸　鈴木大拙著《鈴木大拙全集》，第 8 卷，東京：岩波書店，1981。按「靈」這個字眼是精神主體、救贖主體的意味，莊子提出「靈臺明覺」、「靈臺心」，唐君毅也提過「花果飄零與靈根再植」的問題。

是蒼白的，沒有積極的內涵。在這點上，筆者感到有些困惑，希望
高明能有以教我。我們或許可以想到《源氏物語》所展示出來的淒
清、孤寂氣氛。

　　倘若就京都哲學的旨趣來說靈性，則花岡有如下的理解。所謂
靈性，在絕對無的自覺中證成的場合來說，即是自由。至於在絕對
無的自覺中的靈性是怎樣的東西一問題，花岡表示，自覺是指在主
客未分化、未分離的基礎上，停息主體對一切事物予以對象化的活
動；這是主客未分離，知情意未有分開的次元中那種「自己在自己
中見到自己」、「世界在世界中見到世界」的主體狀態。❶❹這兩個
側面（自己與世界的兩側面）相即地融合在一起的，自己也顯得清
澈透明起來。花岡並謂，這種融合在西田哲學中的典型事例是，自
己的自覺與世界的自覺合而為一。她又表示，自己的自覺與世界的
自覺合而為一，正是西田哲學所強調的絕對矛盾的自我同一。（同
前書，頁 178-179。）這最後一點，本來對理解西田的絕對矛盾的
自我同一是有幫助的，可惜花岡未有發揮下去。

　　關於在絕對無的自覺中所表現靈性問題，花岡指出，在絕對無
的背景下的典範，是以理性作為基礎的哲學，此中含有一死而復甦
的宗教哲學的性格。❶❺在這裏，花岡區分學術研究與宗教哲學。就

---

❶❹　按這主要落在自己見到自己一點中來說，世界見到世界是無所謂的，
　　它只是陪襯的角色。

❶❺　這種說法，大抵是參照禪理、禪實踐而來。禪有「大死一番，絕後復
　　甦」的說法。大死是把一切概念、理論上的關連、葛藤斬斷，讓執著
　　的我被克服、被超越，突破一切背反，便能「復甦」，證成覺悟。在
　　這裏，花岡除了受禪的影響外，也可能吸收了田邊元的「死的辯證

前者來說，作為典範的相對有與絕對有，需要設定一有的實體。另
外，相對無與虛無作為思考的典範，❻仍未能由存在的絕對性切割
開來，仍只能是一種哲學。❼花岡舉例說，相對於黑格爾的系統
性、體系性的思辯哲學，齊克果（S. Kierkegaard）以斷片零碎的非
學術、非學問的實存哲學的路數來展示自己的哲學。而海德格要衝
破形而上學的煙幕，以引退到古代原始狀態作為自己的哲學課題。
但這仍未到田邊元要由「生命的存有論」（生の存在學）轉到「死
的辯證法」（死の弁證法）的死而復甦的程度。（同前書，頁
176-177。）

　　依花岡，絕對無的典範自身不能被絕對化，它在對於其他四種
存有論的典範：相對有、相對無、絕對有、虛無，可施以絕對化、
周邊化，而融通無礙、臨機應變地決定哪一種典範是通於哪種事
故，或對哪種事故具有適切性，而予以敞開、包容。絕對無作為在
這樣的實在的邏輯中的典範而在平常的、日常的生活層面中的表
現，便是所謂靈性。在靈性內裏，自然、自己、絕對無合而為一，
展現充量的動感。（同前書，頁 112。）另外，靈性可促進我們人
間、動植物和無機物在心靈方面的痊癒、強化，能夠在自然、人間
與絕對無的統一中自由自在地運作、生長。（同前註。）按花岡這
樣由生長、靈性來說絕對無，表示絕對無不是死板的原理，空寂而

法」的義理。

❻　這存在的絕對性仍是在依附實體的思維方式的情況下說。

❼　哲學與學術研究是同一層次、次元的東西，都未涉及存在性的救贖實
　　踐。

無作用的物理的空間，而是能培育萬物生機的場域，是具有價值論上的正面意義的意識空間。

八、靈性與典範

以下我們要有系統性地探討靈性分別與五種存有的典範之間的連繫，點出其中相關的自然、自己與超越這三個次元的界限，和這些界限和典範的關聯。這典範自然是相對有、相對無、虛無、絕對有與絕對無。

一、首先看相對有。花岡認為，在這個場合，我們要審視現象界的森羅萬象終極地由物質構成的層次中，物質是被作為絕對性格來看的。在相對有被視為絕對性格的場合，自然由物質的觀點被視為絕對時，自己在自然的階段中是自我，並未被覺察為真正的自己。又，超越的次元在這個階段中仍未開放。在相對有被視為絕對的這個典範中，自然、自己都被關連於物質的層次，而超越的次元與自然、自己的透明的關係亦未開啟。因此，在相對有的典範的範圍內，不可能有靈性的作動、作用。這仍不能免於陷入虛無的深淵中。

二、以下看相對無。花岡指出，相對無與相對有是一體的，它展示實存哲學所說及的不安、絕望與罪意識。花岡認為，在這個典範中，自己仍未能真正地覺悟到自己，這是一種不安的無的狀態。在這相對無中有不安、絕望、罪意識。在其中的自我，是與自然隔離開來的。花岡引齊克果的說法，在自然中，並不存在罪的意識。

⓲不過,在相對無這一典範作為思考的基礎的情況中,超越的次元作為相對無的理想的對象會被追尋、被求得。⓳這樣理解超越的次元,超越的次元與其作為靈性而出現,不如作為人格的,例如作父看的神而出現,來得適切。

三、跟著是虛無。花岡表示,虛無作為一典範,像尼采所說那樣,作為絕對有的神死了,神的座位空置,便成虛無。在虛無以外,我們找不到可以看守、貞定自我的東西。在這個典範中,自然、自我、超越的次元都一歸於虛無,不能生起任何靈性。這是由於自然、自我與超越這三個次元不能達致透明的統一性,因而一切遇合與對話都無從說起。沒有這透明性與充溢性,靈性便不能生起。⓴

四、現在看絕對有。花岡表示,我們視那永恆的、普遍的、不變的實體為絕對有。在絕對有中,自然、自我都由絕對有生起、創造出來。㉑在這個典範中,超越者作為自然與人的創造者,它的次

⓲　不存在罪意識並不表示其中無罪的行為。

⓳　超越的次元在實踐性格的救贖活動來說,應具有理想的、現象學的意義,是自我、自然的提升的目標。

⓴　這裏含有這樣的意思:靈性不是完全空靈的精神狀態,卻是有內容的。它不能由虛無生起,它的生起的背景,必須要是具有透明的、充滿實質(substance)的。

㉑　此中提及實體創生萬物的問題,但如何創造,花岡沒有交代。在我看來,這個問題對於實體、本體與現象是處於哪一種關係問題,至為關鍵。像母雞生下小雞,這亦可以說創造。但母雞生小雞後,仍是原來的母雞,牠與小雞是分開的。這種創造或生起,讓作為實體的母雞與作為現象的小雞成一分離關係;像基督教的神那樣,祂生起宇宙萬

元，便被視為對於其他典範的次元是斷離的、高一截的。在這種情況，與其說超越的次元作為靈性而展現動感，不若說它是我們祈求的對象，是自然與自我消逝所向的、歸根的處所。

　　五、最後看絕對無。花岡表示，萬物呈現為森羅萬象，各自是一絕對的中心，同時也充塞於各個周邊之中。在敞開的場所中，沒有任何事物可被視為具有絕對性格而有其獨一無二的立場。❷在其中，自然、自我與超越這三個次元可各各獨立地自己存在；同時，這三者又各自自我否定而退居於周邊或邊緣位置，從中心點移向外

　　物，便和後者分開，實體的神和現象的萬物處於分離的關係。另方面，佛教唯識學說識變現相分、見分，自身便貫串到相分、見分中去，與相分、見分或種種現象仍有一體的關係，這不是分離關係。儒家說天命之謂性，表示作為實體的天道、天命流行到哪裏的事物，便貫串到那些事物中去，並不是離開事物而存在於事物之外的境域，卻是存在於事物中，與事物不分離。這即是實體與現象不分離的關係。便是由於這點，儒家可說「實理實事」，事物中有實理貫串著，故可說實的性格。

❷　花岡的這種說法，與華嚴宗的事事無礙的說法相近，也受到她的老師西谷啟治說萬物在絕對無或場所中展現為迴互相入的關係的影響。在華嚴宗，事事無礙指在這種法界之中的萬事萬象都是各各獨立，各各有其自己的中心點，另一方面又各各互不相礙，但又能互相包攝，以至於其周邊之處。在敞開的場所中，沒有任何事物可被視為絕對性格而有其獨一無二的立場。不過，在事事無礙法界中的事物都是以物自身（Ding an sich）的姿態存在，都具有絕對的性格，不能為他者所取代。這便與花岡的說法不同。關於西谷的事物的迴互相入說，參考拙著《京都學派哲學七講》，臺北：文津出版社，1998，頁 140-143。關於華嚴宗的事事無礙的圓融觀點，參看拙著《中國佛學的現代詮釋》，臺北：文津出版社，1995，頁 123-125。

面。❷這三個次元可合而為一，同時也在獨立自存的狀態中。花岡指出，必須在這種情狀下，超越這一次元才能作為靈性而表現動感，產生動作、作用。即是，在自然、自我與超越的次元的統一性、透明性與獨立自存性都能成立的情狀下，超越這一次元才能作為靈性而呈顯出來。（同前書，頁 166-169。）

　　在這裏，花岡所謂的典範，其實是存有論義的範疇。她依序提出相對有、相對無、虛無、絕對有與絕對無。這樣地排列存有論的範疇，並不是任意的做法，而是依相對進於絕對、經驗進於超驗或超越、束縛進於自由、有執進於無執這些導向（orientation）來排列的。一言以蔽之，這是由現象到實在的系列階次。對於這樣的存有論的範疇的層層升進，我們應如何去做呢？如何從較低的存有論的範疇進升到較高的存有論的範疇呢？如何可能如上面所提的讓真理層面由概念、思維、辯解以進於終極意義的宗教救贖層面，一如禪經驗或修行的「大死一番，絕後復甦」呢？花岡在這方面著墨不多，在這一點上留有廣遠的探討空間。

　　至於靈性是甚麼和如何表現的問題，花岡以「自由」來說，這自由不是一般意思的自由，而是要在絕對無的自覺中證成的自由。這自然是一個由認識到實踐的問題，而以實踐方面尤為重要。如何實踐呢？花岡提出要我們的意識回返到主客未分、前對象化、前知情意的狀態。這很明顯地是繼承西田幾多郎的「純粹經驗」這一觀念而提出的。最後一個問題是，靈性有沒有普遍性（universality,

---

❷　這即是，作為中心的三者或在中心地帶的三者各自否定自己而移離，讓自己成為邊緣性格。

Universalität）呢？是不是一切眾生都具有靈性呢？花岡似未有討論這個問題。不過，我們可以確定的是，靈性是一種潛能，一如佛性那樣。佛性可以展現般若智慧，靈性也相應地可以展現明覺。靈性與佛性應該是同體的，或竟可以說，靈性是佛性的一個面相；能證成佛性，自然也能證成靈性。證成靈性的實踐應該是在證成佛性的脈絡中說的。

九、對典範的批判

很明顯地看出，花岡對於存有的典範的聚合並定其在存有論上的位置，讓它們層層上揚，最後達於絕對無的最高的存有層次，是經過匠心設計的，把典範予以序列化、系統化，而所謂的靈性，也是要過關斬將，經過前面的幾個存有的典範，一一克服其限制性、障礙性，最後能在絕對無這一典範中得以證成，並且大放光彩，成就出一種萬物自得、自由、自在的終極理境。這自然有它的殊勝之點。但是不是這樣便圓滿無缺呢？以佛教判教的背景來說，最高的絕對無的典範能否說是圓融開拓，發展出真空妙有的存有論的渾成無缺的景象呢？以下筆者試從力動的角度來對這些典範作些觀察和批判。

毋庸諱言，相對有所能成就的，只是一種氣化實在論的導向，它只能開出氣化宇宙論的世界，一如漢儒所做的那樣。在這種典範下，一切都向經驗的、唯物的、相對的氣趨附。氣能撐持甚至推動宇宙萬物的運作進程；它能作為宇宙萬物的存有論的總根源，這自不待言。但說到底，氣畢竟仍是經驗性格，它的運作是有條件性

的，亦是有限的，它的能量耗盡，宇宙萬物便會逐一解構，最後歸於沉寂。我們雖然能說氣生萬物，但這生是有限的生，是有時而止的，不是萬物的生起、成立的無限的、永恆的泉源。包括萬物在內的整個宇宙最後難免陷於凝滯、死煞的運命。與相對有相對待的相對無並不比相對有好到哪裏去。花岡以人生的負面來說相對無的典範，視它的背景充塞著不安、絕望、罪意識，這些因素不光是存有論的，而且是工夫論的。這裏並無真正的主體性，沒有道德的力量以自我撐持，只是一往是無邊無際的虛無流。一切價值與理想都不能說，這些東西都需要通過一種真正的、往相的超越的主體來證成。相對無不是這樣的主體，它只有一種顫慄的、懍慄的感覺，不停地被不安、絕望、罪意識所拉扯而下墮、沉淪，掉進一個無底的、黑暗的深淵。

至於虛無，作為一個存有論的典範，並無正面的意義，卻有負面的作用：摧毀、解構擋著它面前的一切事物，包括我們對事物的分別意識和由此而來的迷執。從終極的救贖、解脫的角度來看，虛無是不可或缺的，但不是最後的歸宿；它只是一個過渡階段，把人的顛倒的見解與顛倒的行為加以阻截，特別是解構人的二元性的思考方式。這一步是必須有的，只有它能消解我們的二元的相對思考，而臻於絕對的洞見。它也相應於禪宗所說的「大死一番」中的「大死」，這是絕對的否定，必須有這絕對的否定，絕對的肯定才能說，要有絕對的肯定，生命的苦痛煩惱的問題才能徹底解決，救贖、覺悟的理想才能說。在京都學派中，西谷啟治對於虛無的作用和它所能帶來的結果有極其透徹的理解、洞見。花岡在這一點上，顯然是承傳了其師的理解。不過，我在這裏仍要警惕地指出，光是

虛無是不足的，它只會讓人疲弱無力，不能擔當、承擔捨妄歸真、普渡眾生的重任。

最後，關於絕對無。這在禪來說，是在大死之後而達致的重生、復活的殀後復甦的妙境，是突破、克服了存在（有）與非存在（無）、理性與非理性、生與死、善與惡的終極的背反（Antinomie）而獲致的絕對境界，也是真正的、超越的主體性所呈顯的境界。這是西田幾多郎所說的場所、純粹經驗和西谷啟治所說的空，精確地說應是真空妙有。自我和自然都從其中生起。不過，絕對無的觀念與思維有一個困難，是一切京都哲學家所忽略的，花岡永子自然也包括在裏頭。即是，第一，自我和自然的生起、成立，是需要動感與內涵的。絕對無是一終極義的殊勝的理境，傾向於一種靜態義的真理、原理。靜態義的原理缺乏力動，如何能創生自我、自然以至一切宇宙萬物呢？同時，原理是抽象形態的，它如何開拓出具體的、立體的事事物物的妙有呢？以佛教和京都哲學的詞彙來說，真空如何能發展出、成就萬物亦即是妙有的世界呢？這是京都的哲學家包括西田本人在內所輕忽了的重要問題。終極原理必須是一種力動、超越的力動，才有動感、生起力、生命力可言。同時，這種力動需要透過一種凝聚、下墮、分化，最後詐現為宇宙萬物，後者的具體性、立體性正是詐現而得的。而這些詐現的東西存在、遊息於宇宙之中，表現為互不相妨礙的質體的妙有世界。這正是筆者的純粹力動現象學所注意和處理的問題，可惜京都學派未有措意。❷❹

---

❷❹　參看拙著《純粹力動現象學》，臺北：臺灣商務印書館，2005；《純

　　關於「靈性」一觀念，頗有新意。花岡以自由來說這靈性。所謂自由，是在純粹經驗的體會的脈絡中說的。這是性，不是氣；因此應是超越的，不是經驗的。靈性的顯露、實現，開拓出現象學的性格，也讓人想到莊子所說的靈臺明覺的認知。莊子的認知，是美學的、美感欣趣的；花岡這裏說的靈性，則是宗教性的，而且是自力地勉力去發放生命的自由自在的姿態。這頗有程明道的萬物靜觀「自得」、郭象的萬物雖小大不同，但都處於「自得之場」的逍遙狀態中之意。

粹力動現象學續篇》，臺北：臺灣商務印書館，2008。

第八章　花岡永子之
解讀西田哲學的批判性研究

一、西田的終極實在的哲學

　　本文可以看成是拙文〈花岡永子論絕對無與哲學觀念的典範〉的姊妹篇，後者專門探討絕對無的典範觀念問題，此文則擴充範圍，廣論西田幾多郎的哲學，特別是他的哲學的核心問題終極真實（ultimate reality）及相關觀點，包括純粹經驗、絕對無、場所（二者可合看成絕對無的場所邏輯）、自覺、神、人、絕對矛盾的自我同一和限定，等等。我會從批判性的角度來看這些問題與觀點。

　　我在拙書《絕對無的哲學：京都學派哲學導論》中，把西田哲學定位為終極實在的哲學，在其中，終極實在即是終極真實。❶我沿用「實在」字眼，不同於在西方流行的實在主義或實在論的那一

---

❶　吳汝鈞著《絕對無的哲學：京都學派哲學導論》，臺北：臺灣商務印書館，1998。

套哲學。拙文所依據的文獻，是花岡永子的兩本著書，另外又有她
參與學術會議所提的論文。

花岡（川村）永子著《キリスト教と西田哲學》，東京：新教出版
　　社，1988。

Eiko Hanaoka, *Zen and Christianity: From the Standpoint of Absolute Nothingness.* Kyoto: Maruzen Kyoto Publication Service Center, 2008.

　　花岡首先以心靈來說實在，那也是西田幾多郎的說法。她說我
們以實在的用語來說含容著天地萬物的心靈世界，讓如實狀態與應
該展示的狀態合而為一，起碼是相互協調。❷當我們說實在或實在
世界時，心靈與身體或物質是一體的，兩者不可分離而存在，這一
點頗有佛教講的圓教的圓融意味。花岡強調，在真正的實在的世界
中，一切當然是從個體的限定而來，同時亦依於這一切與個體的合
一而成的世界的限定而來。依於此，這一切當然是通過作為特殊的
世界的國家或民族而與上面說的心靈與身體恆常地、同時地為絕對
矛盾的自我同一所限定。❸因此，實在的問題必須在時間與歷史的
關連中被理解。實在的世界的個體、種與類以至作為單獨者的自己
的世界、作為民族與國家的特殊的世界與所謂普遍的世界三者的限

---

❷　如實是現實，應該是價值。兩者相合，表示存有論與價值論的結合。

❸　在西田的哲學中，「限定」與「絕對矛盾的自我同一」兩個語詞是非
　　常難解而讓人感到困惑的。關於後者，筆者在拙文〈西田哲學的絕對
　　無與絕對矛盾的自我同一〉中有頗為詳細的探討。而關於限定
　　（limitation, determination）則頗有負面的存有論的意涵，下面我們會
　　對它有較多的討論，在這裏姑這樣提一下。

定，成立於絕對矛盾的自我同一的一體化關係中。❹花岡指出，個體總是作為民族與世界而為獨立的；民族總是作為個體與世界而為獨立的；世界也總是包含個體與民族而為獨立的。一方面各各獨立地貫徹個人、民族、世界的立場，同時，這三者又在根源上絕對矛盾的自我同一地成立，我們才能有實在的世界可言。以這種方式成立的實在的世界，是否真正的實在的世界，可以從時間與歷史的側面來探索。花岡在這裏提出一個關鍵性的問題：類、種、個體以至世界、國家（民族）、個人，是真正地絕對矛盾的自我同一地成立的嗎？時間與歷史又各各作為甚麼東西而成立的呢？花岡認為這都可以就時間與歷史的關連方式而確定下來。❺在這裏，花岡提到類、種、個體以至世界、國家、個人的概念，顯然是受到田邊元的種的邏輯觀點的影響。筆者寫有〈田邊元的種的邏輯思想〉一文，可以參考。

　　以下花岡分別討論在基督教與禪學的時間與歷史的關係，在基督教、禪學中的「類、種、個體」與「時間與歷史」的關係來探討。在這裏，我只想就禪學中的「類、種、個體」與「時間與歷史」的關係作些說明。花岡表示，「絕對的現在」這樣的永恆、永遠透過其自身的限定而展露世界的現象面，各實存的自我自覺自己是一出現之時，那正是真正的時間的時刻。永恆與時間一方面絕對

---

❹　這裏提到限定與絕對矛盾的自我同一的語詞，讀者可能會覺得不好理解，我在這裏先不作處理，此中牽涉到辯證式的思維，讀者可先在這裏留個印象，後面自有交代。

❺　《キリスト教と西田哲學》，頁 66-67。

地相違，同時又作為絕對矛盾地同一的東西顯露出來。時間與永恆的這樣的絕對矛盾的自我同一的狀態，以西田的用語來說，正是在「自覺」之中展露出來。❻即是，自己的自覺與世界的自覺作為一體而展現，在絕對無的自覺的限定中展露。❼按花岡在這裏說絕對無的自覺，頗不好解。我們通常說自覺，是指有生命的、有覺識的東西的活動，絕對無是終極實在、終極原理，如何能有生命、有覺識呢？問題正是在這裏：在京都學派中，絕對無雖不是生物，但它是有動感、有生機的，它可以發展，可以成長，由起始到成熟，有一個發展的歷程，像懷德海（A.N. Whitehead）所說的實際的質體（actual entity）那樣。絕對無的自覺不是某一個體的自覺，而是終極真理的呈露，藉著一個個體物而呈露自己，它是一個機體（organism）。

　　花岡又從禪與基督教的比較方面來說絕對無。她表示，對於世界與自己的存在樣態如其所如地理解、詮釋，便是絕對無。絕對無沒有實體，沒有立場，與基督教說的人格的、意志的神有本質上的違異；倘若「意志之神」、「人格之神」能夠突破，以臻於本來便是無限開顯的、敞開的「作為絕對無之神」的情狀，便可超越這違異，雙方可在終極性的、根源性的次元（dimension）上相遇合。❽這頗讓人想到阿部正雄提出自我淘空的神（Self-Emptying God）一觀念。神本來有一個大實體（Substance），或神本來便是一個大

---

❻　關於西田的「自覺」思想，本文下面有專節討論。
❼　《キリスト教と西田哲學》，頁86。
❽　同前註。

實體，這實體被否棄，被空掉，神自然會敞開而容受萬物。❾

　　回返到上面最先提到的心靈的實在的說法，這是西田的說法。花岡指出，西田哲學由行為的、行動的自我出發，以心靈上的經驗的事實為根基，對於作為宇宙的根本和我們人的根本的神，加以探究，以求得自然的理法、方式。在西田哲學中，所謂哲學的任務，是闡明作為心靈上的事實的宗教。按這樣說哲學，是傾向於以宗教哲學來說哲學。花岡認為，這樣的哲學，不管是自我的自覺抑是（對）世界的自覺方面，都是通過自覺的途徑以包攝物質的世界與意識的世界，而不會像唯物論那樣將物質絕對化，也不會像觀念論那樣視意識為絕對的東西，❿而是要從這兩者突破開來，超越上來，在自然法爾的世界、絕對無的場所的背景下，說明心靈上的事實。花岡又表示，西田哲學以行為的或行動的自我作出發點，其意圖是要追蹤人在知情意未分離以前的、主客分裂以前的風光，像康德（I. Kant）那樣要捕捉理論理性與實踐理性這樣的二元論的分割狀態的本源面目。⓫按康德未有刻意地提出以至強調這樣的二元論，也如花岡所說那樣，未有如黑格爾般通過主體的自身發展必然地展開、開拓出究極的作為實體的神、絕對理念或概念，或絕對精

---

❾　關於阿部正雄的自我淘空，參看筆者的〈阿部正雄論自我淘空的神〉，拙著《絕對無的哲學：京都學派哲學導論》，頁 215-240。

❿　現象學大師胡塞爾（E. Husserl）有絕對意識（absolutes Bewuβtsein）一觀念，作為存有論的根源來處理，這與這裏說的西田的絕對的意識不同，讀者不可混淆。雙方都有存有論義，但胡氏的絕對意識還有價值論義、理想義，西田的絕對的意識沒有這方面的意涵。

⓫　《キリスト教と西田哲學》，頁 121-122。

神。西田所關心的、要追溯的是不具有實體性、而具有動感性的絕對的終極原理，或如下面很快便要探討的純粹經驗。

花岡又提到海德格（M. Heidegger），說他抨擊西方傳統哲學只講正在存在狀態中的本質，卻遺忘了存有的問題，遮斷了回溯到哲學的始原的道路的思維，結果淪於虛無主義的困局。不過，她批評海氏的作為有的東西（das Sein selbst），或者是妙有（Sein），仍不同於西田的絕對無的次元。⓬花岡氏的意思殆是，海德格的妙有或存在只是一個存有論的概念，西田的絕對無則除了有存有論的意思外，還是一種工夫論的實踐意涵。

由海德格的哲學轉到西方哲學、宗教中的實體概念方面，花岡指出，基督教的實體的神和理念（idea）、本質（ousia）和範式（form）等在幾乎全部作為形而上學的歐洲哲學主流中，一直到黑格爾（G.W.F. Hegel），都是核心的課題。⓭但自尼采（F.W. Nietzsche）以來，他說神已死亡，或者我們已殺死了神，柏拉圖式的哲學和基督教的神，作為歐洲文化的主要的實體性的支柱，逐漸失去，起碼是減弱其生命力量。因為由柏拉圖到黑格爾，他們的高峰被擺放在神學、觀念、本質、範式之下，如尼采所預示那樣，墮落於虛無主義之中。⓮

虛無主義之後，人類的哲學、宗教或概括性更大的文化，應該

⓬　同前書，頁 124。

⓭　在此中例外的，大抵是德國神秘主義（Deutsche Mystik）的艾卡特（M. Eckhart）與伯美（J. Böhme）等所提的無（Nichts）一觀念，這是非實體主義的觀念。

⓮　*Zen and Christianity*, p.229.

如何走呢？花岡在這裏即提出絕對無觀念，但中間還需有一過渡的階段。她指出，在當代世界中，作為在尼采哲學中的本質和存在的根源的生活階位仍未由虛無的階位突破到絕對無。理由是，尼采對虛無主義的克服仍是未足夠的。如海德格對尼采的批評那樣，權力意志在傳統的歐洲哲學中仍滯留在本質的層次，和那永恆的回歸仍滯留在存在的層面。❶在這裏，花岡引述影響她最深的西谷啟治的說法，後者對尼采的批判是，尼采所提的虛無仍然是一排牆壁，維護著虛無，不能讓人進於積極義的、包含多元要素的開放的懷抱。在尼采以後的世界，我們需要一種包含著虛無但又有更多內涵的新的哲學或觀念，讓作為絕對無的空透過時間作出全面的敞開，吸收、開發充實飽滿的精神元素。在我們的當代世界中，需要一種新的哲學觀念、新的宗教，它不單能攝取歐洲的虛無主義，同時也含有超人的觀念，以克服尼采的虛無主義。❶這新的觀念，在西谷來說是空，在西田來說是絕對無，在久松真一（另一個重要的京都哲學家）來說是無相的自我。

在這裏，花岡步步要引介西田哲學，特別是絕對無哲學、場所邏輯。她強調，在西田哲學中，絕對無的場所被作為根底看，由覺出發，不斷深化自覺的道路，由此說明、交代一切問題。自覺由對自己的自覺走向對世界的自覺，又由對世界的自覺回返到對自己的自覺，而臻於自我和世界為一體的自覺。在這種非連續的連續中，

---

❶　此中所謂的「回歸」，應是指由虛無主義繼續前進，繼續奮鬥，回到可以讓人安心立命的實踐義的宗教哲學方面去。

❶　*Zen and Christianity*, p.209.

人的實存意識經歷了不同的階段，包括不安、絕望與虛無的經驗。
按非連續是斷層，是否定；連續是繼續發展，不斷前進，是肯定。
非連續與連續之間有一種辯證的關係。所謂自覺在甚麼情況下表
現，見到呢？那是在具體的意識的嚴格的的統一中，在一與多的絕
對矛盾的自我同一的統合中表現，見到。❶花岡指出，這自覺是一
個過程、歷程，對於在這過程中所包含的種種問題的探討，西田並
未有置定中心的問題。在花岡看來，西田哲學中的純粹經驗、知的
直覺、行為的直覺、絕對矛盾的自我同一的場所是如何被實現出
來，它們會展示甚麼樣的世界，在知識上是不明確的，這亦不能加
深我們對事物的實際的理解。❶花岡似有這樣的理解，西田哲學奠
基於佛教，不能在實存的層面逃離不安與絕望的問題，這些問題的
解決，不能深化我們對世界的認識。❶

　　總持地看西田哲學，花岡提出三個特點。一是作為超越的次元
的「絕對無的場所」；二是作為個體與世界的次元的「自覺」；三
是作為在現象的世界與內在的自然中的個體與現象的次元的「自我
與自然」的大死，或徹底地被否定掉。她又表示西田幾多郎、田邊

---

❶　西田的絕對矛盾的自我同一的意涵，甚難明瞭。這裏提供一種理解的
　　入路。即是一是普遍，是超越，是絕對，多是個體，是經驗，是相
　　對。一與多的相合、一體化，表示普遍與個體、超越與經驗、絕對與
　　相對的統合。絕對與相對可做成絕對矛盾，但雙方又能統合而為一
　　體，這即是自我同一。

❶　就筆者看來，這是因為純粹經驗等問題涉及普遍的、超越性格的探究
　　層次，對於這些東西，知性（Verstand）是無能為力的，這必須委諸
　　睿智的直覺（intellektuelle Anschauung）。

❶　《キリスト教と西田哲學》，頁 198-199。

元、西谷啟治與上田閑照都致力於克服歐洲由柏拉圖到尼采的傳統的實體性哲學（substantial philosophy）這樣的形而上學。西田哲學是基於「絕對無的場所邏輯」。田邊的早期哲學是基於「種的邏輯」。❷西谷哲學是基於「空」的絕對敞開性的「事事無礙」的世界。上田哲學則是基於語言的人文存有論（human ontology of language）她認為後三人都屬於西田所開創的京都學派，都終極地成立於「絕對無的場所」之中。至於田邊元的後期哲學，所謂「懺悔道哲學」，亦是建立於絕對無的場所中的。❷

　　最後，我以下兩點結束這一節的討論。在關聯到形而上學的問題方面，花岡提出力的概念，這是京都學派的人士比較少涉及的。西田以形而上的綜合力量來說絕對無，久松真一說能動的無，阿部正雄說動感的空，花岡則以生命來說力。久松與阿部分別提出作為終極真理的無、空的動感性，這都預認力或力動。西田強調絕對無有形而上的力。不過，說絕對無也好，無也好，空也好，它們都成立於佛教的空觀或禪宗的無觀，而佛教的空、無，其最根本意涵，是展示事物的真正的狀態，亦即是真如。此中狀態（Zustand, state）的意味很濃厚。狀態即使是真如、如其所如、不增不減，都難說真正的動感。若不能建立動感，存有論便不能證成，生命的救贖更難說。覺悟、普渡眾生，非要有力不可，而且要有充實飽滿的力。這是佛教的關鍵性的弱點。筆者便聚焦在這個問題上，體驗、思考了幾十年，最後提出純粹力動，建立純粹力動現象學，解決這

---

❷　關於種的邏輯，參看拙文〈田邊元的種的邏輯思想〉。

❷　*Zen and Christianity*, p.257.

個問題，也是從這點做起。就花岡而言，她認為生命、力在平面上順著萬物流變而流變；在垂直線上則每一瞬間都呈現出永恆的自在相，力沒有實體，卻又在一切事物之間展現出動感。這種力，在西田來說，是作為「非合理的東西」的力，這又是單純而又恆久地作動的「無線的敞開」的力。❷花岡最終仍不免要以「相」來說力，她提的「自在相」，容易讓人想到道家特別是郭象所說的「自得之場」，和儒家特別是程明道所說的「萬物自得」。可惜只要是說相，說狀態，真正的力動還是建立不起來。

另外，花岡很重視西田以心靈的事實來說哲學，特別是說宗教。在她看來，世間中的一切科學與事實都依於在「自我」中作為宗教的體驗的「純粹經驗」而得到說明和交代。這自我不單包含個體，同時也包含個體與世界的一體性。❷故哲學特別是宗教，非涉及而且重視純粹經驗不可。這正是下一節的論題。

二、純粹經驗

如所周知，純粹經驗是西田的哲學體系的一個極其重要觀念，在他的成名作《善的研究》（《善の研究》）的開首已談到這個觀念。花岡對這個觀念的理解是，在西田看來，純粹經驗是見到一種顏色或聽到一種聲音的那一剎那，不單先在於顏色或聲音是某一外

---

❷ 《キリスト教と西田哲學》，頁 50-51。這「非合理」應該是非邏輯性的，而是辯證性的之意。

❷ *Zen and Christianity*, p.174.

在對象的活動的想法，或者人正在感覺到它的想法，同時也先在於那顏色或聲音可能是甚麼的判斷的想法。❷同時，在西田眼中，「實在」（reality）在他的宗教性格的經驗的說法中，純粹經驗是唯一的實在。在實在中，自我的目的性的行為和世界的表現性的行為是相互圍繞（entwine）的。實在是製作（poiïsis）的世界，是把自己成為矛盾的自我同一的東西。西田的實在可說是絕對無，「它超越一切，同時一切又在它之中證成它們的存在性（being）。」❷絕對無的場所由辯證的普遍者所展示，展示為絕對無的具體化的場所，和直接地現成為行為的直覺。❷在這裏，西田哲學的重要觀念如純粹經驗、絕對無、場所、辯證的普遍者、行為的直覺、實在等都出現了。這些觀念在下面我們都會處理到。

花岡也以所謂「深淵」（Abgrund）來說西田的純粹經驗。她提到，海德格在他的著作《關於根基的說明》（*Der Satz vom Grund*）中，表示一切都有其根基，沒有任何東西是不具備根基的。不過，我們找不到「能夠解釋這種關於根基的原則」的根基。因此，我們只能說「所有事件的終極根基是沒有根基的根基（groundless ground）」，或者說「靈魂的事件是沒有根基的根基」，或者說「靈魂的事件是根本的事件」。西田本人覺察到「對

---

❷　同前書，頁 138。

❷　這種證成需要有一存有論的推演，純粹經驗或絕對無畢竟是一終極的但也是抽象的原理，具體的、立體的一切要在這原理中證成，需要有一種存有論以至宇宙論的推演，否則這證成活動的理論效力便很難說。但花岡未有留意到這點。

❷　*Zen and Christianity*, p.146.

於自我與世界的自覺，就靈魂的事件來說，正是沒有根基的根基」，他嘗試以他的純粹經驗作為一個深淵，來說明世界一切的思想、世界觀和哲學。❷

　　花岡又試圖以根源性的宗教經驗關連到西田哲學的純粹經驗去。她認為，我們可以把純粹經驗理解為自覺原理的根源性的宗教經驗，這原理即是上面說過的「純粹經驗是唯一的實在」。在這「純粹經驗」的說明中可以看到詹姆斯（W. James）的影響。不過，這「純粹經驗」後來在費希特（J.G. Fichte）的事行（Tathanglung）概念的影響下，被視為絕對意志。在這種轉變後，絕對意志在柏拉圖哲學的的睿智界（topos, 按應為 topos noētos）觀念的影響下，被視為「絕對無的場所」。就西田來說，作為根源性的宗教經驗只能在絕對無的場所中才是可能的。絕對無不是空間，而是基於絕對無而來的思維和體驗的框架。「絕對無」中的絕對的意思，不單是超越相對性，更是對一切自然物的絕對的自我否定。「絕對無」中的無指絕對的無限的敞開性，在其中，沒有永恆的、普遍的和不可變化的東西存在。這絕對無也可理解為在絕對的自我否定中每一自然物的絕對的、無限的敞開性。因此，絕對無是一種絕對無限的開放性，在其中，相對有、相對無、虛無（nihil）和絕對有，作為歐洲的思維的框架的典範，都被突破過來。❷

---

❷　同前書，頁 138。

❷　同前書，頁 176-177。在另一處，花岡也提到純粹經驗被表述為絕對的意志，再後又被表述為絕對無，甚至絕對無的場所。這是一種深化

　　在這裏，我們要注意花岡所說的絕對無或無是一種絕對的無限的敞開性（openness）。這敞開性不是空間，其中也沒有永恆的、普遍的和不可變化的東西存在，亦即是沒有實體存在，西田的非實體主義的（non-substantial）思維導向便變得明朗了。

　　從實用的角度看，花岡表示西田要建立絕對無的哲學，以之用於世界事情的多元的面相。在他的絕對無的哲學的根源中，純粹經驗作為根源性的宗教經驗而被體證。這宗教經驗是心靈的、靈魂的事件，他試圖透過自覺的立場來說明這種心靈的、靈魂的事實。㉙此中的自覺，包括對自己的自決與對世界的自覺。光是強調自己的自覺是不夠的，這在佛教來說，只限於小乘教的自渡、捨離態度而已，唯有普渡眾生，使世界的有情都能同沾法露，才能證成真正的宗教全體。

　　現在我要扣緊宗教的經驗來深層地理解純粹經驗。花岡注意到，西田在他的最後的著作《場所的邏輯與宗教的世界觀》（《場所の論理と宗教の世界觀》）一書中提及哲學家不能依他們自己的思想系統構作宗教。這似乎意味著宗教的事實必須是第一經驗（按

至所謂「沒有立場的立場」了。這立場開啟出一種目的論的和機械論的立場的源泉。因為西田經驗到自我與世界是絕對矛盾的自我同一的關係，這自我與世界在人的我（ego）成為無（按即大死）時，正是具體化了的絕對無。（同前書，頁 139。）花岡的意思殆是，絕對無需要具體化，而成就出自我與世界，雙方處於一種絕對矛盾的自我同一的關係中。但絕對無作為一終極原理，它如何具體化而成為自我與世界，需要有一存有論以至宇宙論的推演，但西田沒有這樣做，花岡也未有留意及這個問題。

㉙　同前書，頁 184。

這即是個人自己的親身的經驗）。而「甚麼是宗教？」一問題，若只作為一種智性的習作，是不足夠的。原因是，這個問題應該是在身體、心靈和自然的脈絡下被處理的，即是在絕對無限的敞開性中被處理的。同時也要具有對自我的意識。花岡強調，對自我的自覺，同時也對世界的自覺，要藉著宗教經驗而成辦。西田自身亦是通過自己的宗教經驗覺察到這種雙重意義的自覺的。❸他稱這種宗教經驗為純粹經驗。這不是詹姆斯所說的心理經驗，而是自我與大自然合而為一的基源的宗教經驗，這自我也是為天和地所承託的。在其中，自我與萬物成為一體，自我有其尊嚴性，絕對不會為其他人或物所否定。西田把宗教定義為「靈魂的事件」，而視哲學為對於這靈魂的事件的說明。他把宗教經驗放置於自己的根本觀點「純粹經驗是唯一的真實」之中來理解❸。在這點，我們看到西田對自我與康德對人格在看法上有相通之處。康德認為人格有其尊嚴性，它只能是目的，不能是工具，尤其是不能是為他人的利益著想而作工具看。在西田，自我與萬物成為一體，這是從存有論立說，但說自我有其尊嚴性，便表示有它的獨立性，是獨立的主體，不能淪為工具，或為他人所否定。

關於純粹經驗的認知，花岡表示，這不是一般性的透過感性、知性的知識論上的認知，而是睿智的直覺（intellektuelle Anschauung）的認知、體證。她指出，在西田哲學中，純粹經驗向「知的直覺」、「行為的直覺」和「絕對矛盾的自我同一的場所邏

---

❸　同前書，頁 137-138。
❸　同前註。

輯」方面開拓，廣面地、深刻地讓意識統一起來，變得更為精誠。
她提醒說，即時的、剎那的頓悟與階段性的漸悟本來是一體的，而
純粹經驗與它所展開的諸觀念在根源上也是一體地成立的。「純粹
經驗」是在無限的場所的敞開中的絕對無的體驗，是對於實在的
「實在的」自覺，是心靈上的事實的意義中的宗教的體驗。在這方
面，花岡特別強調，任何知性上的反省都起不了作用。❷即是說，
純粹經驗的活動是超越時空的，也不接受知性（Verstand）的範疇
（Kategorie）的範鑄作用。

　　進一步，我們可以問：純粹經驗是在甚麼狀況下被覺識出來
呢？花岡的回應是，純粹經驗是在「自己在自己中見到自己」這樣
的意涵中被自覺出來。這種自覺並不是立足於「有的普遍者」或
「有的一般者」的判斷的一般者的立場（按普遍者即是一般者
universal），卻是來自那把這判斷的一般者的立場包含過來、超越
過來的無的一般者的立場的自覺。這無的一般者有限定的作用，但
不是在對象方面的限定，而是自我限定，是對自己自身的限定方
式。在對各各個體物進行絕對的否定之中，同時也有絕對的肯定的
意味。❸在這種意味中，無的一般者，亦即是絕對無，扮演媒介角

---

❷　《キリスト教と西田哲學》，頁 187。花岡在另處也指出，純粹經驗
　　可深化至意識的深邃的和廣遠的統一體，西田把這統一體稱為「睿智
　　的直覺」（*Zen and Christianity*, p.194.）。
❸　按這是絕對的否定，否定絕對的自性、實體；也是絕對的肯定，睿智
　　的直覺確認物自身。

色，以對於個體物的非連續的連續方式發揮媒介作用。❸在這種深化的自覺中，自己首先在自己自身的根底中看到那作為絕對的他者的汝（Thou）。同樣地，汝亦在汝的根底中見到作為絕對他者的己（自己）。即是說，透過我在汝之中對死的承擔而後向真正的自己復生，汝透過在我的內裏的死去而成真正的汝。❺在這個階段中，個體物與個體物的分離、獨立的面相，亦即是我跟汝的非連續面而被強調，無量數的我和汝如何形成世界，是不能決定的。這個階段，西田自己也提到，要在康德所謂的「目的王國」被實現後才能說的。重要的是，在這種自覺的極限、極致中，更有視點的逆點這種辯證的動作生起。❸即是，人格的行動的世界通過自己的自覺，由個人的自己的立場考察下去，到了極限，便會作為由絕對無的場所中的場所本身而來的自我限定而得成立。這樣，個人自己的立場會由作為永恆的現在的所意（noema）的限定而成立，社會與歷史的世界則由作為永遠的現在的能意（noesis）的限定而成立。前者（指個人自己的立場）的時間的世界便為後者（指社會與歷史的世界）的空間的世界，亦即是絕對無的社會的限定、愛的限定所包攝。在以絕對無為媒介的場所邏輯中，一與多、個體與世界便以絕對矛盾的自我同一的方式成立了。❸

---

❸ 非連續即是不連續，承認自性、實體，造成生滅法與非生滅法的斷層。連續則是睿智的洞見作用，這亦是純粹經驗的洞見。

❺ 這可說是我與汝的絕對的否定的肯定，在其中可以見到一種辯證的運作：自己的絕對的否定、死去即此即是自己的誕生。

❸ 按視點是死，逆點是死即是生。故死中有生，死而後生。

❸ 《キリスト教と西田哲學》，頁 188-189。

　　在這裏的論述中，有些點花岡不是說得很清楚，我姑作些解釋。花岡說純粹經驗是在「自己在自己中見到自己」的意涵下展示出來，這其實是要在自覺的活動中表現出來，此中有很強的主體性在。純粹經驗本來便是一種主體性的活動，一種證取終極真理的活動，有非常濃厚的工夫論意涵。我們甚至可以說，純粹經驗的工夫論意涵，蓋過它的存有論意涵。而在此中所說的主體性，也不是獨立的、孤懸的主體性，卻是與客體性或絕對的一般者有密切的關連，甚至在認知上，我們可以把這種關係解讀為一般者是關連著主體性來說的一般者；主體性也是關連著一般者的主體性。主客本來便是一體的，不能分開的。至於說無的一般者或絕對無是一種媒介，讓個體物在非連續的連續的方式下發揮作用，表面上看也是挺難解的。我想我們可以這樣看，絕對無的場所是一種完全地敞開的意識的空間，一切事物在其中都不是以現象的方式，而是以物自身的方式自在無礙地遊息於其中。這一切事物都能從現象的次元上超越開來，在本質或物自身的次元上表現出來，這是連續，也是同一。絕對無能夠提供這樣的空間，所以是媒介。但這些事物都各各具有其個體性、特殊性，或功用性，它們並不會為絕對無的普遍的場所所削平，這便是非連續，在這方面可說差別性，至於我與汝（I and Thou）的問題，是在基督教的背景中說的，有限的個體與無限的、永恆的神（Eternal God）相遇，透過謙卑的自我否定而融入於神之中，辯證的意味是少不了的。至於一與多、個體與世界具有絕對矛盾的自我同一的問題，由於茲事體大，不能以幾句說話講得清楚，拙文〈西田哲學的絕對無與絕對矛盾的自我同一〉有較詳盡的探討，可以參考。不過，我在這裏可以扼要地說一下，或許有

點幫助。就一與多的關係而言，一是絕對的一，不是相對的、數目的一；而多則是相對的、數目上的多。在這種情況，一是終極真理，多是多元的個體物。一與多具有不二、相即的關係：一存在於多之中，也顯現於多之中。離開了多，一便無所寄屬。多也反映出一，它們的存有論的根基是一。這樣，作為絕對性格的一或終極真理的一與作為現象的多、在時空中存在的多便有一種相即不離的關係，由此可說絕對矛盾的自我同一的關係。即是，在性質上，一與多分別是絕對的與相對的，此中有矛盾，由此可說絕對矛盾。絕對的一又存有論地內在於多之中，而多又反映出一，這便是自我同一。當然這種說法太簡略，缺乏說服力，我自己也不滿意。

在花岡看來，純粹經驗也可透過限定的概念或作用顯示出來，但過程比較複雜。她表示，在由永恆的現在的所意的限定而成立的個人的自己中，瞬間限定瞬間自身，事實限定事實自身。自我超越意識的立場，由個體物對個體物自身的個體的限定，即此即是由一般者的一般者自身對一般的限定；或倒轉過來，一般者的一般的限定即此即是個體物的個體的限定。即是說，自覺活動究極地往深處發展，與自己成為一的自己，正是與成為一的世界，是作為與自己成為一的世界而開啟、展露開來。自己的自覺本來也是由場所對場所自身的自我限定而來的，這種情況，在自覺的立場要變得明顯的話，正是自己亟亟證成自覺的時候。❸按花岡在這裏的說明，委實是呆滯，拖泥帶水。她的意思應該是，所謂自覺，不管是對自己的自覺，或對世界的自覺，是依次地由自己對自己的限定、世界對自

---

❸　同前書，頁 189。

己的限定而來的。而這種限定的根基，是絕對無的場所對自身的限定，或絕對無的場所的自我限定。而所謂「限定」（determination, limitation），意義相當含糊，這在西田自身的著作中，已是如此了。西田說得不清楚，跟著的人也說得不清楚，花岡也不能例外。我想我們起碼可以這樣看：限定是一種精神性的活動，有自我分化、分裂，或自我否定的意思，目的是讓自身顯現出來，呈露出來。任何東西要顯露自己，都需要透過具體的、特殊的、個別的模式而後可，因此便要自己進行具體化、特殊化、個別化，而自我分化、分裂，或自我否定，正是指向這些具體化、特殊化、個別化（個體化）等作用或活動。

　　花岡繼續謂，自己能突破意識的立場，場所亦可有對場所自身的自我限定，自己作為場所的這種自我限定，而得到意識的統一，即能達致無的境界，在其中，見的自己與被見的自己是不分開的，這應是由意識的統一而來的結果。她強調，基於此，自己作為真正的自己，即是，自己在以分別的立場見對象中和在意識（按這當是分別意識）中泯失、消亡，則能獲得新生，世界亦會以與自己成為一體的狀態而呈現。在這種情況，所謂實在，正是純粹經驗。❸❾按這是以還原的、追溯本原的方式來說純粹經驗，其優點是在出發上從自己所切近於和在生命中所經驗的活動說起，有現實的、實用的觀點在，與西田一開始談哲學問題便由純粹經驗這樣具有高度的抽象性的東西來進行不同。西田哲學有比較濃厚的玄思性格。

---

❸❾　同前書，頁 189-190。

三、絕對無及其場所：絕對無的場所

　　我一直認為，京都學派哲學的核心觀念是絕對無，其方法是場所邏輯。西田哲學是一套絕對無的場所哲學。花岡在這方面有相同的理解。在這裏，我們先看她如何解讀西田的絕對無觀念。絕對無是終極原理、真理，與佛教般若思想的空和禪實踐的無在涵義上相近，但在理論上、方法論上有更寬廣的意涵，它包含了西方哲學與宗教的辯證思維與實踐。因此，我們可以說，京都學派的絕對無哲學是東方與西方的哲學、宗教思想的菁華善巧地相融鑄出來的豐盛成果，同時也很有自己的原創性，在哲學、宗教上的原創性。

　　在這方面的關係上，花岡提出，絕對無（absolutes Nichts）作為哲學的新的思維的框架，和宗教與哲學的生起的源頭、實在所在的場域，首先在西田的哲學中被確認出來。在西田來說，神是絕對無，但又必須指出，在絕對無的場域或場所中，絕對無作為一種新的哲學觀念的典範、思維的框架，涵蓋整一的宗教的世界和包含每一個體物在內的多元的世界；它在實踐方面，在與自我的緊密關連方面，是與自我同一的，更具體地說，是絕對矛盾的自我同一。**⑩**即是說，在作為一整一的世界和多元的世界之間，有一自我同一的關係；這關係是存有論性格，更是工夫論與現象學的性格。

　　花岡對於絕對無，非常重視。她強調西田哲學可以作為一種世界宗教看，它是以佛教作為其根源的哲學，而佛教的核心觀念，正

---

⑩　*Zen and Christianity*, pp.177-178.

是絕對無。❹按這是繞過了、越過了空與無的般若學與禪學的關鍵
觀念，直接以絕對無為佛教的最重要觀念，也視之為西田哲學作為
世界宗教的基礎，緊密地把西田與佛教連結起來。至於花岡對西田
的絕對無的理解，是關連著西田的另一重要觀念「場所」來說的，
也以自覺活動作為背景來說。花岡表示，由自己的自覺的角度，以
絕對無為媒介，而考察「我與汝」的立場，緊密地追蹤這一立場，
則可以突破意識的限制，讓「我與汝」的關係在絕對無的場所中被
自覺為是一體的關係。而且，絕對無的場所以「在真正在生活中的
實在自身中便有矛盾」（真に生きた實在はそれ自身において矛盾
する）這一事實與「絕對地相反的東西的自我同一」（絕對に相反
するものの自己同一）這一事實為媒介，便會作為「我與世界」的
問題而顯露了。這樣，我與世界的問題，作為辯證法的一般者的世
界的自我限定的能意面的行為的自己的世界，與作為其所意面的表
現的世界這樣的絕對地相反的東西的自我同一便現實地成立了，而
由此所成立的社會與歷史的問題也可見到了。❹花岡的這種說明，
委實是曲折彆扭，讓人難以明白。我想她是要透過在真正在生活中
的實在自身中便有矛盾這一事實，和絕對地相反的東西的自我同一
這一事實，來突顯出絕對矛盾的自我同一的弔詭的存有論的關係對
於社會與歷史的發展的重要條件。

　　在這裏，花岡也兼論及京都學派的田邊元、西谷啟治的絕對無
的觀點，以突顯西田對絕對無的詮釋。我在這裏也略提一下。在田

---

❹　《キリスト教と西田哲學》，頁 133。
❹　同前書，頁 195-196。

邊方面，花岡認為田邊的宗教可被理解為發自一種精神力量，這種力量促使懺悔道哲學透過理性的死亡，以宗教哲學的形式再生。花岡提出，對於田邊來說，在透過理性之死來證成懺悔道哲學之先的哲學，只是多種學科中的一種學科而已，哲學必須作為宗教哲學而再生。在作為一種學科的哲學與作為透過理性之死而成就的懺悔道的哲學之間的決定性的不同，在於作為宗教哲學的後者的絕對無敞開自己以證成愛。而絕對無在西田與田邊之間的最大不同處是，在西田，絕對無的中介或媒介作用扮演本質性的角色；在田邊，種的絕對媒介扮演本質性的角色。不過，對於兩種媒介的不同問題，花岡沒有作出詳細的說明。**❸** 在西谷哲學中，花岡指出，空不單是根源於基督教的人格神和非人格性的自然的敞開而已，它也是絕對無的敞開性。在其中，虛無（nihil）透過焦慮與失落展現出來。絕對無——在其中即使是「存在」（is）也被否定過來——不能是被思考的對象，卻是以無的意涵被生活出來，活現出來。**❹**「在無被生活於、活現於其中」的空，只能透過作為絕對無的展現的自我開啟才能被體驗得。這表示空只能透過在自我中心的自我的大死而來的真正的自警（self-awareness）或自覺（self-awakening）而被證成。這是一種去除人中心的人的存在形式之後的存在的轉化。**❺**

關於絕對無，西田有另外一種稱法，這便是「場所」。都是就終極真理而言。這自然不是物理的場地，而是一種精神的、意識的

---

❸ *Zen and Christianity*, p.179.

❹ 絕對無不是思維的對象，而是生活的原則。

❺ *Zen and Christianity*, p.208.

空間，是萬事萬物得以自由自在地遊息於其中的心靈的鄉土。花岡指出，西田的「場所」觀念，可以在不同的情境中被表達，其中的一個例子，是後來具體地被展示為「辯證的普遍者」（dialectical universal），這「辯證的普遍者」又會被辯證地視為「行為的直覺（觀）」，被視為「生產的世界」（the world of poiēsis，poiēsis 是創生、產生之意）；又被視為「歷史的實在的世界」。❹關連到實踐特別是覺悟方面，花岡表示我們的眼界要深化到人、世界、神同源的場域或場所之中，例如艾卡特（M. Eckhart）的神秘主義的境界，斷絕以自己與神為他物的想法，展示自己與神（絕對的神）的絕對矛盾的自我同一關係，而達致超越了神的人格性的場所。自己要徹入自己存在的根底，如同徹入神聖的無的根底中，讓場所得以全面敞開。❹

在關連到場所觀念方面，花岡提到有名的〈十牛圖〉，以展示她的觀點。❹她頗有自己的一番理解，認為在這作品中，展示出自己與世界的自覺的過程，自己探求作為真理（按亦通於主體性）的「真正的自己」。自覺的途徑是經歷意識的種種階段，至第八圖乃

---

❹ 同前書，頁 177。

❹ 《キリスト教と西田哲學》，頁 29。

❹ 〈十牛圖〉連同〈十牛頌〉是宋代廓庵禪師的作品，透過修行者的十個歷程以進行禪修，務求要上悟菩提，下化眾生。較詳細的、專門的研究，可參考上田閑照、柳田聖山合著的《十牛圖：自己の現象學》（東京：筑摩書房，1990）。較扼要的敘述與評論，參考拙文〈十牛圖頌所展示的禪的實踐與終極關懷〉，拙著《游戲三昧：禪的實踐與終極關懷》，臺北：臺灣學生書局，1993，頁 119-157。

能突破包含自我意識在內的意識的立場，在第九圖進入自然的世界，在第十圖的人的世界有成熟的發展與開拓。在第八圖，所有意識立場都被突破；這也不是沒有了意識，毋寧是，在意識中，沒有見的自己與被見的自己的分裂。空得以顯現，其場域亦敞開。❹在第九圖是自然（世界）在開顯，第十圖則表示人的釋放。這表示第八圖開顯出空的場所，實際上展示出自己的自覺，同時也是世界的自覺。❺花岡又特別把焦點放在場域或場所方面。她表示，自己若能突破意識的立場，可以達致空的立場、場所，這樣，世界的場所便會敞開，人格的對話的場所亦會敞開。〈十牛圖〉主要是說自覺的過程，結果是，自己的自覺與世界的自覺合而為一。花岡的詮釋，重要的地方是，第七圖已突破見的自己和被見的自己的分別、分裂；在第八圖中，作為突破的主體的自己也消失了，此中沒有自己與自然世界、永恆世界的對峙關係，一切都歸於空。而空亦即此即是森羅萬象的世界、人格的對話的世界。❺

　　花岡對〈十牛圖〉的解讀，大體上是不錯的。不過，她有兩個問題未有處理。一是，在空之中，在世界的場所的敞開中，何以有人格的對話呢？「人格」這樣一種有對象義的東西，不已就在第八圖中泯滅了嗎？二是，作為場所的真空，如何能存有論地開拓出妙有所概括的森羅萬象的事物呢？

---

❹　按這可以說是相應於西田的純粹經驗的活動，在其中，並未有經驗者與被經驗者的相互對立的關係。

❺　對自己的自覺，表示主體性的建立；對世界的自覺，表示客體性的建立，合起來便證成了大乘佛教的真空妙有的終極旨趣。

❺　《キリスト教と西田哲學》，頁 27-28。

　　與絕對無相應的是所謂場所，如上所說。西田把這兩個語詞連繫起來，而成所謂「絕對無的場所」。這是西田以至京都學派的一個定位的、關要的複合觀念，主體性、客體性、終極真理都在其中說。它的意涵方面，可以說是集合了絕對無與場所的精義。花岡指出，在西田來說，絕對無的場所意指那絕對的無限的敞開性，但這不是一種狀態，不是靜態的，卻是動感性格的。場所即是敞開性；絕對無則是指向那種對於一切為實體的實體性的立場的絕對否定。在絕對無的場所中，或在絕對的無限的敞開性中，每一實體性的立場都被絕對地否定掉。這絕對無的場所包含所有立根於其他的四個存在典範（相對有、相對無、絕對有、虛無）的立場，同時以愛與關切支持這四個典範的立場。❷她認為這五個典範（包括絕對無）能夠聚合西歐哲學與東方或日本哲學，❸而西田的絕對無的典範能夠讓世界上到目前為止的一切哲學在理解世界（或自然）、自我和絕對的次元中，作為一切可能性的大河的支流被了解。❹按這是指一切哲學的被理解。另方面，花岡強調絕對無的典範可以包含其他

---

❷　愛即 agape，是一種極度的關切、死後復甦的關懷。這是基督教的名相，田立克（P. Tillich）便常常用它。

❸　我們通常說東方哲學，是指印度哲學與中國哲學；有時也包含西藏思想與日本思想。一般的理解是，西藏思想是印度思想特別是佛教的中觀學（Mādhyamika）的延續；日本思想則是中國哲學特別是禪的義理與實踐的延續。中村元說到東方人的思維方式，便分成四個傳統來看：印度、西藏、中國及日本四方面。有些日本學者則常有意識或無意識地抬高日本思想、哲學的重要性，視之為東方或東洋人的思維方式的代表。花岡本人便有這種傾向。

❹　*Zen and Christianity*, p.235.

四個典範的說法太空泛，如何包容呢？對於四個典範的矛盾之處，如何解決呢？說包容四個典範，此中有否需要對它們予以克服、超越呢？都不清楚。

　　絕對無的場所若要關聯到基督教方面，人們會首先想到德國神秘主義，它以無（Nichts）作為人的本質，藉著這點，人可以與神溝通，因為神也有無的一面的內涵。在花岡來說，在基督教，人的立場在人自己的惡與惡的意識作為媒介中，最後要放棄，人被迫在神之前無化自己，讓自己淘空（kenosis），把一切榮光歸屬於神。人抱持著鮮明的罪的意識，而即此為神所容受，克服不安的心理，在祈禱勞作（ora et labora）中貫徹自己的生活。在禪方面，單純作為人格的實體的神容受人的罪的意識，不會受限於時間與空間，而是橫亙於永恆的過去與永恆的未來而具有根源性的意義，是不存在的，禪不是這樣想的。花岡認為，在禪之中，一切事物由最初開始，已具現於自我與世界的絕對辯證法的關係中。在這種關係中，永恆的世界與現象的世界由最初開始已作為一體而被體會了。因此，由最初開始，絕對的、超越的東西與相對的、現象的東西（時間的東西）已是一體了；在其中，本來的世界、無限的敞開與真正的實在的世界可顯現出來。這樣的真正的實在的世界的無限的開放性，正是絕對無的場所。這不是單純的人格性的，而是作為無限的場所的敞開的神的展現。❺按花岡的這種觀點，是在絕對無的場所與神之間，以前者較有先在性（priority）與優越性（superiority）。基督徒肯定不會接受，在他們心目中，絕對無的

---

❺　《キリスト教と西田哲學》，頁 135。

場所是以神為根基的，一切最後都要匯歸於神。

　　京都學派是一個哲學的學派，其中的人員有一定的凝聚關係，大家都宗奉西田幾多郎為最具權威性、代表性的人物。不過，對於一些重要的哲學觀念、概念的理解，並不是完全相同的，各人都具有其自身的看法。絕對無的場所便是一個明顯的例子。在這方面，花岡曾就西田幾多郎、田邊元、西谷啟治和上田閑照的解讀作過認真的比較。我在這裏也作一些討論。花岡提出，在這個問題上，西田重視對於世界的自覺，這是從真我的活動問題來展開他的觀點。田邊則在批評西田的絕對無的場所的哲學中，提出「種的邏輯（論理）」。在西田哲學中，個體與世界是一體的；田邊則開拓出具有新意的「懺悔道的哲學」，以愛來詮釋絕對無或絕對無的場所，也強調世界與個體的一體性。西谷則聚焦在真我的問題上；這真我是佛性，同時也是真如。❺❻他突破哲學的框架，而建立自己的宗教哲學。他以事事無礙這一華嚴宗的圓極境界來克服虛無主義。這虛無主義依於對近現代的機械性的科學與技術的曲解而來。上田閑照則由世界的立場而作哲學的思考，在對於真我的探究中，體會到和開拓出「語言的人間性的存有論」。❺❼

---

❺❻　西谷的這種說法，佛性是主體性，是心；真如是客體性，是理。雙方等同，即標示出心即理的思維模式。這與筆者強調天台宗的中道佛性觀念有相近的旨趣。中道是原理，佛性是真心，這亦是心即理的思想方式。不過，雙方仍有不同之處。天台宗強調佛性，偏重主體性方面；西谷則強調空，偏重客體性方面。

❺❼　*Zen and Christianity*, pp.265-266.

四、絕對無的場所邏輯

「絕對無的場所」這個語詞是存有論性格，表示一種理想的、價值義的、現象學的意識狀態或精神狀態。它也有工夫論的意涵在其中，一個人要依從一定的工夫實踐，才能達致絕對無的場所。從這裏的工夫實踐而言，也可說絕對無的場所邏輯，那是指在絕對無的場所狀態中的思維方式，此中有很濃厚的弔詭的、辯證的意味。花岡指出，絕對無的場所的邏輯（logic）表示絕對的無限的敞開性的場所的邏輯，在其中，一切事物都是非實體性的，它們活動於絕對否定性之中，和活動於「一即多，多即一」的關係之中。在這絕對無的場所中，一與多、個體與世界都是一體的，雖然這些內容是客觀地、邏輯地矛盾的。當事人也同時地警覺到一切事物都是平等的這種事實。另外，絕對否定性否定實體性的東西，後者常牽連到任何實體（substance）方面。❺❽因此，我們可以說，絕對無的場所邏輯是一種非實體主義的邏輯（logic of non-substantialism）。

花岡永子指出，作為一種思維框架的典範，絕對無和它的場所包含在歐洲由柏拉圖到尼采的四個典範：相對有、相對無、絕對有、虛無。植根於作為現象世界的「相對有」的典範的哲學最終會墮落到唯物主義中。植根於「相對無」的典範如焦慮、失望或疲怠一類的非存有（non-being）的東西的哲學可被視為存在主義思想。植根於絕對有的哲學是作為歐陸的傳統的主流的形而上學，由柏拉圖到黑格爾。屬於絕對有的典範可以是理念（idea）、本質

---

❺❽　同前書，頁 261。

（ousia）、範式（eidos），或是基督教的神。至於虛無的哲學，自然是以尼采的哲學為典型的例子。花岡強調，在「絕對無」典範中，這五種典範中的任何一者可依次被視為一個絕對的無限的球體的絕對的中心，同時又是球體的表面中的一個點。此中的理由是，在絕對無中，任何牽纏於一個特定的典範都是不可能的，絕對無自身即是絕對否定性。西田替「絕對無的場所」的特性確定為「矛盾的自我同一的絕對的當下」。因此它可被視為非實體性的和不能被界定的「絕對的無限的敞開性」。❺在這裏，花岡似乎混淆了絕對無典範與其他四個典範，她所謂的「絕對的無限的球體的絕對的中心」和「只是球體的表面中的一個點」，應只能是就絕對無自身而言，不涉及其他四個典範。作為球體的中心和作為球體的表面中的一個點在一般的思維是矛盾的，但絕對無超越了這種矛盾，它的「無限的敞開性」可以包容這種矛盾。所謂「矛盾的自我同一的絕對的當下」或「絕對矛盾的自我同一」只有在「絕對的無限的敞開性」中才是可能的。

　　在這裏，花岡進一步談及邏輯的轉化問題。她提出在西田的絕對無的場所的邏輯中，一般的客體性的邏輯可被轉化而為自覺的邏輯，那是透過自我內在化（self-internalization）的活動而成就的。❻她解釋說，我們一般所說的判斷，其立場表示當某一東西是真時，這「真」是以主詞邏輯（subjective logic）來說明的。主詞邏輯顯示出亞里斯多德型的邏輯（Aristotelian logic）的立場。在其

---

❺　　同前書，頁 261-262。
❻　　同前書，頁 135。

中，主詞（按即實體 substance）被視為一主詞，它決不會扮演謂詞（predicate）的角色。這種主詞邏輯的立場是自亞氏以來的傳統的歐洲哲學中的「本質哲學」（philosophy of essence）的核心，這種哲學建立在主體與對象的分離的基礎上。有關主詞邏輯的例子，如「上帝是常住的」，在其中，上帝具有常住的實體，為萬物的本源；即是，它自身便具有自身的根基。當這一主詞邏輯深化到自我與世界不能完全分開的場所方面，自我是不能被客體化的，主詞要由一普遍者（universal）來界定，即要由主詞所在的場所來界定。這種由具有實體性的主體轉換為沒有實體性的主體，正是西田的場所哲學的起步點。西田把這個場所稱為「判斷的普遍者」。❻依於此，我們可以作出這樣的認知，在一般的邏輯中，主體和客體是分開的，雙方特別是主詞、主體是具有實體性的；在絕對無的場所邏輯中，主體不具有實體性。主體由實體性的框架釋放出來，成為一自由自在的存在，具有絕對的、物自身的性格，而不是一現象次元的事物。

依於絕對無的場所邏輯而建構的世界，是一種事事無礙關係的世界。按事事無礙的世界或法界是佛教華嚴宗所證成的一個具有價值義、理想義的現象學的法界，它是順著前面三個法界亦即事法界、理法界、理事無礙法界而成立的最後的圓極法界。事法界是個別的事物的世界，相應於佛教所說的緣起；理法界是普遍的真理的世界，相應於佛教所說的空；理事無礙法界是現象與實在相互融合、相即不離的世界，緣起與空相遇合（encounter）而無礙地存

---

❻ 同前書，頁 140。

在；事事無礙則是指現象的事物由於都成立於無自性空的基礎上，它們都不具有自性或實體，共同遊息於空的狀態之中，或空的場所之中，而自在無礙。花岡指出，空的場所或絕對無的場所並不是一種一無所有的完全是虛無的意識空間、精神空間，卻是有充實飽滿的內涵，它含容著森羅萬象的個體事物、個別質體，成為一個多元性內容的所謂「妙有」。這妙有成立於敞開了的心靈的場所中，作為這樣的場所的心靈，正是事事無礙法界的心靈。❻按這種事事無礙的法界的事事物物，由於其本性是空、無自性，因此不會相互碰撞而起衝突，卻能相互含融對方而和平共存，相互輝映。這是同時具有存有論義與工夫論義的法界。但是，空、絕對無、場所，或絕對無的場所是抽象的意識的、精神的空間，它所含容的是個別性的、立體性的事事物物，這些東西是從哪裏來的呢？如何成立的呢？倘若如下面提到的由絕對無的自我限定而生起的，則絕對無作為抽象的原理，如何生起具有具體性、立體性的事物呢？花岡對於這個存有論的問題未有明顯的覺察，因而也沒有回應。

西田的哲學有濃厚的辯證意味，例如說「一即多，多即一」、「絕對否定即絕對肯定」，等等。花岡則以絕對矛盾的自我同一這樣的辯證關係來說絕對無的場所邏輯，表示作為真理的理論世界和事實的世界成立於絕對矛盾的自我同一中，而這自我同一是可逆轉（reverse correspondent）的，這逆轉的世界稱為理論與事實相合的世界（理事無礙，花岡在這裏以理論 theory 來說理，並不恰當。這理應該是原理 principle 之意。）她又提出西谷啟治的相關說法

---

❻　《キリスト教と西田哲學》，頁 35。

作為參考。她表示在後期的西谷哲學中，絕對無的場所被重新檢
視，檢視為「空」的敞開性。這「空」的敞開性作為「理事無礙」
的自覺的場所被稱為「事事無礙」的世界。依西谷，在事事無礙的
世界中，「所有在世界中的現象性格的存在的形式都相互融合在一
起，而沒有障礙」，這正是「理事無礙」的世界的相關連的世界之
後的世界。即是，西谷的為個體所體驗得的「事事無礙」的世界，
重新被表述為「事事無礙」的場所，在其中，理與事是一體的。在
西谷的後期著作中，他停留於「事事無礙」的場所中，而不回轉到
「理事無礙」的場所去。❻上面所說的事事無礙的世界是在理事無
礙的世界之後成立的，這「後」一語詞不是時間意義，而是理論意
義、邏輯意義。事事是透過空理作為其基礎而存在，而空理是自
性、實體的否定，故事事都是空的、無自性的，因此能相互融入、
融攝，而沒有妨礙，它們都遊息於空或絕對無的場所中，而表現出
來。所表現的，主要是其形相與作用。

　　就本源的意義言，絕對無或場所都是向抽象的矢向傾斜的；但
從世界與歷史看，我們還是要回歸到具體的、特殊的事相方面，在
這個意義下，花岡提到對於表現的普遍者（expressive universal）
的突破問題。或者應更精確地說，普遍者需要顯現、表現，不能停
留於抽象的狀態，我們需要建立一作為絕對無的具體化的場所。惟
其要這樣做，哲學或宗教的觀念才能在絕對無的場所中通過宗教的
體驗而突顯出來，並且能獨立於作為那創造者的神之外。這種突破
也可以促使創造者或神不停留於與世界隔離的狀態，卻是回返到宗

---

❻　*Zen and Christianity*, pp.262-263.

教體驗發生於其中的原初的有具體性的場所。依於此，自我——連同那表現性格的世界的形成——在目的性性格的發展的形成的盤旋中，才能證成歷史的生命。在那表現性性格的世界的形成中，自我透過它的辯證意義的大死，以一個點的身分展示對絕對無的體驗。這便有辯證義的邏輯或乾脆說為是辯證法可說。花岡強調，在這種歷史生命的自覺中，自我與世界的絕對矛盾的自我同一的辯證關係是可能的。但這不能存在於亞里斯多德的邏輯中，理由是其中有矛盾。亞氏的邏輯有三種思維原理：同一性、不矛盾性和排中性。在黑格爾的邏輯中，矛盾是自我發展的形式。至於西田，花岡特別強調，西田的邏輯則是以實在的開顯的矢向而轉出具體義的場所，在這場所中，絕對否定即是絕對肯定，絕對矛盾即是同一、肯定，否定的否定不是相對的肯定，而是絕對的肯定、絕對的同一。因此，絕對矛盾的自我同一是可能的。❻❹

五、絕對矛盾的自我同一與絕對的辯證法

下來，我們看西田哲學的最關要的也是最難解的絕對矛盾的自我同一問題，與這點有直接關連的，則是絕對的辯證法。花岡首先從無我的修證方法說起。她指出，一個在辯證的普遍者中生活的人，他的工作是否有自我（ego）的工作，他的自我的意識、意志隨著自我的大死或無我的自我證成而泯滅掉了，在其中，自我、自

---

❻❹　同前書，頁 144-146。按花岡在這有關的諸問題上，說得有些曲折、彎扭，我加上自己的整理與補充。

然和超越的次元（transcendental dimension）已成為一體了。❻❺本來，無我（anātman）的修習在釋迦牟尼的教法是一個重要的項目，主要是對自我的捨棄，因為自我沒有自性（svabhāva）可得，故我們不應執持它，要有無我的修行與洞見。這純粹是從工夫論、救贖論方面的說法。花岡在這裏的所說，比較具有哲理的意味，但目標仍在救贖上。她指出，由自覺的普遍者到表現的普遍者意味著自我（ego）的絕對死，即是，這是自我的大死或自我的絕對否定。❻❻說到「絕對死」、「大死」、「絕對否定」，總有某種程度的辯證意味在其中，與我們一般對這些語詞的理解不同。這要直接涉及絕對矛盾的自我同一的問題，當然這不是從純粹理論的角度來說，毋寧是，這是從實踐、宗教救贖的脈絡中說的。

　　花岡在她的著作中，頻頻提及絕對矛盾的自我同一問題，但總是說得不夠清晰和不確定。她有時說絕對的關心、神的愛可以及於絕對惡人，神亦是逆對應❻❼地通於甚至潛藏於極惡的人的心中。❻❽她說自己存在於善與惡的矛盾的自我同一之中，甚至說我們的心靈本來便是神與惡魔的戰場。她把矛盾的自我同一視為一個無限的球

---

❻❺　同前書，頁 144。

❻❻　同前註。

❻❼　「逆對應」是西田哲學中的一個重要的概念，我們在這裏暫時不能作詳盡的說明。它有背反、弔詭的意味，如善即惡、一即多、眾生界是佛界、無明即法性一類的說法，都表達這個意思。拙文〈西田哲學的絕對無與絕對矛盾的自我同一〉有較深入的說明。

❻❽　這點的意涵，有點類似佛教中佛性論的一闡提皆有佛性，皆可成佛的意趣。

體，在其中心有超越的神，其周邊、外圍則是否定的惡魔。因此，世界是神聖同時也是魔性的。她又說善惡的問題、兩者的對立，強調這可以透過絕對矛盾的自我同一的關係而被超越。她有時又明確地說，在以絕對無的場所作為核心觀念的西田哲學中，人間、世界與超越的世界，存在於個體與世界的絕對矛盾的自我同一之中。在其中，物質即精神、精神即物質的關係是可能的，像一即多、多即一的次元是可以成立的。物的世界的獨立的面相，可成立於現在對現在自身的限定中。在西田哲學中，就原理來說，可在絕對無的自覺的限定中成立。她又反覆說明〈十牛圖〉或〈十牛圖頌〉展示出絕對矛盾的自我同一的關係。❻❾這些話都說得很鬆散，對於很多概念的意涵也沒有交代清楚，不像一個擁有幾個博士學位的人如花岡所想的和所寫的。

　　不過，花岡對絕對矛盾的自我同一的關係還是有思考過的，她是提出過一些意思，我姑在她的有關文字中做一些整理、分析的工夫，以說明她的理解。她先強調，在作為絕對無限的敞開的絕對無之中，個體與普遍者、個體與作為辯證的普遍者的世界，被體證為絕對地、矛盾地自我同一。❼❶她的意思是，在絕對無這樣一個終極的存有論的典範（也可以說是終極的範疇）中，個體與普遍的、終極的原理、真理有一種絕對矛盾的自我同一的關係。進一步，就哲學的起源、人為甚麼會建立哲學思維一點來說，花岡表示，西田說哲學起源於對世界的自覺，而它的邏輯正是對世界的自我表述的形

---

❻❾　《キリスト教と西田哲學》，頁 200-201。

❼❶　*Zen and Christianity*, p.153.

式。個體被包含於世界之中，但它與世界終極地成為絕對矛盾的自我同一的關係。❼按關於哲學的起源這個問題，西方人說哲學起源於對世界的驚異（wonder），西田則在多處說哲學起源於悲哀。花岡以西田認為哲學起源於自覺，不知所本為何。不管怎樣，由對世界的自覺到對世界的自我表述，並不是純就作為客體性的世界來說，而是有主體性的參與在；這種參與的方式，是絕對矛盾的自我同一的關係。這樣，問題的焦點，便從存有論向工夫論挪移了。

所謂「自我同一」（self-identical, self-identity）是甚麼意思呢？如何又與絕對矛盾關連起來呢？花岡的解釋是自我同一是西田哲學的名相，它的意思是在現象的客觀的世界中的多元性與二分法，可被體驗為在絕對無的場所中的物理性的個體成為一體。而這絕對矛盾的場所正是真我的自覺，雖然兩極性（polarity）或二元性（duality）的每一方面都是客觀地矛盾的和對抗的。❼按在現象的客觀的世界中的種種物理性的東西，在絕對無的場所中可以被點化、轉化而成為一體的關係，這點化、轉化自然是一種工夫論上的做作、活動。即是說，在絕對無的場所或終極真理的場域中，事物的多元性格、區別性格會被剝落，相互之間構成一體的關係。但它們在絕對矛盾的場所中何以能這樣地被處理，仍然是一個有待解決的謎。

在這個問題上，花岡作進一步的說明。她表示，「自我同一」

---

❼　同前書，頁 265。
❼　同前書，頁 190。

並不意味著相同的東西與它自身是相同的。❸它意味在主體與客體的區分的次元上有很不同的事物，在絕對無限的開放性的次元上是自我同一的。因此，在基督教與佛教之間的自我同一並不意味著基督教是自我相同於基督教，也不意味著佛教是自我相同於佛教。它意味著兩種宗教分享同一的根基，雖然在主體與客體之間的區分的次元上，它們是很不同的宗教。❹花岡在這裏倒說出一種意思來，即是，自我同一不是在某些外緣的、小節上的同或不同，而是在根基上，在根源的問題上相比較來決定同或不同。同就是自我同一。若我們以終極關懷這一點來說宗教的本質、本性，則基督教與佛教都是宗教，它們應共同地分享宗教意義的終極關懷，那便有個人的救贖與社會的救贖，以至世界的救贖。在這個義理脈絡下，我們可以說基督教與佛教是自我同一。

花岡進一步發揮，在西田的絕對無的場所中，每一二元性的兩端、兩極，是自我同一的，是絕對矛盾。在這裏，「自我同一」表示在個別的形軀我中，每一二元性與兩極性基本上得以被證成。❺按在二元性、兩極性的兩端，如善與惡、真與假、生與死、價值非價值、理性非理性之屬，在現象的層次來說，都是矛盾的，相互對反的。這些矛盾都是相對的矛盾。但在絕對無的場所中，這些兩端都是同一的；說矛盾，則是絕對的矛盾。所謂絕對矛盾的自我同一，便是在這種意涵中說。

---

❸　相同東西是相同的，這是一個分析命題，說了等如未說。

❹　*Zen and Christianity*, p.206.

❺　同前書，頁 146。

　　花岡在這裏又提到西田哲學的另外一個重要觀念：行為的直覺（觀）。她表示，絕對矛盾的自我同一的世界是一個製作（poiēsis）的世界，在其中，目的性格的行為與表現性格的行為同時被證成。這是行為的直覺的世界；在其中，每一個自我自我矛盾地形成；同時，相反地，每一個自我由客體形成。在行為的直覺的世界中，過去、現在和未來同時在現在中永恆地現成。❼這種說法在表面很不好解，為常識所不容許，但從超越的角度來說，特別是從非時間的層次來看，便可以成立。poiēsis 是希臘文，指製作、生產、人的知識活動。目的性格的行為是理想的行為，表現性格的行為則是從感官看的現實的行為。在絕對矛盾的自我同一的世界中，一切事物都具有價值義、理想義；現實、價值、理想都同時被證成。同時，一切事物沒有所謂過去、現在、未來的分別，它們都在當下的現在現成。而作為直覺形式的時間與空間都不存在，經驗轉化為超越，現象轉化為物自身。一切事物都是在動感之中，都是行為、行動的表現，而無所謂靜態狀態。一切存在歸攝於活動之中。

　　進一步，花岡又突顯在絕對辯證法思維下的世界的特殊性格，這種絕對辯證法是以絕對無的立場為根底的。這是西田哲學中的世界。她透過與海德格的世界的比較來說西田的這種世界。在花岡看來，在海德格的哲學中，不見有「動者」（動くもの，働くもの），他的世界不免停滯於被理解的世界的階段，因此，為實存行為所限定的世界這樣的側面是稀薄的。在其中，現在限定現在自身（現在が現在自身を限定する）的絕對無的世界，以至趨向於物與

---

❼　同前註。

趨向於作為超越的存有的汝的方向而為一體的辯證法的世界，仍未能透露出來。若就西田哲學的絕對辯證法來看，海氏的哲學只能算是解（詮）釋學的現象學而已。而西田的絕對辯證法則是，個體的方向與一般者的方向，在個體的限定即一般者的限定、一般者的限定即個體的限定的思維模式中，在知覺的世界中，可以外部知覺地見外物，內部知覺地見自己。而在絕對辯證法地限定自己自身的世界中，這種見的方式可被超越過來。即是，在外部知覺的方向上，可以見到表現的世界，而在內部知覺的方向上，可以見到抽象的自由意志的世界；這兩者（按指外部知覺與內部知覺）自然沒有交結之處。而在真正的實在世界、現實世界中，這兩個方向以相互的絕對否定作為媒介，而達致絕對矛盾的自我同一的一體關係。進一步，「內部知覺即外部知覺，外部知覺即內部知覺」的內外的相即性是可能的，因而可達致場所的敞開狀態。而作為第一因的神，並不具有存在於這現象世界之外的超越的實體，所謂有、神之有，亦無從設定。花岡最後指出，上面所述的以絕對無的立場為根底的絕對辯證法，即是透過現在限定現在自身以展露一切。這樣的現在，依於對自己的自覺和同時的對世界的自覺，便能有這樣的展露。**⓿**

　　花岡在上面的敘論，有些點堪注意。一、西田哲學所披露的世界，肯定不是經驗的、現象的世界，而是本質的、真理的世界，這種世界的構成思維，不是邏輯，而是辯證法，是以絕對無的立場為根基的。二、海德格的世界，不能與於此。它有對象性，是被理解、辨析的世界，傾向於靜態，不若西田的世界的能動性。不過，

⓿　《キリスト教と西田哲學》，頁 126-127。

西田的世界是否有足夠的動感，是另一問題，我在這裏不擬討論。
三、在西田的絕對的辯證法的世界中，我們趨向於物、自然與趨向
於神或超越者的矢向是一體的。神並不具有超越於現象界之外的實
體。四、在西田的世界中，限定有積極的意義，不管是一般者或普
遍者的限定，都有披露自身的存在性的傾向。五、接著上面一點，
在時間中，一切事物在絕對無的辯證法下，以現在狀態來限定自
身，便能超越時間，依於對自己與對世界的自覺，以本來的面目亦
即是物自身顯現出來。這樣的顯現是現象學意義的、價值意義的顯
現。

　　對於這種現象學意義的、價值意義的世界，花岡指出，西田由
邦納文圖勒（Bonaventura）和巴斯噶（B. Pascal）方面借來一個譬
喻，說明個體與世界的存在形式，是像一個到處都是絕對的中心的
迴旋的球面（circuminsessional sphere）。即是，每一點都是中心
的圓環，表示個體即是世界（普遍者），世界（普遍者）即是個
體。⓲這正是一即多、多即一的辯證的、弔詭的關係。多即是個
體，一即是世界（普遍者）。至於我們自己的生命存在與絕對無的
關係，花岡表示，我們自己為絕對地暗淡（絕對に暗いもの）的絕
對無所否定，同時也藉著絕對無而得生存。即是，自己的生存依於
自己的死亡而得現成。⓳這便是置之死地而後生，死生一如的生死
觀了。在絕對的辯證法中，絕對的否定即是絕對的肯定。花岡又把
這點關連到西谷的哲學方面去，她強調作為宗教的哲學，西谷的新

⓲　*Zen and Christianity*, pp.194-195.

⓳　《キリスト教と西田哲學》，頁 194。

哲學要求我們生活於「生活的辯證」之中，像艾卡特和尼采的看法那樣。在西谷看來，在作為形而上學的次元之後，是一種奠基於「非思維的思維」的次元，這是禪修（Zen-discipline）和禪悟的次元。❽此中，「形而上學的次元之後」中的「之後」，應該是基礎、根基的意思。西谷認為，對於形而上的實在的體證，是需要一種洞見的，它超越一般的主客對立的思維方式，而為「非思維的思維」，或「非思量的思量」，或「非思量底」的方式，直接證成形而上的實在自身。這也是禪的修行與覺悟的基礎。這其實即是康德所說的睿智的直覺（intellektuelle Anschauung），西谷自己稱它為「不知之知」。前一「知」是有知相、相對相的分別的知，後一「知」則是超越一切知相、相對相的圓融無礙的知。

六、自覺的問題

　　一種宗教或具有實踐義的哲學，通常都含有要在困境、種種苦痛中解放出來的目標，這即是救贖、解脫。要達致這個目標，自覺的實踐是不能缺少的。救贖是自己的救贖，解脫是自己的解脫，達致這方面的事情後，還需幫助其他的人求救贖，得解脫。所謂自覺，是對自己有所覺，對自己的真實情況有所覺悟。在京都學派中，流行著這樣的理解：自覺是自己在自己中見到自己。此中有兩種外延不同的自覺，這即是對自己的自覺和對世界的自覺。前者是後者的基礎，或後者包含著前者，都是可以說的。對自己的自覺是

---

❽　*Zen and Christianity*, p.183.

很容易理解的，對世界的自覺，則比較曲折難解。「世界」是一個類名，其中包含多個分子，很難說多個分子或集體對世界的自覺，在世界中看到世界。我們通常說自己在世界中見到世界，或自己見到作為一個整體的世界，見到它的真實的樣貌，是可以的，這便是對世界的自覺。京都學派便是在這種義理的脈絡下，說對自己的自覺與對世界的自覺。他們也進一步以絕對無的場所為背景來說自覺的行為。

在花岡看來，就西田的場所邏輯的觀點看，自我是自我，個體是個體，一如世界是世界。但個體與世界並不相互排斥，毋寧是，自我和世界或個體和普遍者，在絕對矛盾中，是相互絕對地獨立的，但場所、絕對無的場所會敞開，讓自我與世界、個體與普遍者成為一體。花岡強調，這個敞開的場所總是存在的，但由於人的迷執，場所好像關閉起來了。即是說，人有一種自我服務的自我（self-serving self）或自我中心意識，容易與他者相衝撞，使場所的大門關上了。因此，人需要透過宗教實踐去消除這自我中心意識，以大死來突破這種意識，讓場所開啟。㉛

如上面所示，花岡提到自我的自覺是世界的自覺的一部分。前者是不能離開後者，卻是與後者綜合地成為一體的。若說前者是後者的基礎，則是從分解的、分析的角度來看是如此。從實踐的、絕對無的觀點看，則非一體不可，因絕對無是齊等地、平等地作為自我與世界的依據。而我與汝或絕對的、恆常的神的問題，究極地說，是通到或開放到自我與世界的問題的場所中的。由場所的角度

㉛　同前書，頁 195。

看，真正的實在的世界，成立於個體與世界的相即關係中。**㊋**

　　回返到西田哲學，特別是他的純粹經驗的觀念，西田的自覺有兩個側面：自我與世界。這兩者是一體的，這一體性在根源性的純粹經驗活動中被經驗到。純粹經驗又可說是直接的經驗，是「具體的意識的緊密的統一狀態」。或者說，「不管是甚麼意識，在它的緊密的統一狀態中，總是純粹經驗，亦即是單純的事實。」在這種意涵中，我們可以說，倘若純粹經驗是由自己自覺到的，則其自己自覺的側面與世界自覺的側面是表裏一體的。**㊌**在這裏，西田提出他的另一重要的觀念「無的自覺的限定」，他認為自己自覺的側面與世界自覺的側面都是由無的自覺的限定所致。這無的自覺的限定有正面的意義，它在意識的統一狀態被突破開來之際，會顯現自覺的活動，這活動是通過自我限定的否定方式，分生出具體的事物，讓它們遊息於絕對無的場所中，而開拓出現象學的世界，或生活世界（Lebenswelt）。自己自覺與世界自覺的兩個側面亦統一起來。**㊍**

　　這種「無的自覺的限定」，更可由對個體物的限定以進於對終極者的作用。花岡在這裏把基督教的齊克果與西田哲學作比較，認為兩者都重視以自覺為根底。在齊克果（S. Kierkegaard）來說，自覺是要從實存的、存在的自我關係與神關係爬梳出一個理路來。在

㊋　《キリスト教と西田哲學》，頁 193。

㊌　按說自己自覺到純粹經驗，並不表示純粹經驗是一種對象，為自己作為主體而自覺到。毋寧是，純粹經驗是一種根源性的活動方式，自覺到純粹經驗，即是生活於純粹經驗之中。

㊍　《キリスト教と西田哲學》，頁 186。花岡在這裏的說法有些零亂，我根據自己的理解作出這樣的整理。

西田，實存的自我關係是自己的作用的「目的的作用」；神關係則是自己的作用的「表現的形成作用」。⑧前者作為自己的自覺的側面，是探究「我與汝」的問題；後者作為世界的自覺的側面，是關乎「我與世界」的問題。雙方在「無的自覺的限定」的意涵中，都關涉對那終極的一者、絕對的一者的探究問題。⑧這終極的、絕對的一者，在基督教來說是神，在西田哲學來說是絕對無。

進一步探究下去，花岡表示，由「自己在自己中看到自己」這樣的自覺，可以終極地提出，自己的自覺本來便與世界的自覺依絕對矛盾的自我同一的方式被證成。自己的自覺與世界的自覺在根源方面是絕對無的自覺的限定。在這個意義下我們便可說實存的自覺的顯露。⑧這裏說實存的自覺的顯露，這實存可以指自己、自我的實存性，也可以指世界的實存性。

對於有關問題，花岡又引述西田、田邊、西谷和上田這幾個京都學者的看法。據她的理解，就西田哲學來說，自覺包含對於自我和世界的自覺，後者概括前者在內，自我是世界中的一分子。自覺是「自己在自己中見到自己」，而對世界的自覺則是「在世界中看到世界」。這兩點在上面也曾提過。在後一點中，花岡特別強調，我們要透過對世界的絕對的自我否定這一媒介作用以臻於歷史的創

---

⑧　按目的作用是以自己為目的的作用，表現的形成作用則涉及對於世界的動感的表現。

⑧　《キリスト教と西田哲學》，頁 185。

⑧　同前書，頁 205。在這些敘述中，花岡多次地提到無的自覺的限定問題，西田自己有一專書《無の自覺的限定》是專談這個問題的。《西田幾多郎全集》第 6 卷，東京：岩波書店，1979。

造的世界的自我反思。對世界的絕對的自我否定的媒介作用可視為西田哲學的開始。在西田來說，作為「普遍者」（universal）的場所可由判斷的普遍者（judging universal）到自覺的普遍者而深化，由自覺的普遍者到表現的普遍者，和由表現的普遍者到辯證的普遍者而深化。這辯證的普遍者是絕對無的場所的具體化。這些深化作用展示出我們存在於其中的場所的自覺作用。對於西田來說，最後的普遍者不是我們宗教地生活於其中的辯證的普遍者的層次，而是表現的普遍者的層次。在這表現的普遍者的層次，我們由辯證的普遍者回歸到表現的普遍者，而證成理事無礙的世界。這一事實展示出西田停留在作為世界的自覺的哲學中。❸在這裏，花岡提出兩點，其一是透過對世界的絕對的自我否定作為媒介，以達到歷史的創造的世界。對世界進行絕對的否定正是對世界的絕對的肯定，由此可以讓絕對的普遍者具體化，自我創造而成為歷史，開拓出客觀的歷史世界。在這種開拓中，絕對的普遍者便透過證成自己，而表現自己，這「表現」便關連到另外一點。這種表現需經過一個歷程，依花岡的說法，這歷程可示如下：

　　場所→判斷的普遍者→自覺的普遍者→表現的普遍者→辯證的
　　普遍者→絕對無的場所的具體化

在這個表現歷程的各個階段，步步深化，也步步具體化。在這裏本來可以推演出一種存有論，以解釋、交代場所作為一個具有充實的普遍性的意識空間、精神空間。不過，西田對存有論沒有很大的興趣，他反而著重歷史的建立，而且是創造性的建立。但歷史不能離

---

❸　*Zen and Christianity*, pp.266-267.

開存有論，一離開存有論，歷史便得虛懸，不能在時空中維持它的現實的實在性。花岡也未有留意這一點。

接著，花岡說到田邊元。她似乎對田邊哲學沒有很大的興趣，理解得也不充裕，只略提一下他的最重要的著作《懺悔道哲學》，說他透過自己所創發出來的種的邏輯，經禪宗所強調的大死的工夫論的實踐以開拓出終極真實的絕對無的場所。❽實際上，田邊也很強調歷史的重要性，特別是把絕對無的表現串連起來的重要性，花岡的理解顯得很貧乏。

花岡反而很重視田邊之後的西谷啟治。她指出，在西谷對自我的探索中，世界最後由自我的無底之底而敞開。此中的理由是，一方面，真我即是每個人的這個「我」，另方面，真我同時也作為絕對的否定性而為絕對無。在這個問題上，神對於西田來說，也作為絕對的否定性而為絕對無。不過，西田的神和自我是相互地轉換的自我同一；而世界，作為絕對無的神的具體表現，和自然界的每一真我本源地在絕對無的場所中，也是同一的。西谷的場所的開放性正是「事事無礙」的世界。作為真我或真如一般情況地生活，正是佛陀的生活方式。花岡指出，本源地生活可以在作為哲學的最終目標的宗教的次元中實現。西谷似乎要以「非思量的思量」來建立一種新的宗教哲學，要依循在宗教的次元中的真如來生活。他曾深邃地分析過個體性的自覺，亦即是自我（ego），它的存在和虛無性的個體，由此而證成真我。❾在另一處，花岡強調，西谷的特性的

---

❽　同前書，頁 267。

❾　同前註。

哲學不只是基於他一向堅持的禪的宗教義理，同時也立根於虛無
（nihil）或虛無主義。在他看來，空的展現只有在經驗中的自覺才
是可能的。這自覺只有經由絕對有自身（或神）透過虛無至空而被
突破，而被現成。❾在這裏，花岡可以說是扼要地敘述了西谷的宗
教哲學的觀點，也提出由西田到西谷在宗教上的傳承的方向。西谷
理解到西田的世界觀：世界是由作為絕對無的神的具體表現；不
過，他對這個有現象學義的世界有進一步的探索與開拓，這即是把
世界當作「事事無礙」的世界或法界看。西谷的這種理解，顯然是
從佛教華嚴宗方面得到靈感。當然，虛無觀念或虛無主義也是西谷
哲學的重要資糧，它把絕對無說為是空，或以空來解讀西田的絕對
無。而這空的實現、證成，必須依於對絕對有或神的突破而可能，
在這一點，虛無主義扮演重要的角色。虛無主義固然是不足的，它
不能作為終極的精神歸宿，但它有摧破一切的作用，包括對絕對有
或神的解構。西谷在此中所提的轉化程序可示如下：

　　絕對實體（神）→虛無→自覺→空

　　最後，花岡說到上田閑照。像田邊的情況那樣，花岡並未有將
重點放在上田方面，只說他的宗教哲學可以進一步作出貢獻，那是
基於他在事事無礙的世界中所建立的語言的人文的存有論，可以治
療人的身、心方面的病痛。如何治療，花岡未有進一步的說明。❾
實際上，花岡說田邊元與上田閑照，只是拿來作西田與西谷的陪襯
而已。她對前二人所知有限，沒有敘論他們的必要。

---

❾　同前書，頁 208。

❾　同前書，頁 267。

七、絕對無與有神論

西田的宗教哲學，或絕對無的哲學，有其宗教意涵。他是以神來解讀絕對無的。不過，他講的神，不是實體性格的，而是非實體性。這與後來阿部正雄的自我淘空的神的觀點有交集之處。花岡指出，在基督教之中，神秘主義者艾卡特（M. Eckhart）被視為異端分子，因為他倡議在人間中有「神之子在精神中誕生」的思想，表示在人與神的神秘合一（unio mystica）中，人的罪的意識的立場可以被突破。但花岡強調，這人與神的神秘合一的思想，只能在絕對無的場所中，才能終極地、真正地實現。為甚麼呢？因為在艾卡特的思維中，神仍不免殘存有實體的側面，故需要無化、虛空化。這樣的神在進一步在絕對無的場所顯露的同時，祂的無的開啟要與西田哲學中的絕對無的場所共同被證成，才能讓無限的場域或場所敞開。花岡又指出，西田哲學中的神並不單純是人格性的，祂毋寧是宇宙的根本、宇宙的統合者，人與祂透過絕對矛盾的自我同一關係，能夠不一亦不二地在無限敞開的環境中存在。即是，要突破意識的立場，甚至突破最終的罪的意識的立場，而達致自然法爾的高一層的意識的世界。在其中，人與其他存在的區別最終會崩解，不再存在。❽❸

---

❽❸　《キリスト教と西田哲學》，頁 203-204。這頗有莊子的「天地與我並生，萬物與我為一」的意趣。不過，莊子是美學的立場，京都學派則是向宗教傾斜，雙方不是完全相同。在這有關的問題上，西田哲學的宗教性反而讓我們想起西方形而上學的宗教方面的特徵。如花岡所說，一直以來，作為西歐的傳統的形而上學，如海德格所指出的，都

　　花岡提到人的精神的內在的實存性，倘若對神方面生起信仰，則齊克果所謂的「主體性是真理」很可能會轉換成「主體性不是真理」。實存越是向內以無限的熱切之情去貫徹主體性，則越會深刻地意識到自己內在化的無力感，越會突顯罪的意識。❹按這恐怕是花岡自己所感到的宗教上的弔詭意涵，特別是一神教的弔詭意涵。她引述巴特（K. Barth）所著的《羅馬書》（*Der Romerbrief*）第七章的保羅（Paulos）的話語：

> 行善的意欲不表現出來，則沒有這意欲的惡便會流行。若沒有欲望去行善，這不是自己表面上的行為，而是深藏於我們的心底的罪在作用。……我作為一個內在的人，喜愛神的律法，但我的肢體卻有另外的律法，它挑戰我自己的心中的法則。因此，在存在於肢體中的罪的法則之中，可以看到自己下墮為俘虜。我會變成一個如何悽慘的人呢？我會如何在這個死亡的身體中得救呢？我們的主耶穌說對神是要感謝的。這樣，我們在心方面有神的律法，在生命存在裏有罪的律法。（《羅馬書》第七章，頁 19-25）❺

是以有神論（Onto-theo-logie）為其重要觀點。即是，存在物的本質是作為最普遍的、最高無上的神的東西被表象的。因此，這是伴有最普遍的東西的存有論；同時，這也是伴有最高的神的東西的神學。（同前書，頁 127。）

❹　同前書，頁 139。
❺　同前書，頁 139-140。

這展示保羅在內心的反思方面的矛盾。心中有善的律法，但肢體卻沒有。這是身心的矛盾。肢體是隨著物慾的腳跟轉的，一如黃宗羲所說的「氣機鼓蕩」。這便需要實踐，需要宗教修養的實踐工夫。

這其實是人與神之間的矛盾。神是圓滿的，人是有缺憾的、不圓滿的。前者是絕對，後者是相對。花岡因此提出西田的絕對無或絕對矛盾的自我同一以解決這個人、神之間的大問題。在她看來，基督教強調人與神之間有絕對的斷絕關係，人應以神作為信仰的對象，以「有之神」作為根底。西田哲學則無此種想法，它視神與人在絕對矛盾的自我同一之下成為一體而呈露。這絕對矛盾的自我同一是西田哲學中挺重要而又挺難理解的關係。我們在這裏可先作這樣了解：人是相對的，神則是絕對的，人與神本來便存在於這種相對與絕對之間的矛盾之中，這便是絕對矛盾。西田認為，人的幸福與圓滿，是在這種絕對矛盾的消解中，它要被突破，達致人與神之間的自我同一的關係。這便是絕對矛盾的自我同一。❾❻人與神必須要在這種關係之中成為一體而呈露，宗教意義的解脫、救贖才能說。在花岡來說，神是宇宙的根本、統一者，亦即是作為根底的絕對無。基督教的神是絕對有之神，西田的神是絕對無之神。基督教與西田哲學要有接觸、對話，需要就絕對有之神與絕對無之神的遇合來說，這種遇合正存在於絕對的、無限的場所的敞開之中。在這種無限的場所的敞開之中，個體物與普遍者自然是絕對矛盾的自我同一地成立的。而基督教與佛教也是絕對矛盾的自我同一地成立

---

❾❻ 有關絕對矛盾的自我同一的周延和深邃的涵意，參看筆者另文〈西田哲學的絕對無與絕對矛盾的自我同一〉。

的。在這無限敞開的場所中，超越的場所與自然（世界）、與人有一種絕對矛盾的自我同一的關係。不管是哪種學問，哪種人的活動，哪種人的生活領域，超越的東西與自然（世界），與人，都可以在這無限敞開的場所中，真正地呈現為一體的關係。花岡最後強調，倘若不是這樣，則一切會淪於虛無主義之中。**⑨**

　　花岡以絕對矛盾的自我同一來解讀西田哲學與基督教，在西田哲學是不成問題的，但在基督教方面，恐怕不是那麼簡單，花岡顯然有一廂情願的想法之嫌。基督教講三位一體（trinity），聖父（神）、聖子（耶穌）和聖靈都是以實體說，是實體主義的思維背景，因此耶穌被釘死於十字架上，三天後便復活了。實體是有實在的體性的，精神實體是不死的，十字架上的滿身淌著鮮血的耶穌是不會死的。而作為聖父的神，對於人來說，始終是一個超越的對象、具有實體性的超越的對象，這對象的身分一日不剝落，它與作為主體的人的自我同一都不能說。這個問題在京都學派中是有爭議的，阿部正雄便不會接受這種同一的關係，具有實體義的對象性的捨棄、剝落，談何容易呢！

　　有關基督教與西田哲學的異同問題，花岡總是遊走於其中間，下不了結論。她提到基督教與西田哲學雖然有根本的不同，但雙方也有共通之點。這即是，雙方都步向實存的內在化、主體化，最後達致主體性是「非真理」。關於這點，在基督教中，自己的救贖當

---

⑨　《キリスト教と西田哲學》，頁 206-208。

然是自己的內在性的「無限的關切」了。❾按花岡在這裏說基督
教，用「主體性」、「主體化」字眼，值得注意。基督教一向強調
那至尊無上的人格神，「主體」云云，並不佔有重要的位置，花岡
這樣看重它，恐怕是受到齊克果的影響，後者是很強調實存的主體
性的自覺的。

花岡對西田，一向非常尊敬，對西田哲學也少爭議，通常都是
照著說，並略加解釋與發揮。只是在這裏有些例外，她點出西田哲
學在宗教問題上的不足處。她表示，在基督教中，由於基督的事
實，可以說是絕對者的自我表現；在禪以至大乘佛教，依於絕對否
定，可以步向對於自證的現成。但那障礙自己與世界與神的統合的
惡以至罪的問題，跟與此有關聯的不安與絕望的問題，或者虛無主
義的問題，在西田哲學中，未能作為根本的問題而被處理。花岡提
到巴特寫《羅馬書》，由於齊克果的影響，對於人的實存性抱有很
深邃的關心，但由他的《教會教義學》（*Kirchliche Dogmatik*）流
行以來，經過海德格的轉換思想，從實存方面對於人性的探求，便
變得稀薄無力，最後只是集中到由神與耶穌基督的側面來說明實在
的世界，也幾乎完全不提齊克果了。她批評，西田是這樣，巴特也
是這樣，都把著眼點由時間、意識轉移到空間的、超越的愛方面
去，或慈悲方面去，從人的側面看的不安與絕望，或者是惡與罪的
意識的問題，都不是核心的問題了。❾❾按花岡這樣批評西田，把他

---

❾ 同前書，頁 205。我在這裏用「關切」字眼，花岡的原文用「情熱」
字眼。

❾❾ 《キリスト教と西田哲學》，頁 197。

和巴特放在一起，認為缺少了對現實的、實存的問題的關懷，不知是她自己反復思考所致，抑是受到後來的田邊元和西谷啟治的影響。他們兩人的確較西田更具現實的意識，能多元地從人的苦難看人的救贖、解脫的問題。特別是田邊元，自他提出懺悔道哲學以來，便積極反思人的罪惡問題，致人有不具有繼續生存下去的價值，由此而在生命力上發出極為強烈的反彈，要透過真實的、實存的懺悔工夫來磨鍊自己，產生積極的、正面的意願，矢志今後要對人、對社會、對國家作出貢獻。

八、限定問題

最後，我們談一下限定的問題。限定這個概念在西田的著作中常有出現，但它的涵義總是隱晦的，即使是關連著上下、周圍的脈絡來看，也有一定的困難度。例如，西田在他的晚期著作《哲學的根本問題》（《哲學の根本問題》）中，常提到限定，說限定有三種：絕對無的自我限定、絕對無對個體的限定和個體自身的相互限定。其意思並不是完全相同，但也不是沒有關連。我曾在拙文〈西田哲學的絕對無與絕對矛盾的自我同一〉中對這個問題作過一些討論。花岡在她的著作中，也常常說及這個概念。就花岡的理解來看，雖然這概念的意涵還不是完全清楚，不過，它的思維背景，不外以下兩個面相：修證、救贖的面相與存有論的面相。以下我們先看修證、救贖的面相。

這個面相包含多元的觀念，其中有「純粹經驗」與「睿智的直覺」兩者。花岡表示，睿智的直覺作為「純粹經驗」的深化活動，

是寂靜的場所的敞開的自我證成（self-attainment）。即是，在場所中，純粹經驗為我們所體證，在這體證中，有自覺活動生起，這是「在自我之中見到自我」（the self seeing the self in the self）。在這種「自我的自覺」中，沒有任何東西可見，自我已達致無的深蘊（depths of nothingness）中，此中並沒有見的自我和被見的自我的分別性。這可以說是沒有了自我意識。意識的立場被突破，自我的自覺同一於世界的自覺的關係得以證成。這自我的自覺涵蓋於西田的場所邏輯之中。在這種邏輯中，自我的自覺即是普遍者的自我限定（self-determination），這自我限定即是自我體證之意。個體的自我限定本身即是普遍者的自我限定，而普遍者的自我限定即是個體的自我限定。⑩按花岡的這種說明，意義不免含糊不清。不過，從她提及睿智的直覺與純粹經驗這兩個語詞來看，限定或自我限定有向工夫論、實踐論方面傾斜的意味。純粹經驗是對於終極真理的動感方面的說法，而睿智的直覺正是純粹經驗的認知者，更確當地說應是體證者。這種認知活動或體證活動並不是一般的主體認知客體或對象的那種主客相對待的活動，睿智的直覺不是認知的主體，純粹經驗也不是被認知的客體，雙方不是分開的關係，而是融合貫通的關係。即是，睿智的直覺滲透到純粹經驗的內裏，體證它的本質，並自我同一於這本質。本質是通向終極真理的，體證本質亦即是體證終極真理，這是一種覺悟、解脫的活動，不是普通所說的認知主體或知性認知客體或對象的純然是認識的活動。這種活動也不是在時間與空間中發生，活動的雙方都沒有時空性；它卻是在絕對

---

⑩　*Zen and Christianity*, p.194.

無的場所中發生的。在絕對無的場所中，睿智的直覺體證得真理，同時也證成了真理、實現了真理。所謂「限定」是在這證成、實現真理的脈絡中說的。所謂「自我限定」即是自我對自己證成真理，自己即是真理。以睿智的直覺與純粹經驗的詞彙來說，睿智的直覺證成純粹經驗，即是自我作為主體一面與客體一面的自我認同、自我同一。

「限定」或「自我限定」也可就人格的證成來說。花岡指出，在西田哲學中，世界、人與神的統合問題，實現於作為自我根源的場域的「絕對無的場所」之中。而人格的自我，其終極的證成，是在現實世界的自我限定中實現的。在絕對無的場所中，絕對地相反的東西的限定（如個體與普遍者的限定、主語與述語的限定、直線與圓環的限定）的自我同一，有一種創造的形成作用，因而我、汝、彼、世界、神可以在成而為一體的統合中見到。而這種統合，在作為「真正地具體的實在界」的現實世界中，作為「自然法爾」的世界而呈現出來。這自然法爾的世界可以在絕對無的場所中被證成。在這樣的統合中，自然法爾的世界，可作為「絕對辯證法的世界的自我限定」的「絕對者的自我表現」來看，而成為一種信仰。❿花岡在這裏說得有點散亂，但意思還是可以追蹤到。其中的「統合」、「人格的自我」、「自然法爾的世界」是關鍵性的概念。她的意思是，人格的自我本身是一個綜合體，內中含有我、汝、彼、世界與神。這人格的自我或綜合體的終極證成，需在現實的世界中以自我限定的方式進行。自我限定正是自我同一，其中有修證的、

---

❿　《キリスト教と西田哲學》，頁 196-197。

實踐的意義在內，這是有創造的、形成的活動，這活動是一種工夫論的創造的行為，而不是存有論的活動。所創造、形成的，是所謂自然法爾的世界。人在這個世界中的一切活動、行為，都有絕對無的場所作為背景而表現出來。此中充滿辯證的意涵，可以透過理性來理解，可惜花岡捨此而向信仰方面傾斜。特別要指出的是，「自然法爾」是日本佛學的重要名相，其中的「自然」，不是存有論或宇宙論義，更不是科學主義的自然（nature），它毋寧近於海德格的自在（Ereignis）、任運（Gelassenheit）的意味，是境界方面的意涵。

花岡又曾以大死的觀念來說限定。她表示，創造性地限定自己自身的世界，它的所意（noema）的限定，是無限的表現，是主詞性格的，它使力的世界可能，這力的世界的底子是物與物的相互關係。與此相對反，創造性地限定自己自身的世界，在它的能意（noesis）的方向中，由個體物自我自身限定而成就的行為的自己的世界，以至具有我與汝的關係的意識的世界，都是在其中被考量的，被處理的。順此，在能意或主體方面見到汝的，即是見到所意地或客體地表現出來的東西。在這種意義中，我們所居處的，是在作為絕對的中心的絕對無的場所中，種種絕對的中心相結合表現出來。但在西田的哲學中，真正的生命是存在於自己經過大死而有的新生之中。因此，現實是存在於對現實加以限定的事件中。這樣地生起的真正的生命，可視為「自我表現」。這已進入世界的自覺、「我與世界」的次元了。⓬這裏提到的大死、新生，都是依於佛教

⓬　同前書，頁 192-193。

特別是禪而來的，大死是對一切二元性的迷執予以徹底的否定、埋葬，唯有這樣，才能帶來新生。所謂「大死一番，歿後復甦」。大死即是對現實加以限定、否定（辯證義的否定），讓新的希望燃燒起來，帶來真正的生命的自我表現。不過，花岡在這裏說到創造性地限定自己自身的世界，以兩面來說：所意與能意。所意是負面義，能意是正面義，這便帶來困惑。就救贖論來說，世界若是負面的，則其中的所意與能意都應相應地是負面的。世界若是正面的，則所意與能意都應是正面的。所意與能意，不管是在甚麼性質的涵義的世界中，應是共同進退的、一致的。說一負一正，或說一正一負，在義理上都難說得通。不知花岡何以會有這種想法。

以下我們看限定在存有論方面的面相。不過存有論的面相很多時都帶有修證的、救贖的意涵。一種哲學倘若是實踐的哲學，或生命的哲學，則在它的概念、觀念、問題方面，往往都會涉及修證的含義，西田哲學也不例外。在東方的哲學，特別是佛學，這樣的情況很常見。花岡指出，當大死的突破發生，場所的開啟會相應地生起，自我的自覺會被證成為世界的自覺，世界的自覺也會被證成為自我的自覺。個體在它自身中的限定會真正地是普遍的限定，而普遍的限定也會真正地是個體的限定。西田把在這樣的情況中被建立起來的思維方式或邏輯，叫作「場所邏輯」。場所作為一意識的空間、精神的空間，既然是空間，自然會有存有論的意涵；但由於場所這種空間能提升事物的存在質素，自然不免也有修證的意涵。至於說個體的限定是普遍的限定，普遍的限定是個體的限定，從存有論的角度來說，我想是可通的。個體與普遍之間，倘若以量來說，則個體是單項，普遍是多項，「量」是一個存有論的概念。但若從

質方面來看個體與普遍，則普遍成了普遍者，那便有經驗與超越、相對與絕對，這限定便是修證義了。質是一個修證義、救贖義的觀念。

不過，花岡還是在多處表示限定作用的存有論意涵。在一處她說到現在限定現在自身，而有物出現、顯現。⓼又在另一處說，物的世界的獨立的面相，可成立於現在對現在自身的限定中。⓾又說自然可在絕對無的自覺的限定中成立。⓿又強調意識界自身不具有實在性，所意（noema）的方向與能意（noesis）的方向，或者是主語的方向與述語的方向，絕對地相對立，又在根源方面同一，作為辯證法的一般者的自我限定而成。⓾在這幾種說法中，我們可歸納為兩個總的說法：物成於現在的自我限定和絕對無的自覺的限定，或辯證法的一般者的自我限定。這中間所謂的「自然」，是就物質世界的自然界來說，是存在物的總和，不是上面說的境界。而辯證法的一般者不是別的，正是絕對無的場所。限定的存有論作用，非常清楚。至於這限定的詳細情形，它是通過甚麼程序、階段而成為存在物，花岡沒有說清楚；在西田的著作中，就筆者所能及的範圍來看，也未見說得清楚。⓾

⓼　同前書，頁 200。

⓾　同前書，頁 201。

⓿　同前註。

⓾　同前書，頁 195。

⓾　就筆者的純粹力動現象學來說，相應於西田所謂的限定，以如下的歷程表示：純粹力動作為分解方式的超越的力動、原理凝聚、下墮，詐現為氣；再由氣分化為蘊聚，後又詐現為萬事萬物。

　　這裏西田有一個概念：表現，很值得注意，它穿梭於修證、救贖、存有的問題之間，不得不注意。花岡認為，所謂「表現」，是個體與個體這兩種絕對地相互對反的東西的自我同一中所成的個體與個體之間的關係。依於此，表現的關係是在自己的根底中見到絕對的他者，又與此相反，在絕對的他者之中見到自己，這樣便成就了行為的、人格的世界。這也是限定個體之間的相互限定的絕對無的場所的限定。⑩而個體的自我限定與一般者的自我限定總是對立的。⑩但它們作為「在絕對無的場所中的辯證的一般者」的世界的自我限定的過程，是自我同一的。即是說，個體的限定總是與一般者的限定對立的，同時又是絕對矛盾地自我同一的。因為實在的世界的構造事實上便是這樣，而事實又是這樣的構造的實在的世界。從根源來說，這是沒有任何實體的絕對無的世界。⑩

　　花岡對西田哲學的解讀是，實在的世界是沒有實體性的絕對無的世界；在其中，個體的限定與一般者或普遍者的限定是對立的，但也是絕對矛盾地自我同一。這頗不好解。我想這只能透過佛教華嚴宗的無礙觀念來助解，這即是事事無礙。事事無礙是實在的、真理的世界，在西田來說，是以絕對無或絕對無的場所作為背景而成立的。在絕對無的場所中，一切東西都不能以實體說。有礙無礙，

---

⑩　正正是限定「個體的相互限定」，是絕對無的場所的限定。故限定作用不是獨立的、孤立的，而是在絕對無的場所中出現的。

⑩　花岡認為，個體的自我限定是後期西田哲學中所說的「目的的作用」，而一般者的自我限定則是後期西田哲學的「表現的、形成的作用」。

⑩　《キリスト教と西田哲學》，頁194。

是就有無實體而言。有實體是有礙，無實體是無礙。故事事無礙在無實體的義理上說是自然的。另方面，個體是經驗的、相對的，普遍者則是超越的、絕對的，個體與普遍者之間的關係，是相對性與絕對性之間的關係，這關係是絕對矛盾的關係。絕對矛盾又如何能說自我同一呢？關於這個問題，我們可就兩點來說。第一，個體與普遍者有絕對矛盾的關係，但個體的限定與普遍者的限定便不是這樣。限定有一種排除的作用，排除個體的個體性和普遍者的普遍性，這樣，個體與普遍者便失去矛盾的涵義，同一或自我同一便可說了。第二，就京都學派的哲學思維而言，矛盾是相互否定的性格，這是在相對性的層面上講的。在絕對性的層面來說，絕對否定表示對矛盾或否定作一種徹底的處理，矛盾或否定在這種處理中，由逆勢中得以扭轉，而成為絕對肯定。這逆勢正是西田所說的「逆對應」，其辯證性格也可以被確定下來，這是「逆」這一概念的意涵。

花岡強調，在表現的世界中，超越的東西是內在的，內在的東西是超越的。為甚麼呢？在絕對無的場所中，個體的限定即是一般的限定，一般的限定即是個體的限定；在這種辯證法的限定思維中，一般者的自我限定的內容是理念（idea），而理念這種東西，正表示事實的自我限定。但行為的自己的世界與表現的世界是表裏一體的，而表現的世界亦限定了人格的自己的意識內容。進一步，在同時包涵人格的自己的欲求與自由意志的意義中，意識便是表現的世界的自我限定。在表現的世界的根底裏，有我與汝的相互限定。在表現的世界裏，有藝術與語言的創作作用，這也是歷史的世界，所謂「公共的場所」（公の場所）。在這樣的「公共的場所」

中，自己的意識即是自己的意識的相反面，也有表現的世界的自我限定的思考。（このような「公の場所」において自己的意識は，自己の意識である反面，表現的世界の自己限定とも考えられるのである）。⑪花岡在這裏的所說，意思有些模糊，她好像未能摸清西田的原意，因而在表達上有不善巧之處，我在這裏試作如下的說明。在表現的世界中，超越與內在相即，這種關係，在一般的現象世界、經驗世界是不可能的。超越便只是超越，內在便只是內在。超越與內在相即，有點像禪宗所說的內外打成一片的境界，在這境界中，一切分別計執都熔化下來，都被剝落了，剩下的便只是內外都變得透明清澈，本體與現象瞑合而為一。西田正是這樣來說在終極真理的世界，亦即是「表現的世界」。為甚麼能是這樣呢？因為一切事物都存在於絕對無的場所之中，在其中，透過限定的作用，這些東西（個體與一般者、普遍者）都從時空與範疇概念中解放開來，突破一切有限的框架，而如如地呈現其自己，成就事事無礙的世界。這種表現的世界當然有存有論的意味，因為它顯露出一切事物的存在的形態。同時也有修證的、工夫論的意味，這是無執的、在意志上自由自在的境界，所謂人格，便是在這方面說的。在這種有人格義的表現世界的根底中，有我與汝的關係在，在這種關係中，作為個體的我與作為普遍的、永恆的神各自限定自己，又相互限定對方，否定對方的孤立性，最後終能結為一體，成為一種同時是能意又同時是所意的存在的整體。西田把這種環境、狀態，稱為「公共的場所」。這正是他的生活世界，是辯證性格的生活世界。

---

⑪　同前書，頁 194-195。

　　最後，花岡說到絕對無的無限的敞開，表示作為意識的對象化的側面所意與作為意識能動的側面能意原初是表裏一體的。見者與被見者在本源上是一體的，它們存在於絕對無的無限敞開之中。說實存是有的看守者，不若視之為使有成為可能者，存在於一即多、多即一的絕對無的無限的敞開之中。自己限定自己，同時也限定一般者（花岡自註：作為普遍的立場的世界）；一般者限定一般者的同時，也限定個體。兩者（按指自己與一般者）是絕對矛盾的自我同一地是一的，是無限的敞開的可能性。一切便是在這樣的狀態中存在。⑫在這裏，花岡牽涉上胡塞爾（E. Husserl）的現象學方面了。胡氏以意識透過其意向性而開出能意與所意，分別成就心靈與世界。花岡文中雖未提胡塞爾，但受到他的影響，非常明顯。另外，花岡說自己或個體與一般者或普遍者自我限定而又相互限定，這也顯出華嚴宗的相互蕩奪的邏輯的（辯證的）思維方法，個體與普遍者的這種關係：絕對矛盾的自我同一，只有在敞開了的場所中，才是可能的。個體與普遍者的自性、自體（倘若說有的話），在絕對無的無限的場所鬆開了，雙方便能相互涵攝而成一、多相即的關係，也能相互拒斥而保有其自身的分別性、獨立性。花岡的這種思維，大抵是受西谷啟治的影響，而後者的思考泉源，是華嚴宗的無礙思維；西谷把它說為事物的迴互相入，華嚴宗則說理事無礙、事事無礙。

---

⑫　同前書，頁 125。按這正吻合我在上面剛提到的我與汝或普遍的、永恆的神去除一切區隔而結為一體的意思。

第九章　關於京都學派哲學的
概括性論述的重要著書

　　筆者誌：由於京都學派已是當代東亞中的一個強有力而廣受矚目的哲學學派，概括性地論述它的著書自然不少。我在這裏基本上是擇其具重要性和代表性者來闡述。在闡述中，也有詳論在裏頭。論述次序是日文先行，然後是歐洲語文者，後者主要是英文與德文。對於同一語文的著書的論述次序，視其在哲學性的分量而定。至於京都學派的成員，有依國際方面說法的，也有依日本國內方面說法的。大體上，以前者為主。

藤田正勝編《京都學派の哲學》，京都：昭和堂，2001。

　　編者藤田正勝畢業於京都大學，亦是京都大學大學院（研究院）教授，曾三度留學德國。全書述及西田幾多郎、田邊元、三木清、戶坂潤、木村素衛、久松真一、下村寅太郎、西谷啟治的哲學思想。這些都是京都學派的重要人物，只是未包括此學派第三代的武內義範、阿部正雄和上田閑照。

　　藤田表示，本書所包含的，限於西田幾多郎、田邊元和在學問上、人格上直接受他們所影響的人。實際上，他自身也是京都學派中較年輕的、後出的學者，在介紹和推廣京都學派特別是西田哲學

方面作出多方面的貢獻。他強調京都學派的哲學或京都哲學除了含有歐美學術界、思想界所重視的佛教特別是禪的元素外，還有它的原有的精神，這即是具有普遍的適切性的語言精神，和與此相對反的能展現日本民族的特性的本質，這即是九鬼周造所提及的「粹」。❶

常俊宗三郎編《日本の哲學を學ぶ人のために》，京都：世界思想社，1998。

此書編者常俊宗三郎取得京都大學大學院（研究院）博士課程的證明。全書所述，包含西田幾多郎、田邊元、和辻哲郎、九鬼周造、三木清、植田壽藏、西谷啟治、波多野精一的哲學思想。其中除了植田壽藏與波多野精一外，其他的思想家有國際認可為京都學派的人，也有日本國內認可的人，也有雙方都認可的人。

常俊指出，西方人重視絕對的觀念與問題，東方或東洋人則以無心、無我作為其思想骨幹，進而開拓出絕對無、空的觀念。「絕對」自是與「相對」成對比，但同時又有超越性的意味。在空與絕對無之間，後者具更大的開拓空間；它不與人、文化區隔開來，卻是透過無化（作動詞看）自己、否定自己以轉生出肯定的、積極的態勢，發展出有主體性意味的終極原理。由此我們便可以說有、無即是有，以至「真空妙有」。❷按這真空妙有思想是大乘佛教所著

---

❶ 藤田正勝編《京都學派の哲學》，ii-iii。按九鬼的有關著作書有中文譯本：九鬼周造著、藤田正勝原注釋、黃錦容、黃文宏、內田康譯注《粹的構造》，臺北：聯經出版公司，2009。
❷ 常俊宗三郎編《日本の哲學を學ぶ人のために》，頁11。

重的，絕對無也有這個意味。此中也有個體與普遍者或一般者的背反問題在其中，絕對無即透過個體與一般者的相互限定而開展出無的動感。這種相互限定亦不無調和的意趣，現實世界有對立、抗爭，也有相輔與調和。倘若以對立、抗爭是惡，相輔、調和是善，則我們可以說，善惡雙方都是在絕對無的動感、運作中成立的。❸與西田的絕對無比較，西谷啟治的根源的主體性的哲學是以西田的絕對無對於西方的近代主體性予以根源化、基源化而成就的，這是近代主義所循以發展的正確方向。❹

藤田正勝編《日本近代思想を學ぶ人のために》，京都：世界思想社，1997。

　　這本書述及近現代日本思想家的觀點，與京都學派有直接關連的有西田幾多郎、田邊元、九鬼周造、和辻哲郎、三木清、久松真一、西谷啟治。藤田指出，近代日本的思想史，是在容受西方思想，和它正面交鋒，而發展出來的成果，這是日本自身獨自經營出來的思想的歷史。❺按在這裏，藤田未有提及中國思想。實際上，日本的思想，傳統以來，都受到中國思想一定的影響，朱熹、王陽明是明顯的例子。只是到了近現代，由於中國文化衰微，才轉而學習西方的。

---

❸　同前書，頁 13。
❹　同前書，頁 228。
❺　藤田正勝編《日本近代思想を學ぶ人のために》，頁 ii。

大橋良介編《京都學派の思想：種種の像と思想のポテンシャル》，京都：人文書院，2004。

編者大橋良介是留學德國的，受德國觀念論的薰陶。此書分兩部分。第一部分介紹各國各地對京都學派哲學的研究；第二部分介紹京都學派成員在科學、技術、美學、教育、言語、歷史、宗教等各個領域中的思想。涉及的京都學派的成員有田邊元、西田幾多郎、三木清等，撰文方面亦有好些是被視為屬於該學派的第四代的年輕學者，如大橋良介、森哲郎、松丸壽雄等。

編者大橋良介在書中談論到京都學派有關人物的事情和學派的簡單的發展過程。他表示，最初提出「京都學派」這個名稱的是戶坂潤。他在一本書《京都學派の哲學》❻論及西田幾多郎、田邊元和三木清的思想。三木清所著的《歷史哲學》被視為繼承西田學派亦即是京都學派的。而西田、田邊的弟子如高坂正顯、西谷啟治、高山岩男和鈴木成高則被視為代表京都學派的。❼

說到京都學派的旨趣或定義的麻煩問題，大橋認為應以無的思想來識別。

上田閑照監修，北野裕通、森哲郎編集《禪と京都哲學》，京都：燈影舍，2006。

監修的上田閑照留學德國，是德國神秘主義研究專家，對於禪

---

❻　戶坂潤著《京都學派の哲學》（1932 年），《戶坂潤全集》，卷 3，東京：勁草書房，1966，頁 171-176。

❼　大橋良介編《京都學派の思想：種種の像と思想のポテソシャル》，頁 6。

亦有一定的學養。這本書就與禪的關係來透顯京都學派的重要成員
如西田幾多郎、久松真一、西谷啟治等的哲學思想。其中未有提及
田邊元，因田邊歸宗淨土教，與禪沒有甚麼密切的關連。除西田、
久松、西谷之外，也闡述了多位有分量的學者或學僧的思想，包括
鈴木大拙。撰文的有不少是京都學派中較年輕的成員，如上田閑
照、森哲郎、松丸壽雄、倉澤行洋、大橋良介、秋富克哉、花岡永
子。

　　上田表示，西田的成名作《善の研究》出版的前十年，已與禪
與哲學建立起關連。他不說實體而說場所；❽把矛盾的自我同一建
立在同一律中；又不重視主觀－客觀的分解圖式，而強調同一或統
一關係：由主客相反以進於主客未分的統一狀態。這不表示理性與
感性的嚴峻區別，而是思考感性中的理性而得。❾上田表示，就今
日來看，西方的精神史可以說是到了哲學的終結、非哲學了，而西
田的思考則可以開拓出新的意義、空間。

　　久松否定念佛，也否定基督教信仰。他鼓吹絕對主體道、能動
的無、無相的自我。即是，我們的生命中有絕對的主體性，這即是
無相的自我，此中埋藏著無的動感，這動感可以開拓出一種實現絕

---

❽　這在形而上學方面類似懷德海（A.N. Whitehead）不說實體而說機
　　體。實體是不變的，機體是變化的，後者更能照顧到宇宙間事物的成
　　長與衰亡現象。

❾　這裏說主客相反以進於主客未分的統一狀態，是分解的、權宜的說
　　法，從存有論或綜合的角度看，統一狀態是先在於主客相反的分離、
　　對峙狀態的，這相應於西田的純粹經驗觀念。上田的說法，見於《禪
　　と京都哲學》，頁 25。

對主體亦即是無相的自我的方法。順應著這種方法去實踐，便能成就充實的文化活動特別是藝術：禪道、書道、畫道、茶道、華道、琴道、詩道（俳句）、劍道、甚至武士道，也可以發展出一圓相的宗教境界。

　　西谷的情況比較複雜，其中一個原因是，他的哲學知識涵蓋很廣的範圍，又東方又西方，又古代又近代、現代。因而可以與很多人進行對話，故這裏需要多些文字來解說。對於禪，他是從哲學的角度來看，認為禪是對於自己的哲學性自覺的道路。這自己不單指個人，更涉及世界史的宏觀的視野，即是，現時代的狀況是東方的世界與西方的世界開始急劇地統合起來，成為一整全的世界。在他看來，我們在踏著東方的傳統（文化傳統）之路以建立現代的世界時，要說禪，則「禪與哲學」的關係是不可或缺的。又在接受西方哲學上，在哲學方面，需要由「哲學與禪」一點作新的認識、考量。❿西谷的意思大體上是，要從哲學的角度來說禪，同時又要就實踐方面如禪的實踐來說哲學。他明顯要在哲學與實踐兩面把禪統一起來。

　　要比較西田與西谷的相異點，可就範疇（Kategorie）一點來說。上田表示，就禪と哲學（禪與哲學）中的と（與）來說，西田提出「純粹經驗」，以至於「場所」。倘若通過純粹經驗的「無主客」與「超越和包含有的場所的絕對無的場所」來看，則西田的思維核心可說是絕對無這一根本範疇。在西谷來說，他在「と」方面

---

❿　參看西谷啟治著〈禪の立場〉，《西谷啟治著作集》，卷 11，東京：創文社，1988。又參看《禪と京都哲學》，頁 35。

所提出的根本範疇，正是「空」。空本來是大乘佛教的根本語詞，
西谷第一次大膽地從正面把它確立為哲學的根本範疇。在「絕對
無」與「空」之間，我們可以看到西田和西谷之中的思維的移動旨
趣。上田進一步指出，在東西的思維傳統的遇合中，西方以「有」
來說絕對，視之為他們的根本立場。東方則以「無」來說絕對，開
拓出「絕對無」。此中的「無」不是有無的無，而是在存在論（存
有論）的平臺上被提及為根本語詞，而存在論在徹底的虛無主義
（Nihilismus）的境位中，並不具有適切性、妥當性。❶上田指
出，在徹底的虛無主義中，「絕對」（按指絕對性）有虛脫傾向，
存在論的平臺會消失，「絕對無」亦會失效。這種含容著絕對有的
「絕對無」即此即失去根本範疇的性格與效力，要把這樣的絕對無
與徹底的虛無主義同時吸收過來，委實不易。因為這涉及由現實的
虛無（虛無的現實）轉向本來的絕對無的動感，而帶有這種動感的
純然的根本範疇會在墮於困境的情況下被求索，這是困難的。西谷
由此想到大乘佛教的「空」來。依上田之意，在單純的空的場合，
可能有自由的動感可說，但也不免淪於空虛、虛無的意味；不過，
我們也可以說空卻空虛的那種動感，這動感是在情意上的質的置換
中說的。也可以說本來不能見到的無限性的意象。上田最後說，空
能生起這如許的意義、神韻，又引生出這些東西之間的關連，那是
作為哲學家的西谷啟治第一次把空想（思維）作根本範疇帶出來

---

❶　此中的意思是，在形而上學上，虛無主義對存在論有先在性、跨越
　　性。在這裏，虛無主義是終極義、絕對義，存在論則是經驗義、相對
　　義。這種輔解是否有當，這裏不擬討論。

的。⑫

　　我們要注意西谷自己提出來的「情意中的空」（情意における
空）這一表述式。這不單有美學的意味，也有存有論的意味。其意
思是，我們不應滯在於「空」智中而感到滿足，卻是應感受到滲透
了情意的空，以一種美感的欣趣來理解空，這種欣趣是關連著世間
種種事物說的。以這種眼光和空的智慧來看事物，則能體會到它們
的空無自性的性格而互不妨礙，這便是華嚴宗所說四法界中的事事
無礙法界；在其中，事物有一種互相包容、互相交攝的迴互相入的
關係。這是一種在空的終極真理的運作下的事物的世界、現象學的
世界，以至生活世界（Lebenswelt）。我把它稱為「空的存有
論」。⑬

小坂國繼著《西田幾多郎をめぐる哲學者群像：近代日本哲學
　　と宗教》，京都：ミネルヴァ書房，1997。

　　此書的作者出身於早稻田大學大學院文學研究科，倘若有所謂
京都學派第四代的話，則他可以列入。他的研究集中於西田哲學。
這本書如作者在序中所云，是研究西田幾多郎和環繞他周圍的學者
的哲學，後者很有一些京都學派的人，如田邊元、三木清、和辻哲

---

⑫　《禪と京都哲學》，頁 38-40。

⑬　花岡永子對以「空的存有論」的稱謂來說西谷哲學的存在世界有所保
　　留，因為西谷沒有提及這個字眼。我覺得西谷雖然未有以這字眼來為
　　自己的存在論、存有論定位，但他所說的理想的世界中事物的迴互相
　　入的關係，是在空無自性的基礎上建立的，這的確是一種存有論，特
　　別是空的存有論。他自己有沒有運用這個字眼或語詞來說自己的哲學
　　體系，並不重要。

郎、久松真一，其中並沒有西谷啟治，也沒有日本國內一向認可的
京都學者如高山岩男、高坂正顯、鈴木成高、下村寅太郎、九鬼周
造等。

上田閑照、堀尾孟編集《禪と現代世界》，京都：禪文化研究所，1997。

這本書就禪與世界的關係來展示西田幾多郎、鈴木大拙、久松
真一與西谷啟治的思想。其中，西田、久松、西谷都是京都學派的
核心人物，三人對禪都有一定程度的認識與實踐經驗。鈴木則是禪
修行者與倡導者，雖然不是京都學派（以哲學為思想的主脈）的人
物，但與這學派的人物有多元性交集，可以說是京都學派的邊緣性
人物。我們這裏略就與禪的關連對西田、久松、西谷作些說明，然
後把闡釋的重點放在西谷上，編集者上田閑照是京都學派第三代的
人物；另一編集者堀尾孟一生的學習與教課都在大谷大學中進行，
這大學與鈴木跟京都學派有密切的關連。

上田在書中的發端文字〈禪與世界：就西田、大拙、久松、西
谷來說〉（〈禪と世界：西田、大拙、久松、西谷に即して〉）
中，提到西田幾多郎與鈴木大拙都是認真地面向禪與西方世界的精
神原理而與二者建立密切關係的人。西田所關心的是西方哲學與
禪，鈴木則長時期（二十年）在美國活動，以禪的立場與西方精神
和基督教進行對話、辯駁。這兩人加上久松和西谷曾就由禪移向世
界、由世界移向禪的活動導向上實存地、思辯地、與歷史相契接地
作出既深且廣的努力與貢獻。他們都關心如下幾個問題：禪的實修
實證的經驗、對禪的理解與自覺的正確方式、我們應該如何理解與
覺識近代以至現代的歷史性中的世界、我們應如何在以上三者的交

集中形成自身的思想。**⓮**

西谷啟治編《思想のシンポジウム 1》，京都：燈影舍，
　　1985。

　　這是一本座談形式的小冊子，收集三次座談的記錄，題材為：
〈實存、虛無與頹廢〉，參予者為和辻哲郎、務台理作、高坂正顯
和西谷啟治。四人都是京都學派的成員。另一座談的記錄的題材
為：〈現代與狂氣〉，參予者有西谷啟治、島崎敏樹、加賀乙彥、
唐木順三。其中，西谷、唐木是京都學派成員。又一座談的記錄的
的題材為：〈現代的道德的探索〉，參與者有高坂正顯、西谷啟
治、金子武藏、鈴木成高、唐木順三與竹山道雄。其中，高坂、西
谷、鈴木與唐木為京都學派成員。

西谷啟治編《思想のシンポジウム 2》，京都：燈影舍，
　　1986。

　　這是另一本同類的座談的記錄，以日本的風土思想為主題。有
三個題材。一為〈日本的思想風土〉，參與者為高山岩男、西谷啟
治、三宅剛一、下村寅太郎。四人都是京都學派成員。按這題材的
研究是和辻哲郎的強項，但他沒有參加。另一題材為〈自然〉，參
與者為高坂正顯、竹山道雄、西谷啟治。其中高坂和西谷是京都學
派成員。最後的題材為〈對於日本人的心的探索〉，參與者有高坂
正顯、木村健康、鈴木成高、竹山道雄。其中高坂、鈴木是京都學

⓮　《禪と現代世界》，頁 8。按上田或有把以上四人各各分別關心這裏
　　的四個問題的意味，但我認為，這四個問題都是同樣重要的，而且相
　　互之間分不開，四人應該同樣地關心這些問題。

派成員。

長谷正當著《心に映る無限：空のイマージュ化》，京都：法
　　藏館，2005。

　　著者長谷出身於京都大學，也曾長期地在該處教學。這本書透
過空的形象（Bild, image）或更確切地說形象化來看人的心靈狀
態，與西谷啟治的哲學旨趣最能相應。這本書分三個部分：無限的
形象；自然、自覺與他者；人與超越。內容豐富。我們特別要注意
的是第三部分亦即人與超越。在其中，著者談及西田幾多郎、田邊
元、西谷啟治和武內義範的思想，論題各自不同。在說到形象的實
在性方面，特別強調西谷對宗教的理解：宗教是「對實在性的實在
的體會」。❶其意大抵是要以實在的、存在性的、主體性的層次來
把握終極的實在，與西田以「心靈的真實」來說宗教有近似的旨
趣。長谷所說的「實在」、「存在」、「主體性」都是就心靈而
言，這有宗教的焦點不在外在的神，而在內在的心靈的意涵。

　　所謂「空的形象化」是指空的觀念可以在現前既存的自然中見
到，這自然是日本人的心靈滲透於其中的處所，它正是「虛空」，
是具有情感性格的。我們也可以說，空的觀念表示空內在化於情意
之中。❶此中實有把空從傳統的概念性的狀態、境界引領出來，讓
它具像化、情意化。長谷顯然在思想上受到西谷深遠的影響。

---

❶　《心に映る無限：空のイマージュ化》，頁 50。
❶　同前書，頁 6。

根井康之著《絕對無の哲學：西田哲學の繼承と體系化》，東
　　京：農山漁村文化協會，2005。

　　這是一本與其他不同的著作。著者根井康之的學問非常龐雜，
涉及社會學、東西思想、自然科學、哲學、經濟學、西田哲學、生
態學、文明危機等多方面。他表示以新方法來寫這本書，超越主客
對立的觀點；又隨文發揮，不直接引述文獻；對於京都學派的理
解，集中於西田哲學；並以絕對無與自我同一的思想為中心；對絕
對無的意義有個人的理解，並視之為具有無限的力。❼關於最後一
點，根井認為，絕對無不依存於任何他者，自己本身便是一自由自
在的實在，是沒有任何對立者的絕對實在，不受任何他者所限制的
無限的實在，是唯一具有活力的東西，是無限的力。❽

　　最重要的是，此書對於西田常說的絕對無的自我限定，作了一
些解釋、發揮：絕對無自身起分割作用，而開出對立的兩邊。這兩
邊是全體和個體；全體是可能態，個體是現實態。❾京都學派的哲

---

❼　這在作者的《絕對無の哲學：西田哲學の繼承と體系化》中，時常被
　　提及。但是甚麼意義，是哪一層次的力，未能清楚。

❽　同前書，頁84。

❾　「分割」字眼不是很好，因物理意味明顯；「分化」應是較好的選
　　項，這是一存有論特別是宇宙論的概念。根井指出，可能態與現實態
　　成立於絕對無的場所的自我限定的兩端之中。這種絕對無的場所的自
　　我限定的形態是實在性格，但不具有場所這樣的實體的自我同一性。
　　通過否定實體的絕對無的場所的媒介作用（這媒介應是場所自身），
　　可能態與現實態各各的實體都被否定掉。依於此，可能態與現實態便
　　置身於絕對矛盾的關係之中。所謂絕對矛盾是相互對反的兩項有相互
　　否定的關係，同時也有相互肯定的關係。

學家特別是西田幾多郎常提到絕對無自我限定，以交代有限事物的

根井又借助華嚴宗的緣起無自性與相即相入的意涵來助解。事物當可能態成立，現實態即入於可能態中，而隱藏起來，因此全體便表現為可能態。相反地，事物當現實態成立，可能態便入於現實態中，而隱藏起來，因而全體便表現為現實態。根井強調，這種關係之能夠成立，賴於事物自身不具有固定的實體性。倘若事物中有固定的實體性，則會有妨礙，相即相入的關係便不能成立了。

可能態入於現實態之中，全體便呈現實態，可能態與現實態之間便有一種活潑關係，有一種力把兩者結合起來，讓事物向現實態方面內面化。這樣，現實態便以可能態與現實態同體的方式成就自己。現實態便藉著這內面化的力，使事物作為單獨的、唯一的絕對存在而自立。這樣，當現實態是全有力時，可能態便是全無力。反之亦然。當可能態作為唯一的絕對存在而被肯定時，則現實態會被否定。現實態作為唯一的絕對存在而被肯定時，可能態會被否定。這樣便有相互否定的關係。可能態與現實態各各作為自立、獨立的存在而相互排斥。不過，根井提到他者若沒有獨自性，自己亦不能有獨自性；當兩個存在各各有其自身的獨自性，則會相互向他方求合，相互肯定其存在。這樣的思維方式，其根源來自華嚴宗的相即相入的邏輯關係，或更確定地說是存有論關係，有力與無力、無力與有力相即相入。不過最後根井所說他者若沒有獨自性，自己亦不能有獨自性，當兩個存在各各有其自身的獨自性，則會相互向他方求合，相互肯定其存在，則不是華嚴宗的意思。關於華嚴宗的相即相入、有力（現實態）無力（可能態）的思維導向，參看拙著《中國佛學的現代詮釋》，臺北：文津出版社，1995，頁 104-113。又有關根井在上面說及事物的可能態與現實態的關係，參看根井書，頁 133-138。另外，根井在同書另處又提到自我限定的問題，表示作為一的絕對無自我分割，而生出相互區別的有、無兩端。絕對無是實在，不受其他任何事物的制約，因此不會為其他東西所分割，只是自己把自己本身分割，而確立有與無。（頁89，註1）

兩端的存在，但極少進一步解釋或說明「自我（己）限定」的具體意思。根井康之對這一表達式作進一步的說法，算是例外。

藤田正勝編《日本の哲學第 5 號：特集無／空》，京都：昭和堂，2004。

　　此書收錄多篇有關京都學派哲學的文字，作者包括小坂國繼、美濃部仁、花岡永子。內容涉及自覺與絕對無的關係、東洋的無與純粹經驗的關係、空的哲學。另外，上田閑照寫了一篇專稿，泛論無與空的問題。復有一篇書評，評論板橋勇仁的專書《西田哲學的邏輯與方法：甚麼是徹底的批評主義》（《西田哲學の論理と方法：徹底的批評主義とは何か》）板橋出身於上智大學文學部哲學科，是研究京都哲學的新一代學者。

藤田正勝編《日本の哲學第 3 號：特集生命》，京都：昭和堂，2002。

　　此書收錄多篇有關京都學派哲學的文字，作者包括中村雄二郎、野家啟一、清水博、杉本耕一、海式格（James W. Heisig）。內容涉及生命作為哲學的根本問題、主體與環境的生命論、純粹經驗、田邊元的種的邏輯、從歐美方面看日本哲學中的場所問題。復有一篇書評，評論海式格著的《無的哲學家》（*Philosophers of Nothingness*）。在這本書中，海式格鎖定三個人作為京都學派的哲學家：西田幾多郎、田邊元、西谷啟治。這樣來看京都哲學家，是有爭議性的。

淺見洋著《二人稱の死：西田、大拙、西谷的思想をめぐって》，橫濱：春風社，2003。

　　著者出身於金澤大學、筑波大學。此書以死為主題，闡述西田

幾多郎、西谷啟治、鈴木大拙的思想，特別是對死亡的看法。前二
者是京都學派的最重要人物，鈴木則是該學派的邊緣人物，與西田
私交甚篤。又西田與鈴木同是西谷的老師。按一人稱指自己，三人
稱指他人，二人稱則指親人或跟自己有密切關係的人，如父母、兄
弟姊妹和戀人之屬。這二人稱的特徵在他的死，對周圍未死的人留
下震撼的喪失感、悲嘆感。著者特別強調，一人稱的死，超越知覺
體驗，這無話可說。二人稱的死，是呈現在留在的人面前，這種死
是不能替代的。最後著者也談到京都學派另一重要人物田邊元對死
的看法，後者提及「在死的時代的現代，要建立死的哲學」。

南山宗教文化研究所編《絕對無と神：西田、田邊哲學の傳統
　　とキリスト教》，東京：春秋社，1986。

　　編者南山宗教文化研究所設於日本名古屋南山大學，目標是研
究基督教與日本的宗教、文化，1975 年創立，其具體任務有兩
項：介紹亞洲特別是日本的宗教思想予西方世界，和進行宗教對
話。此書是該所在 1980 年 3 月舉行的座談會的記錄結集。參加者
有西方學者溫伯拉格蒂（Jan van Bragt）、法頓浮斯（Hans
Waldenfels）、上田閑照、武藤一雄、西谷啟治、武內義範，全體
人員都與京都學派有或親或疏的關係。所討論的議題包括：現代世
界史中的基督教與佛教的對話、西田幾多郎對宗教的理解、非神話
化與自然神學、佛教的向上立場、田邊元的哲學與絕對無等。其中
較值得注意的一個議題是武內義範講的田邊哲學與絕對無。武內義
範是田邊的弟子，屬京都學派第三代人物。他在宗教哲學方面有深
厚的學養，但較少寫文章，惜墨如金。這個議題涉及武內自身對京
都學派的核心觀念「絕對無」的觀點，和武內對田邊的「種的邏

輯」的理解。

西谷啟治監修、上田閑照編集《禪と哲學》，京都：禪文化研究所，1988。

此書分三章，第一章講禪與現代世界的關係。第二章單獨集中講禪。第三章則與書名直接相應，講禪與哲學的關係。各篇論文的作者，很多都跟京都學派有密切的關連，如西谷啟治、上田閑照、武內義範、大橋良介、川村永子等。

此書的內容，如上田閑照在〈前言〉中表示，禪是「己事究明」的學問，亦即是自己生命內部對自我、世界的存在的體證。[20]哲學則是「對世界的邏輯性的自覺」，這即是理性的自覺，是在思辯中、概念的分析中進行的。上田指出，在傳統的理解下，禪是以東方的非思量（按即超越思考、概念辯解）的生活實踐為骨幹，哲學的骨幹則是對自我與世界作理解性的探討，是反省的學問，或進一步反省的反省的問題。雙方本來是異質的文化成果，一時很難被拉在一起而成為探討的議題。但兩者之間也可有聯繫，世界可以包含異質的、相互不同的東西而成為我們所共同面對的世界。在這種情況下，雙方便可從斷裂、分離而向遇合、對話方面移挪。上田指出，禪是對哲學的原理的根源性的探究，而哲學則可對禪在世界建立的體系性與具體性方面提供基礎。

石田慶和著《日本の宗教哲學》，東京：創文社，2000。

著者石田出身於京都大學宗教學科，受西田幾多郎、波多野精一的影響，又受到武內義範、西谷啟治的指導。此書主要是研究明

---

[20] 《禪と哲學》，〈まえがき〉。

治中期以後的宗教哲學，集中於有代表性的西田、波多野、田邊元與西谷啟治，基本上是京都學派的宗教哲學的研究。所謂宗教哲學，依著者的理解，世界中有種種不同的宗教，而從本質方面去說明它們的，即是宗教哲學。西田亦有宗教是心靈上的真實的說法。而早期以實證方法研究宗教的姉崎正治寫了一本《宗教學概論》，也說到宗教學的研究對象不是一派一派的宗教，而是研究「人文史上的事實」、「人間精神的產物」，這更是把宗教先關連到人的文明的、文化的精神來說，而後才及於上帝或種種神靈。❹

在上面所提的四位學者中，除波多野精一之外，其他的都是京都學派的核心人物。據著者所示，這四位思想家對宗教論或宗教哲學都有一共識，都是立根於實際的經驗或體驗來開拓宗教天地的。西田提的是「純粹經驗」，波多野提「他者經驗」，田邊說「懺悔道」，西谷則強調「體現即實現」。❷

辻村公一編《一即一切：日獨哲學コロクィウム論文集》，東京：創文社，1986。

這是一本在以「一即一切」為題材而加以闡釋與發揮的學術研討會上發表的論文結集，參加者基本上是日本與德國的學者，內中涉及不少京都學派的成員的有關見解、觀點。編者辻村公一出身於京都大學，亦是該大學的長期教授；他也是海德格研究專家，也算是京都學派的邊緣人物。書中有好些文章是京都學派的成員的作品，包括西谷啟治、上田閑照、大橋良介和辻村公一自己。全書分

---

❹　《日本の宗教哲學》，頁 134。

❷　同前書，頁 359。

三部分，分別探討一即一切問題，東方的一即一切思想與西方的一即一切思想。

　　一即一切的說法雖然廣泛地流傳於東方與西方的文化傳統中，但最易讓人聯想到的是佛教華嚴宗所闡發的理事無礙境界與相即相入的邏輯（其實是辯證法）或思維方式。天台宗的「一色一香無非中道」及「即空即假即中」的說法也是由這種意涵開展出來的。西谷啟治在他的序文中指出，一即一切是東方與西方由古代以及於現代的哲學與宗教思想中常被人提及的說法，例如古希臘、古印度與古中國都有這種說法的發展，以迄於現代。他提到印度的《奧義書》（*Upaniṣad*）、婆羅門教（Brahmanism）和佛教，都屬於這樣的思想形態。甚至中國的孔子與老莊思想與此也有關連。[23]

　　從文字學來說，一即一切的德文相應字是 All-Einheit，德語「-heit」部分即是我們這裏所說的「即」。[24]

服部健二著《西田哲學と左派の人たち》，東京：こぶし書
　　房，2000。

　　服部健二出身於四國學院大學人文學科及立命館大學西洋哲學科。此書專門探討西田哲學和京都學派中的左翼人士的思想，集中於三木清。左派的京都學派通常包括三木清、戶坂潤，務台理作也可納入其中。[25]另外，書中也提到田邊元與高橋里美。田邊自是京都學派的重量級人物，高橋若從寬鬆的角度看，也可列入該學派

---

[23]　《一即一切：日獨哲學コロクィウム論文集》，頁 4。

[24]　同前書，頁 5。

[25]　至於右派，則首推西谷啟治。

中。田邊、高橋也曾對西田作過批判,特別是在他們的後期階段。

在當代哲學中,身體觀是一個新的也是熱門的題材。這本書在這方面也有說及,它是就京都學派的說法而言的。著者提到,在西田的身體概念中,身體逐漸消逝,真正的身體性便成立。從意識的立場來說,身體是不能被意識的。人格的自己在身體的撐持中,在身體不能被意識的情境,也能成就絕對的他者,即是「汝」,讓自身與這作為絕對的他者的人格建立一種我、汝之間的應答關係。❷❻

在田邊元的情況,則強調身體的持續的實在性。他以身體作媒介,成就自我的自由與由超越的自我的他者而來的強制性這兩者。當然,在田邊的場合,以身體為媒介而展現的,不只是對立的他者。在身體作為「回歸向無限絕對的全體的媒介」之中,真正意義的超越的對象,一方面超越現實世界,另方面也是把這現實世界加以內在化的全體。這全體在「否定自己的有」又否定這有的同時,也是把這有包攝在內的絕對媒介的絕對無。另外,田邊又在他的論文〈總合與超越〉(〈總合と超越〉)中,表示身體概念與超越概念是統一地被把握的。在這裏,我把田邊的大意說一下,以結束對於服部書的闡述:田邊認為,身體一方面屬於自我,在另方面,他在自我之外,與後者對立而展現。這即是超越的存在的自我顯現的巔峰。超越的存在在身體中與自我對立而呈現,又由外面強制自我。❷❼田邊顯然是以身體作為媒介,把自我與超越的存在拉在一

---

❷❻ 《西田哲學と左派の人たち》,頁 262。

❷❼ 《田邊元全集》,卷 4,東京:筑摩書房,1964,頁 345;轉載於服部的《西田哲學と左派の人たち》,頁 262。

起，以成就「我」與「汝」的關係。這關係有點弔詭的意味：超越的存在有時與自我對立，而控制它，有時又把自我含攝於自身之中，恢復它的自由。這超越的存在正是指他力大能的彌陀，也相應於一般所謂的「永恆的神」（Eternal God）。

小川侃編《京都學派の遺產：生と死と環境》，京都：晃洋書房，2008。

此書的內容，不是講哲學，而是講自然、環境、環保及其繼承的問題，那是關連著京都學派的觀點而作出的闡釋，並及於生死問題。編者出身於京都大學文學部哲學科。書中涉及京都學派中多個成員的觀點，包括西田幾多郎、田邊元、西谷啟治。還有山內得立，它是久松、西谷的輩分，有人有時把他視為京都學派的成員，儘管沒有很多人注意他。那主要是由於他的學問是有關思想方法、意味的形而上學方面的緣故。

書中提及環境的三個次元（dimension）或面相，一是環境與人的關係，二是「環境」的名相的所涉層面，三是事物在環境中活動的條件。其中用了很多篇幅討論西田與田邊在有關方面的觀點。在講西田時，以身體說環境，並涉及身體與歷史的關係問題，也引述了一些西田提出的身體與歷史的關係的觀點。如說我們的身體是歷史的身體，在歷史的身體的發動即是自己投身於歷史的世界之中，但這是限於表現的世界的自我限定中的行為、活動而言。又說我們的身體自己是在歷史的世界中的創造的要素，歷史的生命通過我們的身體而實現自己自身。❸書中特別強調西田在晚年的思索中

---

❸　《京都學派の遺產：生と死と環境》，頁23。

對身體取特別的意味，以身體是「創造的世界的創造要素」。❷同
處又提到身體的歷史性是經過祖孫代代相傳承而成就的。

**海邊忠治著《苦惱とけて絕對の信へ：西田哲學を契機とし
て》，京都：法藏館，2007。**

　　著者出身於龍谷大學文學部與京都大學文學部哲學科。這本篇
幅不多的著作主要探討對苦惱的消解和對絕對的起信，主要是就京
都學派而言，其中涉及西田幾多郎、田邊元和久松真一，而集中於
西田。又涉及淨土真宗的親鸞和德國神秘主義者艾卡特（M.
Eckhart）。這是一本具有深厚的實踐性的著作，以西田的哲學為
契機、機緣而作成。

**小野寺功著《絕對無と神：京都學派の哲學》，橫濱：春風
社，2002。**

　　著者出身於東京上智大學大學院哲學研究科，受學於德國的禪
佛教史學者杜默林（H. Dumoulin）。這本書的主要內容是透過與
基督教作比較而展示出京都學派的哲學。京都學派以西田幾多郎為
主，下及於田邊元、西谷啟治、武內義範、武藤一雄與上田閑照。
這本書得以寫成的一個重要因緣是西田、田邊、西谷、龍澤克己、
鈴木亨等哲學家都是探求「內在的超越」的真理，在他們的信念
中，人的內在的生命的根底中，都能實證到神的存在。另外，書中
也討論到波多野精一的宗教哲學和逢坂元吉郎、北森嘉藏的神學思
想。

---

❷　同前註。

藤田正勝編《日本の哲學第 7 號：特集經驗》，京都：昭和
　　堂，2006。

　　此書收錄多篇闡釋京都學派的哲學的文字，涉及的有關人士有
九鬼周造、西田幾多郎、田邊元等。在西田方面，主要著眼點是把
他與柏格森（H. Bergson）、詹姆士（W. James）和康德的觀點的
比較。另外，集中收錄了幾篇書評，都與京都學派哲學有關。一是
評論海式格（James W. Heisig）所寫的《日本哲學的國際性：海外
方面的承受與展望》（《日本哲學の國際性：海外における受容と
展望》），另一則是小濱善信著的《九鬼周造的哲學：漂泊的靈
魂》（《九鬼周造の哲學：漂泊の魂》）。

藤田正勝編《日本の哲學第 2 號：特集構想力／想像力》，京
　　都：昭和堂，2001。

　　此書的探索主題是構想力、想像力，這是左派的京都學派哲學
家三木清發揮得最多的題材。這也是和美學有較密切關連的題材，
與康德的第三批判的內容有一定的聯繫。被涉及的其他宗教哲學家
有西田幾多郎、西谷啟治。有兩篇書評，其中一篇是評論上面提及
的服部健二的的《西田哲學と左派の人たち》。

淺見洋著《思想のレクイエム：加賀、能登が生んだ哲學者 15
　　人の軌跡》，橫濱：春風社，2006。

　　著者出身於金澤大學大學院文學研究科哲學專攻。書中所述，
是以加賀、能登為出生地與活動背景的哲學家或文化參予者的思想
與為人。其中有不少是京都學派的成員或與該學派有深厚淵源，包
括西田幾多郎、鈴木大拙、木村素衛、西谷啟治、戶坂潤、三宅雪
嶺、野崎廣義。作者以較為輕鬆的筆調，勾勒出有關人物的獨特之

處，包括思想、生活、情懷各方面，有與死者對話的意味。如西田
的悲哀感，鈴木由悲哀而學習、體驗人生，木村發揮愛的精神的教
育觀點、西谷對虛無主義作出空的轉向，戶坂的反戰態度，三宅對
日本近代化、現代化的洞觸，和野崎作為西田的弟子而夭折的不幸
遭遇。作者對於書的名稱：《思想的安魂曲》（《思想のレクイエ
ム》），賦與三方面的意義：一是表現愛的情懷的安魂曲，譜出他
們的死亡心聲；二是悼念死者而感悲戚；三是有關「思想這樣的東
西的安魂曲」所表示的懷鄉之情（nostalgia）。

　　這樣的書比較少見，它的感性意味相當濃厚，予人一種憂悲的
生命情調，令人想到《源氏物語》所傳播出來的消極的、滄桑的心
聲，內中充滿著大和民族的蒼白靈魂的幽玄之美。

津田雅夫《昭和思想新論：二十世紀日本思想史の試み》，京
　　都：文理閣，2009。

　　編者津田雅夫專攻思想史，特別是有關三木清和和辻哲郎的研
究。全書闡述昭和時代的思想，分四章，前兩章都是有關京都學派
的。第一章從「逆說」與「辯證法」來看西田幾多郎、三木清、戶
坂潤等的觀點，第二章則從「經驗與制度」的歷史哲學來論述西
田、三木、戶坂的思想，以西田是「原形」的，三木是型範
（type）的，戶坂則是實際的。

　　值得注意的是，編者強調西田的無的辯證法，以個體相互之間
的自我限定的觀點，展開個人、國家、社會的成立，並探討絕對矛
盾的自我同一這種思維的理解途徑。❸編者津田特別提出，就三木

---

❸　《昭和思想新論：二十世紀日本思想史の試み》，頁25。

清與戶坂潤來說，前者的修辭學（rhetoric）與後者的批判
（criticism），是無的辯證法的另類的表示方式，是西田哲學的嫡
傳。這種看法頗為新鮮。

植村和秀著《日本への問いをめぐる鬪爭：京都學派と原理日
本社》，東京：柏書房，2007。

　　著者出身於京都大學法學部。此書說明由西田幾多郎代表的京
都學派與由蓑田胸喜所代表的原理日本社在思想上的比較。我在這
裏要注目的，是通過這種對比來看看京都學派的性格與在實際事務
上的態度問題。著者植村提到，西田是極富創造性的思想家，原則
上擁戴人的種種原創性活動。蓑田則原則上對一切持否定態度。西
田並不堅持他個人的價值觀，尊重他人包括他的京都學派弟子的意
見；蓑田則堅持他個人的價值觀，視自己的想法是原理日本社同人
的思想的典範。京都學派的特徵是其創造性，原理日本社的特徵則
是其否定性。雙方之間有著不可逾越的壁壘。

　　進一步說，在京都學派中，西田最具原創性，其他成員在這方
面也不弱。在原理日本社中，蓑田最能表現否定性，近於極端的虛
無主義性格。西田是寬厚的、四通八達的思想形態；自我性強，要
求創造，具有強烈的人格。至於原理日本社，一般的成員也是傾向
否定的矢向，蓑田則比任何人都有更強的執拗性，有過分否定他者
的偏向，也最堅持自己的觀點。在處理自己的生命方面，他也很富
傳奇性。他在五十二歲時便自殺了，日本原理社在他逝世之後也漸
漸解體。

　　此書所收錄的京都學派人士的思想自然是集中於西田本人，同
時也包括鈴木成高、西谷啟治、高坂正顯、高山岩男，也提及田邊元。

竹田篤司著《物語京都學派》，東京：中央公論新社，2001。

　　著者出身於東京教育大學哲學科。以輕快的筆調雜談與京都學派有關連的人的思想、生活與軼事，因而用「物語」字眼，表示有說故事、漫談的意味。但依著者所言，書中所述都是依於事實，不是虛構。全書牽涉的人物很多，包括西田幾多郎、田邊元、戶坂潤、下村寅太郎、三木清、唐木順三、和辻哲郎、九鬼周造、西谷啟治、木村素衛、山內得立、波多野精一、三宅剛一、久松真一等。

　　書中特別提到誰開始以「京都學派」一名來指述有關派系或人物的問題，舉出戶坂潤，說他是先用這個名字的，並說西田（幾多郎）哲學的發展，便成京都學派。這說法出於戶坂所寫的《現代哲學講話》一書中。至於這個學派的成立時期，則可上推到昭和九年，亦即一九三四年前後。

大橋良介編著《京都學派と日本海軍：新資料〈大島メモ〉をめぐって》，PHP 新書，2001。

　　這是一種資料性的文獻。京都學派基本上是一個哲學的學派，但在某種程度上，個別的成員有時會發出一些有關世界大戰的言論，即使不是有意圖的，但由於學派的特殊地位，他們的一些言論，有時會被牽扯到戰爭方面去，因而有人提出學派的某些有影響力的人士與世界大戰、日本的東亞共榮政策有關連，有助長推動這大戰、政策的嫌疑。實際的情況如何，一時難有定論。大橋這本書便提供了有關這些問題的資料。**❸**

---

❸　二○○二年我到京都，與大橋良介閒聊，提到京都學派與大戰的關係

David A. Dilworth, Valdo H. Viglielmo, with Agustin J. Zavala, trs. and eds., *Sourcebook for Modern Japanese Philosophy: Selected Documents*. Westport, Connecticut. London: Greenwood Press, 1998.

此是資料性的著書，幾個著者合作選錄日本現代哲學的資料，其中有很充實的京都學派的文字，包括西田幾多郎、田邊元、九鬼周造、和辻哲郎、三木清、戶坂潤、西谷啟治。在開列資料文字之先，都對有關哲學家的生平、思想作些交代。所列資料算是恰當。全書以一篇序文開始，首先指出西田的《善之研究》（《善の研究》），被視為首先由一個日本哲學家試圖開拓出自己的體系的成功的處女作。並指出書中所收錄的文字的作者都可關連到西田方面，而構成所謂「京都學派」的哲學。

序文扼要地闡述每位哲學家的特色和在京都學派中所扮演的角色。西田是學派的開創者。戶坂則不滿於亞洲的宗教傳統，而愛好西方思想，特別是馬克斯主義。田邊的位置、重要性，在京都學派中，僅次於西田，他有自己的辯證思想和宗教哲學。九鬼則走另外的路線，不著力於宗教哲學，卻在美學的領域中開拓自己的天地，把自己在歐洲的現象學的學養應用於其中。三木清發展出構想力的

問題，大橋表示近年他們找到一些來自海軍方面的資料，證明京都學派沒有積極參予日本在大戰中所扮演的角色，云云。我想大橋是指這本書。但我在京都的書坊找不到它。另外，有關京都學派與海軍的關係問題，又可參看直上書《物語京都學派》，頁 171-177。

哲學，同時也同情馬克斯主義。西谷則吸收佛教的空的思想來超克西方的虛無主義，而成就他的空的哲學。

Fritz Buri, *The Buddha-Christ as the Lord of the True Self: The Religious Philosophy of the Kyoto School and Christianity*. Tr. Harold H. Oliver. Macon, Georgia: Mercer University Press, 1997.

　　這是一本比較宗教學的著作，就真我的展露或證成一問題來看佛教與基督教的救贖觀點。著者基本上以京都學派哲學來說佛教。在這種比較中，我們可以看到京都學派在救贖問題方面的自我、真我的觀點。著者貝利（Fritz Buri）是瑞士的基督徒的宗教學者，他自然在本質上不認同京都學派的非實體主義思想，特別是絕對無的哲學立場，但有相當開放的胸襟與視野，能夠以同情的態度來理解東方思想，這自然也包括京都學派在內。

　　貝利的研究著眼於佛教與基督教的真我思想問題，這真我在基督教來說是上主，在佛教來說是主體。他指出作為真我的上主或主體是展示自我理解的超越的相對性的表述。在佛陀——耶穌作為真我的上主或主體之中，貝利把祂們結合在一起，視之為我們自身經驗到的超越性的符號，這兩種符號無疑是植根於相當不同的世界觀和代表不同的救贖思想。這即是，在一種情況，人面對的是一元主義和自我救贖；在另一情況，人面對二元主義和超越我們人類的能力的救贖。❸不管是哪種情況，人如果要找尋他的上主或主體，必須由自我開拓。在上主或主體之外，真我便無從說起。貝利強調，

---

❸　前者指佛教，後者指基督教。

與這種自我尋找、自我發掘的工夫比較，我們以甚麼名字來說上主或主體，都是次要的、第二序的。❸貝利的意思顯然是，真我的找尋與證成，不是依於在名言上的推敲，而是依於當事人的工夫實踐。貝利在作京都學派與基督教的比較研究中，聚焦在真我或我一點，自是無可厚非。但他未有強調一點，京都學派或佛教所說的我，是沒有實體的，基督教的我則是實體性格的。不弄清楚這點，有關的研究便會含混不清，甚至會捉錯用神。

回返到京都學派的理解方面。貝利在書中處理八個人物：西田幾多郎、田邊元、鈴木大拙、久松真一、西谷啟治、武內義範、阿部正雄和上田閑照。除鈴木之外，其他七人應該沒有問題。鈴木則是富爭議性的人物，他是西田的好友，又是一些其他成員（如阿部正雄）的老師。他的學問太廣，也太散，與作為京都學派的定位典範觀念的絕對無，也沒有核心性的關連。對於每一個成員，貝利都用相當分量的篇幅來闡述，其涵蓋性也相當完整。以下我們看他如何說田邊元與上田閑照。

先看田邊元。貝利看田邊元，首先著眼於他對工夫實踐與動作、動感的重視，然後再及於他的有強烈的辯證意味的概念和理論。這是一種值得留意和推廣的做法。與佛教一樣，京都學派的關心是「己事究明」，生命的學問便從這點說起。貝利在這方面頗能相應。他指出，對於田邊來說，形而上學的義蘊必須依附於存在地被理解的「覺悟」之中。因為他把這覺悟關連到他的超越、絕對者

---

❸　參看該書的〈前言〉（Foreword）。

和無的概念方面去。❸覺悟是透過具體的工夫實踐而致的；不進行實際的工夫實踐，超越、絕對者、無這些概念或觀念只有一種形式的典範義，只能成就辯解的哲學，而無與於真理的體證與覺悟的證成。在這一點上，田邊的確抓得很緊。這工夫實踐是他要開拓懺悔道的哲學的核心工作。

說到懺悔道的哲學，這是田邊元的宗教哲學中最重要的內容和貢獻。這牽涉及淨土真宗的親鸞的思想。貝利指出，田邊一方面不想在親鸞的著作的影響下體驗自己的轉化經驗，另方面他又強調要在親鸞的精神之下受到指引；在這種指引下，他發展、開拓出自己的懺悔道哲學。❸我想實際情況可能是這樣，在精神的層面，田邊深深地受到親鸞的入世態度所吸引，也接受他在工夫論上的辯證思維，如「惡人正機」（越是窮兇極惡的人，越是具有資格去接受轉化。）至於具體實踐歷程和生活方式，田邊則不想受到親鸞太深的影響，如親鸞結婚生子而且養著許多妻子妾侍的事情。

就懺悔道的哲學來說，當事人要把自己的主體性收斂起來，而投身到一外在的他力大能方面去，因此這種哲學與宗教的焦點，便從自身轉移到他力大能方面去。在這種情況，修行人要與他力大能建立一種具濃厚親和性的關係。在這個問題下，貝利說明了修行人或信者與他力大能之間要有一種能讓信者達致宗教的終極意義的聯

---

❸　*The Buddha-Christ as the Lord of the True Self*, p.71.

❸　同前書，頁 73-74，註 35。關於田邊的懺悔道的哲學，參看拙著《絕對無的哲學：京都學派哲學導論》，臺北：臺灣商務印書館，1998，頁 35-44；拙著《純粹力動現象學續篇》，臺北：臺灣商務印書館，2008，第六章〈京都學派懺悔道哲學的力動轉向〉，頁 239-281。

繫。他說：

> 我把自己全部的存在交託予他力，在修習我的懺悔和對於這
> 他力維持著信仰之中，我讓自己的轉化——復活經驗得到確
> 認。❸❻

這樣，「懺悔的行、信、證便成為這『再生的存在』的哲學」。❸❼
「再生的存在」意味著復甦，這是宗教意義的復甦，有在精神上的
覺悟的意味，由此可以開拓出一種以工夫實踐、存在的體驗為主的
哲學。貝利指出，田邊把這種由懺悔到復甦的經驗稱為「懺悔道」
（metanoetics），視之為一種他力哲學。這樣便有田邊的名言：
「我死於哲學中，但在懺悔中復甦。」❸❽

---

❸❻ 同前書，頁 71。這裏所說的把自己全部的存在交託予他力，預認一
種委身於他力，對他力完全信賴的一種我。這相應於筆者的自我的設
準中的委身他力我，是三個宗教的自我中的一個，其他兩個是本質明
覺我與迷覺背反我。

❸❼ 同前註。按淨土真宗的親鸞提出一個淨土宗的修行者需要依序修習，
其程序為教、行、信、證。

❸❽ 同前註。此中，辯證的意義非常明顯，人要先死而後生。我們要完全
地剝落生命中的無明與罪惡，開拓出新的生機。禪宗流行的「大死一
番，歿後復甦」的說法，便近似這個意思。要注意的是，大死和復甦
不是生命的前後展現的兩個歷程、階段，毋寧是，這雙方是同時發生
的，這邊有大死，那邊即有復甦。大死與復甦是同一事體的不同面
相。無明、罪惡的剝落與新的生機的開拓，也是一樣，雙方是同一事
體的不同面相。

　　由懺悔工夫論轉到宗教神話方面。這些宗教神話有助於提升或強化工夫修行的實踐意志，這又與存有論問題有一定的關連。我們在這裏試看貝利如何闡述田邊元在這方面的觀點。貝利指出，在佛教與基督教的神話中，田邊注意到存有的問題和意義的問題。具體地說，這是存有的根源問題和歷史的意義問題。神話是虛構的，但田邊仍然相信倘若他把這些神話視為他對自我的懺悔道的理解的象徵的話，他是可以找到這些問題的答案的。奇怪的是，田邊在這方面未有提供他如何理解基督教的救贖神話的訊息，只是說明就柏拉圖的二元的世界觀來看，我們是不會滿足於這兩個世界的理論的。❸他自然也假定這理論對基督教的適切性。他讚美阿彌陀佛在成佛之前以菩薩的身分存在的神話：作為獨特的、深邃的救贖象徵的神話。他把菩薩的存在的神話視為一種在兩個世界的交互涉入中的「絕對媒介」的表述式。❹

　　田邊明顯地非常重視懺悔的工夫實踐在宗教上所帶來的殊勝意義。田邊的對手（同時也是盟友）西田幾多郎如何處理懺悔的問題呢？貝利也注意到這點：依田邊，在西田的無的邏輯中，一切對反會消融於同一之中。這是一個涉及形而上學的思辯體系，這體系不單獨立於對人類的有限性的懊悔與沮喪，它的「無的場所邏輯」更不容許通過懺悔而來的情緒上的騷動。❹這裏涉及西田的工夫論問

---

❸　這二元世界觀當是指理型與現象兩種不同層次的領域。

❹　同前書，頁 81。關於絕對媒介，參看拙文〈田邊元的絕對媒介觀點與懺悔道哲學〉。

❹　同前書，頁 77。

題，我們需要謹慎處理。與田邊不同，西田似乎不是太重視懺悔的問題，他是自力主義者，認為人自身都潛存著覺悟的能力，沒有好懺悔的。田邊則是他力主義者，認為人自身不能以自力而得覺悟，需求助於他力大能，要向祂告解、懺悔，求祂發悲心宏願來讓自己得覺悟。

以上是貝利對田邊元的解讀。以下看他如何說上田閑照。上田是德國神秘主義（Deutsche Mystik）的專家，而且研究的焦點在艾卡特（M. Eckhart）。一般是這樣理解的。貝利特別有自己的看法。他指出，上田視艾卡特的神秘主義為非神秘主義，那是超越神秘主義的。他認為在這一點上，我們可以找到艾卡特和禪師的共通點。❷

艾卡特是講絕對無的，上田閑照也講絕對無。貝利能夠看出這點，而且進一步表示，就上田來說，廓庵禪師的〈十牛圖〉中，只有最後的三個圖才有真正的義蘊，因此他對它們有較多的詮釋。特別是第八圖〈人牛雙忘〉展示一完整的圓相，這便是絕對無的表徵。第十圖〈入鄽垂手〉則表示在絕對無中達致、體證得真我，同時也與世界有密切的聯繫。上田又把這種經驗和坐禪連結起來，認為其中展示出一種由修行、儀式演習所累積出來的力量（Macht, Kraft），而成就一個具有透徹的圓滿性與無限的開放性的宇宙圖像。❸這最後的三個圖（第八、第九、第十）合成一體（unity），

---

❷ 同前書，頁 254。

❸ 按在這裏並無存有論的意涵，所涉及的是一種由工夫實踐帶來的成果，這也可以說是境界。

把人的自我轉化的完滿性透顯出來。㊹這裏便可以說真我。但貝利強調，這真我不能知識論地通過一種客觀的途徑來思量自己，不能獲致有關自我執纏的知識。㊺即是，在其中只有對於自己的如如披露、如如反照。

最後，貝利又看到上田的進一步的意涵，即是，作為真我的覺者能夠自我如如披露、如如反照，但不會刻意干擾世界，如同上帝或人的科技對待世界那樣。轉化在覺者內裏進行，卻又遺忘掉這種轉化活動，忘記了這種事件的發生。當覺悟的目標達到後，人得到精神上的超升後，超升的手段、憑藉，以至超升自身和對於這超升的意識的客體性都消融於無之中。㊻

James W. Heisig, *Philosophers of Nothingness. An Essay on the Kyoto School.* Honolulu: University of Hawai'i Press, 2001.

著者海式格（James W. Heisig）有很多元化的語文與文化背景，包括英美、德國、西班牙和日本。他是天主教神父，主要業績是透過翻譯把京都學派哲學介紹到西方思想界、學術界，自己也研究這種哲學。這本著作可以說是對這種哲學的重要的研究成果。書中周詳地闡述西田幾多郎、田邊元和西谷啟治的哲學。在他看來，京都學派中只有這三人可說是頂級哲學家，具有世界哲學的視野。由於此書已有很多書評來評論，我在這裏也就不多作評析。只是一

㊹　同前書，頁 265。
㊺　同前書，頁 270。
㊻　同前書，頁 264。

點：這本著作包含一個非常詳盡的研究京都學派的書目。

Eiko Hanaoka, *Zen and Christianity: From the Standpoint of Absolute Nothingness.* Kyoto: Maruzen Kyoto Publication Service Center, 2008.

著者花岡永子出身於京都大學文學部哲學科宗教學，留學德國，是西谷啟治的高足。全書分三部分，第一、三部分講禪與基督教，其中有涉及京都學派的地方。第二部分則專門講京都學派，並聚焦於西田幾多郎、田邊元、西谷啟治。花岡的學問以問題的研究為主，這是受西田、西谷影響所致。她對絕對無也有自己的理解方式，不是完全依從西田與西谷。

Frederick Franck, ed., *The Buddha Eye: An Anthology of the Kyoto School.* New York: Crossroad, 1982.

此書的編者是一個作家，不是專業的學者。書的內容是一些京都學派的成員的思想，以集結（anthology）的文字展示出來。有趣的是，書中除收入重要的京都學派成員的作品外，還包括好些不相干的人士的作品，如一休、曾我量深、清澤滿之之類。另外，全書有三部分，其中一部分竟是有關真宗的研究，不如何故會這樣。

James W. Heisig and John C. Maraldo, eds., *Rude Awakenings: Zen, the Kyoto School and the Question of Nationalism.* Honolulu: University of Hawai' i Press, 1994.

這是在一個研討會中宣讀、發表的論文結集，主題是禪、京都學派與日本的軍國主義的關連。分四部分：關連於禪、關連於西田幾多郎、關連於現代性與關連於京都學派。在這本論文集中，我們

可以看到相關學者對京都學派的思想的理解和這思想如何關連到促成日本軍國主義的流行的問題。

Ryosuke Ohashi, hrsg., *Die Philosophie der Kyoto-Schule: Texte und Einführung.* Freiburg und München: Karl Alber, 1990.

　　這是一部輯錄京都學派成員的文字的結集，以德文出之。著者大橋良介邀請多方面人士把原來的日文譯成德文。❹大橋出身於京都大學文學部哲學科，又留學德國，研究德國觀念論，也熟諳西田哲學。在這部 anthology 性質的作品中，大橋選取的京都學派成員包括西田幾多郎、田邊元、久松真一、西谷啟治、高山岩男、高坂正顯、下村寅太郎、鈴木成高、武內義範、辻村公一、上田閑照等。

Fritz Buri, *Der Buddha-Christus als der Herr des wahren Selbst: Die Religionsphilosophie der Kyoto-Schule und das Christentum.* Bern und Stuttgart: Paul Haupt, 1982.

　　關於此書的說明，參看上揭的英譯本。

吳汝鈞著《絕對無的哲學：京都學派哲學導論》，臺北：臺灣商務印書館，1998。

　　此書著者出身於香港中文大學研究院哲學學科，曾留學日本、德國、加拿大。書中以對絕對無觀念的闡釋作為依據而決定京都學

---

❹　例如請樓備（Johannes Laube）翻譯田邊元部分。樓氏是田邊元哲學研究專家。

派的成員，他們是西田幾多郎、田邊元、久松真一、西谷啟治、武
內義範、阿部正雄、上田閑照。

吳汝鈞著《京都學派哲學七講》，臺北：文津出版社，1998。

　　此書是上面一書的拓展本，所取問題較少，但闡釋較為詳盡。

劉及辰著《京都學派哲學》，北京：光明日報出版社，1993。

　　此書以馬列主義為準來說京都學派哲學，因而不能肯定其思想
與學術價值。對於這樣的作品，我們除了知道之外，便不能有其他
的要求了。

第十章　包含京都學派成員在內及述論其思想的著書

筆者按：

一、所收資料的排列次序，日文寫的先行，依次為英文、德文、中文。

二、在以同一語文來寫的資料中的排列次序，以哲學分量的深淺近遠作準，又以國際認可的成員先行，這依次為西田幾多郎、田邊元、久松真一、西谷啟治、武內義範、阿部正雄、上田閑照等。另外，有兩個成員本來是日本國內認可的，近年已受到國際方面注意了，他們是三木清和九鬼周造。

三、在哲學方面的背景的排列，以義理內容之輕重定先後，不以出現的時間上的先後來考量。

四、對於著書的解說，有編者、著者的說法，也有筆者的調節、整理在內。

五、這裏不錄《全集》式的著書，但會抽取《全集》中重要的某些卷而列述。

濱田恂子著《近、現代日本哲學思想史》，橫濱：關東學院大

學出版會，2006。

著者出身於東京大學大學院人文科學研究科倫理學部。著書聚焦於明治以來日本人在思想方面的研究狀況，所涉人物非常多元化。其中京都學派方面有：西田幾多郎、田邊元、三木清、九鬼周造、和辻哲郎、西谷啓治、山內得立、三宅剛一、下村寅太郎、務台理作。書中未有處理與西谷啓治同期的高山岩男、高坂正顯、鈴木成高、久松真一，也沒有提及西谷輩之後的武內義範與阿部正雄。

以下我們看著者如何闡述山內得立的思想。山內出身於京都大學哲學科，是西田的高足，阿部的老師。他的專長在希臘哲學、現象學與存在哲學或實存哲學。到晚年接觸佛學，生起濃厚的興趣。❶

在濱田的書中，著者提到山內的《理性與否定》（《ロゴスとレンマ》）的序言提出西方文化是理性的體系，東方文化則強調否定的方法。這否定有兩種，其一是印度大乘佛教所常用的四句否定（tetra-lemma），另一則是成就老莊思想的兩難（dilemma）。❷

---

❶ 山內得立的著作有《現象學序說》、《存在の現象形態》、《體系と展相》、《ギリシアの哲學》、《實存の哲學》、《實存と所有》、《意味の形而上學》、《隨眠の哲學》、《ロゴスとレンマ》（ロゴス指 logos，即理性、根本原理；レンマ即否定、困難 lemma）。其中最重要的當為《ロゴスとレンマ》，那是研究思維方法的名著，與佛教有較密切的關連。

❷ 實際上，中國佛教特別是智顗的天台學也常吸收了印度佛教的龍樹（Nāgārjuna）的四句否定而加以發揮與應用，華嚴宗的法藏也是如此。而兩難的思維，也不限於老莊的道家思想，早期三論宗的僧肇也曾善巧地加以運用。

山內表示，兩難字眼來自希臘文，是通過文字表示「把握」的意思，這不是指單純的抽象的認識，而是指具體的直覺性格的理解。至於四句，則是指四個判斷命題，其性格分別是：(1)肯定；(2)否定；(3)不是肯定，也不是否定；(4)肯定同時也是否定。西方的邏輯是二價（bivalence）的，判斷不是肯定便是否定，沒有其他的選項了。第三判斷正是排中論。對於印度思想來說，我們可以有第三、第四判斷，不必堅持排中律。我們可以把排中律逆轉為容中律。

　　山內所重視的，是第三判斷的兩難或雙重否定的判斷。在《中論》（*Madhyamakakārikā*）的第一頌文「不生不滅，不常不斷，不一不二，不來不出」便是兩難的事例與依據。我們不單可以對肯定加以否定，也可以對否定加以否定。更進一步，我們可以對所有的判斷加以否定，而成絕對否定的邏輯。❸山內指出，龍樹在處理四句中，並不是就各各單句來說的；而是認為第一、第二句是世俗的邏輯，第三句、第四句是勝義的邏輯。❹世俗的邏輯是緣起，勝義的邏輯是性空。前者是有待（對待）的，後者則是絕待的。山內強調，兩難的邏輯是非存在的、關連著無的、即空的邏輯。勝義的邏輯是大乘佛教的邏輯、中道的邏輯。這中道不是介於肯定與否定中間，而是對肯定加以否定，也對否定加以否定而展現出來的中道。這是全面的否定。在全面的否定中，空不是無，也不是有，而是非有非無。這「非有非無」是第四句的模式，由此可以關連到涅槃的

---

❸　京都學派所謂絕對否定，通常是指對否定的否定而言。而絕對否定也就是絕對肯定。這是久松真一、阿部正雄所常常提到的。

❹　這勝義的邏輯其實即是辯證法。

達致。

　　就山內來說，中道或中比照希臘的亞里斯多德和中國子思的
《中庸》所說的，都是重要的。亞里斯多德所說的中是道德的基本
概念，指在過度與欠少之間的適切的程度，這樣的中是受到讚美的
德性。但這不單是涉及一種中間的位置，而是有「頂點」的意味。
中國方面，它不同於印度採取的四句模式，卻喜說兩難。說「無為
即是有為」，就理性的立場來說，是不容許的，為矛盾律所禁絕。
破除這種法則，而主張逆反的說法，便是兩難了。❺

佐伯守著《哲學のパロール》，奈良：萌書房，2007。

　　書名中的パロール是法語 parole 的音譯，言說、口頭語言之
意。著者曾任松山大學法學部教授，其研究範圍包括哲學、倫理
學、法哲學。此書探討三個人的思想：廣松涉、西田幾多郎和丸山
圭三郎。在廣松方面，集中講關係場問題；在西田方面，集中講場
所的有；在丸山方面，集中講欲望的問題。三人之中，以西田的場
所觀念為中心而展開論述。很多西田的重要概念，如絕對矛盾的自
我同一、絕對無、矛盾的差異性與同一性、一即多多即一等，都在
書中被論及。著者特別注意到絕對無問題，認為這是由對無（相對
無）的否定而證成。至於場所問題，雖然這都是西田與廣松所重視
的觀念，但著者提出，廣松的場所是物理學的、宇宙論亦即是自然
哲學的，而西田的場所，則是在與自覺論的關係中的獨自的空間。
這也可以說是筆者所說的意識空間。依著者的看法，這三個思想家
最後都從各自的路向回歸到物象化論方面去，因而微有實在論的傾

---

❺　　以上所述，參見濱田書，頁 181-185。

向，並不全是觀念論。

上田閑照編《禪の世界》，東京：理想社，1981。

這是一本對話式的著書，就禪的不同面相進行討論，參與者是禪者、學者、哲學家。例如久松真一與武內義範就西田哲學與禪的關係作對談，平田高士、芦津丈夫、上田閑照就禪與語言文字的關係作鼎（三人）談，等等。其中有不少參與者是京都學派人士。編者上田閑照是京都學派第三代的重要人物。

久松真一在與武內義範的對談中，論及真正的哲學與真正的宗教問題時表示，一般的哲學以思辯的立場來說宗教，或說神，或說絕對者，都沒有實質性的結局，讓人感到一片抽象性。以其他的說法來說，往往流於空虛的性格。在這些情況，哲學都沒有實質，沒有中心，只能說是空虛的哲學而已。這樣的哲學，不管怎樣都應受到批判。在宗教方面，我們不應站在獨斷的立場而以思辯的方式來處理，這是一種盲目的做法。單就信仰言，我們不能持「這是在聖經中說的，因此是真確的」、「經典中所說的，因此是真正的」說法。久松堅持，哲學不能是空虛的，宗教不能是盲目的。我們不說宗教哲學，而應說宗教即哲學、哲學即宗教。在宗教之外，沒有真正的哲學；在哲學之外，沒有真正的宗教。哲學與宗教是不能分開的；哲學即是宗教，宗教即是哲學。兩者不能是二，只能是一。❻這正相應於久松一貫提出的覺的哲學的旨趣。覺即是覺悟，是一種層次最高的宗教經驗。

八木誠一著《場所論としての宗教哲學：佛教とキリスト教の

---

❻　《禪の世界》，頁 59-61。

交點に立って》，京都：法藏館，2006。

著者八木誠一出身於東京大學大學院西洋古典學科。他在書中提出新約《聖經》的「場所論的」神學這一重要部分，這部分與佛學某些方面頗為相應。至於把場所觀念關連到神學方面去，則主要是把神置定、定位為一動感的、作用的神。神在人之中展示動感，也成就了人的動感與意志；而萬物也依於神的起動作用而成為萬物。這樣的神，也被視為具有「神秘主義的」性格。而保羅（Paul）和田立克（P. Tillich）也分別指出基督教的神的人格主義的面相和存有論的面相。不過，八木強調，他所說的場所論，並不是就人格主義說的，而是就神與人在實體方面的統一中說。場所論的神不是人格神，雖然場所論中的人是明確地作為人格而被把握的。

八木指出，在場所論中，個人作為個體在神這樣的動感的場所中被置定，也反映出神的動感。即是，神是作用的場所，個人是神的動感的現實化的場所。從更基本的層面說，人格和存在都不是甚麼東西，而是場所與作用、力動。

八木又就場所的精神的意涵和適切性推廣到物理的地球和星球方面去，表示地球作為具有種種殊勝的條件而在眾星球之上產生生命現象，而自成一個生體或統合體，它是一個生態系統，一個統合系統，而人得以在其中生長、進化，形成一個高次元的統合體，或人格共同體，具有動感性的統合作用。而在身體的場合，身體中的各個器官形成一個場所，如在音樂的場合，心靈把各個音聲統合起來而成為一個音的場所那樣。而在新約《聖經》中所說的神、基督、聖靈，則具有形成人格統合體的力動。我們若把自己的視野推

廣開去，來看神與物理的空間的關係，則可以說，物理的空間能夠映現出在神這種作用的場所中的統合的力動。

這樣，神與自然的關係似乎可以在某種程度上建立一種宇宙論。但八木強調沒有這種意願，他指出，在神與自然的關係中，不能科學地、客觀地這樣做，因此並不想作客觀的與宇宙論的論述。他指出，場所論不是自然科學的認識的解釋，而是自覺的哲學表現。在新約《聖經》，有一種場所論的神學，認為愛是來自神的，愛者能夠知道神。這愛者能夠以自己的愛超越自我而滲透入深邃的境界，這便是「自覺」。「宇宙論」便由此而出。愛是神與人在作用上的統一。對於這統一的自覺，能讓人認識神。

至於這本書，八木表示，它以「作為場所論的宗教哲學」（場所論としての宗教哲學）為書名。哲學又是甚麼呢？八木的看法是，哲學是有關終極的原理的學問，是關連到世界、人生、歷史的全體認識的邏輯體系，在哲學史上有其一貫性，這即是自我反省。而八木這本書是一本宗教哲學的著作，其矢向是闡明佛教與基督教雙方的共通的根據。這不是理性的立場，而是一種宗教經驗的自覺，是作為身體／人格的人在統合作用中超越個體性、個別性的「經驗與自覺」。

武內義範、大島康正、齋藤義一、小島章一編《哲學の世界》，東京：創文社，1985。

這是一本呈獻給高山岩男的多元性的論文集。其中有好幾篇涉及京都學派的一些成員的思想：武內義範的〈環繞行為的直觀〉（〈行為的直觀をめぐって〉）、東專一郎的〈西田哲學與道元〉（〈西田哲學と道元〉）、上田泰治的〈田邊哲學中的生物學〉

（〈田邊哲學における生物學〉）、辻村公一的〈黑格爾式的從我
們的觀點看〉（〈ヘーゲル的な吾々にとって〉）和齋藤義一的
〈高山岩男的思想的展開〉（〈高山岩男の思想的展開〉）。另外
又附有高山岩男的年譜與著作目錄。按高山岩男是日本國內的具有
一定分量的京都學派的哲學家，以建立文化類型學和提出超近代的
哲學著稱。

山本誠作、長谷正當編《現代宗教思想を學ぶ人のために》，
　　京都：世界思想社，1998。

　　此書計有九章，敘述近現代東西方重要哲學家的宗教思想，包
括懷德海（A.N. Whitehead）、柏格森（H. Bergson）、詹姆斯
（W. James）、巴特（K. Barth）、田立克（P. Tillich）、雅斯培
（K. Jaspers）、海德格（M. Heidegger）、布伯（M. Buber）、列
維納斯（E. Lévinas）、維根斯坦（L. Wittgenstein）、里可爾（P.
Ricoeur）、佛洛伊德（S. Freud）、容格（C. Jung）和伊里亞特
（M. Eliade）等人。其中第一章是專門探討京都學派的宗教思想
的，他們包括西田幾多郎、田邊元和西谷啟治。西田由藤田正勝來
寫，田邊和西谷則由川村（花岡）永子來寫。另外，懷德海、海德
格、列維納斯則相應地由山本誠作、松丸壽雄和長谷正當來寫，這
些都是京都學派的人物。

氣多雅子著《ニヒリズムの思索》，東京：創文社，1999。

　　作者氣多雅子出身於京都大學。書的主題是虛無主義，反映出
深厚的西谷啟治的影響。第二章專門闡述西谷的空的哲學，涉及西
谷受佛教華嚴宗的影響而提出的迴互相入的現象學觀點，並以葛達
瑪（H.-G. Gadamer）的詮釋學來論述大乘佛學的經論與義理。特

別值得一提的是，氣多一再強調西谷所重視的宗教的對實在的自覺的觀點，她提到胡塞爾（E. Husserl）的意識思想，視意識為實在的自我實現的場所，這是關聯及意向性（Intentionalität）的認識論導向的開拓。❼西谷則不同，他的「對實在的自覺」並不是認識論意義，而是在體驗的脈絡下，展示實在的自我實現的場所。我們的「實在的自覺」與「實在的自身的自我實現」是同一東西，這兩者正是在這種基調下生起的。這是自覺到實在（實在を自覺する）的自我的一種脫自的活動。這種脫自性正是體驗的本質。氣多認為，就西谷來說，所謂體驗，是透過「自我從自我自身中脫卻開來」以開展出脫卻本來的「自我」的活動。這種活動是一種證得實在、體得真理的活動。對於「實在的自覺」，西谷進一步提出「對於實在的實在的自覺」（實在の實在的自覺）來說。在這個表述式中，前一「實在」是名詞，指自覺的對象，後一實在是形容詞，即是「實在的」，這表示一種體證真理的方式：存在的、主體性的、在現前的生活中進行的這樣的方式，而不是抽象的、推理的、間接的方式。氣多指出，在這種高度的自覺性中的實在性，標示出在進行自覺活動（自覺する）的自我的脫自活動中得到的實在性這樣的東西（實在そのもの）。❽這個意思雖然在文字上有點曲折，但應該不難理解。

　　附帶一提，這本著作是氣多雅子呈交給京都大學的博士論文經

---

❼　氣多以胡塞爾的這種意向性活動為認識論導向，恐怕不足夠。這種意向性活動主要應是存有論的，不應單純是認識論的。

❽　《ニヒリズムの思索》，頁29。

過修改而成。

上田閑照編《ドイツ神秘主義研究》，東京：創文社，1982。

　　這是一本研究德國神秘主義（Deutsche Mystik）思想的大部頭著作，編者上田閑照自己便是德國神秘主義特別是艾卡特（M. Eckhart）思想研究的專家，也是京都學派的學者群中對有關問題研究得最深廣的。書中收入西谷啟治寫的三篇文字：〈序：神秘主義研究在今天的意義〉（〈序　今日における神秘主義研究の意義〉）、〈德國神秘主義〉（〈獨逸神秘主義〉）、〈德國神秘主義與德國哲學〉（〈獨逸神秘主義と獨逸哲學〉）。上田閑照自己也有一篇長文〈神之子的誕生與對神性的突破〉（〈神の子の誕生と神性への突破〉），這是研究艾卡特的基本思想的。另外，書中也收入辻村公一的〈無底：謝林《自由論》的內裏〉（〈無底：シェリング《自由論》に於ける〉）。對於德國神秘主義的研究，除了德國人自身外，恐怕以日本人最為熱切。而日本人之中，站在研究的最前線的，應數京都學派。

長尾雅人、中村元監修，三枝充悳編集《講座佛教思想第五卷：宗教論、真理、價值論》，東京：理想社，1982。

　　此書分兩部分，其一是宗教論，其一是真理、價值論。在宗教論部分收入三篇京都學派的文字：西谷啟治的〈空與即〉（〈空と即〉）、武內義範的〈緣起思想〉和上田閑照的〈禪思想與宗教哲學：就西田哲學的場合說〉（〈禪思想と宗教哲學：西田哲學の場合に即して〉）。西谷的〈空與即〉的長文，是一篇力作，闡述與發揮華嚴宗的無礙（事事無礙、理事無礙）的現象學的境界。我們對於宇宙萬物，一方面知道它們的緣起無自性的空的本質，同時也

恆常地把它們包容在心中，「即」或不離開它們而隱藏在一個寂靜的世界中。萬物都是緣起無自性，這是空；刻刻不離萬物，讓它們自在地遊息於絕對真理的法界、場所中，是無礙，是即。故在法界中，一方面是理（空）事無礙，同時又是事事無礙。

　　具體地言之，西谷表示在事事無礙中，一切邏輯思維的路數都自動離析，事物的兩面矛盾亦成為一體。一方面，萬物一物也無，絕對地敞開，而成為全然的虛空；另方面，萬物又各各在宇宙的序列中有其限定與關聯，但無固定的限界（枠），以原來的渾沌之相展現出來，但在這裏的渾沌與空結合在一起，在理事無礙的世界關聯的後方中開顯。窮極在哲學上的存有論與認識論的理法，即是，這理事無礙法界包括著有與無、知與不知、理與事迴互相入的相即不離的關聯；它一下子由這樣的法界向外面開拓，開向種種作為自身的根柢的東西（自らの根柢をなしていたもの）方面去，而歸於自身的「根本」的所在，所謂理事無礙法界的脫自（按即擺脫、脫落理事無礙法界的可能的桎梏）的自覺的場所，便證成了事事無礙的法界的場所了。❾

---

❾　《講座佛教思想第五卷：宗教論、真理、價值論》，頁 55。西谷在這裏處理華嚴宗的理事無礙與事事無礙的問題，有點曲折，但意思還是清楚的。理是空理，是事物、現象的真確的狀態，是緣起的、沒有自性、實體的。事是現象，一般的現象當體便是無自性，是空，故現象與空有一種圓融的無礙關係。這如同般若《心經》所說的色（rūpa）即是空（śūnya）那樣。空便是理、空理。現象即透過空的真理、真正性格而為互不相礙，為無礙。但現象的這種無礙義不夠徹底，不夠圓融。實際上，現象即此即是空，現象間的關係即此即是無礙；一切矛盾即此即被消融；不需繞道而透過空才讓現象間的關係變

藤田正勝、ブレット・デービス編《世界のなかの日本の哲
學》，京都：昭和堂，2005。

　這是一本報導性質的書，概括性地闡述世界各地對於日本的哲
學的研究；在其中，京都學派佔有重要的位置。其中包括海式格
（James W. Heisig）的〈日本哲學的場所：從歐美方面看〉（〈日
本の哲學の場所：歐米からみた〉）、下村寅太郎的〈關於日本的
近代化中的哲學〉（〈日本の近代化における哲學について〉）、
馬勞度（John C. Maraldo）的〈從歐美的觀點看京都學派的起源與
走向〉（〈歐米の視點からみた京都學派の由來と行方〉）、戴維
斯（B. Davis）的〈由神的死到意志的大死：作為後尼采的哲學家
的西谷啟治〉（〈神の死から意志の大死へ：ポスト・ニーチェの
哲學者としての西谷啟治〉）、阿部正雄的〈空卻自我的神與動感
的空〉（〈自己を空ずる神と動的な空〉）和戴維斯的〈神在哪裏
空卻自我呢：環繞阿部正雄的淘空論的說法〉（〈神はどこまで自
己を空ずるか：阿部正雄のケノーシス論をめぐる議論〉）。

　這些文字的作者，基本上都是以絕對無的觀念的闡釋與開拓來
鎖定京都學派的特性的。在這裏，我們可以就這點作一些述評。下
村寅太郎在他的文字中指出絕對無的哲學不單有別於古希臘的形相
的哲學、近代西歐的無限的哲學，而為第三種哲學，它更是貫徹甚

得無礙、圓融。華嚴宗的理事無礙與事事無礙的不同點便在這裏。但
這兩種無礙關係並無衝撞，只是事事無礙比理事無礙較為成熟而已，
這成熟是就圓融的程度說。我們甚至可以說，理事無礙與事事無礙雙
方也不是對待的、有礙的關係，兩者可以同時被證成，而建立無礙的
關係。

至包容這些哲學的一種意識型態，這種包容性正是在絕對無的原理的脈絡下展開的。❿馬勞度更就絕對無的倡導而提出西田幾多郎、田邊元、久松真一、西谷啟治、阿部正雄、武內義範、上田閑照所組成的京都學派，這與筆者多年前提出京都學派以絕對無為其核心觀念，因而可確認西田、田邊、久松、西谷、武內、阿部、上田為這學派的成員的旨趣頗為相應。⓫馬勞度更提出我們要探討「絕對無」的意義，便不能不碰以下六個主題：一、京都學派的（絕對）無與佛教的空的關係；二、（絕對）無概念能否成為東洋、東方思想的特徵；三、京都學派的哲學家運用（絕對）無一語詞有無共通的語義的理解；四、西田哲學中的無（和絕對）的意涵是否不同於西方哲學中的一切的無（和絕對）的意涵；五、西田哲學中的無的種種意涵是甚麼，它們與經驗的概念如何關連起來；六、倘若哲學關連到一切存在的根源的話，則無的哲學正是在某種意涵下具有這一點的適切性，同時也會被質疑。躺若是這樣，則無的哲學與海德格要克服作為有神論的形而上學的做法有無根本的差異，又近時（西方的）思想家要克服實體的存在哲學的做法又如何。要回應這些問題，並不容易。這裏試就最先的兩個問題闡釋一下。關於絕對無與空的關係，佛教說空，是有多層次或多元的意義的。印度佛教的說一切有部（Sarvāsti-vāda）以法有我無來說空；唯識學（Vijñāna-vāda）或有宗以識轉變（vijñāna-pariṇāma）、緣起說空；中觀學（Mādhyamika, Madhyamaka）（和般若文獻所成的空

<hr />

❿　〈日本の近代化における哲學について〉，頁 27。

⓫　《世界のなかの日本の哲學》，頁 45。

宗）則以事物的真確狀態亦即是無自性來說空。中國佛學又是另外
一番景象。天台宗以中道佛性說空；華嚴宗以事事無礙說空；禪宗
以自性、靈知真性說空；《大乘起信論》以眾生心說空。以空與絕對
無相連繫，到底是哪種意義、在甚麼脈絡中說的空呢？另外一問題
是關於絕對無代表東方思想的性格。這會引致很嚴重的爭議。絕對
無是非實體主義（non-substantialism）的觀念，可以概括佛教、道
家。但東方的重要思想還有印度教和儒家。前者的梵（Brahman）
和後者的天道、良知，則是在實體主義（substantialism）的脈絡中
說的。故京都學派以絕對無來說東方思想的主流性格，很有問題。

J.W. ハイジック編《日本哲學の國際性：海外における受容と
展望》，京都：世界思想社，2006。

此書收入多篇以各種語文寫成的對日本哲學的研究。這些語文
包括法文、英文、西班牙文、意大利文、德文與中文。其中有很重
要的部分是有關京都學派的哲學的。概括地說，西田幾多郎是最受
關注的，其他依次為西谷啟治與田邊元。

藤田正勝編《日本の哲學第 8 號：特集明治の哲學》，京都：
昭和堂，2007。

此書收入渡部清的〈西田哲學的「真景」〉（〈西田哲學の
「真景」〉）和合田正人的〈「種的邏輯」的成立與轉變，其現代
的意義〉（〈「種の邏輯」の生成と變容、その現代的意義〉）。

藤田正勝編《日本の哲學第 9 號：特集大正の哲學》，京都：
昭和堂，2008。

此書收入竹村牧男的〈西田幾多郎的佛教：以與真宗的關連為
中心〉（〈西田幾多郎の佛教：真宗との關わりを中心に〉）和

城阪真治的〈「創造的單子論」：後期西田哲學中的個體物與世界〉（〈「創造的モナドロジー」：後期西田哲學における個物と世界〉）。

藤田正勝編《日本の哲學第 6 號：特集自己、他者、間柄》，
　　　京都：昭和堂，2005。

　　此書收入熊谷征一郎的〈西田哲學中的他者的隔絕性：與列維納斯的比較〉（〈西田哲學における他者の隔絕性：レヴィナスとの比較において〉）、藤田正勝的〈後期西田哲學的問題：環繞「行為的直觀」〉（〈後期西田哲學の問い：「行為的直觀」をめぐって〉）和末木文美士的〈死者的發現：環繞田邊元的《死的哲學》〉（〈死者的發見：田邊元の《死の哲學》をめぐって〉）。

藤田正勝編《日本の哲學第 4 號：特集言葉、あるいは翻
　　　譯》，京都：昭和堂，2003。

　　此書收入山田弘明的〈西田幾多郎與巴斯葛的精神〉（〈西田幾多郎とパスカルの精神〉）和宮野真生子的〈九鬼哲學序曲：《偶然性問題》的解讀〉（〈九鬼哲學序曲：《偶然性の問題》を讀み解くために〉）。九鬼即九鬼周造，是西田的弟子，在哲學上有奇特的觀點與視野。

河西善治著《京都學派の誕生とシュタイナー：純粹經驗から
　　　大東亞戰爭へ》，東京：論創社，2004。

　　著者河西善治是出版界出身，不是嚴格意義的學者。但他閱歷廣，從事翻譯和出版德國思想家舒坦納的著作。舒氏寫有《自由的哲學》一書，流行於當時，西田也在一定程度上受到此書的影響。河西從兩個角度來寫這本記述京都學派的誕生的書，其一是從哲學

一面寫西田的《善之研究》中的純粹經驗一觀念的意涵。另外則從
政治方面來寫西田和他所領導的京都學派的活動，特別是有關大東
亞戰爭的觀點，和與此有密切關連的所謂大東亞共榮圈的思想。其
中所涉及的京都學派的人物三木清、西谷啟治、高山岩男，他們都
各有自己的一套世界史的哲學。

南山宗教文化研究所編《宗教體驗と言葉：佛教とキリスト教
　　との對話》，東京：紀伊國屋書店，1978。

　　這本書由駐於名古屋的南山大學的南山宗教文化研究所舉行如
書名所示的一場佛教與基督教的對話的紀錄而成，其具體的論題是
宗教體驗與言說的關係。出席的人員除了作為該所的所長溫伯拉格
蒂（Jan van Bragt）外，還有宗教學者門脇佳吉和京都學派的阿部
正雄和上田閑照，另外還有印度佛教學者梶山雄一和日本佛教學者
坂東性純等人，可以說是一個「群英會」。阿部正雄不大為這個研
究所所喜，梶山雄一的學養並不是在宗教哲學方面，兩人的受邀參
予，的確很難得。⓬

───────────────

⓬　這個研究所與京都學派有相當密切的關連，雙方都致力於宗教對話的
　　活動，溝通東西方的宗教，特別是基督教與佛教。其中的海式格
　　（James W. Heisig）相當活躍，翻譯了大量京都學派成員的著作為英
　　文，包括田邊元、西谷啟治、武內義範和上田閑照的著作。在東西宗
　　教對話方面，有一定的貢獻。他們也常邀京都學派的人參加這方面的
　　活動，編輯和出版了好些這些人的著作和翻譯，特別是武內義範的。
　　他們不大重視阿部正雄。海式格特別對我提到阿部，說他們對阿部並
　　無偏見，只要他有好的、有分量的著作，他們都願意印行。言下似有
　　輕視之意，認為阿部不夠分量。這真是見仁見智的問題。我認為阿部
　　不止於他們所確認的那個水平，他在宗教哲學方面的學養，由以下要

在這裏，讓我們闡述一下阿部為這場宗教對話所作的〈序論〉，這自然是有關宗教體驗與言說的關係問題的。阿部提出，在這個問題上，我們可由「由言說到宗教體驗」和「由宗教體驗到言說」兩個矢向來看。就由言說到宗教體驗言，我們一般所謂言說，或由言說表顯出來的理性分別，並不能直接地達於、連續於宗教體驗。毋寧是，在我們的言說的盡頭，貫徹有生死的死亡問題與由之而引出的與神相會合的問題，或體證得空的真理的問題。在這些情況，言說背後所負有的理性的分別，不能不在根底中崩解，這樣便不能帶來、不能現成本來的宗教體驗了。在這種情況，日常意義的言說與理性的分別，即使是哲學意義的理性的分別，不管是怎樣地深刻，也不能直接地達致宗教的體驗。辯證法的思維與否定的邏輯都無濟於事，不能讓人碰到宗教體驗自身。即使窮盡了人的言說亦不得其果。阿部的意思是，我們必須作出一種根本的轉化，由此而飛躍上去才行。❸這是要導致宗教體驗所不可或缺的要素。在他看

闡述的他的觀點可以看到。實際上，海氏自己也不見得很高明，由他所寫的一些有關宗教哲學的書來看，他的學養只是平平而已，未有給我特別的印象。

❸ 阿部在這一點上，明顯地是受到他的老師久松真一的影響。久松提出，真我克服二律背反（Antinomie）而展現它自己，在生命中作主，這中間沒有連續性，而是經過一種飛躍的心靈提升的活動。即是說，在覺悟之中，真我霍然躍起，衝破二律背反的限制和二元對立關係，整體地朗現開來。參看久松真一著〈絕對危機と復活〉，收於久松真一、西谷啟治編《禪の本質と人間の真理》，東京：創文社，1969。又收於久松真一著《絕對主體道》，《久松真一著作集》卷2，東京：理想社，1972。

來，我們的日常的立場、哲學的立場、神學的立場，或者佛教的、宗教的做法，種種色色，以詮釋學來解讀《聖經》的那種方式，亦不外於以文字為工具來進行而已，畢竟還不是正確解讀《聖經》的做法。他還引保羅（Paul）的說法，表示人的智慧是不會運用於施教的言說的，而是透過精神、屬靈而理解精神、屬靈的。在佛教來說，我們倘若沒有「看經之眼」（看經の眼），便不能從聖典的言說來作宗教體驗，體驗言說背後的道或真理。若過不得這一關，便不能讓真理敞開、開顯。

阿部進一步指出，便是在這種情狀下，一切宗教體驗都向我們敞開，也可以說，根源的實在（reality, Realität）被碰觸到。一切渾成為一體。但超越了言說的根源性的實在的體驗自身，不會即此即成為靜止的東西，卻是必然地回向言說的世界（必然的に言葉の世界へ戻って來る）。即是說，超越了言說的根源的實在的體驗自身不會沉寂下來，卻是自然地、作用地回轉過來，而成為言說。根源的事物（Sache）當然地向言說方面趨赴。❹這便有神之名或稱名念佛的問題生起。也可以說，根源性的言說自我收縮、節約、分化而為某種教義的教說。這便是以哲學與科學為媒介，讓我們的現實的歷史生存與發展下去。

在這裏，阿部顯然關連到辯證的方法或問題來說，雖然他低調地表示辯證的思維的限制，如上面提到。在辯證的存有論或形而上學方面說，零散的、二元對待的現象界的事物會辯證地自我否定

---

❹　這裏說根源性的實在自然地、當然地回向言說世界的事物，是存有論意義，工夫論意義也包含在裏頭。

（這便是《老子》書中所說的「反」），進行淨化，把一切染污去除掉，而臻於一超越的、清淨的境界。但高處不勝寒，它們最後會自然地、當然地回落到現象方面來，以建立世俗的世界與真理。阿部在這裏不直接說及現象事物，卻是說言說，但道理是一樣的。這便是他所說的根源性的言說如神之名、稱名念佛的緣故。這也是阿部提出「由言說到宗教體驗」與「由宗教體驗到言說」的因由。這兩個矢向必須都能證成，理想的生活世界（Lebenswelt）才能說。**⑮**

長谷正當著《欲望の哲學：淨土教世界の思索》，京都：法藏
　　館，2003。

著者出身於京都大學文學研究科哲學專攻，應該是京都學派的成員或支持者。此書本著現代的角度、眼光來重新反思傳統淨土教法的意義及向前開拓之途。其中有多處提及和說明西田、西谷和鈴木大拙的有關觀點。像西田便有兩專章來加以討論，其核心問題或概念是逆對應、自覺、場所邏輯，同時也探討西田哲學與淨土教的關連。

湯淺泰雄著《身體：東洋的身心論の試み》，東京：創文社，
　　1981。

著者出身於東京大學文學部，為日本學專家，同時也研究經濟學。這本書是研究身體與心靈的關係的，所謂「身心關係論」。一般來說，這種學問是指從實證的角度來對身體與心靈的關係作客觀的研究。與它相對說的，是哲學義的「身體論」，這是指即就主體的經驗來看身心的相關性，亦即是從實存的或存在的觀點來探討身

---

⑮　《宗教體驗と言葉》，頁 9-11。

體、心靈以及兩者的關聯的學問。⓰是甚麼學派、哪些人的身體論呢？在這一點上，著者著眼於京都學派的西田幾多郎、田邊元、和辻哲郎和三木清這四個人物。他認為他們的身體觀並非來自西方思想，卻是源自東方思想的歷史傳統。而在這四個人物中，著者分為三系。田邊和三木是一系，他們是從社會科學的現象的關連性出發。和辻是另一系，他是就日常生活的人際關係著眼。西田的情況則比較難說，大體上是關連著宗教與藝術問題來看他的身體觀。對於這四個人，著者把重點放在和辻與西田的探究方面。

中國畫特別是山水畫的創作原則是「外師造化，中得心源」。這造化是自然，是物質性格，與身體相應。心源則是精神。這個創造原則正表示身與心應同時兼顧，物質與精神俱備，才能有上乘的創作。即是，繪畫不光要有形，同時要有神。形與神要俱備，缺一不可。

南山宗教文化研究所編《宗教と宗教の「あいだ」》，名古屋：風媒社，2000。

這是紀念位於名古屋的南山大學創立 50 週年及南山宗教文化

⓰ 在佛教來說，特別是了義一面，身體觀或身體與心靈關係相應於身心一如的觀點。身體是物質性，心靈是精神性，要把這兩個異質的東西連貫、結合起來，當然要靠工夫修行。在禪宗，北宗的神秀禪是主身心分開的，南宗的慧能則主身心一如說。五祖弘忍印可慧能，而不印可神秀。這是《壇經》的說法。又在翻譯方面，中文的「心」概念，翻成英文，通常都作「mind」，但亦有人把它翻成「mind-heart」。mind 是心靈，是思想；heart 則是心臟，是肉體性格。mind-heart 正把心的精神性與肉體性表現出來。在 heart 方面，他們所注目的，不是單純是肉體的心臟，而是感性性格的情感。

研究所成立 25 週年的文集，所討論的，是宗教與宗教之間的對話問題。關於南山宗教文化研究所的梗概，我們在上面第一章已粗略地提過，這裏不再重複。這本書收錄了好幾篇宗教對話及有關這一課題的論文，基本上都是集中在西田幾多郎方面說，亦有一篇關於西谷啟治的。這裏只留意有關西田的文字。長倉久子出身於京都大學文學部，他寫了一篇〈「是」這樣東西的神：「絕對無」與「存在」的超越〉（〈「だ」そのものなる神：「絕對無」と「存在」を超えて一〉）。文中提到京都學派與基督教的對話，並聚焦在無或空的問題上。即是，西田強調的不是與有相對的無，而是超越有無的絕對的無或否定的否定的問題。作者認為，西田所說的「絕對無」與多瑪斯艾奎納（St. Thomas Aquinas）所說的「如如之物」（あることそのもの，Ipsum Esse），是對同一事態的不同表述，而這事態是不能以「言說」（ことぼ）來表現的現實。這現實在西田來說是對象邏輯性格的，在艾奎納來說是本質性格的。作者指出，絕對無是「作為絕對的否定即肯定的絕對的有」，這有正是艾奎納在說到「神」的場合中所涉的「有」（あり）。這有不是相對的，而是艾奎納所說的與本質（essentia）相異的次元（dimension）的「有」。這「如如之物」正是神的本質。在這裏，我想多說一句以助解。西田與艾奎納的有，是有具體性格的，不是純然的抽象的，如一般所說的本質那樣。

更仔細地說，神不是任何東西，也不是任何形態。即是說，我們不能以任何實體（有）來把握神，神不是任何表示力動與屬性的

言說所能表示的。這種意義的神，便是無。❶這無是與有相對待的無，以艾奎納的詞彙來說，關於神，在本質（essentia）的次元，是不能以任何言說來說的。❷但西田則越過這種無，而勾劃出絕對無的次元。❸這絕對無是「作為絕對的否定即肯定的絕對的有」。這有正是艾奎納說「神在」的場合中的有，不是相對的有。以艾奎納的詞彙來說，所謂本質，是指相異的次元的「有」或「在」。在艾奎納看來，正是這「如如之物」（Ipsum Esse）可以說是神的本質。

就方法論而言，長倉久子認為，在西田的情況，絕對無不是對象的邏輯與主詞的邏輯或述詞的邏輯所能達致的；在艾奎納的情況，「神存在」是不能在本質的層次中論究的。❹這兩種情況非常接近，關係密切。不過，長倉更進一步指出，西田把絕對無勾劃出來，在哲學的處理上是運用了場所的邏輯或絕對的辯證法；艾奎納所用的方式則是語言分析。兩人的目標可以說是相同的。

另外一篇文字是氣多雅子寫的〈一切從哪裏來往哪裏去：西田哲學的全體性的意向〉（〈すべてがそこからそこへ：西田哲學の

---

❶ 即是說，這樣的神是無的、沒有的。這無是與有相對待的無，是有無的無。能夠以如是如是的言說來展示的神，是沒有的。

❷ 神自然是以本質說，但還不夠，這只滯留於抽象的層面。祂應該同時有具體的意涵。實際上，我們說神創造包括人在內的天地萬物，光是有抽象性是不行的，它必須也涵有具體性才行。

❸ 《宗教と宗教の「あいだ」》，頁216。

❹ 如上面所預示，說到存在，不能只就本質的抽象性說，而應還有具體的一環。

全體性への志向〉）。氣多出身於京都大學文學部，又留學德國。
她特別留意生命的問題，這則需留意西田所寫的日記。她曾引述後
者：「學問畢竟是為了生命（life），生命是第一等的事，沒有生
命的學問是無用的。」❷（《西田幾多郎全集》第 17 卷，東京：
岩波書店，頁 74。）氣多認為西田在這裏把學問與生命等同起
來。她又在另處引述：「哲學亦要遠離功名等的卑下的心念，以自
己的安心為本，安靜地研究，統一自己的思想，與自家的安心達成
一致性。」（同前書，頁 50。）氣多指出，這種思想上的統一，
是與自己的安心分不開的；要尋求自己的安心，即是要開展出佛教
所謂的「道心」、「道意」、「發菩提心」，從根底方面處理自己
自身的生存問題，窮究終極的真理的問題，開拓出至誠、真摯的懷
抱，這正是「我們自己的自我矛盾的事實」的確認與實踐、解決。
對於這種事實，西田稱為「人生的悲哀」。西田說：「哲學是由我
們自己的自我矛盾的事實開始的。哲學的動機『不是驚異，而是深
邃的人生的悲哀』。」（同前書，第 6 卷，1979，頁 116。）❷

　　西田在這裏說哲學的動機是人生的悲哀，的確展示出對生命與
生命哲學的深遠的洞見（Einsicht）。這悲哀不是主觀的哀傷，不
是林黛玉葬花所流露的那種懦弱的宿命信仰，不是消極的多愁善
感，而是哲人眼見世間諸法的生滅流轉、歸於無何有之鄉所起的客

---

❷　按對於生命，這裏作 leif，但《西田幾多郎全集》作 life，leif 應該更
　　正。

❷　以上有關西田的生命與哲學的觀點，參看《宗教と宗教の「あい
　　だ」》，頁 228-229。

觀的悲憫的情懷，以自家的生命作抵押，以探索、窮究萬物的終極起源，重建具有積極意義的世間性的人文的、文化的價值秩序。氣多因此提到作為西田哲學的核心觀念如純粹經驗、行為的直覺、無的場所並不是以彼岸為矢向的生命導向，而是要致力於徹裏徹外的此岸的文化開拓，俾人能在日常經驗中即此即體現莊嚴的、根源性的價值秩序。❷❸

　　以上是這本著作中有關西田的思想特性的闡釋。這本書的最後一篇文章也很值得注意，這便是海式格（James W. Heisig）所寫的〈關於宗教與宗教的對話的「六經」〉（〈宗教と宗教の對話についての「六經」〉）。在其中，海氏提出宗教間的對話有六個要點或線索，所謂「六經」。第一點是，宗教對話的精神，不是從特定的傳統中生起，但能在該傳統中甦醒過，獲得生命。第二點是，知性的對話是確定地獨立於宗教制度的一切義務，後者只是少數人的事。第三點是，光是表層上的對話是無用的，對話常會深入到、追究及特定的社會課題，但這種對話不能預設特別的功利的、現實的目的。第四點是，對話不得不對有關教義傳統有所選擇，但要考量場合問題，以場合來決定要淘汰哪方面的傳統。第五點是，對話是一種宗教活動，但不涵有改宗或融合諸宗教的目標。第六點是，在最基底的層次，基督教自然是佛教，佛教自然是基督教。這一點說得有點隱晦，海式格的文字時常是這樣。按這裏所謂最基底的層次，應是就魂或靈魂而言，亦可以說是自我、意識或心靈導向而言。海式格的意思大抵是，佛教與基督教都是開示眾生世界的真相，讓他

---

❷❸　同前書，頁 230。在這裏，筆者作出一些個人的理解與發揮。

們能脫離苦與罪，而得解脫，得救贖。說自然，亦即是說本質。

茅野良男、藤田正勝編《轉換期としての日本近代》，京都：

ミネルヴァ書房，1999。

　　這本書如書名所示，收入不少闡述日本近代思想的文字，其中自然有關於京都學派的哲學方面的。這包括高梨友宏的〈環繞西田哲學中的藝術與美的概念〉（〈西田哲學における藝術と美の概念をめぐって〉）、森哲郎的〈主體的超克：關連著西田幾多郎的《日本文化問題》〉（〈主體の超克：西田幾多郎の《日本文化の問題》に關連して〉）和藤田正勝的〈西田哲學要探究者〉（〈西田哲學が問うもの〉）。限於篇幅，我在這裏只闡述森哲郎的文字。

　　在〈主體的超克：關連著西田幾多郎的《日本文化問題》〉中，作者森哲郎指出，關於京都學派的談論，最初聚焦在意識形態（Ideologie）方面。二次世界大戰後期，人們開始注意戰爭的責任問題；即是，京都學派與大戰的關係，它應否對戰爭負上責任呢？這裏涉及兩場座談會。其一是一九四二年、四三年間中央公論社舉行一次座談會，討論世界史的立場與日本的問題，應邀參與的有京都學派的西谷啟治、高山岩男、高坂正顯和鈴木成高。作為京都學派的哲學家，西谷在日本國內、外都享有盛名，後三人則只受到日本國內思想界所重視，未受到國外的、國際的注意。另一則是文學界所主辦的有關近代的超克的座談會，應邀出席的有西谷啟治、鈴木成高與下村寅太郎。下村也是西田的門人，也是京都學派的人物。前一個座談會以「世界史的立場」為主題，為當時國粹派的右派所批判，甚至敵視；戰後則逆轉，為進步的知識分子和左派人物

所批判，被視為附和戰爭，支持戰爭。❷至於後一有關對近代的超克的座談會，則在哲學上、思想上具有深遠的視野，這一點也反映於西田的《日本文化問題》一作品中。森哲郎謹慎地提出，關於西田和京都學派在大戰的責任問題上，不應從現前的狀況去追認當時的時代局面，我們最低限度先要對西田他們的著作作精細的、正確的理解，才可說回應大戰的責任問題。❷

　　跟著森哲郎談到主體的超克問題。他提到對於主體或主觀主義的克服，就西田來說，在「純粹經驗」的立場中，在「場所」和「作為辯證法的一般者的世界」的立場中，都有其範式或做法（仕方）；若要深化其哲學的體系，則需要徹底地窮究到「矛盾的自我同一」的立場方面去。要看到現實世界的邏輯構造，便要證成「個體物的多與全體的一」、「時間與空間」的「矛盾的自我同一」。❷森哲郎強調，這裏所論究的，是作為「日本文化問題」的「主體的超克」的問題而擠搾出來的，這亦可以視為「歷史的現實世界」的根本動向，這正是「由被造作物移向造作物」（作られたものから作るものへ）。這點很重要，也很難理解，森哲郎把有關文字引

---

❷　根據西谷的說法，在戰爭期間，他們的面頰被右派掌摑；在戰後則被左派所掌摑。參看 James W. Heisig and John C. Maraldo, eds., *Rude Awakenings: Zen, the Kyoto School and the Question of Nationalism.* Honolulu: University of Hawaii Press, 1995, p.291.

❷　關於上面的闡述，參看森哲郎的〈主體の超克：西田幾多郎の《日本文化の問題》に關連して〉，頁 219-220。

❷　關於矛盾的自我同一，參看拙文〈西田哲學的絕對無與絕對矛盾的自我同一〉，《正觀：佛學研究雜誌》第 53 期，2010，頁 67-161。另外，這也是本書的第一章。

出來，我在這裏翻譯如下：

> 這一歷史的現實世界，我等生於斯死於斯；我們在這裏造作
> 物體，依於這造作（活動），便成被造作的行為的世界。不
> 過，我們造作物體，並不表示從世界之外作動世界，讓它改
> 變。我們在歷史的社會中生長，技術性地造作物體，依於這
> 種作動，便造作出自己自身，而有行為。在被造作的物體為
> 我所造作的同時，到處都是作為客觀的（物體）與我自己對
> 立起來，相反地，（它）在表現之中把我作動起來，也把他
> 人作動起來。在歷史的世界中，古代印度和希臘的民族所造
> 作的東西也呈現在我們的面前，我們被它們所作動。這種種
> 仍存在於歷史的現在中。㉗

　　由「被造作物移向造作物」，可分解出作為客體的被造作物與
作為主體的造作物兩個面相。表面看來，這似有把客體歸向於主體
的意味，這便有以主體為終極性，是主體主義的立場，把主體高
揚，而與主體的超克這種理想分途了。實際上不是這樣。我們可以
由上面一段引文出發，作如下的解讀。西田說我們造作物體，相應
於這造作活動，便可說我們作為造作物、作為主體的先在性
（priority）與優越性（superiority）。但如西田所說，我們是在現

㉗　〈主體の超克：西田幾多郎の《日本文化の問題》に關連して〉，頁
　　232。按我查過《西田幾多郎全集》第12卷，1979，這段文字的所在
　　不是森哲郎所標示的頁296，而是頁296-297。

實的歷史社會中活動的，造作物體的，而不是在現實的歷史社會之
外表現這種活動的。就這一點來說，我們是內在於現實的歷史社會
的，後者是一個大客體。這樣，主體的地位便減殺，被擺平，最後
被超克。特別是在如西田所說的在到處都是客觀的物體的場合，在
這些物體與我們主體自己相對立的場合，主體便不能是特別地先
在、優越了。它反而有向客體方面傾斜的態勢。西田的意思是，我
們不能忘記歷史，忘記社會，而一面倒向主體。便是因為這樣，森
哲郎才強調「邁向物體的道路」（物にゆく道）的說法，說這道路
的具體性可以開展出被造作的物體的「客觀性」、「表現性」。這
客觀（物）正是超越「主觀－客觀」範式的「世界的事物」。森氏
頗有要超越主客對等的觀點，他提出這「世界的事物」已遙遙越過
了一般所謂「人間造作歷史，歷史造作人間」的主客間的相互作用
的說法了。這種主客的相互作用或相互關係並不真能超克主體的思
維，它是機械性格的。它只是主知主義，是要排除主觀性的「主知
主義的科學的客觀的觀察」而已。這種科學性格的觀察不能成就主
體的超克。❷❸

　　要注意的是，所謂「主體的超克」並不是要廢棄主體性的概念
與思維，它的目標是要超克主知主義，但要保留歷史、歷史社會。
西田指出，即便說物、物體，甚至我們自身的生命存在，亦要在歷
史的世界中說。全然地離棄自己而純粹地說物、物體的存在性，是
不可能的。一切都涵攝於歷史事物的邏輯中。在我們的體驗之外，

---

❷❸　同前註。這裏也含有筆者個人的觀點在內。

一切東西都不能說。❷

　　這裏有一個問題可以提出：我們達致主體的超克的理想，能否說客觀性，甚至徹底的客觀主義呢？西田的回應是肯定的，但這理想或客觀的世界需包含我們自身在內，不是離開我們的生命存在而說客觀世界，這便通於胡塞爾（E. Husserl）所說的生活世界（Lebenswelt）。西田強調，真正的客觀世界，必須能越過我們自己，但又相反地要包含我們自己在內，不讓我們跟它相離。我們自己必須也證成這個世界的多。西田甚至說，在這個意義下，他自己是一徹底的客觀主義者。進一步，他提到「真正的現實」觀念，表示這種現實是包攝我們而緊迫著我們的生命的現實。這是決定我們是生是死的臨界線。而歷史的身體的行為的自己的證成，也要看我們能否接續這個真正的現實。歷史的現實必須是矛盾的自我同一的。❸他的「歷史的世界」也是在這個意義下說的。

　　在這裏，我們要特別留意西田在有關的、相應的引文中提出「真正的現實」和「歷史的身體」的概念。森哲郎指出，西田所念之繫之的世界，不是和我們對立的對象的世界或思維的世界（考えられだ世界），而是包含我們自身的世界的「客觀的實在性」，這種實在性是終極性格的，它不能被還原為更具終極性的東西，西田把這種實在性稱為「獨自的歷史的實在性」。❹在這裏，我們看到

---

❷　《日本文化の問題》，《西田幾多郎全集》第 12 卷，1979，頁289。

❸　同前書，頁 298。

❹　同前書，頁 321；〈主體の超克：西田幾多郎の《日本文化の問題》に關連して〉，頁 233。

西田很重視「歷史」概念。上面提到所謂歷史的世界，在西田看來，歷史的世界即是實踐的世界。這「歷史的世界」是相對於「概念的世界」、「理論的世界」而提出來的，它有很濃厚的實踐的、時間的、創發的意味。如西田所說的プラクシス（praxis，拉丁文，實踐、實例之意）、ポイエシス（poīesis，希臘文，創造之意，特別是文藝方面、人文方面的創造）。此中的實踐，並不是儒學所說的道德的實踐，而是關連到身體自身的實踐。這種實踐不太關連於意識（Bewuβtsein）、智思，而是具體地通過身體的活動、有身體的參與的活動模式。❷

以下我們把焦點放在歷史的身體一概念上來探討。森哲郎表示，歷史的身體是西田獨自提出的根本概念，西田即以這一概念為基礎，突破近代流行的主觀性的哲學，克服由主觀的主知主義所帶來的種種問題。關於這一點，我們可以參看他在一九三七年的一場演說：歷史的身體。所謂「歷史的身體」，是由所謂 homo faber（作為人）的本質的深化的轉語或轉化詞而得。作為歷史的世界的要素，是「創造的主體」。不管如何，作為創造的世界的創造的要素已超越近代的意識的「主體」了。❸西田在這裏說的歷史的身

---

❷ 《日本文化の問題》，頁 321-322。西田還進一步說，這種實踐的、創造的世界是經由絕對矛盾的自我同一的體認而成立的。這則涉及絕對無的絕對矛盾的自我同一的弔詭的思辯與工夫了。關於這個問題，這裏沒有篇幅討論，筆者另寫有上面提到的〈西田哲學的絕對無與絕對矛盾的自我同一〉，讀者可參考。

❸ 〈主體の超克：西田幾多郎の《日本文化の問題》に關連して〉，頁 233；西田幾多郎著《信濃哲學會のための講演》，五、〈歷史的身

體，不是由種種元素組合而成的生物學意義的、生理學意義的物質性的身體，而是創造的主體。這創造的主體有創造性格，這是精神意義的創造；而主體也不是一般說的在主客二元對立的關係中的主體，不是經驗的主體，而是具有超越義、絕對義的主體了。這主體是要呈顯的，它不能滯留在抽象的、純概念思維的世界，卻是要透過我們的身體，在歷史中發光發熱。在這種脈絡下，歷史與身體有非常密切的交集，最後結晶、沉澱，具體化為歷史的身體。

　　在這裏，讓我們先總結一下西田的歷史的世界、歷史的身體的概念。西田自然很重視創造的主體，但這種主體並不與他所批判的主知主義思想有交集。主知思想所肯定的，是一個只有智思的、抽象的、主觀性的主體，與存在世界相隔離但以後者為認知對象的主體，它毋寧是一個具有濃烈的動感的、跟我們有適切性、包含我們的生命存在的主體，它能創造我們與世界的存在性，總是以我們的身體為出發點，藉著我們的身體而運作，以開拓出歷史與世界的主體。這樣，我們便可在此脈絡中說世界、歷史、身體以至歷史的世界、歷史的身體了。

　　回返到主體的超克的問題，西田提出「公」一概念作為對主體的超克的依據，他指出，「由被造作物移向造作物」（上面有提及）表示歷史的、生命的世界不同於「被造作物不離開身體」的動物的世界。在動物之中，個體物否定自己本身而成為世界，但不能逆反地、真正地成為自己本身。個體物否定自己自身，但不能說在

　　體〉，《西田幾多郎全集》第 14 卷，東京：岩波書店，1979，頁283。

世界中見到物體。❸它仍未有在一中表現出多這樣的知覺。❸便是
因為不能成立多，故在動物之中，不能說世界。❸西田特別指出，
在人或人間的生命中，被造作物是遠離造作物，而成為「公」或公
共的東西、環境的。被造作物或生產物是離開造作物，而成為世界
中的物體的。這被造作物已成為一客觀的東西，在可能的範圍內，
任何事物都可與它發生關連。他舉例，幾千午前，在遙遠的地中海
中的希臘半島，有文明產生，這文明到現在還影響著我們，讓我們
作動起來。❸在這種情況，希臘文明不光是屬於希臘民族的，它已
成為「公」、公共的東西而存留了。

　　現在我們又再回到上面的「由被造作物移向造作物」問題，森
哲郎以「世界的動性」來說它，認為這動性或動感是由世界的自我
限定、自我形成而可能。它不是單純的「連續」（由一向多移行的
目的性），也不是「非連續」（由多向一移行的機械性），而到處
都是個體物的多與全體的一的矛盾的自我同一。這動感是「表現」

---

❸　這裏所說的內容有點難解，筆者的理解是，在動物的世界裏，被造物
　　不能離開身體，它只能與身體黏結在一起。即便是動物自我否定，仍
　　然不能見到自己，證成自己，因為它與身體總是糾纏在一起，不能分
　　開。

❸　這裏所說的知覺，不是在知識論上常被指涉及的 perception,
　　Wahrnehmung，不是感觸性的，而應該是睿智性的（intellectual,
　　intellektuell）。

❸　這裏頗能迫顯出西田所謂「世界」不是純然的物質性，甚至動物性，
　　而是人間性、歷史性、社會性。

❸　〈主體の超克：西田幾多郎の《日本文化の問題》に關連して〉，頁
　　233-234；《日本文化の問題》，頁 326。

性格的（這即是世界的自我表現），是「行為的直觀」的世界的躍動、躍現。❸他引述了一段西田自己寫的艱澀而具有深邃意義的文字來解說，我把它翻譯如下：

當說「由被造作物」時，這表示個體物否定自己而入於作為全體的一的世界中，而成為物。「移向造作物」表示個體物是獨立的，個體物是成立了。「由被造作物移向造作物」……表示到處都是個體物的多與全體的一所成的矛盾的自我同一性。在這種情況，時間即是空間，空間即是時間。因而見的活動即是作動（働く），作動的活動即是見。說見，表示我們否定自己而入於全體的一的世界之中，而成為物。「造作物」則表示我們否定全體的一而作為個體物的多作動起來。個體物在自己自身之中映現世界，而有欲求；它作為絕對矛盾的自我同一的世界中的個體物而是思維的、構成的性格。若真正地是個體物，則在某種程度，（個體物）自我矛盾地作為世界的構成要素而作動起來，想著要成為物（物となって考へ）而作動，而成為物了。❸

西田說「個體物否定自己而入於作為全體的一的世界中，而成為物」，這個意思不好理解，個體物是一個質體（entity）、實體

---

❸　〈主體の超克：西田幾多郎の《日本文化の問題》に關連して〉，頁234。

❸　同前註。《日本文化の問題》，頁324。

（substance），是靜態義，它如何能動感地否定自己呢？否定是一種心靈的活動，是在動態中的，不是靜態的，質體、實體如何表現為有辯證意味的自我否定的活動呢？質體、實體畢竟不是西田所說的絕對無。另外，個體物既已是個體物，則又何以透過自我否定而成為（個體）物呢？這種思維在常識、一般的邏輯來說是不通的。個體物經一轉折（否定）而又成個體物，的確很難理解。我想問題是在西田所說的「個體物」上：它不是質體、實體，不是質實的（rigid）、立體的（three-dimensional）、具體的（concrete），不是金岳霖在他的知識論所說的固體、硬件（solid body），你是奈何它不得的。❹我們不必死煞地把個體物固定化，讓它變得冥頑不靈，成為一個死體。應該以一種活潑的眼光、心靈，把個體物鬆動開來，放棄它的不可破壞性（indestructibility），視它為一種現象、事件（event，如懷德海 A.N. Whitehead 所說的）。作為事件的個體物的轉化，有一個漸進歷程，從一種鬆開的、具有精神義涵的狀態作自我否定，作宇宙論的轉向（cosmological turn），由鬆動性凝聚而為還可以自由伸縮的堅住性，成為個體物。這樣，上面說到的困難便可以消解了。正是因為這樣，不是死煞地定住的個體物的多才能與全體的一融合起來，證成矛盾的自我同一的關係。

跟著，西田作進一步的發揮，提出見即是作動，作動即是見。見是眼的功能，是一種特定的、分化的活動，而作動則是一般性的

---

❹　金岳霖在他的《知識論》中，多次提及這種硬件的堅硬性（solidity），它佔有一定的空間，它既擺在那裏，你便不能在同處安放別的東西了。

統體活動。這兩種活動相互互動：分化的活動與統體的活動關連起來，雙方可以同時表現，也可分別地、前後地表現。見（及其他感覺活動）是多，作動是一。多與一不單能在存有論上有關連：多的物入於一的全體；同時也能在作用上、工夫論上交集：見的活動否定自己而入於作動之中。西田的這種分化性與統體性的相互交集、相互攝入的關係明顯地展現華嚴佛學的事與理、事與事之間的自在無礙思想的影響。這便是西田接著說「個體物在自己自身之中映現世界」的意味。

個體物是特殊的，世界則是普遍的，特殊性如何映現普遍性呢？這是我們要究明的問題。上面說過，個體物不是死煞的固定不變的東西，卻是具有事件所具有的鬆動性。這鬆動性若向凝聚方面拉緊，其極限便是變而為個體物。它倘若不這樣做，而本著本來的鬆動性攝入於普遍性的一之中，則它被吸受進一之中。這吸受不是單向的。作為多的鬆動性同時也可以吸受作為一的普遍性，因而可反映、映現普遍性，後者正是西田所說的世界。依華嚴宗的說法，特殊的多與普遍的一相攝相入，特殊性攝在普遍性中，因而普遍性能夠存有論地涵藏特殊性，工夫論地承襲、展現後者的特性。另方面，普遍性入於特殊性之中，世界概括於個體物之中，則個體物可以映現世界。

西田跟著表示個體物作為絕對矛盾的自我同一的世界中的個體物是思維的、構成的性格。這本來不好懂，但若順著上面說的個體物的鬆動性、事件性來看，便很清楚。便是由於個體物的這種性格，它不可能是質實的、立體的、不可破壞的，卻是緣起的、沒有實體的常住性。說它是質實性格，並不恰當，我們無寧應說它傾向

於思想性的、觀念性的東西；它入於世界中，成為世界的一個組成分子，因而也有構成世界的意義或關係。而世界的一具有絕對的涵義，個體物則仍未能脫於經驗性、相對性，同時它又與絕對的世界有入或攝的關係，它入於後者之中，因此，在存有論上、工夫論上，它與世界有絕對矛盾的自我同一的關係。

最後，西田更提出觀念論的態度或立場。他說個體物想著要成為物，便真能成為物了。這個體物自然是就人說的，人有意願、意志、種種念想，這是在主體、主觀方面的想法，他有這要成為物的願望，便真的這樣做到了，成為物了。這個意思其實不好說出來。人怎會想到要成為物、個體物呢？這裏毋寧是要表示一種觀念論甚至唯心論的思想：主體或心靈對於物質、物體具有優越性、先在性。但這又會有墮到心理主義、情緒主義的傾向。

現在我們看森哲郎的說法。他突然提到「文化」的概念，以為西田在這裏有對文化有極高價值的看法，視之為「在世界中的東西」（世界に於ての物），這是如西田自己所說，所謂文化作用，作為歷史世界的自我形成過程，正成立了人文。❹這表現一種深邃地徹入「人文的成立」的底層的立場。森哲郎認為，此中的關鍵性字眼是作為「徹入世界中」的活動、情事的「見」（＝行為的直觀，森氏附加），是作為「由造作物」的「成為物」。這種「移向物的道路」正是「想著要成為物便作動而成為物了」（物となって

---

❹ 《日本文化の問題》，頁 331。「人文」本來作「人間」，我從意思與文字的脈絡改為「人文」。

考え物となって働く）。**㊷**這是說，在思想中有某種觀念，想著要實現某種觀念，因而進行作業，實踐起來，使觀念現成，或造出相關連的東西。

南原一博著《近代日本精神史：福澤諭吉から丸山真男まで》，岡山：大學教育出版社，2006。

著者南原一博出身於東京大學法學部，專攻政治思想史。如同書名所示，這是探討近代日本的思想發展的歷史，具體時期是由福澤諭吉到丸山真男之間，包括福澤與丸山，其中第三章〈昭和的明暗〉（〈昭和の明暗〉）的第二節〈天皇制法西斯主義：京都學派的形態〉（〈天皇制ファシズム：京都學派的形態〉）。在這一節中，著者探討的是西田幾多郎、和辻哲郎、田邊元和戶坂潤的思想。我在這裏把討論、說明的焦點放在田邊元方面，但先提一下在他之外的三位。

著者指出，西田幾多郎的哲學是把世界看成是具有生命的，矛盾的事實即此即可在統一中把握。生命是內即外、外即內的。觀念否定地即是事實，事實否定地即是觀念，這是「絕對矛盾的自我同一」的世界。此中的思維方式是絕對的辯證法，又是觀念的辯證法。西田哲學的核心觀點是無、絕對無，這也是京都學派的思維形態。南原又強調，在西田哲學中，有部分是涉及日本的政治觀的表現的，在其中，主體「自我否定」地而成就世界，**㊸**因而主體即是

㊷ 〈主體の超克：西田幾多郎の《日本文化の問題》に關連して〉，頁234。

㊸ 關於主體與世界的關係，西田較多用「限定」字眼；即是，主體自我

世界。他甚至以皇室（天皇）是「非主體的主體」。皇室即是主體
的一與個體物的一的矛盾的自我同一。他認為近代日本的天皇制國
家有辯證的意涵，天皇制正是由被造作物動感地移向造作物的象
徵。❹他大抵是以天皇是造作物，人民是被造作物。他並不同意把
日本文化視為天皇制法西斯主義的使徒，這與他的後繼者不同。

　　南原跟著提到和辻哲郎，說他是自由主義的京都學派的一分
子，明顯地有保守的傾向，是天皇制全體主義的思想形態，呼應日
本法西斯主義。他受到海德格的影響，寫出與人間的存在構造有密
切關連的《風土》、《日本精神史研究》及《續日本精神史研
究》，展現他心目中的理想人品和日本精神，把後者與作為絕對空
的絕對精神對比著來看，強調動感的統一的立場。他在學問上的本
行是倫理學，寫有《作為人間學的倫理學》（《人間の學としての
倫理學》），以漢語的分析法來說「倫理」的意義：「倫」指伙
伴、仲間，是所謂「間柄」的人間共同體；「理」則是目標、終
結。倫與理合起來的「倫理」，是作為人間共同體的存在依據的道
義之意。

　　另外一位是戶坂潤，他是京都學派中的左派人物。他倡導唯物
論與唯物史觀的意識形態，進一步在意識形態方面開闢自己的天
地，以批判日本法西斯主義的意識形態。他有兩部重要的著作：
《意識形態的邏輯》（《イデオロギーの論理學》）、《意識形態

　　限定而成就世界，或絕對無自我限定而成就世界。在西田看來，絕對
　　無與主體是相通的，絕對無在主觀方面即表現為主體。
❹　〈天皇制ファシズム：京都學派的形態〉，頁 132。

概論》（《イデオロギー概論》），強調歷史的、社會的存在構造
與理論形態這二者與實踐的或辯證法的關連。他的意識形態論立足
於範疇論之上，除了有理論與思想之外，還關心到政治秩序、文化
等現象方面。透過對現實、觀念等的邏輯構造的解析，提出批判的
利器，矛頭對向這些思想的文化形象。他又宣揚現實對於理念的相
應性、符順性，強調意識形態能反映現實的關係，而能予以轉變、
轉化。這在某一程度頗符順黑格爾（G.W.F. Hegel）的存在即是合
理的意涵。

　　下面開始看南原一博對田邊元哲學的理解與評論。他先指出，
田邊元的哲學與法西斯主義並無關連。京都學派的方向是天皇制下
的超國家主義，其哲學是民族的國家主義模式。此中也有對個體的
實體化的排斥，在空無的全體中開拓出存有論與工夫論的相即關
係，它的邏輯是全體主義的邏輯。❹

　　要講田邊元，不能不回返到西田幾多郎。西田哲學的主題是一
切對立與矛盾最終達致同一的關係，因此要說辯證法，把一切對立
統一起來。既然是對立，便需要媒介來溝通，這媒介具有場所的性
格，因此要有場所的辯證法。這場所的辯證法是對向著絕對矛盾
的，因此要講絕對的辯證法。這種辯證法不同於西方的歷程的辯證
法。就黑格爾的情況來說，普遍的理性預先作為前提而被確認，同
一性支配一切，結果是不能有真正的創造性可言。個體物的個性都
被同一性所掩沒了。在這種辯證法之中，各各的點亦即是個體都具
有絕對的意義。而在西田的辯證法之中，由於缺乏了由矛盾而來的

---

❹　同前書，頁 148。在意思上我作了微細的調整。

運動這種要素，種種矛盾需作為一體的東西而被把得。此中的所謂「媒介」，都成了主觀的自覺。若把西方的邏輯與西田的比較，則可以說西方的辯證法是「對話」的邏輯，西田的辯證法則由於矛盾的東西都被視為是同一的東西，因而是「自覺」的邏輯。❹這裏說自覺，如註 46 中云，不單覺自己，同時也覺他物。而所謂覺，應該不是一般所說的對對象的感覺、現象層面的認知，而應該是睿智、現象學層面的認知。不是對對象認知為現象而是對它認知為物自身（Ding an sich）。所謂「對話的邏輯」，應該是主體與客體平等地建立主體認知客體的經驗層次的活動，對話即表示主客的地位的對等性；「自覺的邏輯」則應是對自我與個體物作超越的認知、物自身性格的認知。

　　以下集中看田邊元。田邊元把西田的相即的辯證法推向高峰。

---

❹　同前書，頁 149。這裏的意思頗不易解。照南原所說，黑格爾和西田的辯證法都強調同一性，一切個體或個體物都被置於這同一性之下而變得相互雷同，沒有差異性可言。不過，細察一下，我們還是可以找到不同之處。在黑格爾的辯證法中，一切個體物都依於同一性的範疇而變得一樣，不能說個別性。西田的辯證法則強調媒介概念，著重對於個體物的主觀的自覺，即在這主觀性和自覺性的脈絡下，個體物的差異性還是可說。人的主觀的與自覺的機能對於客體的、客觀方面的個體物，總會有不同的印象、形象，而由此帶出來的個體物便可以說差異性、個別性。天台宗人言「除無明，有差別」，表示要消除對一切法的染污性，不起執取之心，這是同一性，但一切法各有其構成、外觀和作用，各各不同，這是它們之間的差異性、個體性，不必去除。西田的這種以絕對的辯證法來處理個體物，大體上也是這個意思。他的自覺，雖然是對自己的覺照，但能覺照自己，也應能覺照他物，這裏也可以說保留他物的個體性。

西田以一個求道者的心態對於哲學作自我淬練，田邊則在概念的建構方面用功；在切入邏輯、思考方法的深度上超越西田。他在《康德的目的論》（《カントの目的論》）一書中展示了這方面的成績，而備受注意。不過，他的哲學的特長展示於對康德的《判斷力批判》（*Kritik der Urteilskraft*）的焦點性的研究中。如所周知，康德哲學中的一個關注點是對於理論理性（theoretische Vernunft）與實踐理性（praktische Vernunft）的區分，特別是在它們的活動的機能與對象方面。他要把知性（Verstand）與理性（Vernunft）結合起來，俾能證成一個完整的主體性。❹田邊很重視現象界與本體界、物自身界的結合、統一；他要建立自己的批判哲學，其中兼雜有形而上的獨斷的取向。康德所做的，是把自然的合目的性，通過由理論理性過渡到實踐理性的橋樑，而獲致「規制意義」的理念；而在田邊方面，則認為反省性格的判斷力（Urteilskraft）可以把道德、宗教、歷史結合起來，而成為一種構成的機能。❹即是，康德要以判斷力在理論理性與實踐理性之間搭出一座橋樑，以證成自然的合目的性的理念；田邊元則要以判斷力的反省能力把道德、宗教、歷史等不同的文化方向與文化活動結合起來，而成為一人文性的生活世界。

　　田邊元把康德的自然的合目的性，以「自覺的合目的性」名之。這個新的表述式表示意志要在不是自己本身的東西中，對於自

---

❹　這裏說的理性是實踐理性，它能表現為睿智的直覺，超越現象界，以認識本體界或物自身界。

❹　〈天皇制ファシズム：京都學派的形態〉，頁 150。

己有合目的性的自覺。這是與理性結合起來的知性，更是被投向知
的世界的信的立場，讓他的邏輯由分析飛躍到統一方面去。南原指
出，田邊正是立足於這種「直覺的知性」（直觀的悟性）的立場，
這也是「神」的精神。進一步，在康德來說，反省的判斷力並未要
成立具有經驗的要素的歷史，但在田邊來說，歷史是作為反省的判
斷力的對象界而成立的。這樣，道德是在「作為對於自然的適應的
文化建設」中被實現的，因此，歷史正是道德的對象界。對於田邊
來說，判斷力是歷史、宗教與道德的構成原理。康德總是對經驗與
自由的混合交集有所警誡的，他決不會採納這樣的立場。田邊敏銳
地衝著康德的問題點而來，他的「結合、統一」的嘗試也展示了獨
斷的形而上學的傾向。❹

　　南原認為田邊的這種統合的導向，與黑格爾的辯證法有廣闊的
對話空間。他寫了一本《黑格爾哲學與辯證法》（《ヘーゲル哲學
と辯證法》），這是高水平的著作。他以此書所討論的問題作參
照，開拓出自己的哲學立場。在他看來，黑格爾哲學是一種絕對觀
念論，在他之先、康德之後的費希特（J.G. Fichte）哲學是主觀觀
念論，謝林（F.W.J. von Schelling）哲學則是客觀觀念論。他認為
我們應該揚棄主觀與客觀的對立，把這對立收於自己自身之中，證
成與絕對者的關係。❺這樣便認可了客觀的獨立存在，同時也主張

---

❹　同前註。這裏的「結合、統一」是如上面所說的現象界與本體界、物
　　自身界的結合、統一，也可以具體地說為是經驗界、歷史界與道德
　　界、宗教界的結合、統一。

❺　在這裏，田邊元分別以主觀觀念論、客觀觀念論與絕對觀念論來分判
　　費希特、謝林、黑格爾的觀念論，明顯地是以黑氏所提出的精神的主

客觀者對於主觀者的依存性。這樣便證成了辯證法是客觀者與主觀者的絕對主觀者的內裏的「對立的統一」的原理。南原認為，唯物辯證法與觀念辯證法是絕對觀念論的辯證法的抽象狀態。**⑤**

就田邊自己來說，辯證法也可以說是絕對精神的「自覺」的內在原理，而以絕對無作為媒介。而源於絕對無而來的媒介是客觀的他者。**⑥**田邊所說的「絕對媒介」可以作為一切對立關係的媒介，而把對立關係消棄，故絕對媒介其實可以說是無媒介的。這是由於媒介已沒有對立關係可處理了。田邊這樣理解辯證法，仍然不能免於被人批判，如同黑格爾被人批判那樣。即是，黑格爾的辯證法是「有」的辯證法；絕對無作為基底而施行其媒介作用，正是像潛勢態向現勢態方向發展那樣。這是對只在實踐的自覺活動中被實現的特殊與普遍的關係，作為觀想的「有」而存在的客觀的事態看。其結果是同一性邏輯的主觀觀念論的「發出主義」。這涉及一種使在理性的同一性的總合中的邏輯體系成立的哲學；在這種哲學中，「個別在本質上同一於普遍」的自覺傾向於理性的自我同一性，在這同一性中，普遍的超越的、他者的對立性被消除。依於此，在中

觀、客觀、絕對表現這樣的三體結構（threefold pattern）為參照而作出的。

⑤　這裏說「抽象狀態」（抽象態）不是很妥貼，應該說「具體的應用」。另外，辯證法只能就心靈或觀念方面說，不能就物體、物質方面說。心靈、觀念是活的，有動感的，物體、物質則是死的，無動感的。我們只能說唯心辯證法或觀念辯證法，不能說唯物辯證法。

⑥　在西田看來，絕對無有主體性的意涵，但在田邊元，絕對無只能是作為客觀的他者的神或阿彌陀佛，沒有主體性的意味。

間的特殊的有的否定對立性被消解，個別的對立性亦歸向同一性的
限制之中，以單純的特殊的限定為其所能發展的界域。這是自齊克
果（S. Kierkegaard）以來對黑格爾的方法與體系的矛盾的批判。在
田邊看來，體系是辯證法的抽象面，是它的同一性的投影。❸

　　南原指出，這種獨自地被理解的辯證法，如田邊自己所暗示，
有反西方哲學的傾向。因為西方哲學大體上是站在抽象的、普遍的
角度而發展，而有其位置。田邊則覺得這是以無差別的視角來看存
在世界，作智性的觀想，把存在世界固定起來，以構成一套概念的

---

❸　〈天皇制ファシズム：京都學派的形態〉，頁 151-152。在這裏，田
　　邊的意思雖然可通，但有點難解，我姑附一些說明。田邊提到在實踐
　　的自覺活動中被實現的特殊與普遍的關係，此中的特殊與普遍應是指
　　特殊性與普遍性的東西，關係是指雙方的聯結、統合的關係。能作這
　　種聯結、統合關係的，應是睿智的直覺（intellektuelle
　　Anschauung），只有這種直覺才能同時證成特殊性與普遍性而成為一
　　體。跟著提及的所謂「有」，便是回應這特殊性與普遍性的統合的意
　　味。在後面跟著說到「個別在本質上同一於普遍」的自覺，是從工夫
　　論方面證成這個別（特殊性）與普遍的相即不離亦即是一體的關係。
　　而接著的被消除的「普遍的超越的、他者的對立性」應為「普遍的超
　　越的、他者的與特殊的、經驗的的對立性」。下面說到在中間的特殊
　　的有的否定對立性被消解，應該是就相對性而言，絕對性有常住的性
　　格，是不能消解的。最後說田邊視體系是辯證法的抽象面，則委實難
　　解，我想南原的意思是：田邊所說的「體系」指觀念性格的、非存在
　　性格的東西，這樣便可說「抽象」了。辯證法應該有兩個面相，一是
　　抽象的、普遍的，另一是具體的、特殊的，辯證法與邏輯形式的不
　　同，是前者兼攝存在界的抽象面與具體面，或普遍面與個別面。

組合。❺田邊則不同,他向不是自己的客觀的存在探索,以自己的主觀關連著自己的行為對向客觀,對後者求有所轉化,把外物轉變為自我的內容、內涵,動感地正視有關的問題。他在主觀與客觀的無媒介的、直接的相互否定而達致的統一中建立其辯證法,證成自己的實踐性格的「信行」的立場。在拒斥黑格爾式的同一性的思維中,田邊展現出自己的特徵、風格:辯證的理性是實踐性的,同時也是「非合理的」。田邊的辯證法最重視行為、實踐,對自己有絕對的自覺、存在的體證。其中尤以道德性的自覺最為吃重,對於惡行的反省、懺悔有切膚之痛。由此再上層樓,便是超越一切相對性的宗教義的信的願欲與實踐。

　　南原又注意到田邊元的辯證法與西田幾多郎的辯證法的不同點。西田的辯證法以矛盾的統一為核心,由於對統一作仲介、媒介的所謂「有」實際並不存在,因此這種統一可以說是沒有媒介的。不過,南原提出,倘若甚麼媒介都沒有,則統一便不能出現。因此,沒有「媒介」同時又要有「媒介」了。而把有與無關連起來的媒介必須把自身無掉、否定掉而成為「有」的「絕對無」。❺這

---

❺　從西方哲學一向是著重存在的抽象性、普遍性、無差別性,喜歡作智性的觀想,把一切存在概括起來,以成立概念的組合。現在說這種思維是反西方傳統哲學的,即是說,辯證法與形式邏輯不同,它要直接指涉存在,由分析性的理性思考上提而為反分析性的弔詭的理性思考。包括田邊在內的京都學派一向都是欣賞、認可這種思考方式的。

❺　按南原在這裏的說法,不是很通。要進行無的活動,或否定某種東西,需要預設一主體。田邊不立有關的主體,他的絕對無也不是主體義,而是他力大能,或是神,或是阿彌陀佛。即使說媒介,這媒介也不可能是主體。故不知南原何以有這樣的說法。

樣，我們便可說把這個世界也包容在內的場所，而場所即是絕對
無，或無的場所。這基本上是西田的看法。田邊則不是這樣想，他
先有質疑：倘若我們直接地把絕對無看成是宇宙體系的根底，看成
是無的場所，而為它定位，讓它確立起來，則這便是「有」，而不
是「無」了。田邊自己怎麼做呢？南原指出，田邊視這種情況為辯
證法的不徹底性。我們必須把絕對無視為有自己的媒介面，依此而
自我否定，這便是有了。「絕對無」真真正正地是絕對否定的作
用。這點非常重要，我要在這裏高調提出來。田邊的絕對無不是實
體，不是主體，而是作用、活動（Aktivität），應該是超越的活
動。不過，田邊未有把密切的交集放在絕對無與主體的關係中，而
傾向於作為他力大能的神或阿彌陀佛方面去，以這他力大能來替代
作為我們自己的真宰的主體，特別是超越的主體。南原未有注意到
這點，可謂一間未達。**⑯**

　　對應於絕對無的，是絕對有，這二者都是終極原理，只是以不
同的方式、面相來說終極原理。絕對無是從負面說，絕對有則是從
正面說。南原強調，田邊把絕對有視為克服、超越辯證法的東西來
預設它，這有超越邏輯與思維而達致統一的意味，具有「神秘的直

---

⑯　討論到這裏，我們還要多提一點。田邊以絕對無為作用、活動，實是
　　回返到西田的純粹經驗的思考形式。依西田，純粹經驗是一種活動，
　　它存有論地先在於活動者、活動對象、活動場地的。田邊心目中的絕
　　對無則是一種純粹活動，它也先在於它的主體、對象的。但他把絕對
　　無關連到他力大能方面去，他力大能是一客體，不是主體，除非你在
　　工夫實踐上努力，把他力大能的客體性轉化，轉化為主體性。關於這
　　一點，田邊似未加措意。

觀」的內容。他像西田那樣，以行為的直觀為體系的根基，這便不是邏輯的立場，而是作為構想力的產物的神話了。這一方面讓概念的邏輯關係變得不清晰，而訴諸直觀的秘儀，另方面是捨棄作為辯證法的邏輯核心的實踐。這不是隨順現實，不是現實行為的自我化，而是直接地肯定現實。（これは現實の行為的な自己化としての現實隨順ではなくて，直接的な現實肯定である）在這裏，南原替田邊作一小結，觀無即是悟無，悟無即是作為無而作動的自覺；這不是對無的直覺。❺❼這是從工夫論一面來說明對絕對無的體證，其中最具關鍵性的，仍然是就作動、活動來體證、實踐絕對無。不過，就一般的理解言，作動、活動需要預認一個具有動感的主體，而田邊未有在絕對無中突顯主體的關連與證明，正是問題的所在。另外，觀無（絕對無）是對無的自覺，這是工夫論的、救贖論的做法；這不同於對無作認識論的直覺。自覺畢竟不是直覺。

　　進一步，南原以「力」一概念來詮釋田邊的辯證法。他提出在這種辯證法中，不可能成立一種包括行為在內的永恆的靜止、完結的統一狀態。在田邊來說，哲學是非完結的，依於此，在我們的行為中涵有對於現實的生命的力（生命の力）。這點非常重要。田邊不贊成西田所說的哲學的本意，是在「見」的活動中吸取實踐、完成實踐（實踐を「見る」ことに吸取する）。南原認為，西田哲學不能不帶來、涵有對於現狀的意念，就這點來說，田邊的批評不是沒有道理。同時，田邊也就西田的哲學的宗教化提出質疑，認為這

---

❺❼　〈天皇制ファシズム：京都學派的形態〉，頁 153。

會導致哲學的廢棄的結果。❺❽

長谷正當、細谷昌志編《宗教の根源性と現代》第 3 卷，京
　都：晃洋書房，2002。

　　此書第三部第三、四兩章涉及京都學派。秋富克哉所寫的第三
章〈在技術社會中的宗教：虛無主義的問題〉（〈技術社會におけ
る宗教：ニヒリズムの問題〉）主要講海德格（M. Heidegger）所
擔心的問題，但這亦是京都學派特別是西谷啟治所擔憂的問題。海
德格深沉地感受到現代人不斷向科技方面傾斜，鑽牛角尖，結果讓
自己迷失，失去了原來的人文精神，亦即是家鄉、故鄉的嚮往，所
謂「家鄉喪失性」（Heimatlosigkeit）。即是，人正處於現代科技
的威脅中，這種威脅作為「不安住的東西（Unheimische）」的暴
力不停地壓抑人的精神，讓他們喪失了家鄉性的「安住的東西
（Heimische）而向虛無主義傾斜」。❺❾海氏也提到場所（Ort），
這是一切東西集中於其中的、它們的本質集結於其中的地方，虛無
主義則把它的本質無約制地開展，被攝集於場所之中，這是形而上
學的本質作為現代技術的本質展開而統合於其中的場所。西谷啟治
在這個相關問題上受到海德格深刻的啟發，而且他的哲學對這個問
題較海德格哲學更具解決的作用。這基本上是自我主體如何凝聚力
量，挺立起來，突破、克服技術性思想，以進於空的真理境界。西
谷能建立根源性的自我主體，海德格則重視存有，而忽略了主體，

---

❺❽　同前註。

❺❾　關於這點，參看拙文〈海德格與禪〉，拙著《西方哲學析論》，臺
　　北：文津出版社，1992，頁 256-258。

這是他的哲學的弱點。

　　第四章是松丸壽雄寫的〈貧與聖〉（〈貧と聖〉）。松丸是上田閑照的弟子，被視為京都學派的第四代人物。他先從人的精神為外在的經濟高速發展所引起的問題說起。他表示，日本在戰後跟他國共同努力，人民享受豐盛的經濟生活，但在心靈方面卻變得貧困，有些國家也是一樣。松丸也指出，一般的所謂貧窮，與宗教上、精神上的貧窮，是在質方面的相異。他引艾卡特（M. Eckhart）的說法，以貧窮有內外兩種，外在的貧窮是經濟性格；內在的貧窮則是宗教方面的：沒有意願，一無所知，一無所有。松丸在相關方面，也提到保羅（Paul）、奧圖（Rudolf Otto）和海德格的看法。在這裏，我只集中在海德格方面作些說明。

　　海德格在他的《存有與時間》（*Sein und Zeit*）中，關注到包含自己在內的一切東西都向下滑的現象傾斜，人們都被無（Nichts）所逼迫，而面臨不安（Angst）的狀態。這種不安，表示無由人的現有（menschliches Dasein）的周圍圍繞過來，無擊到人的存在的根基，如海德格所謂「現－有正是在無的內裏亂作一團（Hineingehaltenheit in das Nichts）」。即是說，在存有的東西中的存有被無所虛無化（Nichten des Nichts）。⑥松丸強調，這「現－有」（Dasein）表示人作為存在者存在於開啟的世界中，有自己自身的存在方式，有其氣質之情。帶有這種氣質的存在方式，所謂意識主體與包含作為意識的存在者的場所的存在方式，是以「在

---

⑥　在這裏，我把動詞 nichten 說為是虛無化，這即是無化、化而為無的意思。

世存有」（In-der-Welt-sein）而被理解的。這樣的存在方式正是「現有」（Dasein）的樣態。❻

　　松丸指出，海德格這樣的對 Dasein 的理解，以有這種東西的開啟自我限定地開拓出來的現有的 Da，可以類比到西田幾多郎的「場所」方面去。但若進一步由無的無化（被無所虛無化）歸向存有的全體，以至於「回思乃至想起（Andenken）」，由此而臻於 Da 的開啟的動感性的思考，與西田後期所理解的場所以至由世界所見到的場所的邏輯便不同了。我們毋寧可以由西田的「在其中的東西」（於てあるもの）的立場出發，以「在其中的場所」（於てある場所）與「在其中的東西」的相互包攝關係作為線索來究明、扎住實在（實在を突きめ止る），展開這究明、扎住實在的邏輯，我們可以以海德格的這種思考類比到上面剛說及的西田初期的場所邏輯方面去。❻

---

❻　〈貧と聖〉，頁 279-280。這是海德格在早期看「在世存有」的樣態。

❻　按松丸的這種兜兜轉轉的說法完全不夠善巧。我要在這裏作些補充性的說明。一、西田的場所邏輯分兩期：初期與後期。初期是由他的《善の研究》發展出來的，後期則具在於他的晚年著作《場所的論理と宗教的世界觀》和《哲學の根本問題：行為の世界》、《哲學の根本問題續編：辯證法的世界》。關於他的後期的場所邏輯，參看拙文〈西田哲學的絕對無與絕對矛盾的自我同一〉，《正觀：佛學研究雜誌》第 53 期，2010，頁 67-161。這篇論文也收於本書之中。二、「在其中的場所」與「在其中的東西」的相互包攝關係指場所與個體物的相互包攝關係。作為場所的絕對無自我限定而成為個體物，這是場所包攝個體物；個體物自身也不是死體，而是機體（organism），

　　不過，松丸指出，在由場所的思索出發這一點上可作類比，西田的情況是由「不是主也不是客」的純粹經驗亦即是原初的經驗出發，這種主客未分的經驗的邏輯是作為「場所」的邏輯而展開的。而海德格的情況是，正是在不安之中，在無的虛無化的現場中出現的頃刻，開啟與自身二者未有分化地現前，不過，在由虛無化的現場移向有的瞬間，思維開始冒了起來，在這思維的立場，動態的事件一出現便被認取了。西田的情況與海德格的情況有一根本的不同點：在前者，一接觸到現場便有自覺生起；在後者，由現場回歸到自我便起思索。西田歸於自覺，海德格歸於思索，松丸自然是較認可西田的。❻❸

片柳榮一編著《ディアロゴス：手探りの中の對話》，京都：晃洋書房，2007。

　　此書是專論對話的辯證論（ディアロゴス）的問題。書中第三部分是有關京都學派的：日本近代思想における對話論、他者論。其中第一章是藤田正勝的〈對話是甚麼：聽與講〉（〈對話とは何か：聽くことと語ること〉）。第二章是杉本耕一的〈西田哲學與禪再考：以近年的批判的禪研究為初階的方法論的考察〉（〈西田

　　它自身作為具體物卻能反映普遍的絕對無或場所，這是個體物包攝場所。個體物與場所有相即不離的關係。

❻❸　〈貧と聖〉，頁 280-281。附及：松丸壽雄曾於 2008 年 6 月來臺參加中研院文哲所我等所主辦的有關當代新儒學與京都學派哲學的對話的國際研討會。我等本來是邀請上田閑照參加的，並發表主題演講。上田答應了。但其後因受寒，遵醫生囑不宜出門。上田於是推薦松丸壽雄出席，參與對話和圓桌座談。

哲學と禪再考：近年の批判的禪研究を手引きとした方法論的考察〉）。第三章是水野友晴的〈西田哲學有無提供對話的邏輯：注目於表現論的立場〉（〈西田哲學は對話の論理を提供するか：表現論の立場に注目して〉）。第四章是佐藤啟介寫的〈我愛故我在：田邊、波多野、馬立安與存在－愛－論〉（〈愛ゆえに，我在り：田邊、波多野、マリオンと存在－愛－論〉）。

大峯顯著《永遠なるもの：歷史と自然の根底》，京都：法藏館，2003。

　　此書作者大峯顯出身於京都大學文學院文學研究科，曾留學德國。書中第三部分有兩篇是研究京都學派的：〈西田幾多郎的宗教思想〉（〈西田幾多郎の宗教思想〉）、〈三木清內裏的親鸞與巴斯高〉（〈三木清における親鸞とパスカル〉）。

大橋良介、高橋三郎、高橋由典編《學問の小徑：社會學、哲學、文學の世界》，京都：世界思想社，2006。

　　書中有大橋良介寫的〈黑格爾與京都學派：環繞社會的辯證法〉（〈ヘーゲルと京都學派：社會の辯證法をめぐって〉）。文中所說的辯證法，指社會辯證法而言，而所選與黑格爾的辯證法作對比的，是田邊元的辯證法，特別是他的種的邏輯。他曾寫有〈黑格爾哲學與辯證法〉（〈ヘーゲル哲學と辯證法〉）一文，批評黑格爾的辯證法只停留在觀想的層面，無助於在行為上、實踐上的表現、發展。田邊自身自然很重視行為的、實踐的辯證法，提出社會存在的邏輯。

　　所謂社會，相應於存有論的邏輯範疇亦即是「類、種、個體」三者。田邊考察柏格森（H. Bergson）所寫的《道德與宗教的兩個

來源》（*The Two Sources of Morality and Religion*），特別是書中提到的「封閉的社會」與「開放的社會」，這是他的「種的邏輯」的社會學的背景。他表示黑格爾的時代對於自己的種的社會的邏輯與現象學沒有提供一條通路。他又強調自己的辯證法不是黑格爾的「絕對精神」的辯證法，而是「絕對無」的辯證法。在田邊看來，「種」是向「類」方面被棄置的，它以「個體」的否定為契機，而成為「絕對否定態」。他認為，絕對否定態並不是靜止地存在而為直接的統一，而是這直接的統一被否定，而又再否定這否定的運動，達致動即是靜的統一，這便是透過否定有的「無的否定」而成的絕對無，這即是空的統一。而在作為「種的邏輯」的「社會存在的邏輯」之中，主題是「社會」，「國家」是它的附屬物。但逆轉的現象會生起，❻❹「國家」立於田邊的主題的位置上，這種想法在田邊的論文〈社會存在的邏輯〉（〈社會存在の論理〉）構思之初已成立了。大橋表示，在這裏有三點可說：一是，「種的邏輯」最後會成為作為「棄置種的類」而成為「國家」的基礎的邏輯。二是，作為「種」的社會會以柏格森所說的「封閉的社會」為它的直接形態而加以持守，這種社會會作為柏格森所說的「開放的社會」亦即是「類」而轉為「國家」，在其中，必須以個人的行為的實踐作為媒介，而這個人的行為的最終目的是「國家」的建立。三是，馬克思主義和西田哲學對峙之外，也有和宣揚皇道主義的極右的集團相對決，這皇道主義是透過把「原理日本社」集結而成的，自然

---

❻❹　即是，「社會」變成附屬物，「國家」受到尊崇，有目的的意涵，這便有所謂「國家主義」。

也是極右的性格、路線。❻❺

末木文美士著《明治思想家論：近代日本の思想再考 I 》，東
　　京：株式會社トランスビュー，2004。

　　著者末木文美士出身於東京大學大學院人文科學研究科。此書
闡述明治時期的哲學家、思想家的思想，其中第七章說到鈴木大
拙，第十二章說及西田幾多郎。以下我把闡釋的焦點集中在西田幾
多郎上。鈴木的思想在某些問題上和京都學派的有些相近，但不是
這學派的重要人物。

　　說到西田的哲學，自然離不開他的「純粹經驗」一觀念。但末
木文美士從生命問題說起。他指出人們對於生命現象的留意，關連
到與自然科學的世界中的機械論對抗這一點，這也關連到柏格森、
尼采（F.W. Nietzsche）所倡議的生命的哲學的刺激與受容。生命
的特徵，多以作為單一的原理如個人、社會、自然（宇宙）來說
明，人們以為此中有一元論的連續性在裏頭。這是樂觀主義的發展
論，個人的發展即此即是社會、世界的發展論。田邊元參照了鈴木
大拙的生命主義的理解，寫出《文化的概念》（《文化の概念》）
一書，以柏格森的創造的進化的立場為代表，他也把杜威（ J.
Dewey）與詹姆斯（W. James）的說法歸入這一個類屬，他自己在
這方面也批判了社會的不公正等問題。鈴木大拙在這方面也展示了
比較的一元論的傾向。西田幾多郎則在他 42 歲時出版了《善之研
究》（《善の研究》），加入這個行列。他對禪有深邃的感受，時
常參禪，拜北條時敬為師，在東京帝國大學時，受到鈴木大拙的影

---

❻❺　〈ヘーゲルと京都學派：社會の辯證法をめぐって〉，頁 291-293。

響，在圓覺寺參禪，中間大約作了十年持續認真的工夫，其他時間則間歇性地做。

在《善之研究》中，西田當然談及倫理的問題，但不限於此，他也接觸、論述其他問題，如宗教、終極實在和知識方面的。在倫理學方面，他重視意志，表示意志與知識之間並沒有絕對的區別，意志的行為與認識是基於同一原理而成立的。他所說的意志，自然是道德的意志，他把道德與知識視為是同源的，這或許是受到康德以構想力（Urteilskraft）來連接純粹理性（reine Vernunft）與實踐理性（praktische Vernunft）的思想的影響所致。在他稍後的著作《自覺中的直觀與反省》（《自覺に於ける直觀と反省》）中，他以意志為根本原理而開拓自己的哲學體系。在他看來，意志是我們意識的最深處的統一力，是在我們的實在統一力的最深遠處被發現的。❻❻

末木提到西田在中、後期中在思想上有重大的轉變。就他的重要著作來說，先是有《善之研究》、《自覺中的直觀與反省》，然後有《從動者到見者》（《働くものから見るものへ》）。在《從動者到見者》的後半部分，他提出自己的新的思考法：場所邏輯，深遠地開展出無或絕對無的哲學。他把心理主義的純粹經驗作為客觀的邏輯而成就場所的思想，表示終極境界的主客合一既不是主也不是客，唯有場所是真正的無，因而確立「無的場所」一存有論的觀念。❻❼

---

❻❻　《明治思想家論：近代日本の思想再考Ⅰ》，頁 310。
❻❼　同前書，頁 317。

末木文美士著《近代日本と佛教：近代日本の思想再考Ⅱ》，
　東京：株式會社トランスビュー，2004。

　　書中有關近代思想與佛教部分有一章〈京都學派與佛教〉
（〈京都學派と佛教〉）專論京都學派的思想。著者引述《岩波哲
學思想辭典》把京都學派的成員概括為西田幾多郎、田邊元、高坂
正顯、高山岩男、西谷啟治、下村寅太郎、鈴木成高，就廣義的京
都學派來說，可以加上三木清、戶坂潤和邊緣性格的和辻哲郎和九
鬼周造。藤田正勝編的《京都學派的哲學》（《京都學派の哲
學》）則列出西田、田邊、三木、戶坂、木村素衛、久松真一、下
村、西谷八人。這樣的列法都與國際學界通常的列法不同，後者以
京都學派指涉西田、田邊、久松、西谷、武內義範、阿部正雄、上
田閑照七人。

　　在上面提到的國際認可的京都學派的成員中，末木說到久松真
一。在他看來，久松作為一個哲學家，是超越一般流行的對哲學家
的理解的。即是，久松提出自己的「覺的哲學」，有向宗教方面傾
斜的意味；這覺的哲學有深邃的宗教意味，覺的哲學即是「覺的宗
教」。他要突破重視對對象的知識的理性哲學的界限，而開拓出一
種對於「真正的自己」的證成實踐，這真正的自己正是久松所常提
及的「無相的自我」。末木表示，西谷的哲學是要對既成的禪作出
哲學的說明；久松則有不同的旨趣，他不講禪的既成的體系，卻是
強調我們要以自己的體驗為依據，以自己的生命來完成覺的宗教、
覺的哲學。他特別提出，從日本學界的角度來看京都學派，有一點
是不受到歐美學界重視的。即是，京都學派在亞洲的近代化中，一
方面要回應時代的條件與需求，同時又要活現傳統的思想，在繼承

傳統的思想中展示出一種艱苦奮鬥的典範。最後，末木談到中國方
面的有關情況，舉梁漱溟與熊十力這些新儒家為例，表示他們反對
急進的近代化，謀求傳統思想的再現。梁漱溟的東西文化的比較，
與和辻哲郎的風土論與高山岩男的世界史的哲學相近似；而熊十力
由本體論出發所建立的抽象的、壯大的哲學體系，則讓人想到西田
他們的哲學。**❻❽**

岩崎允胤著《日本近代思想史序說：明治後期篇下》，東京：
　　新日本出版社，2004。

　　書中第十二章專門闡述西田幾多郎的《善之研究》的思想。此
章共分〈純粹經驗〉、〈實在〉、〈實在的真景〉（〈實在の真
景〉）、〈真實在總是以同一的形式存在〉（〈真實在は常に同一
の形式を有っている〉）、〈真實在的根本方式：統一與矛盾的辯
證法〉（〈真實在の根本的方式：統一と矛盾の辯證法〉）、〈作
為唯一實在的活動的宇宙〉（〈唯一實在の活動としての宇宙〉）
六節。在這裏，我只選其中幾節來作闡述，這些都是關鍵性的內
容。

　　岩崎先指出，在西田的形而上學中，最基本的命題是意識現象
是唯一的實在。西田對實在的界定是，實在單單是我們的意識現象
亦即是直接經驗（＝純粹經驗）的事實；在它之外，實在只是思維
所要求的假設而已。不能由意識現象的範圍脫卻開來的思維作用，
並沒有能直覺經驗以外的實在的神秘的能力；而這在直接經驗以外
的實在的假定，是為了思維能系統地組織直接經驗的事實而生起的

---

❻❽　《近代日本佛教：近代日本の思想再考Ⅱ》，頁 52-59。

抽象的概念而已。我們所謂的直接的知識，只有關於我們的直覺經驗的事實亦即是意識現象的知識而已。現前的意識現象與意識到這一現象的情事直接地是同一的，此中並無主觀與客觀的分別。[69]在西田看來，排除一切獨斷的說法，對由最沒有懷疑空間的直接的知識而發展出來的嚴刻的批評性的思維，與假定在直接經驗以外有實在的思維，是不能並存的。西田並舉康德與休謨（D. Hume）為例，康德是前一種思維，休謨則是後一種思維，兩者不能並存，因而有康德的批判哲學產生。西田並表示，他是與康德、巴克萊（G. Berkeley）和費希特（I.H. von Fichte）是同路，都是主觀觀念論的立場。

西田又表示，倘若我們進一步思考，便可知道對我們來說是最直接最原始的事實，是意識現象，而不是物理現象。我們的身體也是意識現象的一部分。意識不在身體之外，毋寧是，身體存在於意識的內裏。[70]我們的意識現象與物理現象似乎是兩種經驗的事實，

---

[69] 這些說法，很自然地讓人聯想到佛教唯識學（Vijñāna-vāda）的唯識的義理。一切現象，不論是事抑是物，都是緣起而生（pratītyasamutpāda），沒有常住不變的自性（svabhāva）。具體地說，它們都是心識（vijñāna）的變現（pariṇāma），因此是唯有識，或唯識（vijñaptimātra），這便是真理、實在，便是空（śūnyatā）。西田在這方面，和唯識學很有對話的空間，都是觀念論的立場。西田說意識，唯識學則說八識，其中第六識便是意識。

[70] 唯識學也有類似的說法。一切事物，包括花草樹木、山河大地，以至我們的身體，都有其潛在狀態，以種子（bīja）的形式儲存在我們的潛意識亦即是第八阿賴耶識（ālaya-vijñāna）中。但西田的說法比較籠統，他只說意識；唯識學則把意識分為三種狀態，即是：阿賴耶識

但實際只有一種現象，這即是意識現象。物理現象只是具有我們各人的共通的、存在的不變的關係的抽象所得而已，這關係是在物理現象中的。**⓱**

下來，西田指出，就純粹經驗方面作嚴密的思考看，在我們的意識現象之外，沒有獨立自存的東西了，這正是巴克萊的存在即被知（esse=percipi）。我們的世界是由意識現象所組合而來的，種種哲學與科學都是說明這事實的。西田進一步強調，意識現象是與物體區分開來的精神性的存在，是獨立自存的活動，因而可說存有即是活動，也可說「意識活動」。這樣，意識與活動便有密切的關係，我們甚至可以說意識自身是活動，是純粹活動，這便通於胡塞爾說「原初的普遍性意識是一活動」（Das ursprüngliche Allgemeinheits-bewußtsein ist eine Aktivität）了。**⓲**岩崎便基於這「意識活動」而為西田哲學定位為主觀的觀念論。**⓳**

這種沒有我們在思維上加工的直接的實在或純粹經驗的事實是甚麼東西呢？西田自問自答，此時沒有主客的對立關係，知、情、

亦即是潛意識、末那識（mano-vijñāna）亦即是介於阿賴耶識與意識之間的我識、意識。西田和一般所說的意識，是指上面的意識的第三種。西田說我們的身體是意識的一部分，唯識學則說我們的身體以種子狀態潛在於潛意識中，也可以泛說為內在於意識之中，遇上足夠的機緣或條件，身體的種子會現行起來，成為我們的在時空中存在的身體。

⓱　《日本近代思想史序說：明治後期篇下》，頁 298-299。

⓲　參考拙著《胡塞爾現象學解析》，臺北：臺灣商務印書館，2003，頁85。

⓳　《日本近代思想史序說：明治後期篇下》，頁 300。

意不分，而純然是一獨立自全的純粹活動而已。在這裏，沒有能見的主體，也沒有被見的客體。西田又以音樂作譬，這種境界好像人沉醉於美妙的音樂之中，分別心被褫奪，物我雙忘，天地澄澈，真實在如如地現前。❼

峰島旭雄編著《戰後思想史を讀む》，東京：北樹出版社，1997。

　　此書闡述二次大戰後日本的思想家及其思想。編著者峰島旭雄提到有關思想史的處理方式：「思想史的方法」與「作為方法的思想史」。他強調思想史的方法有實證的亦即是歷史的方法，也有觀念論的方法，再細分亦可以列出多種來。作為方法的思想史則沒有那麼多種，而只以思想史為方法，為工具。

　　在這本書中，不同的作者闡述不同的思想家的思想。其中有東儀道子寫西谷啟治：〈包含和超越虛無主義在內的空的立場〉（〈ニヒリズムを包み、超える空の立場〉）和司馬春英寫武內義範：〈迴心邏輯的探究〉（〈迴心の論理の探究〉）。由於知道西谷啟治的人比較多，知道武內義範的人很少；實際上，在學術界、思想界方面，闡述武內的思想的資料的確非常罕有。我在這裏因此便集中講武內。

　　武內的出身並不簡單。他的父親武內義雄是重要的中國哲學研究者，他最先是研究數學的，後來才轉到哲學、宗教和神學方面來。他考入京都大學，先後追隨田邊元和西谷啟治學習宗教哲學，又通讀和辻哲郎和宇井伯壽的有關原始佛教的著作。學成後一直留

---

❼　同前註。

在京大，直到退休。他在把京都學派的哲學推進國際的宗教學界、哲學界的範域，作了很多工夫。司馬春英在書中概括武內的學問為三個面相：親鸞研究、初期佛教的緣起思想研究、由黑格爾出發的西方哲學，特別是實存哲學研究。我在這裏只論述一下他對原始佛教的緣起思想的研究成果。

司馬指出，武內的緣起亦即是十二因緣思想的研究的最大特徵是，他特別著眼於第九、十支亦即是取與有這兩支，在其中可深邃地探掘到識與名色的相依關係的意涵。這種相依關係可以更向前推溯到取與愛或渴愛這兩支之間。❼佛教的緣起說有多種說法，十二因緣是其中一種重要的說法。司馬春英強調，緣起說是在緣起支的相互關係之中一方以另一方為基礎、為緣而串連地發展下去，又可以各支交互媒介的方式來闡明個體生命的起源和發展。其中，和辻哲郎取第一種說法，宇井伯壽則取第二種說法。同時，這種支與支的關係，可以順時間方向來建立，也可以邏輯的推展來建立。武內則提出自己的獨特的詮釋。即是，對於這種關係，一方面可就依據的關係說，最後可以深化相依的根據的交互性，並以這交互性作為

---

❼　十二因緣（dvādaśāṅgika-pratītyasamutpāda）是原始佛教以十二個因果環節或所謂「支」來交代眾生的個體生命或個別自我的形成和發展。這十二環節是無明（avidyā）、行（saṃskāra）、識（vijñāna）、名色（nāma-rūpa）、六入（ṣaḍ-āyatana）、觸（sparśa）、受（vedanā）、愛（tṛṣṇā）、取（upādāna）、有（bhava）、生（jāti）、老死（jarā-maraṇa）。有關它的詳細的闡釋，參考拙著《佛教思想大辭典》，臺北：臺灣商務印書館，1992，頁 42b-44a。

跳板，由「根據」飛躍以嘗試轉而為所謂迴心的邏輯。即是說，在緣起說的根底中見到「根據的說明直接便是根據的翻動而來的自覺的轉化、迴心的原理」（根據の解明がただちに根據の翻りとなるような、自覺の轉換、迴心の原理）。❼司馬春英強調，武內的這種獨特的觀點的支柱，是以四聖諦（苦、集、滅、道）作為「根據及其棄置的關係」而把得的敏銳的洞見。這洞見是武內在他的黑格爾研究、實存哲學特別是海德格研究中打拼出來的。

司馬指出，武內以「根據及其棄置的關係」來說四聖諦，此中，「根據」（Grund）一語詞是依黑格爾的《邏輯》和海德格的《根據律》的意涵使用的；這「根據」有「生起的根據」、「一切存在者的沒落（Zu-Grunde-Gehen）」、「根據的棄置」三種契機的意味。由這裏可以開啟一種道路，這是以佛教的因果論內裏的因

---

❼　《戰後思想史を讀む》，頁 203。關於武內對原始佛教特別是緣起思想的理解，可見於他所寫而又散落在多種刊物之中：〈緣起說におけるその思索の根本動機〉，《印度學佛教學論叢：山口博士還曆記念》，京都：法藏館，1955；〈緣起說における相依性の問題〉，《京都大學文學部五十周年記念論集》，京都：京都大學，1956；〈緣起思想〉，《講座佛教思想》卷 5，東京：理想社，1982；*Probleme der Versenkung im Ur-Buddhismus*. Hg. von Ernst Benz, Leiden: E.J. Brill, 1972; Also in *Die Philosophie der Kyoto-Schule: Texte und Einführung*. Ryosuke Ohashi, ed., Freiburg / München: Verlag Karl Alber, 1990. 其後，James W. Heisig 把這些文字譯成英語，收在他的 Yoshinori Takeuchi, *The Heart of Buddhism. In Search of the Timeless Spirit of Primitive Buddhism*. Ed. and Tr. by James W. Heisig. New York: Crossroad, 1983. 這些文字最後又收錄於《武內義範著作集第三卷：原始佛教研究》，京都：法藏館，1999 中。

（hetu）為實存根據從主體方面來把握的道路。**⑦**武內正是從這個立場來說明「四聖諦中的本來意味是原因（Ur-sache）和它的無化，亦即是根據和它的棄置的力動的展開」的。**⑦**依武內的理解，「苦」表示一種界限的狀態，那是對著我們的現實存在的根據而提出來的；「集」是苦的形成依據。最重要的還是「集」與「滅」的「相依相屬性」（Zusammengehörigkeit）。這相依相屬性或簡約的相依性表示一種智慧性的洞察。即是：苦的成立的根據同時即是消滅的根據。此中的要義，就筆者所理解言，是我們要滅去苦，需先弄清楚苦的成立的依據是甚麼，不然便無從著手。這便是黑格爾意義的「投向沒落的根據」；即在這根據中，我們對它以如其為如此的方式來覺察，在這種契機（覺察的契機）的內裏放棄自己（自ら を止揚する）。這個意思有些難解，我想其意是放棄自身的主觀的看法，單就苦的現成的成立上來作工夫。武內的意思是，就對客觀的事情的根據為範限而求得這樣的「相依性」的洞察，是不行的。我們必須徹底秉持主體性的立場，存在性地直接面對著自己生命的無底（Ab-Grund）性或者是「離本」性來做，才有成功的可能性。只有這樣做，本於自己生命的無底性，才能把作為苦的原因的集和作為苦的揚棄的滅放置在相依相關之中，而有成效。武內指出，佛陀的沈默決不是單純地去迴避形而上學的問題。這沈默與釋迦同時代流行的懷疑論的決定性的區別是，它超越對象知識的立

---

⑦　此中所把握的，自然是因（hetu）。

⑦　這裏說原因或根據和無化或棄置的「力動的展開」。這「力動」概念很有意思，但不知它是屬於哪一層次、何種意義的。

場，而沈潛到自己的無底的深淵之中，把內裏的相依性通貫起來，以證成跳躍性格的領悟。

司馬指出，武內這樣解釋緣起，是從實存的角度來處理四聖諦問題的，而不是依原因——結果和條件——歸結的格式做的。就我看，武內的做法是對的，我們不是在研究生命問題，而是要解決生命的問題，而且是自家的生命問題。在這方面，主體性的實存的參與是免不得的。對於這十二因緣中的「有」（bhava），武內從它的語根「bhū」關連到海德格所說的存在（Sein）方面去，是值得注意的。「bhava」有「生成」的意涵，海德格把「bhū」關連到「physis」以至「phyein」，不以「生成」來說，卻解釋為「在光的內裏出現」這樣的現象。在其中，與存在者的「滑落」（Entgleiten）相通的「無」的影子漂浮起來。❼這裏我們看到關鍵性的一點。「生成」具有很重的宇宙論意義，海德格未到這個程度，他始終是停在存有論的層次，不講生成，而講「在光的內裏出現」，這是武內所認可的。「生成」是實說存在，「在光的內裏出現」是虛說存在。「生成」是走宇宙論的路向，「在光的內裏出現」則是向存有論傾斜，後者仍是虛通性格，不是質實性格。宇宙論的生成是質實的，存有論的「在光的內裏出現」則是虛通的。因此司馬春英把這「在光的內裏出現」關連到存在者的滑落（滑り落ち，Entgleiten）方面來，而這正是通到「無」的影子，亦即是虛

---

❼ Yoshinori Takeuchi, *Probleme der Versenkung im Ur-Buddhismus*. Hg. von Ernst Benz. Leiden: E.J. Brill, 1972, S.74；《戰後思想史を讀む》，頁 204。

通性格。即是說，這十二因緣中的有（bhava）不可能是質體性以至肉體性的存在，不是一般把它關連到的胎生的意味，只能是虛通性格的個體生命的意義，以「我」來說，這不是肉體的我，而是精神的我，作為個體生命的我。

石塚正英、工藤豐編《近代の超克：永久革命》，東京：理想社，2009。

　　此書包含三個部分：第一部分是關於日本思想史上的「近代的超克」的意義；第二部分是作為現代世界的課題的「近代的超克」；第三部分是討論會，以「近代的超克：永久革命」為課題。書中刊載有兩篇有關鈴木成高對相關問題的看法：內田圭二的〈近代的超克與京都學派：鈴木成高的「新的中世」論〉（〈近代の超克と京都學派：鈴木成高の「新しき中世」論〉）；澀谷要的〈近代機械文明批判與「近代的超克」的問題意識：以鈴木成高的緒論為中心〉（〈近代機械文明批判と「近代の超克」の問題意識：鈴木成高の緒論を中心として〉）。在這裏，我把這兩篇文字匯集在一起，以第一篇為主看看京都學派在「近代的超克」一問題方面的取向，並集中在鈴木成高方面說。鈴木成高是京都學派第二代的人物，在日本國內頗受注意，但在國際學界則很少被提及。❽

　　近代的超克在日本各界來說，是一個熱門的討論課題，這當然

---

❽　關於京都學派的成員，一般是以西田幾多郎為首，經西谷啟治、久松真一而下及於武內義範、阿部正雄等人，日本學界內部並加上高山岩男、高坂正顯、戶坂潤、三木清、下村寅太郎等人。不過，內田圭二有一種狹義的京都學派的說法，只包括西谷啟治、高山岩男、高坂正顯和鈴木成高而已。參看《近代の超克：永久革命》，頁43。

與日本軍國主義的崛起分不開，他們攪「大東亞共榮圈」，試圖扭轉世界以歐洲為中心的結構，而轉為以東亞特別是日本為世界歷史的焦點。文藝春秋社的《文學界》雜誌在一九四二年召開「近代的超克」的座談會，要以它作為一種契機，讓大東亞戰爭的正當化成為流行的世界意識。鈴木成高在這個座談會中提出他的〈近代の超克覺書〉，好些京都學派的成員也有參加。在相近時期，他們也召開過三次宏揚日本作為亞洲以至世界的中心的座談會。在大東亞戰爭開始前，在一九四一年開了一次，課題為「世界史的立場與日本」。座談會的內容在一九四二年在《中央公論》雜誌上刊出。開戰後又在一九四二年召開另一次座談會，課題為「東亞共榮圈的倫理性與歷史性」，內容在同年發表。同年又開第三次座談會，課題為「總力戰的哲學」，內容在次一年發表。這些座談會的目的，始終離不開確認大東亞戰爭在理論上的正當性、正統性。這理論概括了高坂正顯的歷史哲學、西谷啟治的宗教哲學、高山岩男的世界史的哲學和鈴木成高的世界史學。鈴木成高的專門是在西方的中世史，是歷史學者，他的說法不盡同於其他三人。依他在〈近代の超克覺書〉中的說法，近代的超克不單是限於戰爭的勝敗問題的層次，而是兼及於世界史全體的理解。這即是，在政治方面是民主的超克；在經濟方面是資本主義的超克；在思想上是自由主義的超克。另外，總體的近代的超克還包含對歐洲的支配世界的超克。**⑧**

進一步看，鈴木成高有自己的史觀。他認為世界史不應是空間

---

⑧　鈴木成高〈近代の超克覺書〉，《近代の超克：永久革命》，頁 62-
63。

的歷史，而應是構造的歷史、統一的歷史。他很強調世界秩序，認為沒有世界秩序，就沒有世界史。同時，世界史的範圍應是有一定秩序的範圍，並不是無限定的空間。至於現代的特徵方面，鈴木認為我們應以起源於歐洲的資本主義和機械文明來把握現代的特徵。機械的本質是超人間性、超自然性的。人是機械的奴隸。機械破壞了人間世界與自然世界，結果造成手段的文明、無目的的文明和量的文明。機械是由社會需求而生，但也超越社會的需求，而支配了社會。在這種新的社會中，便有自由競爭、生產過剩、企業獨佔、勞動問題、貧困問題、社會主義、階級鬥爭等新的問題生起。❽❷

　　鈴木又指出，由於近代機械文明的急遽發展，因而生起人的內在生活與外在生活的矛盾與分裂，這正是近代文明的致命的缺點。❽❸他又強調取代中世紀的神或上帝的人文主義，不能以一個獨一的原理來統率一個人，因此，要成為共同體是不可能的。人在人之外不能再有甚麼東西可以連繫起來，因而各人自己需要有獨立性，能夠個別地存在和生活。這是超越人與人之間的連結基礎的喪失，近代人便是沒有了這基礎，不能成為一個人格（personality），只能

---

❽❷　《近代の超克：永久革命》，頁 33-35。這些觀點也記載於鈴木的《ランケと世界史學》（東京：弘文堂書房，《教養文庫》，1939）一書中。又，說到史觀，京都學派顯然表現一定程度的興趣。久松真一便曾提出他的絕對無的史觀。關於這點，參看拙文〈久松真一的絕對無的史觀〉，拙著《京都學派哲學：久松真一》，臺北：文津出版社，1995，頁 66-73。

❽❸　內在生活是精神性格的，外在生活則是物質性格的，兩者若不能有善巧的協調，則矛盾、衝突是免不了的。

以原子（atom）的方式、身分而存在，一切人格價值都被機械地削平了。這是民主的資本主義，是社會主義的齊平化（generalism）。即是，人間只是一赤裸裸的存在單位，是與集團對著說的個人，不能在人格的內裏中存在。人與人的關係是機械性的，也是原子性的，此中無所謂人格尊嚴可言。❽

古在由重著、吉田傑俊編《古在由重の哲學》，東京：こぶし書房，2006。

此書的著者是唯物論者，他擅長以唯物論的立場來處理現代觀念論的問題，也包括京都學派特別是西田哲學在內。在研究唯物論之餘，他在戰前、戰後也從事反戰爭、倡和平的現實活動。書中第二部分〈西田哲學的社會性格〉（〈西田哲學の社會的性格〉）是一嚴刻地批判西田哲學的論文。在戰前，戶坂潤寫過的〈無的邏輯是邏輯麼：關於西田哲學的方法〉（〈無の論理は論理であるか：西田哲學の方法について〉），這是一份對西田的理論的內在批判的作品。古在的這篇文字主要是就西田哲學的歷史的、社會的性格而加以說明、批判。❽他對西田哲學的定位是「以學問武裝起來的穩固的宗教的人生觀」，是「邏輯的宗教」，其中也有無限、愛、永遠等觀念展示出來的浪漫主義情調。古在表示，在法國革命後的德國浪漫主義中，只能看到永恆的、無限的東西的幻想中的自由，這反映出一種「德國式的慘狀」（ドイツ的みじめさ）。西田的浪

---

❽ 《近代の超克：永久革命》，頁 39-40。這些看法也記載於鈴木的《歷史的國家の理念》（東京：弘文堂書房，1941）中。

❽ 《古在由重の哲學》，頁 326。

漫主義也可被看成是「日本式的慘狀的倒影」。這暴露出西田哲學的社會性格的本質。這是世界的「現代哲學」的一環，也是具有日本特性的理論成果。古在認為，西田哲學展示出日本將來的哲學的典型的觀念論，它的哲學有一種力量在其中，蒙蔽要理解現實的邏輯的人的眼光。西田哲學和它的同流京都學派在有關「近代的超克」與「世界史的哲學」的問題上傾向於把日本參與大戰的事情加以合理化。❽在這裏我們可以看到，古在由重是以一種政治的眼光來看西田哲學，忽略了它的內在的哲學理論的價值。

中山延二著《矛盾的相即の論理》，京都：百華苑，1974。

　　此書作者不以嚴格意義的學術性方式撰寫文字，不用現代流行的論文方式，以比較自由、適性的方式來寫，也沒有對引文作文獻學式的交代，但還是有他自己的思想與思考方式。他相當地受到京都學派特別是西田哲學的影響，以佛教的思維形態是「矛盾的相即」。例如《金剛經》的「非作非非作，非色非非色」、「色即是空，空即是色」之類。他指出有關真如的說法如有即無，無即有，變化即不變，不變即變是矛盾的相即的真理。在他看來，佛教所謂的「本來」，即是如來，如來以矛盾的相即為體，是一切的根本，這當然是存有論的根本。

　　說到論理或邏輯的方法，他認為古典的表現，殆是作對象的邏輯的理解，我們不能以這種方法來理解佛教。佛教的邏輯是矛盾的相即邏輯，它超越對象的邏輯的立場、超越分別意識，所謂一即一切、一切即一、生死即涅槃等說法，都是如此。以西方的對象的邏

---

❽　同前書，頁 328。

輯的傳統的方法，不足以理解佛教。這是知的理解的不足處，我們
應該走真的理解路向，後者是克服、否定主客關係的知的理解的。
他強調，佛法是由知的理解或知解以轉換為信解的，所謂信解是由
對象邏輯的立場轉化為矛盾的相即的立場而成就的。

　　在這本書中，作者到處都展示出他是沿著西田幾多郎的思維導
向而進行的。就有無問題來說，他認為真正的有，是與無成一矛盾
的相即的關係的有；與有相對的無，不是佛法的無。在佛教來說，
無不是單純的無，而是具有有的無的意味，這無是「有」的一種答
覆。**❽⓿**

　　本書的另一個主題是有關言說的問題。中山表示，西田在論及
生命與宗教問題所運用的言說也是相當重要的。他引述西田的說法
「我們具有作為對我們的世界自我的表現要素的言說」。這涉及象
徵的問題。他引述西田的說法「象徵這種東西在歷史中不是非實在
的。世界自我表現，具有形成歷史世界的力動」。進而言「表現自
我自身的東西與被表現的東西的關係，必須在表現關係中被把得這
即是在言說中進行，言說是神與人之間的媒介」。又說「神作為形
成的言說以表現自己本身，這即是啟示」。他又引述西田的說法
「在佛教例如真宗（按即淨土真宗）中也是這樣，佛是經由名號而
被表現的。絕對者亦即是佛與人之間的非連續的連續，亦即是矛盾
的自我同一的媒介，只是表現而已。這不外是言說。表現佛的絕對
悲願的，亦只是名號」。「絕對者與人之間總是處於逆對應關係
中，這總是名號的表現。此中的媒介正是言說」。「言說作為理法

---

❽⓿　《矛盾的相即の真理》，頁 16-17。

（logos）是理性的，又，超理性的東西，更而是非理性的東西亦是依言說被表現出來」。❽中山強調，西田在宗教的論說、闡述中，總是以佛與人之間的媒介為言說的。

　　中山又以同一性的關係關連到矛盾的相即的關係來說。他提到海德格論及同一性問題，有非常精細的闡析。海氏表示「同一性命題是以眾所周知的方式即 A＝A 來表示，這命題是最高層次的思考法則」。中山順著這種說法作進一步的探究。他指出 A＝A 表示一種相等的關係；但說到相等，起碼是就二個東西說的，即是，一個 A 東西與另一個 A 東西是相等的。但中山進一步指出，同一命題實際上不能這樣說。毋寧是，限於是相同的東西，一個東西總是常一的東西、充分的東西。❽這是說，同一並不是指涉兩個東西的同一性，而是指涉一個東西自身不變，恆時是充足的、充實的。這便涉及存在的問題，而不是邏輯的問題。同一是指述一個存在的東西的恆時的不變的存在狀態。擴展開來說是指涉各個存在的東西各各自己的等同性、不變性。中山在這裏索性提出「統一」概念，表示各個存在的東西的各各的同一性，指涉各個存在的東西各自歸屬於其統一性。❾故同一性即是統一性，是存在的統一性。這樣說同一，顯然不是數學的、邏輯的，而是存有論的。這可說是對於同一問題的另類理解，或泛說的形而上學的理解。

---

❽　同前書，頁 283-284。

❽　同前書，頁 291。

❾　同前書，頁 292。

第十一章　京都學派
哲學之批判

　　我開始接觸京都學派的哲學，是在三十多年前（1974）初到日本，見到阿部正雄，他送我一些他在《東方佛教徒》（*The Eastern Buddhist*）一刊物中發表的文字，便拿來閱讀，覺得很有新鮮感和興趣。我知道阿部在國際的宗教界、哲學界被視為京都學派的一個成員，於是又找刊於《東方佛教徒》的其他這一學派的成員如久松真一、西谷啟治、上田閑照的著作來看，最後上溯到這學派的開創者西田幾多郎的文字，也拿來看。此後的三十多年中，我一直保持與京都學派的關係，在其中吸取了多方面的好處，以營養自己在宗教學、哲學上的認識。我自己的思想，的確受到這套哲學的一定程度的影響。其後有一段很長的期間，我廣閱群書，對於這套哲學的觀點，覺得有不足之處；到自己在醞釀自己的純粹力動現象學之時，對京都學派由不滿，到批評，以至批判了。在這裏我要展示的，是對京都學派的批判。對於這一套涵蓋性極廣的哲學體系的批判，我主要是指出其不足之處，或它的局限性。文中所涉及的，自然有西田幾多郎的哲學，同時也涉及其他成員的哲學。另外，文中也涉及好些其他宗教、哲學的觀點，這則在附註中予以交代、解釋。

一

　　我把京都哲學的局限性總結為以下各點。❶如我一向的理解那樣，京都哲學的核心觀念是絕對無（absolutes Nichts）。不同的成員，各自有解讀這絕對無的方式。但他們有一個共識，或者想法：以絕對無來概括東方文化、哲學的精神性格，所謂 Eastern spirituality。例如，西田以純粹經驗、場所、上帝、形而上的綜合力量等來說。田邊元與武內義範視之為他力大能。久松真一以無相的自我來說。西谷啟治以佛教特別是般若思想與中觀學的空（śūnyatā）來說。阿部正雄以非佛非魔來說。上田閑照則以廓庵禪師〈十牛圖頌〉中第八圖頌的「人牛雙忘」（主客雙忘）來說。這些說法各有其特點和精采的、殊勝的地方，在這裏我要集中討論

---

❶　有關我對京都哲學的批評或對它的局限性的初步理解，參看吳光輝、林永強著〈中國における日本哲學の研究：一九九〇年以降の動向〉，日本哲學史フォーラム（代表：藤田正勝）編《日本の哲學第 2 號：特集構想力／想像力》，京都：昭和堂，2001 年，頁 137-138；林永強著〈東アジアの「京都學派」像〉，大橋良介編《京都學派の思想：種種の像と思想のポテンシャル》，京都：人文書院，2004，頁 124-131。這些局限性，主要表示於我最初（十多年前）所寫的著書中，這即是：《京都學派哲學：久松真一》、《絕對無的哲學：京都學派哲學導論》、《京都學派哲學七講》。在這十多年中，我自己在哲學、宗教上不斷鑽研、不斷探索，對很多問題有了自己的認知與觀點，與以前的頗為不同。因此，我對於上面所列出來的三本著書，有很多處感到不完足。我不是說這幾本書有很多錯處，而是覺得寫得不深入，批判性不夠，基本上還是定位的性質。

的，是他們以為絕對無可以概括東方的精神性格這一共識。

按東方的宗教與哲學可大分為兩種形態：實體主義（substantialism）與非實體主義（non-substantialism）。實體主義以絕對有（absolutes Sein）作為終極原理。這是透過正面的、表詮的方式來說終極原理，認為萬有的基礎是具有常住性格的超越而又內在的實體（Substanz），後者同時具有動感。這種絕對有的形態，概括印度的婆羅門教（Brahmanism，今作印度教 Hinduism）的梵（Brahman），耆那教（Jainism）的靈魂（jīva）❷、錫克教（Sikhism）的真神，❸儒家的天命、天道、天理、本心、良知，

❷ 關於一些少為一般人熟悉的宗教，我在這裏略加解釋。耆那教即為其中之一。這是印度中與佛教並行而頗具影響力的普泛的宗教。耆那（Jaina）是這宗教的創始人的稱號，是勝利者的意思，也有證成修行的人的意味。這種宗教認為宇宙的構成要素有五種：靈魂（jīva）為其中之首；另外有四要素，如法規（指運動的條件）、非法規（指靜止的狀態）、虛空和物質。這四者合起來而成非靈魂（ajīva），非靈魂與靈魂合起來，便有五種要素。這五種要素都具實體。物質由微粒即原子構成，具有下降的性格。靈魂則具有上升的性格，或升揚性；這又是一切智（sarvajña），具有幸福。物質由業力（karma）所積集，而成為業身（dharmakāya），有束縛心靈的作用，由此引致苦與輪迴。在教義與修行方面，這種宗教主張業報輪迴、靈魂解脫、苦行和非暴力主義。又強調徒眾不應領有私有或個人財物，生活越清簡越好，不應穿衣服，或少穿衣服。在漢譯的佛典中，這種修行者被稱為「裸形外道」。關於耆那教的一切智思想，參看藤永伸著《ジャイナ教の一切知者論》，京都：平樂寺書店，2001。

❸ 錫克教是伊斯蘭教（回教）與印度教相互接觸、摩盪而產生出來的宗教，其開祖是納納克（Nānak）。這種宗教基本上是把伊斯蘭教（Islam）中的蘇非派（Sufism）的神秘主義和印度教中那些較平

道家特別是老子的道、無，❹道教的氣，❺以至日本神道教的神，

實、虔誠的教義拉在一起而成立，信仰宇宙有一絕對的創造者，祂是
全能全知、深具仁德而有公心的真神，主張信徒要從事生產，自食其
力，又積極投入社會事務中去，堅持道德原則，反對種性說和由此而
來的種性歧視，對社會下層、草根階層有相當普泛的影響力。

「錫克」是梵文 Sikha 的音譯，是門徒的意思，指該教教徒自稱是其
教祖納納克的信徒。這宗教特別尊重知識階層，稱他們為「guru」，
有「導師」的意味。這種宗教有特定的教規，例如不吸煙；婚姻為一
夫一妻制；不崇拜偶像，但相信宿命，以為人生冥冥中有主宰；在生
活上蓄長髮、佩短劍、戴鐵造的手鐲、穿短褲；做人以鋤強扶弱為原
則。

❹ 關於老子或《老子》書中所說的道、無觀念，是否具實體義，是一個
目前仍有爭議性的問題。我在這裏採唐君毅先生的說法，視老子的
道、無為一形而上的實體。有關唐先生對老子的道的闡釋，參看拙文
〈唐君毅先生對老子的道的詮釋：六義貫釋與四層升進〉，拙著《老
莊哲學的現代析論》，臺北：文津出版社，1998，頁 269-306。讀者
亦可逕自參考唐先生自己的著作〈老子言道之六義貫釋〉，唐君毅著
《中國哲學原論》，上冊，香港：人生出版社，1966，頁 348-398；
〈老子之法地、法天、法道，更法自然之道〉，唐君毅著《中國哲學
原論原道篇》一，香港：新亞研究所，1973，頁 288-340。

❺ 「氣」是道教的最重要的觀念，有實體義，其含義載於道教最重要的
典籍《太平經》中。《太平經》的主旨，是所謂「三一為宗」，認為
精、氣、神三者結合可成神仙。氣為實體，精是氣的精華，神是氣的
發用。據《太平經》所載，氣是宇宙最根本的要素，宇宙的一切，都
由氣構成。它分四個部分：天、地、人、萬物。這可以說是素樸的宇
宙論，或氣的宇宙論。這氣有所謂「元氣」，是氣在變化、產生作用
之先的最原始的狀態，在宇宙形成之前，只有氣存在。依《太平
經》，宇宙的形成，有一個歷程（process）。即是，先是元氣，它是
渾沌純一的狀態。其後慢慢凝聚而成天，這是陽。天分出一部分而成

特別是作為太陽神的天照大御神。❻

地，這則是陰。陰陽二氣相遇而交互作用，便產生出人。可以說，元氣自我分化而成三種氣：天氣、地氣與人氣，三者的凝聚，分別成就了天、地與人。

再從精、氣、神三方面說。氣是最根本的，精與神則是導出的。但三者協調，而進一步結合起來，在人的生命方面的表現，是長生不死的神仙。另外，《太平經》又把宇宙現象和人的活動結合起來，特別著重在政治方面。它認為若陰氣與陽氣有恰當的關係，雙方能協調，則能導致人民和氣、萬物旺相，一切呈太和現象，太平諧和的環境便於然生起，這也是《太平經》得「太平」之名的由來。

❻ 神道教為日本民族的土生土長的宗教，由日本的原始宗教發展而來。所謂「神」，本來的意思是死者、祖先的精靈，亦有自然界的精靈之意。這種神靈數目很多，最受日本人崇敬的，是天照大御神，亦稱太陽神，是實體形的超越的神靈。日本以太陽作國旗的內容，與此大有關連。這個神靈在神道教的神殿中，地位最為崇高、尊貴。歷代聲名超卓的天皇和古代的有大功勳的人，也在神殿中被供奉、崇拜。此中自以天皇為中心。神道教以天皇的祖先或遠祖是天照大御神，以天皇是基於神的詔命世世代代相承下來，統治日本。

神道教具有濃厚的土著色彩，它反映了日本人對宇宙的看法和人跟宇宙、自然世界的關係的理解，有一定程度的迷信成分。後來佛教、儒家分別傳入，刺激神道教作內部轉化，吸收了這兩種宗教或哲學的養分，形成自家的思想體系，展示出人的精神性格及其內蘊。作為日本民族的國家的宗教，神道教一方面在宗教意識、感情、制度上不斷整合，另方面也對日本人的思維形態不斷滲透，有力地在政治的範圍左右日本人對內和對外的取向。

再回到天照大御神這個實體和宇宙的創造問題。神道教認為，宇宙混沌初開，最先出現的，是天與地。這天與地先生起三個神祇：天上中心主宰之神、天界掌管萬物生起之神和掌管幽冥界之神。其後又有不少其他神祇出現。這些神祇都沒有神的形象，只是一個概念，祂們不

　　在這些宗教與哲學之中，自然是以印度教、儒家、道家最為重要，這是就思想或義理的深度與理論的嚴格性而言。京都哲學家對這三者理解得很少，而且常常有誤解，捉錯用神。就居於最重要的位置的西田幾多郎而言，便是一個明顯的例子。在他的《哲學の根本問題續編：辯證法的世界》中，西田透露出自己對這三者的解讀與在思想上的學養，相當貧乏，而且有多處不正確，也缺乏深度。他先從印度宗教說起，認為印度宗教視無的最深沉的觀念作為它的依據，否定現實而嚮往絕對無限的實在。❼按西田在這裏在文字上是提「印度宗教」，實際上他心中所指涉的是婆羅門教。這種宗教的最重要的觀念，自然是梵，說它否定現實而嚮往絕對無限的實在，這不錯；但視梵為「無」（Nichts），是非存有的絕對者，❽便有商榷的空間了。又若以這無是絕對無，以非存有是沒有實體、自性，那便錯得很嚴重。佛教的興起，其中一個極重要的原因是反

　　能成為具體的崇拜對象。最後一對配偶之神出來了：伊邪那岐命與伊邪那美命，才以具體的形相出現。伊邪那岐命是創造世界之神，特別是創造陸地（在當時日本人心目中，陸地是指日本列島而已）。後來，伊邪那岐命用自己的左眼造太陽神，稱天照大御神。後者被尊為日本歷代天皇的始祖。其後，伊邪那岐命又造出月亮之神和暴風之神。在日本的神話中記載著暴風之神素盞嗚尊曾與天照大御神相互爭鬥，戰敗後被驅逐，離開天界，居於人間的出雲國（現今的九州的東南部分）。

❼　西田幾多郎著《哲學の根本問題續編：辯證法的世界》，載於《西田幾多郎全集》第七卷，東京：岩波書店，1979，頁 433。此書以下省作《哲學の根本問題續編》。

❽　《哲學の根本問題續編》，頁 433。

對婆羅門教的梵的哲學，反對梵為實體、自性的說法，因而提出空
（śūnyatā）、無自性的事物的本質，而建立事物的緣起
（pratītyasamutpāda）的理論。西田確有以婆羅門教的唯一實在是
無的極限的看法，❾這唯一實在應是梵，西田以梵是無，是有問題
的，如這無指絕對無，則問題便更嚴重了。一言以蔽之，西田對婆
羅門教與梵的實體性與實體主義的色彩，未有留意。

　　至於對儒家的理解，西田所觸及的深度，非常膚淺，比對婆羅
門教的理解還差。對於儒家的整套學問，西田只看到其中的禮儀和
教化方面，跟西方的漢學家的做法差不多。他未有觸及儒家所強調
的道德主體或道德理性。沒有提孟子的盡心知性知天和《中庸》的
天道性命相貫通的思想，連日本人較為注意的朱熹與王陽明的哲學
也沒有特別的留意。不過，在朱熹與王陽明之間，他似乎對王陽明
有較深刻的印象，有時提起和贊揚陽明的知與行的合一關係。另
外，對於儒家的天道、天理的觀念，有時也提過。他意識到儒家所
說的天一觀念，具有道德的涵義，是教化、教育的根源、依據。❿

　　至於道家，西田對它的理解並不見得比儒家好，反而有更多的
誤解。對於老莊的道的思想，西田並未特別留意，他只看到這道的
「無」的一面。他對無感到興趣，與他的絕對無的哲學觀點有些關
連。⓫至於魏晉流行的玄學，他的評價不高，毋寧可說是較低的。

---

❾　同前註。

❿　《哲學の根本問題續編》，頁 435。

⓫　同前註。

他認這種玄學所關心和講習的層面，墮落到感官的層面方面去。❷
這種批評，對於王弼或郭象來說，都是不正確、不公平的。他對道
家的最大誤解，是對《老子》書的道德觀念的解讀方面。他認為
《老子》書中雖然否定道德，但這本書仍稱為《老子道德經》，因
此，此書所發展的，仍然是道德的導向、道德的思想。❸這種誤解
竟然發生於當代東方一個哲學大師身上，簡直是笑話。《老子》書
言道德，不是德行的那種 morality 的意味。道與德是分開解的：道
是大道、自然、終極真理；德不是品德、德性，而是與得同義。
「道德」即是於道方面有所得，有所體證，或得自於作為真理的
道。這種誤解展示西田對道家哲學簡直是外行。

　　最後看一下西田對中國文化的總的理解。他的注目點在文化與
社會性的行為的根柢上，這本來很好，可惜他的說法語焉不詳，表
示他在這方面的學養，非常粗淺。他說中國文化的根柢是天，是
道，是自然。❹所謂「天」、「道」、「自然」，自然是以道家說
得最多。但這是從哪一種導向、脈絡說呢？是不是形而上的實體
呢？有無道德的意涵呢？是不是無特別是絕對無呢？都不清楚。至
於社會性的行為方面，西田說在社會的行為的根柢，有自然之理。
❺說到這裏便停下來，沒有進一步的發揮。這所謂「自然之理」，
應該也是就道家而言，有理或真理的意味，但它是哪一種意義的理

---

❷　《哲學の根本問題續編》，頁 436。

❸　同前書，頁 437。

❹　同前註。

❺　同前註。

呢？有沒有動感呢？都不清楚。

　　總的來說，京都哲學家對印度、中國的宗教與哲學，除了禪之外，關心得很少，也沒有深入的理解。西田的情況如上述。在他其他一些著作中，比較多提王陽明，特別是知行合一觀點中的行觀念。田邊元與武內義範則比較留意淨土思想，特別是曇鸞和道綽，那是由於他們兩人都歸宗於淨土宗所強調的他力主義的緣故。西谷啟治和久松真一的情況，也不見得有甚麼特別的地方。不過，西谷寫了一本討論寒山的詩作的書，❻但那是在佛教特別是禪佛教的脈絡下寫的，視寒山詩為一種禪的語錄。阿部正雄則比較留意《莊子》的思想。如此而已。中國與印度的宗教與哲學，除了佛教外，基本上都是實體主義的導向，京都哲學以非實體主義的絕對無一理念來概括東方思想，視之為可表達東方的精神性格（Eastern spirituality），而且是最具代表性的表達方式，此中的問題的嚴重性可知。不客氣說一句，京都哲學家說起東方的宗教與哲學，是有選擇性的；即是說，他們談起東方宗教與哲學，是只把他們所熟悉的也是最具好感的佛教特別是禪置在心頭。這樣處理，怎會沒有問題呢？❼

　　有人會問：東方的精神性格不能以絕對無一觀念來概括，那麼應以甚麼觀念來概括，才是周延呢？我的回應仍是一直以來所說

---

❻　西谷啟治著《寒山詩》，東京：筑摩書房，1988。

❼　實際上，持這種看法或這種處理方式來論東方的宗教與哲學的日本人，不獨京都學者為然，最明顯的是與西田幾多郎同期的鈴木大拙，便是這樣做的。鈴木稍後的、頗為西方學術界、宗教界所熟悉的日本學者、修行者，如柴山全慶、山田無文等一大批，都是這樣做。

的：東方的宗教與哲學有兩個發展導向，這即是實體主義與非實體
主義。前者的核心觀念是絕對有，以這絕對有作為終極原理的，有
印度教、儒家、道家（特別是《老子》）、道教、耆那教、錫克
教、神道教。非實體主義的核心觀念是絕對無，以這絕對無作為終
極原理的，有佛教、禪、道家（以莊子與郭象為主）；京都哲學自
然也包括在內。❶❽由美籍華人唐力權所倡導的場有哲學（field-

---

❶❽ 筆者近年比較留意各方面、各地域對京都哲學的研究，有越來越興旺
的傾向。日本本土自然做得最多，連那些年紀較輕的京都哲學家或京
都學派成員也研究他們的先輩如西田幾多郎、田邊元、西谷啟治的思
想。在歐美也有一股研究京都哲學的浪潮，其中以翻譯為最多。重要
的京都哲學著作如西田幾多郎的《善の研究》、《自覺に於ける直觀
と反省》、《哲學の根本問題》、《哲學の根本問題續編》、《場所
的論理と宗教的世界觀》、《私の論理について》，田邊元的《懺悔
道としての哲學》、《キリスト教の辯證》（第七章）、《種の論
理》、《死の辯證法》，西谷啟治的《宗教とは何か》、《西田幾多
郎》、《ニヒリズム》（筆者按：這書名為 Nihilism 虛無主義），武
內義範的《仏教の心》（筆者按：這是武內以不同語文來記錄的有關
佛教教義的演說的英譯本，其英文譯名為 *The Heart of Buddhism*，日
文《仏教の心》之名是筆者依據英譯的書名回轉過來的）。以上所列
的，是現代學者對於京都學派的重要著作的英譯與德譯，以英譯為
多。其中可能有些遺漏，那只能待後補上了。另外，這些翻譯都是以
著書的形式出版。至於論文，由於太多之故，故不在這裏列出。
又京都學派第四代成員大橋良介（Ryosuke Ohashi）多年前曾主編一
部京都哲學家的代表性的著作的德譯和德文導引：*Die Philosophie
der Kyoto-Schule: Texte und Einführung.* Freiburg / München: Verlag
Karl Alber, 1990.所收錄的人物包括西田幾多郎、田邊元、久松真
一、西谷啟治、高山岩男、高坂正顯、下村寅太郎、鈴木成高、武內

義範、辻村公一、上田閑照。案此中未包括具爭議性的三木清、九鬼周造、阿部正雄等人。我跟大橋良介有過幾次交談，他是比較重視哲學方面的。他認為阿部的哲學分量不足夠，因而不很重視他。我覺得大橋良介不很了解阿部，對哲學與宗教的區別抓得太緊。我跟阿部有密切的個人聯繫，雙方相識已超過三十年。近年我每次到京都，總會跟他見個面，聊一些哲學與宗教的問題。說我們是「忘年交」，亦不為過。他對西田哲學的重點，例如場所、絕對無，理解得很好。不過，在思想上對他最有影響力的，是久松真一。久松在禪方面有很深沉的學養，在理解禪的根本問題上，他早已超過鈴木大拙了。但知道久松的人不多。他最擅長的思維，是如何從哲學的背反（二律背反 Antinomie）突破開來，超越上來，達致絕對的境界。阿部對於久松在這方面抓得很緊，自己也有發揮，這在他的近著《非佛非魔：ニヒリズムと惡魔の問題》（京都：法藏館，2000）中可以見到。關於這點，在我的最重要著作《純粹力動現象學》中，也有談及（頁 284-287）。他對西方宗教與神學，相當熟悉，在哲學方面也有根基，特別是德國神祕主義（Deutsche Mystik）、康德、黑格爾、尼采、懷德海等的哲學。說到根基，阿部是在康德哲學方面打的，參看他的《カントにおける「批判」と「形而上學」：カント哲學入門》，京都：晃洋書房，1998。大橋說阿部的哲學分量不足夠，不見得公允。老實說，他們的那一代，如大橋自己、山本誠作、花岡永子、松丸壽雄、冰見潔之屬，在哲學的訓練方面，並不見得比阿部好。另外一點是，哲學與宗教很多時是不能劃清界線的。就以絕對無這一觀念來說，它是一形而上學的觀念，這沒有問題，但在日常生活中體會、體證絕對無，以具有洞見的眼光看世界，不捨不著，遊戲三昧，這便很有宗教義了。除非你以神、上帝來為宗教定位，那便不同。但宗教並不見得非與神、上帝連繫不可。

至於我們中國學界，即中、港、臺方面，對於京都哲學的研究，可說還在起步階段，與日本和歐美學界比較，完全不成比例，差得很遠很遠。1963 年有第一本研究京都哲學的著書出現，那便是劉及辰的

《西田哲學》（北京：商務印書館，1963。按：此書很難找，幸蒙上海復旦大學張慶熊教授寄來影印本，在此謹致謝衷）。但這本書是不能用的，因一開始作者已闡明自己以馬列主義的立場來寫這本書，這樣便先把西田哲學判了死刑。作者強調這種哲學是唯心主義路線，是反動的，為資產階級服務的。他早已陷入哲學不是唯物便是唯心這二分法的死胡同中。他說：「哲學史上實際上只有兩個陣營，即不是唯物主義便是唯心主義，決沒有第三條道路可走。」他並堅持唯物主義是馬克思主義經典作家所屢次強調的一個不可動搖的真理。（頁11）這種著作教人怎樣讀下去呢？

近十多年以來，大陸方面出現一些有關日本哲學、宗教思想方面的書，其中有相當多篇幅是涉及京都哲學的。茲列出其部分如下：

王守華、卞崇道著《日本哲學史教程》，濟南：山東大學出版社，1989。

卞崇道著《現代日本哲學與文化》，長春：吉林人民出版社，1996。

卞崇道等著《跳躍與沉重：二十世紀日本文化》，北京：東方出版社，1999。

卞崇道、藤田正勝、高坂史朗主編《東亞近代哲學的意義》，瀋陽：瀋陽出版社，2002。

吳光輝著《傳統與超越：日本知識分子的精神軌跡》，北京：中央編譯出版社，2003。

這些著書基本上是概論性與資料性，可讀性很高，起碼在處理京都哲學部分是如此。至於哲學分析方面，稍欠深入，仍有發揮與改善的空間。翻譯方面，我所知道的不多，手邊有西田幾多郎著、何倩譯《善的研究》，北京：商務印書館，1981；中村雄二郎著、卞崇道、劉文柱譯《西田幾多郎》，北京：生活、讀書、新知三聯書店，1993。何倩譯的《善的研究》，我的印象是一般，譯者似乎不是很懂西田哲學。按西田的這部書是他的處女作，或成名作。這不是巨著，但所探討的問題，在哲學與宗教上都很重要；西田藉著這本書，為日本近現代的哲學界開出一條嚴格地走向世界哲學的道路。這本書的篇幅雖然

不多，但也不是很容易理解。目前有幾個英譯本，最好的當推阿部正雄與艾佛斯（Christopher Ives）合譯的 *An Inquiry into the Good* (New Haven: Yale University Press, 1990)。阿部對西田哲學有相當深刻而相應的理解，這可由他在這本翻譯中所撰的〈導論〉（"Introduction", vii-xxvi）一長文中看到。譯者在譯文內所附加的註釋也非常有用。至於中村雄二郎的《西田幾多郎》的中譯，不見得有甚麼特點，中村對西田的理解只是一般，我不知道譯者何以挑這本書來翻譯。

在香港，只有筆者自己在研究京都哲學中孤軍作戰，後來才有少數年青的朋友加入，我先後寫了三本有關京都哲學的書：

《京都學派哲學：久松真一》，臺北：文津出版社，1995。

《絕對無的哲學：京都學派哲學導論》，臺北：臺灣商務印書館，1998。

《京都學派哲學七講》，臺北：文津出版社，1998。

這幾本拙作基本上是定位性質，即是：為京都哲學定位，也為京都哲學家定位。我是以絕對無（absolutes Nichts）一觀念的探索來決定誰是這個學派的人，誰不是。京都學派的創始人西田幾多郎在京都大學任教多年，培養出大批傑出的弟子，這些弟子又培養下一代的弟子。對於京都學派的成員的決定，我以絕對無這一終極原理作為線索來處理。對這一終極原理有所繼承、有所發揮的，便是這學派的成員，否則則不是。這幾本書寫得好不好呢？我不想置評，留待讀者來決定。我想說的只是，我對這三本著作都不大滿意，認為還有很多改善的空間。不過，我不想修補，因為自己委實太忙，沒有足夠的精力與時間來做。我無意成為這個學派的成員，也不想做一個這種哲學的專家，雖然在思想與宗教導向上，我受到京都哲學多方面的啟發，特別是在建構我自己的純粹力動現象學（Phänomenologie der reinen Vitalität）的哲學體系方面，京都哲學起著重要的促成作用。特別是在最近出版的拙著《純粹力動現象學》中，我用了很多篇幅來論京都哲學，與西谷啟治進行對話（頁 302-384），這是我寫京都哲學中較為滿意的。弔詭的是，隨著我自己的思想的不斷發展，我對京都哲學越來越具批

being philosophy）也可作非實體主義看。

二

　　一種哲學或宗教，特別是後者，倘若有對於現實的關心以至教化、轉化（轉化迷執的眾生），便需要有力量、力用或功用。一個

判性。我希望這是一個好的現象，表示自己在學思上的進步，能夠在較高的角度和較嚴謹的思考來看京都哲學。另外，對於京都哲學的研究，我除了寫書外，還有演講和講課。自 1991 年以來，我曾來臺灣作過多次演講，其中有三次是以京都哲學為主題的，邀請單位是國際佛學研究中心和法光佛學研究所。在 1996-1997 年度，我在香港能仁書院哲學研究所開講一門課，題為「宗教哲學：京都學派思想」，講了一年，上面提及的《京都學派哲學七講》便是該年度講課的錄音記錄，由陳森田先生筆錄、整理成書。這可能是迄今為止在中、港、臺三地第一次舉辦京都哲學的講課了。

在臺灣方面，我留意到近年一些學界朋友開始注意京都哲學，寫了好些有關西田幾多郎、田邊元和西谷啟治的哲學的文字，都是論文，暫時未有專書出版。我希望在不久的將來看到臺灣方面的朋友寫出具有分量的研究京都哲學的專著，能取代我所寫的那三本，那實在是太好了。在翻譯方面，聽說一些朋友正在著手翻譯西谷啟治的《宗教とは何か》為中文，我熱切地期待這項工作的完成。另外，有皮奧為薩納（Gino K. Piovesana）神父的《日本近代哲學思想史》（江日新譯，臺北：東大圖書公司，1989；原書為 *Recent Japanese Philosophical Thought 1862-1962: A Survey*, Tokyo: Enderle Bookstore, 1968）。我讀過這本書的英文原本，特別是有關京都哲學的部分，沒有深刻的印象。皮神父曾在東京慶應大學問學於西田幾多郎的高弟務台理作，對日本近、現代哲學作過研究；他的哲學分析一般，這本書的資料性高於哲學性、理論性。

農夫需要有健康的身體，才能發出力量，下田作業。哲學或宗教也相同，有關的思想體系需要確立具有力動、動感（Dynamik）的觀念，特別是核心觀念，才能寄望自身具有足夠的動力資源，發出力量，以進行轉化眾生這樣的有意義的、神聖的工作。在這一點上，實體主義似沒有問題（起碼初步來說是如此）；它確立絕對有作為終極原理，作為精神實體，這絕對有能提供或發出精神力量，對迷執的現實世界加以點化、轉化。但絕對無則不是這種情況。它基本上脫胎自佛教的空（śūnyatā）與禪宗的無（Nichts），特別是前者。空與無都沒有實體、自性。空的原義，從原始的阿含（Āgama）佛教、般若（Prajñāpāramitā）、中觀學（Mādhyamika），到唯識學（Vijñāna-vāda），都是如此，都表示事物的真正的、真理的狀態，或真如（tathatā），這即是沒有自性（svabhāva）的狀態，是緣起（pratītyasamutpāda）的狀態或關係。這種狀態（Zustand）基本上是從靜止的、虛的角度或層次來說的。印度佛教後來發展出如來藏（tathāgatagarbha）思想，強調作為終極主體、佛性（buddhatā）的如來藏的動能，它能發出般若智慧（prajñā），以照見世間的空的（śūnya）、無自性的（asvabhāva）性格，同時也有不空（aśūnyatā）的一面。但如來藏、佛性說來說去，最後仍歸於空的、寂的性格，而所謂「不空」，也不是「不是空」、「不是沒有實體」、「有實體」的意義，它只表示如來藏、佛性具足無量方便（upāya）法門以教化眾生而已。❶⑨即使佛教從印度傳至中國，最後形成具有中國文化的思

---

❶⑨　關於空的作為一種狀態（Zustand）的意思，我在自己的很多著作中

維特色的天台、華嚴與禪，其中所強調的性具、性起、自性，都是以空、無自性（禪特別是慧能所說的自性，不是這裏的「無自性」中的「自性」意）作為其終極性格。❷至於禪特別是慧能在《六祖壇經》所說的無，並不是一個存有論的觀念，而是一個工夫論的觀念。所謂「無念」、「無相」、「無住」，都是就工夫實踐立言，我把這三者概括為「三無實踐」。❷至於「無一物」，則更是承接般若思想所強調的對諸法的不捨不著思想與實踐的具體的發揮。

京都哲學的絕對無，作為終極原理，與中觀學的空、禪的無這兩個觀念，有承續的密切關係。事實上，京都哲學家的著作，論空說無，是一大特色。至於他們所共同宗奉的絕對無，其義理方面的內涵（Inhalt），與龍樹的空、慧能的無並無異致，只是加上了現代哲學的包裝，以「絕對」字眼與「無」字眼結合起來，因而提煉出作為終極原理的「絕對無」這個頗具魅力的觀念來。「無」轉為「絕對無」，與「無」字異而義同的「空」又如何呢？京都哲學家強調「真空妙有」的說法，以空有不相離、真俗不二的具有存有論

都有涉及，這裏也就不再多贅。

❷ 關於天台、華嚴的性具、性起思想，參閱唐君毅著《中國哲學原論原性篇》第九章〈原性九：華嚴之性起與天台之性具及其相關連之問題〉，香港：新亞研究所，1968，頁 258-280。另外，安藤俊雄的《天台性具思想論》（京都：法藏館，1953）整本書都在探討天台的性具問題，亦可參考。

❷ 參看拙文〈壇經的思想特質：無〉，拙著《游戲三昧：禪的實踐與終極關懷》，臺北：臺灣學生書局，1993，頁 40-47。有人懷疑《壇經》不是慧能的說法、思想。我在這裏不擬討論這個問題，只依傳統的說法：《壇經》可代表慧能的思想與實踐。

與現象學義（phänomenologische Bedeutung）的關係作為背景、脈絡打造出「真空」這個充滿佛教色彩的觀念來。首先，我要以一般的說法，交代真空與妙有的意思、兩者的關係和它們的文獻學的依據、來源。真理（satya）或真如（tathatā）遠離一切妄想執著，不增不減，這是真空。「真空」的「真」，顯然是真理的意味。另方面，真如為常住不變（就其性格言），為現象世界或有成立的依據，因此亦有與真理相連的現象世界或有之意，這是妙有。真空與妙有可以說都是就真理、真如而說的；真空偏重在真理自身，妙有則偏重在以真理為本的現象方面。關於真空妙有的文獻依據，華嚴宗法藏在他的《妄盡還源觀》說六種觀法，其一是攝境歸心真空觀，其二是從心現境妙有觀，便談及這真空妙有。❷❷法藏在這裏主要是就真心即主體性方面來說，但這亦可通於客體性的真如方面，因華嚴宗強調主客融合無間的境界。在天台宗方面，智顗少談真空，而說不空；他說妙有，是就不空說。這是強調經驗的現象世界而又不對之起執之意。這不空妙有是通過對偏空的說法的批判而顯。《法華玄義》卷 2 下謂：

> 破著空故，故言不空。空著若破，但是見空，不見不空。利人謂不空是妙有，故言不空。❷❸

京都哲學家對佛學的理解，集中在原始佛教、般若思想、龍樹、中

---

❷❷　《大正藏》45·640a。
❷❸　《大正藏》33·703a。

國禪、日本禪方面，對天台與華嚴留意得很少，但也不是完全沒有認識。因此，他們說真空妙有，是否真正和天台、華嚴有關，特別是和上面所談到的那些說法有關，難下定論。不管怎樣，空與無在佛教中基本上是展示事物的真理、事物的存在情況（空），和對事物不捨不著的實踐（無）。空與無作為淵源於佛教，偏重於真理的狀況（空）和不捨不著的實踐態度（無），與實體和由之發出的力用、動感頗有距離。而他們所建立的絕對無，由於與佛教的空、無的密切關係，故絕對無的力用、動感還是很難說。

在宗教學者科伯（John B. Cobb）和艾佛斯（Christopher Ives）所編的《淘空的神：佛教、猶太教、基督教的對話》（*The Emptying God: A Buddhist-Jewish-Christian Conversation*）❷中，阿部正雄提出一篇題為〈否定的神和動感的空〉（"Kenotic God and Dynamic Sunyata"）的長文。阿部以「動感的空」（dynamic sunyata，sunyata 的完整表示方式應為「śūnyatā」）來解讀佛教的精神性格（Buddhist spirituality），充量發揮空的動感性（Dynamik）。他的所謂空，應是指龍樹（Nāgārjuna）的《中論》（*Madhyamakakārikā*）所說的空，或是指涉《般若心經》（*Prajñāpāramitāhṛdaya-sūtra*）中所云色空相即的空，而尤應以前者為主。據筆者的研究，龍樹的空的精確義（precise meaning），應是對自性（svabhāva）和邪見（dṛṣṭi）的否定。❷當然，對自性

---

❷　Maryknoll, New York: Orbis, Books, 1990.

❷　參見 Ng Yu-kwan, *T'ien-t'ai Buddhism and Early Mādhyamika*. Honolulu: University of Hawaii Press, 1993, pp.13-20；又拙著《佛教的

的否定是對自性見、對邪見的否定，可納入後者之中。由於對自性起執是一般人所常犯的，分開來說亦無妨。而色空相即的空，是表示作為物質（material）或形相（form）的色（rūpa）當下便是無自性，是空。㉖不管怎樣，龍樹以至印度佛教一般，都把空視為無自性、無邪見這樣的真理狀態，是靜態義的，看不出有動力、動感的意味。即使發展到天台宗的智顗，他把空、佛性、中道（madhyamā pratipad）等同起來，而提出「中道佛性」這一複合觀念，視這中道佛性具有功用，㉗但說到最後，這中道佛性仍是以空為性，沒有實體、自性，也超越種種邪見。另外，智顗提到三觀，以「從假入空」字眼來說空，提出空與作為假名（prajñapti）或現象世界的結合來說空觀，以空觀具有假名這一基礎，或以假名作為空觀的基礎，這表示空觀這種實踐或觀法，不能脫離現象世界而進行而已，空仍是無自性的空，仍表示真理的這種狀態，力動、動感嚴格來說仍是不能說。㉘阿部提出「動感的空」，把空作動感的轉向（dynamical turn），缺乏文獻學和義理方面的依據。當然，這種把空作動感的轉向，可視為阿部個人對般若思想與中觀學的空的創造性詮釋，但這已是另一問題了，我不想在這裏討論這個問題。

久松真一在他的名著《東洋的無》中，收入自己的論文〈能動的無〉㉙提出「能動的無」這一新的觀念。他先表示，一切宗教都

概念與方法》修訂本，臺北：臺灣商務印書館，2000，頁 25-27。

㉖　參閱拙著《佛教的概念與方法》，頁 33-34。

㉗　Ng Yu-kwan, *T'ien-t'ai Buddhism and Early Mādhyamika*, pp.65-69.

㉘　同前書，頁 144-149。

㉙　久松真一著〈能動的無〉，《久松真一著作集 1：東洋的無》，東

有它的必然的契機，即具有對自身的絕對否定的傾向。❸他指出，
人從心的底層反省，對自己自身的極惡深重的要素加以批判，必有
自發的主體的自覺。又表示在知解方面的絕對矛盾，在意志方面的
絕對兩難和在情感方面的絕對苦悶這三者已成為一體，其中存在著
全一的絕體絕命的自覺。❹這讓人想到久松自己常常提及的宗教的
契機（religious moment）：罪與死。這兩者表示人的現實的生命
的局限性，人即以這局限性為契機、因緣，進入宗教的殿堂，尋求
消解的途徑。❷這罪與死正是「極惡深重」的要素，是人要絕對否
定的。在關連到這一點之下，或人要從這些極惡深重的要素中求解
放的脈絡下，久松提出「無」的觀念和問題。

久松認為無是主體的無，他不講客觀的無，如《老子》書中的
那種講法。他認為主體的無有兩種：能動的無與被動或受動的無。
❸不論是能動也好，被動也好，無總是從主體性說的。由無的主體
或主體的無，我們想到宗教上的覺悟、解脫、得救贖的問題，再關
連到久松的佛教特別是禪的立場，便不難理解，對於久松來說，佛
教所說的真空、滅度、涅槃，都是無的主體，而且是能動的無。❹
由無的主體與能動的無，久松說到具有強烈的能動性的菩薩

京：理想社，1982，頁 67-81。
❸　〈能動的無〉，頁 68。
❹　同前書，頁 71。
❷　參看拙文〈久松真一論覺悟〉，拙著《絕對無的哲學：京都學派哲學
　　導論》，頁 92。
❸　〈能動的無〉，頁 67。
❹　同前書，頁 76。

（bodhisattva）。他認為，所謂菩薩道，是無礙的主體，是無的主
體的悲的妙用。在久松看來，慈悲也好，愛也好，都不是被動的，
而是能動的。大悲行也是能動的無。㉟在大悲或大悲行這一點上，
久松也嚴分能動的大悲與被動的大悲。㊱能動的大悲是自力主義的
大悲，被動的大悲則是他力主義的大悲。能動的大悲與菩薩的志業
很相襯，祂兼攝空與有，或真理世界與現象世界，同時又空有無
礙，真理世界與現象世界打成一片，相即不離。這樣，久松便為菩
薩定位：有有而無空是凡夫，有空而無有是二乘，空有無礙是菩
薩，往還自在，廣略相入，卷舒自在是佛。㊲按說有說空，是佛教
一般的說法，中觀學說得最多；但「無礙」、「自在」、「相
入」、「卷舒」則是華嚴宗法藏常用的觀念，久松信手拈來，說菩
薩、說佛，說得那樣相應與自然，殊為難得。

　　以上說的是能動的無，以下看被動的無。能動的無是在自力主
義的脈絡下說的，被動的無則是在他力主義的脈絡下說的。久松首
先清楚地點明，被動的主體的無，是把自力完全空卻掉，否定掉，
絕對地隨順作為他者的神、佛。㊳按所謂自力主義，在久松看來，
自然是禪，而他力主義則指涉淨土與基督教。久松認為，作為被動

㉟　同前書，頁 79。按久松在這裏說及的無的主體，在佛教如來藏思想
　　來說即是如來藏（tathāgatagarbha）、佛性（buddhatā）。這種主體具
　　足智慧與慈悲的作用，所謂菩薩的六度或六波羅蜜多（pāramitā）
　　也。

㊱　同前書，頁 72。

㊲　同前書，頁 78-79。

㊳　同前書，頁 67。

的無的主體，對他力主義的他力大能的神、阿彌陀佛，需要完全順服，把自己的自我性、主體性完全空卻、否定，全心全意地把自己的生命存在投向他力大能，讓這他力大能在覺悟、解脫、得救贖這些宗教的目標的實現方面作主。久松進一步深刻地指出，他力宗教是當事人依賴他者的神而超越無的宗教，由絕對死復甦過來，而得絕對生，由神方面作迴向，一切歸諸神的恩寵（Gnade）。即便是這樣，真正得甦醒的生命已經不是當事人、我們的生命，而是神的生命了。❸這可以說是生命的錯置，由置定於自己方面移向置定於神方面了。在這種脈絡下，無的主體或自我經歷了徹底的死亡、否定，而後甦醒過來，而得再生、絕對生。這裏所謂「死亡」、「否定」、「再生」、「絕對生」並不指涉當事人的物理的身軀，而是指他的信仰的主體、生命。他藉著神的助力而得救贖。但生命已經經歷了置換，由自己的位置轉換到神的位置中了。久松認為，我們從絕對死方面甦醒過來，全賴他者的神的助力。對於神，我們是無我的。《聖經·馬太傳》所說的「得生命的會失去生命，為我們而失去生命的會得到生命」，正是把自我無化（虛無化），一切歸於神的他力大能。❹在這裏，久松對無我作出了妙解，他不依傳統佛教以沒有常住不變的自我（ātman）來說無我（anātman），而是就我們在神的面前淘空自己，把自己的自我或主體空掉，而變成一種沒有主體、不能自我作主的東西。死（大死）不是自己的死，生（甦醒）也不是自己的生，一切歸之於神的主意與恩典。在這種情

---

❸　同前書，頁 74。

❹　同前書，頁 74-75。

況下，還有沒有絕對無可言呢？久松認為有的，彌陀與神都是絕對他者，而信仰祂們的仍是絕對無，但卻是被動的無，是空，是無我。這種情況稱為「空席」。久松以為，對於彌陀來說，信者絕對地是無；對於信者來說，彌陀則是絕對的主體。**④**這又是錯置了：主體的錯置；主體從信者自己移至彌陀方面去了。

　　上面是有關久松真一的能動的無的思想，這能動的無是對配著被動的無說的，兩者都是主體義。但能動的無或無的主體是在自力主義下說的，被動的無或無的主體則是在他力主義下說的。久松顯然有這樣的意思：真正的無的主體，或絕對無，是能動的無，不是被動的無。能動的無具有充足的動感，自身能發出沛然莫之能禦的力量，斬斷一切牽纏著我們的絕對無的明覺的虛妄的葛藤，讓自己隨時能作自我的主人，決定自己的生命方向，自我轉化，不隨順為外在的感官對象所吸引與操控的流俗或俗情的腳跟轉。自我得到轉化，又向外開拓，轉化他人，完成自度、他度的悲願。這樣的絕對無，或絕對無的主體，在久松看來，自然是源自中國禪特別是慧能、馬祖、黃檗、臨濟那一脈的禪法。這種禪法是慧能以自己開啟出來的自性、佛性吸收般若思想和中觀學所說的對諸法的不捨不著的作用或妙用而成的。即是，以自性、佛性為主體，發出慈悲與智慧的作用。這慈悲正是大乘菩薩所要修習的六種波蜜多（pāramitā）中的前五種：布施（dāna）、持戒（śīla）、忍辱（kṣānti）、精進（vīrya）與禪定（dhyāna）；而智慧則是六波羅蜜多中殿後的般若智（prajñā）。

---

④　同前書，頁 75。

但在整個中國禪的傳統中，都未見有久松所提的那種動感性，中國禪法在義理上並未涵有這種動感性。按中國禪就其所強調心性的性格與實踐方法來說，可分三個系統。其一是由菩提達摩（Bodhidharma）開始經慧可、僧璨、道信至弘忍所開出的早期的禪法，加上由神秀所倡導的北宗禪法。這種禪法肯定一個超越的（transzendental）真心真性，本來清淨，只是受到外在因素所謂「客塵」所干擾、遮蔽，故在實踐上要勤加修習，「時時勤拂拭」，把客塵掃去，便能捨妄歸真，回復原來的清淨狀態。這種實踐方法是漸修，不是頓悟。另外，這真心真性是本來清淨的如來藏自性清淨心，視如來藏（tathāgatagarbha）或佛性是最高主體，故這種禪法也稱為如來禪。❷另一系統是慧能所倡導的，它由人的平常一念心開始講。這一念心是一個背反（Antinomie）之心，無明（avidyā）與法性（dharmatā）的染淨因素都絪纏在一起。人能否覺悟而成佛，端看他能否從這個一念無明法性心中突破開來，而讓無明當體被轉成法性，或無明即法性。這種禪的實踐方法為頓悟，亦即頓然的覺悟。又這種頓悟很多時是憑藉禪師的當下點化修行者的迷妄而致的，故也叫作祖師禪。❸第三個系統則是慧能的弟子神會所開出的，再向下傳，以至於宗密。這種禪法像如來禪一樣，肯定一個超越的清淨心作為成佛的依據，所謂「靈知真性」。在這點上，它與早期禪、北宗禪的如來禪是同路的。但在實踐方面，則取

---

❷ 關於達摩及早期禪法，參看拙著《中國佛學的現代詮釋》，臺北：文津出版社，1995 年，頁 132-158。

❸ 關於慧能禪，參看拙著《中國佛學的現代詮釋》，頁 159-174。

祖師禪的頓悟一途。因此，這種禪法可說是如來禪與祖師禪的結
合。❹

　　在這三個系統的禪法中，其基調大體上是以自性或佛性為主
體，由此主體發出悲心宏願與般若智的妙用，所謂「悲智雙運」以
自度度他。但自性與佛性的本體都是空的，是空寂的，空寂的心性
如何能發出悲心宏願和般若智慧以普度眾生，以有實效的力量進行
宗教上的教化、轉化，的確是一個問題。久松所提的絕對無或無的
主體如何能作為一種具有充實飽滿力量的主體以生起大用、度生的
大用，而成能動的無，自不能無疑。這是京都哲學言絕對無或非實
體主義的一大難題。絕對無不是一精神實體，它不能發出精神力量
以達成普度眾生的宗教任務。上面也說過上田閑照以廓庵的〈十牛
圖頌〉中的第八圖頌「人牛雙忘」來說絕對無，這不錯。但這人牛
雙忘或主客兩忘是一種藝術境界，不管它的藝術性怎樣崇高，其意
義亦止於藝術，不能做宗教要做的工作，藝術不能取代宗教。宗教
的普度眾生、轉迷成覺、轉識成智，是需要有足夠的力量，才能竟
其功。物我兩忘的審美欣趣、藝術境界是不成的。回到久松，被動
的無固然是過於軟弱，不能濟世，即使是主動的無所成就的無的主
體，其力量亦是有限，好不到哪裏去。

　　由於京都哲學的絕對無脫胎自般若思想、中觀學的空與禪的
無，這空與無都不能說充實的動感，因而絕對無也不能免於這個缺
點，不能提供足夠的動感。以下我要就絕對無在這方面作一總的省
察。如上面所說，絕對有是由於它的質實性（rigidity）、質體性

---

❹　關於神會禪，參看拙著《中國佛學的現代詮釋》，頁 175-198。

（entitativeness），因而有凝滯的、固結的傾向，不能說強力的動感。絕對無則與它相反；作為終極原理，絕對無從一切自性性（svabhāvatā）、實體性（substantiality）解放開來，而成一純然是靈明的、靈覺的超越的主體。在這種主體中，不能說任何正面的內涵（Inhalt），因而不能對它建立存有論。絕對無不是存有，卻是存有的虛空狀態（Leerheit）。由於無存有的質實性、質體性，絕對無即使能發出動感，這動感也必不能免於脆弱、虛浮，不能勝任普渡眾生、濟世的繁重的宗教任務。

第十二章　從當代新儒學、
京都哲學到純粹力動現象學

一、現代東亞兩大學派

在我的理解中，當代東亞有兩大強有力的哲學學派。它們是當代新儒家與京都學派❶。就理論立場或意識形態說，這兩個學派所

---

❶　有人可能提場有哲學、自由主義與馬列主義所成的學風。這三者作為哲學理論看，似乎未具有足夠的分量。場有哲學（field-being philosophy）由美籍華人唐力權所倡導，以懷德海（A.N. Whitehead）的機體主義哲學（philosophy of organism）或歷程哲學（process philosophy）為根基，也加上東方的《周易》思想，而成就的一種非實體主義（non-substantialism）哲學。關於這種哲學的研討會，每一年或兩年舉行一次，是國際性的。這種哲學目前還在成長中，我認為它具有足夠的潛力成為當代東亞的第三種強有力的哲學。唐力權的著作，就中文的著書而言，有以下三種：唐力權著：《周易與懷德海之間》，臺北：黎明文化事業公司，1989 年。唐力權著、宋繼杰譯：《脈絡與實在：懷德海機體哲學之批判的詮釋》，北京：中國社會科學出版社，1998 年。唐力權著：《蘊徼論：場有經驗的本質》，北

持的觀點，正好相反。當代新儒家持實體主義（substantialism）立場，肯定宇宙萬物的基礎是一超越的、形而上的實體，它自身具有常住不變的善的內涵（Inhalt），但具有動感（Dynamik），能創生宇宙萬事萬物。特別是，超越的實體創生事物，自身的內涵（全部的內涵）亦貫注於事物中，而成就後者的本性❷。在人來說，人有肉身，那是物理的軀體；同時也有稟受這形而上的實體的剛健的性格。在一般情況，人不免為外界形氣的感官對象所牽引，隨順著它們的腳跟轉，在心靈上忘失了（暫時忘失了）貫注於其中的剛健的善性。但人心有覺悟、學習的能力，隨時能豁然而起，自覺到自身與生俱來的善性，而把它擴充，最後回歸向形而上的善的實體，所謂「天人合一」。形而上的實體對於我們的心靈來說，是既超越而又內在的。

傳統的儒者各以不同的詞彙或面相來解讀這種實體，如孔子的仁，孟子的性、惻隱之心、不忍人之心，周濂溪說誠體，程明道說天理，陸九淵說本心，王陽明說良知，等等。當代新儒家秉承這種思維傳統，又繼續開展。熊十力說本體，唐君毅說道德理性、天德

京：中國社會科學出版社，2001 年。至於自由主義與馬列主義，是指在大陸方面流行的兩種思潮。前者頗受西方思想影響，仍然在發展、成長中。後者則藉著政治的背景而盤踞大陸思想世界超過半個世紀，強調辯證法唯物論。照我看，馬列主義思想中只有列寧的一些觀點有些哲學意味與價值，其他則不足談。物質是無所謂辯證的，只有心靈、精神可言辯證。

❷ 這便是《中庸》所謂的「天命之謂性」。天命是就那形而上的實體言，「性」是就事物的本性、本質言。

流行，牟宗三說知體明覺、寂感真幾，等等。對於這種實體，有些儒者強調它的客體性或客觀面相，有些儒者則強調它的主體性或主觀面相。他們的精神，基本上是一貫的。

　　至於當代新儒家的人選，在學術界一直存在著爭議，但總離不開兩種說法。其中一種是嚴謹的說法，以熊十力和受他影響的門人為主，也旁及與他的思想相類似的學者。前者有唐君毅、牟宗三和徐復觀；後者則如梁漱溟和馬一浮。熊、梁、馬是第一代，唐、牟、徐是第二代。至於第三代以至第四代，則說法更多，難下定論❸。至於寬鬆的看法，則流行於大陸思想界。他們除認同我所提的幾個人物外，還包括馮友蘭、錢穆、賀麟、張君勱和方東美等多位。我並不很贊同這種看法。我認為當代新儒學作為一個哲學的學派，特別是一個在當代東亞的強有力的學派，它的成員總需要具有結實的哲學根柢才行。同時，在理論立場與人生態度上是以傳統儒學為宗的。另外，在發揚傳統儒學方面，他應該能提供一些系統性而有分量的論著，特別是鉅著，以展示對傳統儒學的創造性的詮釋，和補充傳統儒學在具有終極關心的問題上的不足才行。熊十力的《新唯識論》、梁漱溟的《東西文化及其哲學》、馬一浮的《復

---

❸　1971-72 年間，我在香港中文大學崇基學院哲學系任助教，中大學生會舉辦當代中國哲學講演會，他們邀我出來講。我當時以當代新儒家的哲學來說，並鎖定五個人物：熊十力、梁漱溟、馬一浮、唐君毅與牟宗三。我認為他們基本上能承接傳統儒學所遺留下來的問題。直到現在，在這一點上，即是，在當代新儒家的代表人物一點上，我基本上沒有改變自己的看法，仍是以這五個人為主，再加上徐復觀。這是就第一代與第二代而言。那篇講稿其後刊於《中大學生報》。

性書院講錄》、唐君毅的《生命存在與心靈境界》、徐復觀的《中國人性論史》，和牟宗三的《現象與物自身》，在當時來說，的確是重要的著作，能表現哲學的慧識與對傳統儒學的創造性的詮釋❹。

---

❹ 我不同意人陸學者將馮友蘭、錢穆、賀麟、張君勱和方東美等放入現代新儒家的行列的理據是，馮友蘭雖然終其一生在研究中國哲學，特別是儒學，但他在哲學的慧解上並不高明，他的以《新理學》為首的貞元六書都嫌浮淺，談不上境界（生命的境界）。他在學問的講求、探究方面未能始終一貫，也沒有歸宗儒學的意向，反而接近道家。他雖三次寫中國哲學史，雖關心中國哲學的發展，但後兩部是基於意識形態的壓力下而為的，在解放前寫的《中國哲學史》，水平不高，只是羅列資料，略加說明而已，談不上深思與睿見，更談不上方法論。三部中國哲學史到底以哪一部為準呢？不清楚。至於他在文化大革命中依附四人幫的現實政權，硬批孔子，則更遠離儒學所強調的知識分子的風骨了。錢穆的學問功力在史學，不在哲學。拿他的《朱子新學案》與牟宗三的《心體與性體》第 3 冊論朱子部分來比對一下，便立刻判然。另外，錢穆也不同意熊十力他們對傳統儒學以至傳統文化的看法，也不接受唐君毅、牟宗三、徐復觀、張君勱他們的邀請，在唐君毅執筆草擬的，表明他們對中國文化，特別是儒學的看法的〈為中國文化敬告世界人士宣言〉一長文簽署。關於這點，余英時在他的長文〈錢穆與新儒家〉中表述得很清楚（參見余英時：《猶記風吹水上鱗：錢穆與現代中國學術》〔臺北：三民書局，1995 年〕，頁 31-98）。大陸學者李山、張重崗、王來寧的《現代新儒家傳》（濟南：山東人民出版社，2002 年）也有提到這點（頁 461-462）。倘若我們以熊十力、唐君毅、徐復觀、牟宗三等人的儒學思想為當代新儒學，則錢穆便不應被列入。賀麟是德國觀念論特別是黑格爾（G.W.F. Hegel）哲學專家，他的主要成就在於介紹和翻譯德國觀念論的著作。雖然他同情宋明的陸王哲學，也寫過這方面的著作，但不見得有

　　與當代新儒家如唐君毅、牟宗三比較，第三代的儒門學者如劉述先、杜維明等所從事的工作重點，並不是理論體系的建構（即使他們在這方面表現了些端倪），而是有濃厚務實意義的宣揚活動：以英語把儒學——傳統與當代——闡揚到西方的、國際的學術思想舞臺。我一向認為這是非常重要的工作。一種學術思想或哲學理論，倘若要能自我轉化，有新的開拓，對話是很重要的。要進行有效的對話（Dialog, Begegnung），我們首先要做的事，是要以世界的語言把儒學的訊息，融入國際，成為世界哲學（world philosophy）的一個組成分子。第三代學者的儒學思想還在發展之中，但他們在宣揚方面的努力，肯定是值得稱許的。這種工作做得不足夠，也是事實，特別是與京都哲學作對比時，不足之處便更為明顯。關於這點，在下面論及京都哲學時會有進一步的說明。

　　獨到的成績。張君勱雖是上面提到的捍衛儒學以至中國傳統文化的〈為中國文化敬告世界人士宣言〉的簽署者，也寫過有關宋明儒學的專書：《新儒家思想史》（臺北：弘文館出版社，1986），但未見有獨特見解。他對現實政治的重視遠超過對儒學的闡釋與發揚。從理論與學問方面言，他不是重要的當代的新儒學家。方東美的情況最為複雜，對於古今中外哲學，他似乎甚麼都懂，也甚麼都能講。在儒學方面，他對孔孟沒有偏頗，卻揚《尚書》〈洪範〉而小宋明。儒學之外，他也同樣醉心於道家，與其說他是當代新儒家，不如說他是新道家為恰當。他的生命情調與《莊子》最為接近。不過，他也同樣喜歡講中國大乘佛學，特別是華嚴宗哲學；只是講得有點濫，不夠嚴謹。他在臨終前皈依佛教，不過，與他有密切關係的劉述先先生曾對我說，皈依佛教不是方先生的本意，是他病重時家人硬要執行這皈依的。就以上諸點看，說他是當代新儒家，是小看了他宏闊的學問規模。

　　至於第四代當代新儒家又怎麼樣呢？有些外國漢學家曾提出這個問題。我覺得在現階段討論這個問題，為時尚早，沒有值得認真細論的價值。大體來說，像筆者這種年紀的研究儒學特別是當代新儒學的朋友，雖然充滿學術思想研究的熱情，但有局限於一個小圈子內論學而自我陶醉的傾向。他們不具有第一、二兩代新儒家大師的慧識與氣象，也沒能提出一部表現原創性思想的著作，展示這一代新儒家對儒學本身的深廣的省思與開拓。他們基本上是對於第一、二代前輩的說法「照著說」，而不是「接著說」。更具體地說，這些年輕的朋友在哲學與邏輯思考的基本訓練上嫌薄弱，也不重視外語如德語、法語、日語以至英語的修學（只有少數是例外），以吸收國外的多種思維的有用的養分以營養自己，進行自我轉化。在把儒學推向國際的哲學舞臺一點上，他們比第三代的前輩的志業差得遠了。

　　總的來說，當代新儒家在學問上頗有一代不如一代地走向衰微的傾向，委實令人擔心。特別是想到當年牟宗三批評他的恩師熊十力的學問規模淺窄、難以說宏闊這一點，讓人感觸良多。以下我們看京都哲學。京都哲學指京都學派的哲學，這套哲學創始於當代日本最出色的哲學家西田幾多郎，由他以下，跟他學習的和與他的思想同調或受他的影響的，有一大批哲學家和學者，代代相傳，構成了京都學派，或西田學派。而由以西田為首的一切有密切關係人士的哲學家，包括西田自身和他的學生，以至與他交往頻密和受他的思想的影響的思想家，以及於同時欣賞也同時批判他的哲學的學者、宗教家，便構成了京都學派，或西田學派。這些人士包括西田的門人久松真一、西谷啟治、高山岩男、高坂正顯、鈴木成高、下

村寅太郎、戶坂潤、三木清、九鬼周造、務台理作等；與西田相友善，對他的哲學有毀有譽而譽多於毀的則有鈴木大拙、田邊元、和辻哲郎、高橋里美、植田壽藏等；第三代成員則有武內義範、阿部正雄、上田閑照、山本誠作等。至於第四代，倘若說有的話，則應包括大橋良介、藤田正勝、花岡永子、松丸壽雄、小坂國繼、尾崎誠、冰見潔等。以「京都」為名，主要是基於這些哲學家或學者的活動，以京都為主要場域，特別是以京都大學為講學的中心。

實際上，要確定京都學派的成員，較要確定當代新儒家的成員，複雜得多。大體而言，如我在其他場合提過，所謂京都學派的成員，有日本國內的提法和國際宗教、哲學界的提法。前者包括西田幾多郎、田邊元、久松真一、西谷啟治、高坂正顯、高山岩男、鈴木成高、下村寅太郎、三木清、戶坂潤、九鬼周造等；後者則除西田到久松和西谷外，還有武內義範、阿部正雄、上田閑照、山本誠作。至於鈴木大拙、和辻哲郎、辻村公一、山內得立等，則被視為邊緣人物，關係不大，但也不應被忽略❺。

我自己對京都學派成員的看法，與國際的學術思想界相若。即是，京都學派的成員，包括第一代的西田幾多郎、田邊元，第二代的久松真一、西谷啟治，第三代的武內義範、阿部正雄、上田閑

---

❺　在有關京都學派的成員的確定、釐定問題方面，馬勞度（John C. Maraldo）寫了一篇〈從歐美研究的角度看京都學派的認同和相關連的問題〉（〈歐米における研究の視點からみた京都學派のアイデンティティーとそれをめぐる諸問題〉），提到要決定誰是京都學派的成員的六個規準，有興趣的讀者可找來參考。該文刊於藤田正勝編：《京都學派の哲學》，京都：昭和堂，2001 年，頁 310-332。

照、山本誠作❻。我的判準是，他們都以「絕對無」為核心觀念來展開自己的哲學體系。以下便是有關這個觀念的闡釋。

　　所謂絕對無（absolutes Nichts）是就著絕對有（absolutes Sein）來說的，兩者都表示宇宙萬物的終極原理（absolutes Prinzip）。絕對無是以否定或遮詮的方式來表達的終極原理，絕對有則是以肯定或表詮的方式來表達的終極原理。兩者都超越了、克服了主客、有無的相對性（Dualität），而臻於絕對的層面。京都哲學認為，所謂無（Nichts）或絕對無，是透過辯證與突破的歷程而得以顯現的。一般所謂善惡、有無，是就相對的角度或層面說的，在存有論上，善並不具有對於惡的先在性（priority）與跨越性（superiority）。故主體要解決惡的問題，不能以善來克服惡，取善而捨惡；卻是要從善惡所成的背反（Antinomie）超越上來，突破背反而達於絕對善的境界。禪宗祖師慧能在《六祖壇經》中所謂的「不思善，不思惡」，便有這種意味。要徹底地否定相對的善

---

❻　海式格（James W. Heisig）在他出版的《無的哲學家》（*Philosophers of Nothingness*）提及阿部正雄把久松真一置入京都學派中，然後把這種安排告訴包括我自己在內的外國人，後者跟著便把阿部自己列入京都學派之中，視之為該學派的重要的代表。參見 James W. Heisig: *Philosophers of Nothingness* (Honolulu: University of Hawai'i Press, 2001), p. 276. 這點對於我自己來說，並不符合事實。我並不是透過阿部來認識久松的，卻是看了《東方佛教徒》（*The Eastern Buddhist*）所刊載久松的文字，對久松產生良好的印象。海氏的眼界很高，看不起阿部，認為他的思想缺少分量。在他眼中，京都哲學家中只有西田、田邊與西谷能與於頂級哲學家的行列。他在上述的自己的著作中，也只集中在這三人來講。

惡，才能達致絕對的純善無惡的境界。有與無的情況也是一樣，就相對的有與相對的無而言，相對的有在存有論上並不具有對於相對的無的先在性與跨越性，我們不能以有來解讀無，認為有的消失便是無（西方的神學家田立克〔P. Tillich〕便頗有這種看法）。要解決有無這一背反或問題，不應以有來克服無，取有而捨無，卻是要從有無所成的整個背反中超越上來，突破這個背反，而達於絕對有或絕對無的境界。京都哲學認為，絕對有是實體主義（substantialism）的核心觀念，絕對無則是非實體主義（non-substantialism）的核心觀念。基督教的上帝（Gott）是絕對有，佛教的空（śūnyatā）則是絕對無。佛教與京都哲學都本於非實體主義的立場而展開各自的哲學體系。

　　我們可以這樣說，絕對有不與絕對無為對，兩者的關係與相對的有無的關係不同。就超越相對的有無來說，絕對有與絕對無是相同的。但就性格、作用來說，絕對有不同於絕對無。前者具有剛健性、充實飽滿性（Erfüllung），後者則具有虛靈性與明覺性。兩者都是具有終極性的原理，卻是在表述終極的真理（Wahrheit）方面有肯定方式與否定方式的不同。

　　京都哲學認為，絕對有雖是絕對的性格，但仍不能完全脫離對象性，仍是有「相」（相即是對象性）。只有絕對無能真正地、徹底地從對象性中解放開來，成就廓然無相的最高的精神境界。有相終是有所執，而為所執者所束縛，而成著相。著相便不能說真正的絕對自由（absolute Freiheit）。只有無相才不受任何相狀或對象性

所束縛，才能成就真正的絕對自由❼。

　　本文的旨趣，是要對這兩系東亞的最受注目的哲學思想，進行反思，特別就它們的不足處或局限，作現象學的探討，並藉著它們的成就，以提出筆者自身的純粹力動現象學的哲學體系。

二、當代新儒學的局限性

　　以下我們要先討論當代新儒學。在這裏，我們要聲明一點，我們不必以價值的角度來看當代新儒家。即是，當代新儒學便是當代新儒學，當代新儒家便是當代新儒家；不以作為當代新儒家的一員為特別有價值的事，只是以公平的、客觀的態度來看學問、問題。我是要在本文中展示自己何以由當代新儒學與京都哲學轉到純粹力動現象學方面去。此中自然預認當代新儒學本身有義理上、思想上的問題或困難，需要加以說明和正視，俾能解決困難，向圓滿的思想轉進。京都哲學方面也是一樣，它也有困難，需要處理，以求轉

---

❼　說有，或絕對有，自然可以導致「有」或「絕對有」的對象相。說無，或絕對無，也可能導致「無」或「絕對無」的對象相。因此，即使說絕對無，終究也難免於著相。故倘若絕對無成為一個被執取的相或對象，仍需要被否定。這讓人聯想起般若思想的空空思想：對於空之相，仍要空掉，否定掉。以至於對空空之相，仍要空掉，否定掉。因此《金剛經》（*Vajracchedikā-prajñāpāramitā-sūtra*）與《壇經》說無住：不住著於任何對象相，以堵塞空空、空空空一類的無窮推演。關於《金剛經》的說法，參看拙著：《印度佛學的現代詮釋》，臺北：文津出版社，1994 年，頁 78-81。關於《壇經》的說法，參看拙著：《中國佛學的現代詮釋》，臺北：文津出版社，1995 年，頁 161-165。

進。

　　到目前為止，漢語學界研究當代新儒學的哲學思想已很多，可謂汗牛充棟。這些研究，基本上是對這種哲學思想持肯定的、正面的態度來看的；亦有少量的研究是以質疑的角度來做的，如在超越內在這一問題上，否定當代新儒學的理性性格、邏輯性格。我自己在這方面也作過一些工夫❽。為了節省篇幅，我在這裏不多談當代新儒學的正面意義、它對生活於高科技中的現代人的困擾所可能帶來的啟示。我毋寧要注意當代新儒學在現代東亞作為一種重要的意識形態或哲學在觀念與理論上存在著的困難，俾使這種意識形態或哲學作現象學的轉向（phenomenological turn），或融攝於純粹力動現象學的體系之中，產生出殊勝的功能。由於當代新儒學牽涉相當廣闊而深刻的問題，以目前的條件來說，要兼顧各個世代的人物所提的問題，是沒有可能做到的。我在這裏只能把探討聚焦在這種哲學思想的倡導者身上，這便是熊十力。基於他的開山作用和他的哲學體系所展示的原創性（originality），大概沒有人會否認他是當代新儒家中最重要的人物。

　　以下是我對熊十力哲學的概括、評論與反思。首先，自傳統儒

---

❽　此中有《儒家哲學》，參：〈當代新儒學〉，臺北：臺灣商務印書館，1995 年，頁 195-297；〈當代新儒學體用不二論的突破與純粹力動觀念的提出〉，中央研究院中國文哲研究所「當代儒學與西方文化國際研討會」（2003 年 1 月）；Ng Yu-kwan, "Xiong Shili's Metaphysical Theory about the Non-Separability of Substance and Function," in John Makeham (ed.): *New Confucianism: A Critical Examination* (New York: Palgrave Macmillan, 2003), pp.219-251.

學特別是孔、孟以來，儒學一直存在著內聖、外王的問題❾。內聖是心性，特別是道德心性方面的覺悟與涵養、修習。外王則是基於由內聖涵養所成就的功德，向外界的政治、文化方面的開拓。《大學》所言八條目中的格物、致知、誠意、正心、修身是內聖的工夫，齊家、治國、平天下則是外王的範圍或內涵。如所周知，儒學講學的內容與踐履的行為，一直都聚焦在內聖方面，而忽略了外王方面的重要性。至南宋的葉適、陳亮與明末清初的王夫之、黃宗羲與顧炎武才開始正視外王問題，對事功、政治方面作深切的反思。王夫之的《宋論》與黃宗羲的《明夷待訪錄》的撰寫，是其中一個顯明的例子。熊十力除了究明心性與天人合一的道德的與形而上學的學問方面外，也接上了王、黃、顧的這個傳統，因而撰寫《原儒》，推尊周公、孔子的志業。牟宗三又承之，寫《道德的理想主義》、《歷史哲學》、《政道與治道》三書，以哲學的角度來討論與反省我國的歷史、政治、文化問題。在這方面，徐復觀也做了好些工作。但都做得不足夠，對西方的議會制度、立法與行政分家的問題的探討方面，還有很大的補充的空間。

第二，傳統儒學一直關心對道德心性的涵養與對形而上的天命、天道、天理的體證，認為前者的主體面與後者的客體面基本上是相互貫通的。但忽略了與現實生活息息相關的知識問題，自然也不講求對客觀而有效的知識的建立的知識論問題。在正德、利用、厚生三個要務中，正德總是居於首位，那是有關道德理性的解悟與

---

❾ 「內聖、外王」的字眼最早出現於《莊子》，但用來述評儒學的得失，也一樣合適。

開拓；與知識較有關連的利用、厚生則被置於附隨的位置。熊十力很敏銳地注意到這點，並在寫完形而上學的體系著作《新唯識論》後，老是說要寫量論（知識論），但講了接近半個世紀，結果還是沒有寫出來。在這方面，牟宗三接上了。他在早期寫有《認識心之批判》，後期寫有《現象與物自身》。特別是後者，他是以康德（I. Kant）的知識論所論述的問題而展開的，建立有執的知識論與無執的知識論。同時，他對王陽明的重德輕知（知識）的態度有所感悟，提出良知或知體明覺的自我坎陷（即自我否定）而開出知性或認識心，以為認知主體或知識主體定性，煞是用心良苦❿。

　　第三，這一點非常重要。熊十力的新唯識論的理論體系所展示的本體，有很鮮明的問題，這便是對本體的理解問題。熊十力強調本體的運轉、變化功能，在運轉、變化中，本體展現出其功用：翕

---

❿　另外，由唐君毅起草，唐君毅、牟宗三、徐復觀與張君勱四人共同簽署發表的〈為中國文化敬告世界人士宣言：我們對中國學術研究及中國文化與世界文化前途之共同認識〉這種宣言式文章也以嚴肅的態度來交代和肯定這問題。該篇文章的英文本收錄於張君勱著：《新儒家思想史》中（臺北：弘文館出版社，1986 年），Appendix，頁 1-29。中文本也載於同書，附錄，頁 621-674。同文也附載於唐君毅著：《中華人文與當今世界》下，臺北：臺灣學生書局，1978 年，頁 865-929。復又載於唐君毅著：《說中華民族之花果飄零》，臺北：三民書局，1974 年，附錄，頁 125-192。另外，拙作：〈純粹力動屈折而開世諦智與良知坎陷而開知性的比較〉，鵝湖雜誌社「朱子與宋明儒學學術研討會」，2000 年 12 月，也探討及類似的問題。此文又收入於拙著：《純粹力動現象學》，臺北：臺灣商務印書館，2005 年，頁 787-809。

關成變。但變化是預設矛盾的，熊十力需要清楚交代這點，於是他直率地說本體自身本來便具有相互矛盾的成分。他強調在宇宙實體（按：這即指本體而言）裏便有相反的兩端，這兩端促成本體的發展、變化⓫。他很注意本體由於內部有矛盾，而生變化。他說：

> 宇宙開闢，必由於實體內部隱含矛盾，即有兩相反的性質，蘊伏動機，遂成變化。⓬

這裏所說的實體，即是本體。在熊十力看來，本體不是純一無雜的，卻是含有兩方面相反的性質。對這種相反的性質，他又以複雜性來說：

> 萬有現象之層出不窮，若推其原，良由實體含蘊複雜性。⓭

對於熊十力來說，本體中的兩端、矛盾，都是複雜性的表現，而這複雜性正是本體的成分。複雜的成分到底是甚麼呢？熊十力以大明與太素來說，大明是乾，太素是坤⓮。這大明與太素是一元的本體內部所含藏的複雜性⓯。他又以陰、陽來解讀本體的複雜性，以陰

⓫　熊十力著：《體用論》，臺北：臺灣學生書局，1975 年，頁 11-12。
⓬　同上註，頁 250。
⓭　同上註，頁 239。
⓮　熊十力著：《原儒》，臺北：明文書局，1997 年，頁 391。
⓯　《乾坤衍》，頁 242。

相應於坤，陽相應於乾❻。

　　熊先生的作法是，他要提升本體與一切相對反的現象的關係，視前者為後者的根源，又要解釋本體的變化作用，而變化預認矛盾，為了要闡明本體能同時概括相對反的現象，因而提出本體內含有複雜性或複雜成分的說法來處理這個問題。即是，本體自身有複雜性，這些複雜成分，如大明與太素、乾與坤、陽與陰，等等。進一步，他又將這種複雜性移轉到心與物、闢與翕的現象或勢用方面去。在他看來，這些複雜成分聚合起來，便構成本體。

　　這樣的本體思維或本體詮釋，為他的本體哲學或形而上學帶來種種困難。一方面，基於本體含藏複雜的甚至相對反的成分，我們便可以鬆化本體，把構成它的複雜成分析離開來，把本體還原出較它更為基要的因素，則本體便失卻終極性（ultimacy），這便與我們一般所理解的本體應是終極義這觀點不協調，這樣的本體便不能被視為真正的本體了。這是他的本體思想的一大難題❼。

　　另方面，熊先生以陰陽異性的東西來說本體，也會造成本體思想在義理上的困難❽。本體是終極原理，是理，是超越性格。陰陽

---

❻　同上註。

❼　希臘大哲亞里斯多德（Aristotle）很強調實體（Substance）或本體是不為其他分析來處理以確立本體的終極性格。德哲萊布尼茲（G.W. von Leibniz）也聲言複合的東西應有它的單純的實體；即是，複合的東西需以單純的實體或本體來解釋、交代（account for），以本體為由複雜的東西所構成的說法是不能成立的。

❽　熊十力說：「陰陽性異（自註：乾為陽性，坤為陰性）。〔……〕性異者，以其本是一元實體內部含載之複雜性故。」（《乾坤衍》，頁242）

則是氣，是經驗性格。以佛教的詞彙來說，本體是無為法
（asaṃskṛta），不生不滅。陰陽則不論是陰氣也好，是陽氣也好，
都是有為法（saṃskṛta），有生有滅。熊十力把陰陽二氣放在本體
觀念中來說，視之為構成本體的複雜成分，是不能成立的。這樣只
會把理與氣、超越性與經驗性混雜起來，不是以下將要討論的兩界
不二或體用不二的那種關係。我不能明白何以熊先生會這樣思考。
除非以本體（超越的本體）詐現為陰陽二氣（經驗的、現象性格的
陰陽二氣）來說，這便不同。「詐現」（pratibhāsa）是一宇宙論
觀念，展示形氣或物的生成。這正是下面筆者要提出的純粹力動詐
現為形氣，再分化、詐現為具體的、立體的事物，才能說得通。

　　再有一面，也是挺重要的一面是，熊十力以「體用不二」的說
法來突顯（characterize）他的本體宇宙論或形而上學的特色、性
格。體是本體、實體，用是功用、展現，也可泛說為現象。這「不
二」不是等同，而是不離的意味❶。體用不二是本體與現象不離而
融合在一起的意味。這表面上有圓融的意味，是體與用、本體與現
象不分離的那種圓融相即的關係。體與用雖然在存有論上不分離，
用存在於體中，體也存在於用中，或用依於體而展現為現象，體含
藏於用中而作為現象的基底（Substrat），但在意義上，在實指
上，體仍是體，用仍是用，兩者各有其分際、所指。熊先生說：

---

❶　體用不二及兩者不能存有論地分離的說法，遍布於熊氏的所有重要的
　　著作中。可參看拙作 Ng Yu-kwan, "Xiong Shili's Metaphysical Theory
　　about the Non-Separability of Substance and Function," pp. 230-234.

體用本不二，而亦有分。〔……〕識得有分，即見矛盾。**⑳**

又說：

體唯渾全，故無限。用乃分化，即有限。**㉑**

這樣的說法，也遍布於熊先生的著作中。這首先讓我們感到困惑的是，熊先生一方面說本體具複雜性，另方面又說本體是渾全。複雜性預認矛盾、不一致性，而渾全則預認純一性、一致性（Einheit）。雙方在意義上相衝突，但都存在於熊先生的著作中，我們應該如何解讀呢？特別重要的是，我們要留意熊先生所說的體用有分一命題。「分」是分際、分位、本分的意味，都展示體與用是兩種東西，不是同一的東西。「體用不二」的「不二」的圓融意味是有上限的，它只在體與用相即不離這樣的關係脈絡中圓融，不是兩者所指完全相同的那種徹底的圓融。而熊氏以體是無限，用是有限的說法，更坦率地表示體與用分別屬於無限界與有限界。界限既然不同，則不單不能說兩者完全相同，甚至兩者相即不離的關係也守不住了。

　　有一點需要仔細澄清的是，對於體與用的不二關係，熊先生喜歡以大海水與眾漚關係作譬，以大海水喻體，眾漚喻用或現象。體用不二，即是大海水與眾漚的不二。大海水是眾漚的大海水，眾漚

---

⑳　《原儒》，頁 6-7。

㉑　同上註，頁 6。

是大海水的眾漚，雙方不能分離，是「不二」的。這個譬喻，從表面看來，似乎很貼切，很生活化。但深一層看，大海水概括一切眾漚，也包括在眾漚之下的所有海水，眾漚只是大海水表現的那些波浪，不包含在它們之下的海水。大海水是總，眾漚是別，雖然在質素上雙方是一樣，但總與別終是不同，終是「二」。

再有一面。在熊先生看來，體是本源，用是本源所呈現的現象。用或現象的成立，必須由體發出。體是渾全，用或現象是分化。這種思維，仍不免墮於一種機械化的（mechanical）關係中。由作為源頭的本體發出功用，成就現象，而功用、現象亦必須由本體發出。這好像機器發揮它的作用那樣，如發電機是體，它所產生出來的電能是用。這樣，體與用可構成一二元對峙關係。初步看有類胡塞爾（E. Husserl）的現象學（Phänomenologie）所展示的意識（Bewuβtsein）以其意向性（Intentionalität）構架對象（Objekt）那樣❷。意識相應於體，對象相應於用。這仍傾向於二元性的思維，不能成就終極的圓融境界。這樣的本體宇宙論仍不完足。

最後一點，也是最具關鍵性的一點。實體主義中最核心的觀念絕對有、實體或本體，作為具有實質內涵的絕對存有，必有它的一

---

❷ 關於胡塞爾現象學中有關意識以意向性構架或指向對象的問題，參看拙著：《胡塞爾現象學解析》，臺北：臺灣商務印書館，2001 年，頁 69-116；拙文：〈與超越現象學對話：胡塞爾等論生活世界與我的回應〉，載於《鵝湖學誌》，第 32 期，2004 年 6 月，頁 1-84；拙文：〈純粹力動現象學與超越現象學〉，載於《鵝湖學誌》，第 33 期，2004 年 12 月，頁 1-100。後兩文亦收入拙著：《純粹力動現象學》，頁 406-453、562-641。

貫的、不變的質料，所謂質體性（entitativeness）、質實性（rigidity）。這性格使絕對有成為質體性的（entitative）、質實性的（rigid）。這性格有使絕對有集中起來、凝聚起來的傾向以至作用，而產生所謂凝滯性、固結性，最後減殺絕對有的動感。動感不足，便難起創生的大用，或只能作有限的創生，不能作無限的創生。這樣，世界便形虛脫、萎縮，不能有充實飽滿的表現；不能是圓極的世界，只能是有缺漏的世界。像熊十力所強調本體是「生生不息，大用流行」、「生生不已，故故不留」的動態姿采便不能說。本體的這種凝滯性倘若進一步向極端的導向發展，會淪於常住論（eternalism）。一切以常住論為背景的事物，便會變得固結不移，不能轉變，只定止於某個處所，繁興大用、欣欣向榮的宇宙便無從說起。最嚴重的是，事物由於稟有本體的凝滯性，像儒家所說的實理實事（質實的天理、天道產生質實的萬物）而變得僵化，缺乏變化的空間，則一切道德上的、宗教上的轉化、上下迴向便成為空談，世界便下墮成一個死潭。

三、京都哲學的局限性

以下看京都哲學。京都哲學雖與當代新儒學同為現代東亞的兩大哲學體系，但它的內涵更具多元性，在世界哲學的平臺上，也似乎有它一定的位置，得到歐美哲學界、宗教界與神學界的認同。但它的體系內部也有不少問題，給予人們批判的空間。西田的哲學波瀾壯闊，體大思精，不過，可批評的與可質疑的地方也不少。即使是與他相友善的同道和學生，對他也不是完全滿意，如田邊元、三

木清、高橋里美等，並不見得完全接受他的思想。動感不足是他們
對西田的不滿中的明顯的一點。他和他的學派的觀點，也有一定程
度的局限性。

在這裏我要就西田的觀點來說京都學派的局限性。關於西田哲
學，田邊元曾有過深刻的批判，也廣為人所留意。在這裏，我先就
這學派的第三代的阿部正雄和第二代的久松真一說起。阿部以非佛
非魔來解讀絕對無❷。不過，在這裏要特別留意的，是他的「淘空
的神」（kenotic God, emptying God）的觀念。他提出這觀念，是
要把佛教的空的義理直接注入基督教的神觀念中，把神這個大實體
淘空、虛空化，來交代道成肉身（Inkanation）思想。他是從宗教
的遇合（religiöse Begegnung）的觀點來做的，目的是要以神的自
我否定、淘空（kenosis），要基督教吸納佛教的空的思想，俾使這
自我否定、淘空的義理能作為中介，把基督教與佛教連接起來❷。
阿部顯然是要把佛教的空義注入基督教（也包括猶太教）的神格
（Gottheit）中，讓後者虛空化、虛無化。這種做法的意念很好，
出發點無可厚非，但在理論上行不通。基督教的神格是實體主義的
觀念，佛教的空則是非實體主義的觀念，任何單方面要熏化對方都
是在義理上不可能的，都是一廂情願的想法，是理性的思維所不會

---

❷ 阿部正雄著：《非佛非魔：ニヒリズムと惡魔の問題》，京都：法藏
館，2000 年。

❷ 這正是阿部的長文"Kenotic God and Dynamic Sunyata" 的主旨。參看
John B. Cobb, and Christopher Ives (eds.): *The Emptying God: A
Buddhist-Jewish-Christian Conversation* (Maryknoll, New York: Orbis
Books, 1991), pp.3-65.

首肯的。這種處理，在實行上，不易為西方神學界宗教界認同。因這可能有把基督教矮化，甚至把它吃掉的傾向。結果是，耶和華作為萬物的創造者（Creator）不能說，三位一體（Trinität）的教義不能說，以救世主（Messiah）的變化身（apparition）的耶穌不能說，更重要的是，具有實體性的神格被淘空後，到底還剩下甚麼東西呢？

關於久松真一，他是西田的高弟、阿部的老師，他的問題較阿部的更為嚴重。他以「無相的自我」來解讀絕對無。以自我來說絕對無是可以的，因絕對無具有主體性與客體性兩個面相。問題出在「無相」的說法上。很明顯，這個字眼出自慧能的《六祖壇經》，是無的實踐：無念為宗，無相為體，無住為本中的一面。無相作為一個工夫論的觀念，自然很好，表示去除一切對象性的執著。但若作為一個存有論的觀念，則大大不可。相是指謂世界的種種現象，甚至六凡的眾生也包括在內。相是不能無的，不能否定的，佛教講真理（satya），也是就兩層講：勝義諦（paramārtha-satya）與世俗諦（saṃvṛti-satya），後者即是指現象方面的真理。現象世界是我們的生活環境；較精確地說，是我們在未證得覺悟前的所在地，怎能無、否定呢？若真的「無」掉它，則勢必墮於虛無主義，周圍變得虛空一片、一無所有。因此，我們應該有的生活環境，不是無相，而是「相而無相，無相而相」。最初的相是經驗的、現象的相或世界，是有虛妄執著的，對於這種相加以克服、超越，這便是無相。但這仍未足，到了最後還要迴向作為相的現象世界，特別是其中的眾生，不執著現象，而普渡眾生，這便是後一階段的相。久松說無相的自我，只及於第二階段的無相，不能及於第三階段的相，

故為不足，特別是就大乘佛教而言。

　另外一面，久松也說能動的無，與阿部的動感的空相符應，阿部可能是受到久松的影響。不過，阿部說動感的空，與龍樹（Nāgārjuna）和般若文獻的空觀有較密切關聯。久松說能動的無，則是直承慧能的無的實踐。在他的一篇名為「能動的無」的論文中❷，他將無分成兩種：受動的無與能動的無，這分別相應於他力覺悟與自力覺悟。他力覺悟來自淨土，自力覺悟則來自禪。久松自然是宗自力覺悟的，他的能動的無是絕對無。不過，他的能動的無由禪發展出來，這無的義理底子仍是空。這空，不管是龍樹所說抑是般若文獻所說，是由非實體主義出發的，它是指謂諸法的真理的狀態，這即是緣起性、無自性性，不具有體性的內涵，不是以活動為主，而是一種靜態的情況，因而不能說充實飽滿的動感❷。

　動感不足，便難以說需要以強大力量來進行的宗教救贖的工作，這在佛教來說，便是上面提及的普渡眾生。一切以非實體主義思維形態為本的哲學與宗教都不能免於這種困難。京都哲學自然不能例外。其中勉強可說與他人不同的，是田邊元和三木清等有左派傾向的哲學家。田邊元與三木清都很重視動感與實踐，那是明顯的：田邊元雖未有直接參與具體的活動、社會事務，但他最後開拓

---

❷　久松真一著：〈能動的無〉，《久松真一著作集 1：東洋的無》，東京：理想社，1982 年，頁 67-81。

❷　參見 Ng Yu-kwan: *T'ien-t'ai Buddhism and Early Mādhyamika* (Honolulu: University of Hawaii Press, 1993), pp. 13-20. 中譯吳汝鈞著，陳森田譯《中道佛性詮釋學：天台與中觀》，臺北：臺灣學生書局，2010 年，頁 20-33。

出懺悔道的哲學，這種哲學涉及生命與意志上的徹底反彈，沒有動感是不可能成事的。三木清最後走上馬列主義的革命運動，與動感問題也有關連。西田雖然也有動作直觀的觀念，但畢竟偏重於直觀一面，不太注重動作一面，故招致動感不足的批評。

回返到西田哲學的問題。上面我曾強調，京都哲學的核心觀念是絕對無。西田曾先後以不同觀念來說它，這包括純粹經驗、形而上的綜合力量、場所、神。在他看來，絕對無是終極原理，一切存在、精神的提升、認知和救贖等活動都要立基於它。故這絕對無的義涵是非常多元的；不過，此中還是以存有論的義涵為主。如同基督教的神那樣，絕對無主要是存有論的終極根源，是宇宙的基礎，不過，它不是人格神，而是終極原理。我們對它的認識、體證，需要透過一種具有辯證義的睿智的直覺（intellektuelle Anschauung）來證成。對於這種體證，西田曾以不同的名相來說，如絕對矛盾的自我同一、場所邏輯、逆對應等。對於這些說法，我在這裏不想多作討論，而只想集中看與此有密切關連的「限定」一概念的涵義。西田在他的著作中，多處提及這個概念，這概念有工夫論義，更有存有論義，而尤以後者為重。

西田在他的後期著作《哲學的根本問題》（《哲學の根本問題》）中提出幾種限定作用：絕對無的自我限定而成個體物、絕對無對個體物的限定和個體物的相互限定。這限定可作決定（determination）看，也可作限制（limitation）看，前者是中性性格，後者則略有負面意味。西田的限定思想，就他的整個形而上學（包含存有論與宇宙論）的體系看，所謂限定應是指絕對無或場所作自我限定以開拓出具有種種個體物的現象世界。即是，絕對無作

為終極原理，是萬物的存有論的根源。但西田的絕對無，以至他下面的徒眾所講的絕對無，都是脫胎於佛教般若的空和禪的無的；空與無都不能說實體，這熊十力早已提出來了，熊先生進一步指出，不說實體，便不能開拓出力動，以創發宇宙，普渡眾生。另方面，絕對無也不是筆者所提出的超越的力動，京都哲學家也未有透過佛教唯識學所說的詐現（pratibhāsa）來交代宇宙萬物的生成。即是說，絕對無不能說明宇宙萬物的生起的問題。這樣，作為終極原理、真理的絕對無的理論的、觀念的效力便不得不大幅度收窄，遠遠不是京都哲學家所說的那種情況了。基於此，說絕對無如何自我限定自己以開拓出存在世界，都缺乏堅實的基礎。

四、我的思索

當代新儒學甚至儒學本身的理論立場是實體主義，其核心觀念是絕對有（absolutes Sein），但各人的說法不同：孔子說仁，孟子說心性天（盡心知性知天），周濂溪說誠體，張橫渠說太虛，程明道說天理，朱子說理，陸象山說本心，王陽明說良知，劉蕺山說誠意，以至熊十力說本體，唐君毅說道德理性，牟宗三說知體明覺。這些不同點只是在分際、入路、所強調的重點的脈絡下不同而已，各人所提出的觀念，都可概括於實體或絕對有這一基源的觀念（理念）之中。京都哲學的理論立場則是非實體主義，其核心觀念是絕對無（absolutes Nichts），各人的說法也不同：西田幾多郎說純粹經驗、場所、逆對應、絕對矛盾的自我同一，田邊元、武內義範說他力大能，久松真一說無相的自我，西谷啟治說空、自體，阿部正

雄說佛魔同體（佛魔共同的根源），上田閑照則說主客俱亡（人牛雙忘）的境界。這些不同的觀念，同樣可概括於非實體或絕對無這一基源的觀念之中。

如上面所闡釋，絕對有與絕對無雖各有其殊勝之點，作為一終極原理看，亦各有其成就。不過，也是就作為一終極原理看，雙方都有其不足之處，這便是動感不足。這點若由柏格森（H. Bergson）的宗教哲學來看，更是如此。柏格森是就動感的宗教（dynamic religion）與靜態的宗教（static religion）來說東西方的宗教的㉗。他認為宗教要發揮強有力的影響，以轉化社會，必須要有足夠的動感才行。我在這裏的著眼點是，要建立甚麼樣的觀念，甚麼樣的終極原理，才能讓宗教或哲學具有足夠的動感、力量，以促發意識形態的作用，對社會產生有效的教化、轉化的果實呢？經過長時期的思索與反省，我的答案是，要依於純粹力動（reine Vitalität, pure vitality）作為根本的觀念，建立純粹力動現象學（Phänomenologie der reinen Vitalität, phenomenology of pure vitality）的哲學體系。

以上所述，是我提出純粹力動現象學的思維背景。以下我要就發生的意義來闡述自己如何從當代新儒學與京都哲學轉到純粹力動現象學方面來。接近四十年前，我開始接觸和思考哲學問題，特別

㉗ 有關柏格森在這方面的詳細思想，參看拙文：〈柏格森的宗教理論〉，拙著：《西方哲學析論》，臺北：文津出版社，1992 年，頁87-113。柏氏認為基督教最具動感，關於這點，我在這裏不作評論。

是閱讀熊十力的著作：《新唯識論》、《十力語要》和《佛家名相通釋》。熊先生提出很多問題，質疑佛教。其中給我最深刻印象和不斷地促發自己去思索的是，佛教在哲學上、義理上提出緣起性空的基本認識，同時強調在行動上要轉化社會、普渡眾生。緣起性空或事物（包括我們人類在內）的成立依於空寂的本性，這是從義理方面說。轉化社會、普渡眾生是教育的，特別是宗教的行動，需要具有力量、作用才行。熊先生挑戰佛教教義的問題便來了：我們如何能以空寂的本性為基礎，以進行宗教轉化，普渡眾生呢？那力量、作用從何而有，而來呢？熊先生想來想去，經過多方面的努力，都找不到可以為自己接受的答案。最後不得不脫離佛教（他當時受學於歐陽竟無主持的南京支那內學院），歸宗儒學，特別是孔子。他推尊《大易》所言易體或本體的「生生不息，大用流行」才是真理，最後建立自己的新唯識論的本體宇宙論。

　　熊先生這樣做，並未為佛教解決問題，他只是放棄佛教，以儒家孔子的《大易》（他認為《大易》是孔子所作）為宗，取代佛教而已。但他所提的空寂的本性如何能有力用以進行宗教的轉化，的確是佛教的問題所在，是佛教的死穴。這問題給我帶來巨大的震撼。這便是所謂佛教的體用問題。體是空寂的本性，用便是力量、作用。佛教持緣起性空立場，否定一切法具有常住不變的自性（svabhāva）、實體、本體。佛教是一種無體的或非實體主義的哲學。若只在義理上持這樣的觀點，是無可厚非的。但它也是一種宗教，以轉化社會、普渡眾生為終極目的。這樣，問題便來了。轉化社會、普渡眾生不能只是空談，卻是要有實際的行動、真正的力用才行。力用是由體（實體、本體）發出來的。有體便有力，有用，

無體便沒有力，沒有用，這是一般的常識。從日常生活的角度言，一個農夫需有健康的體魄，才有力量下田作業。倘若他患病，沒有強健的、健康的身體，他便沒有力量去種田，甚至連鋤頭也拿不動哩！機器也是一樣，機器是體，作用是力量。機器需是完好狀態，才能生起作用，機器壞了，便失靈了，沒有用了。就較抽象的層面來說，精神力量是要由精神實體發出的。沒有精神實體，哪來精神力量呢？所謂有體便有力，無體便無力，我們說「體力」，不正是這個意思麼？在古代，佛教三論宗的吉藏便這樣說；在現代，牟宗三先生在他的著作中和課堂上，也時常這樣說。

　　對於體與力，或體與用的這種必然的關係，我當時是深信不疑的，抓得實在很緊。說體力、體用，自然得很。我當時的做法是，設法在佛教的重要觀念中，找一些可能導出實體或體性義的觀念，如佛性（buddhatā）、如來藏（tathāgatagarbha）、般若智（prajñā）、涅槃（nirvāṇa），作為力或用的源頭，但都不成功，這些觀念都沒有實體、體性義，它們畢竟是以空（śūnyatā）為本質的。不空（aśūnyatā）行不行呢，佛典不是強調不空如來藏麼？也不行。「不空」云云，不是表示「不是沒有實體、自性」，不是表示「對於實體、自性的空」的否定，因而是有實體、自性的意味。毋寧是：「不空」不是就體性說，而是就教化眾生的功德、方便法門說。不空如來藏是指具足種種功德、方便法門的如來藏，或如來，與實體、自性、體都扯不上關係。

　　後來我接觸到京都哲學，覺得他們的絕對無的哲學很有魅力和創意。我特別留心阿部正雄的「淘空的神」的觀點，阿部提出這觀點，是要把佛教的空的義理直接注入基督教的神觀念中，把神這個

大實體淘空、虛空化，目的是要以神的自我否定、淘空（kenosis），吸納佛教的空的思想，把基督教與佛教連接起來。關於這點，上面已提及過。當時我在想，阿部能把佛教的空義注射入基督教的神格中，讓後者虛空化；我是否也可以這樣做，只是倒轉方向，把具有實體或體義的儒家的觀念，特別是宋明儒者的富有形而上學義蘊的天理、良知一類觀念灌注到佛教的空中，讓後者承受到、分享到體的性格，而使它的用有體作為發力、發用的源頭呢？這樣不是可以解決佛教的體用問題的困難麼？經過一段長時期的探討與構思，覺得還是不行。理據是空是絕對無，是非實體主義的根本觀念，天理、良知是絕對有，是實體主義的根本觀念，兩者的理論立場正好是相對反，這種結合是不可能的，除非你要放棄理性思維。實際上，這種做法，佛教中的僧人也試圖進行過，但只是點到即止，沒有貫徹實行下來。天台智顗大師的想法便是一顯明例子。他強調佛教中的通教沒有說及、忽略了中道體。他說：

　　二諦無中道體。❷

他的意思是，他所判釋的通教（包括般若思想、中觀學與《維摩經》〔Vimalakīrtinirdeśa-sūtra〕所說的中道〔madhyamā pratipad〕），沒有體性義、體義，或實體義。但這實體不是在現代哲學中流行的常住不變的基底（Substrat），它毋寧是本源的意思。進一步，他以法身（dharmakāya）來解讀體，而以應身

---

❷　　智顗著：《維摩經略疏》，卷10，《大正藏》，38·702c。

（nirmāṇakāya）來說法身的作用。他說：

> 法身為體，應身為用。❷

智顗不止說體，也說用，「體用」字眼甚至體用關係，已是呼之欲出了。對於這種體用關係，他又闡釋謂：

> 初得法身本故，即體起應身之用。❸

這便很清楚，體用關係是本跡關係，這是《法華經》（*Saddharmapuṇḍarīka-sūtra*）的重要觀念，這句所由出的《法華玄義》，正是詮釋與發揚《法華經》的深義的。《法華經》所說的本跡關係，是根源與顯現的關係，所謂「從本垂跡」。這是工夫論的觀念，而不是存有論的觀念，亦不表示知識論中所強調的實體與屬性的範疇。智顗大師說到這裏，便止住了，不再前進。倘若他再向前發揮，把體視為形而上的實體、本體，是一種自性的形態，則違離了佛教緣起性空的根本義理，由非實體主義走向實體主義之路了，這是佛教徒萬萬不能做的。

　　由上面的闡釋可以看到，佛教徒說空，說來說去，還是會守著他們的底線、下限，只說到本跡意味而為止，不能把實體、本體、體的思想引入這空中。而這樣說的體，如「中道體」，只是本源之

---

❷　智顗著：《維摩經玄疏》，卷4，《大正藏》，38‧545b。
❸　智顗著：《法華玄義》，卷7，《大正藏》，33‧764c。

意，出不了因果關係的範圍：本源是體，它的顯現是用，未有形而上學的實體的意味。

我的這種做法也失敗了。作為絕對有的體的思想，不能硬被注入作為絕對無的空中。初步來說，兩者在邏輯意義上是針鋒相對，不能依純理性的思路把它們兩者拉在一起。阿部正雄的做法自然有問題。神格倘若被否定、被淘空，則就基督教來說，神被否定，被淘空，其實體性必被減殺，祂作為宇宙萬物創造者的身分勢必動搖，三位一體的教義便難說，道成肉身的思想也要重新被評估。被否定、被淘空的道如何攝取一變化身，以作為救世主的耶穌現身於世界呢？更重要的問題是，神格是否真是可以被否定、被淘空呢？京都哲學家一向很重視德國神秘主義（Deutsche Mystik），認為這種思想是基督教中的暗流。其中的代表人物是艾卡特（M. Eckhart）和伯美（J. Böhme）。他們認為神的本質是無（Nichts），神與人是同質的。京都哲學家認為這暗流的思想是背離基督教的正宗教義的，但卻與東方特別是佛教的無（絕對無）的思想相通，這是所謂宗教的類似性（religiöse Homogenität）。他們認為，佛教與基督教在這種宗教的類似性下有很大的溝通、遇合（Begegnung）的空間。京都哲學家的第二、三代如久松真一、西谷啟治、阿部正雄和上田閑照便這樣看。對於這種看法，我自己感到有值得質疑之處。一、艾卡特和伯美他們能代表主流的基督教到甚麼程度？二、艾卡特和伯美所提出的無，或神的無的本質，是否便與佛教的空、無屬同一形態的觀念呢❸？

---

❸　這些問題相當複雜，而且很具爭議性。要作進一步的理解，可參考

五、純粹力動現象學的建立

　　當時的情況是，我有真正的問題，那即是熊十力所提出的：空寂之性如何能生起功用以渡化眾生？但找不到真觀念作為答案。直到幾年之前，我遇上一場大病，在手術與電療之後，在家裏養病。一日在外邊散步，突然有一矇矓的活動或力動的觀念，浮上心頭。我立即抓住，確認這正是熊十力的那個問題的答案。我當時的理解是，活動（Aktivität, activity）或力動（Vitalität, vitality）本身便是一種力量、力用，要說體，則這力用便是體，不必為它到外面找尋一個體，作為發用的質體、源泉。由於這力用是一種超越而沒有任何經驗內容的力動，我把它稱作「純粹力動」（reine Vitalität, pure vitality）。這力動與西田幾多郎的「純粹經驗」觀念有相通處，都是渾然的狀態，沒有主體、客體，沒有知、情、意的分化。

　　後來我在反省自己在這個哲學問題上努力多年而沒有寸進的關鍵在於，自己一直在順著熊先生與牟先生的體用有分（別）而相即不離的分解形態的思路上努力的緣故。體是用的體，用是體的用。沒有離體的用，也沒有離用的體。佛教的問題，正是只講用而不講體，這樣，用便被架空起來，成為孤懸的、沒有基底的用。它的用是軟弱的、虛脫的，不能有充實飽滿的力量去轉化社會、普渡眾生。便是這樣，佛教便墮入體用問題的困難之中。

西谷啟治著：《神と絕對無》，《西谷啟治著作集》，卷 7，東京：創文社，1991 年；上田閑照編：《ドイツ神秘主義研究》，東京：創文社，1982 年。

進一步坦白地說，在反思體用的問題上，我一直是沿著一條錯誤的、顛倒的道路來走。純粹活動或純粹力動作為一終極原理，它本身便是用，同時也是體。也可以這樣說，用與體是完全同一的東西，用只在體中，體也只在用中。我的做法是在用外求體，這正犯了禪家的大忌：騎驢覓驢。驢正是在你的胯下，你不從自身胯下找牠，卻偏把眼光注視到外邊，要在外邊找你的驢，自然沒有結果了。人在旅途中走路，方向錯了，便永遠到不了目的地，努力也是徒然。因此，如上面所說，我悟到力動或純粹力動觀念，有莫大的喜樂感。這表示我從錯誤的道路脫卻開來，找著正確的道路來走了。這真是「深山至寶，得於無心」。我又想起辛棄疾詞句「眾裏尋她千百度，驀然回首，那人卻在燈火闌珊處」，覺得暢快無比。

上面說到用由體發，有體便有力，無體便無力，若就世俗諦的層面來說，是可以的，在義理上也應該是這樣。但熊先生所提的問題，不是世俗諦的問題，卻是勝義諦的問題。它所指涉的，是終極的、超越的原理，不是經驗的原理。為甚麼用一定要具有和它不同但卻是相即不離的、不二的體，而依止於這體，才能發動出來呢？這便是我在上面提到的用或現象必須由體發出的機械化的（mechanical）思維方式。這種思維方式在指涉到終極原理時應該被揚棄；它是邏輯的、分解的，而不是辯證的、圓融的。對於終極原理，我們要超越邏輯的、分解的思維，運用辯證的、圓融的思維來處理。熊先生的體用不二理論與牟先生的有體便有力、無體便無力，所謂「體力」云云，這些說法，仍是邏輯的、分解的。它們都

預認體與用畢竟是不同的東西，雖然兩者不能分離❸。對於終極層面的體用問題，我們應該以圓融（徹上徹下，徹內徹外的圓融）的眼光來看，把用看成是一種活動、力動，它自身便具有力，或更徹底地說，它自身即是力，我們實在不必為它到外面找尋一個體，作為把它發出來的基礎。即是說，純粹活動或純粹力動作為一種超越的力動、超越的原理，它自身便是力用或用，要說體，則它自身便是體。我們不必機械性地（mechanically）為它在外面找一個體。這樣的「體」根本不存在。我們必須突破一切機械性的思考，才能像莊子那樣「見曉聞和」，「入於天」。

從徹底的圓融眼光看，純粹力動作為終極原理，它既是體也是用。在這種理解的脈絡下，體與用完全是同一的東西，沒有絲毫分別。因此，「體」與「用」的名相可以不立，體用關係或體用論（熊先生的那種體用關係或體用論）也自動瓦解。但沒有了體用關係，如何建立存有論呢？如何交代世界的成立呢？我的理解是，在終極的、超越的層次，不必依賴體用關係；在一般的現象的、世俗的層次，體用關係或範疇（另一種說法是本體與屬性範疇）仍然不能廢掉，它仍可發揮它置定現象的功能，以建立對象世界。

純粹力動作為一終極原理，是從分解的、超越的角度說；就存有論言，純粹力動須要在現象世界中說，在關連著現象世界的脈絡下說。我們不能遠離現象世界來建立純粹力動的存在性。純粹力動必須透過一種本體宇宙論的演述，更恰當地說是程序，以生起現象世界，展示它的創發性的動感。分解地說，它是一抽象的原理，它

---

❸　請復參考上面所引的熊先生的話：「體用本不二，而亦有分。」

展開它的動感，凝聚、下墮而詐現為形氣、經驗的形氣，由形氣的分化而詐現出現象性格的事物，包括心靈現象與物理現象，特別是物理物體的具體性與立體性。這詐現（pratibhāsa）是一個宇宙論的概念，它所表示的作用能讓純粹力動從抽象的、空虛的狀態轉生出、開拓出在時間與空間中的存在世界。純粹力動轉生出、開拓出存在世界，自身亦在這存在世界，不對存在起迷執，卻是就它們的詐現性格而展露自身的剛健而又虛靈明覺的德性或內涵。純粹力動的這種展露，具有價值義、理想義，因此是現象學的（phänomenologisch）取向，而不是現象論的（phänomenal）取向。前者可成就現象學（Phänomenologie），後者則只能成就現象論（Phänomenalismus）。現象論是描述的（descriptive）性格，展示現象的實然的、自然的狀態；現象學則是價值的（axiological）性格，展示現象的應然的、目的論的狀態。對於以純粹力動為基礎而作出凝聚、下墮而詐現為形氣，再由形氣的分化而詐現為具體事物的闡述，便是純粹力動現象學。

純粹力動的這種一連串的活動、動作，有沒有一理性的理由可說呢？有的。純粹力動是一種活動，它常在動感中，沒有所謂不動的、靜止的狀態（Zustand）。它的一切性格、功德，特別是剛健的、虛靈明覺的德性，不能在靜態中反映出來，而必須在活動中展現出來。即是說，它的本質（Wesen）要在活動中見，而活動便是上面所屢屢提及的凝聚、下墮，而詐現為形氣，再由形氣的分化，而詐現為萬事萬物。即是說，我們不能把純粹力動視為一個客觀的對象，靜止地擺放在那裏，分解地認識它的本質。毋寧是，它的本質需在活動中被理解。就存有論來說，純粹力動的本質與活動是分

不開的，它的本質即存在於活動中。更圓融地說，它的本質便是活動。本質具有恆久性，因而活動也具有恆久性。而所謂活動，便是凝聚、下墮、分化、詐現，成立現象世界❸。

在純粹力動現象學與實體主義與非實體主義的比較來說，純粹力動現象學可以說一方面綜合了實體主義與非實體主義雙方的殊勝之處，同時也超越這種思想所可能發展出的流弊。實體主義的絕對有具有剛健不息的性格，非實體主義的絕對無則有虛靈明覺的作用。純粹力動可說是綜合這剛健不息和虛靈明覺的優點，同時又能克服絕對有由於其質體性及其實質性所可能導致的呆滯性、障礙性，越過了絕對無的向四方擴散開來而可能導致的疲弱性、虛脫性。另外，絕對有和絕對無的絕對意義可能由於有、無概念的被過分注目、執取而忘失掉，而變成相對的有與相對的無，而成有無的相對的二元性或二元關係，倘若是這樣，則絕對有與絕對無的終極性便不能維持，因而不能作為終極原理看了。純粹力動沒有這種問題，它作為一終極原理，能恆常不息地活動，因而是一超越的力動，不會喪失其超越性，而墮於相對的境域，也不會陷入活動與不

---

❸　海德格（M. Heidegger）在他的著作《形而上學引論》（*Einführung in die Metaphysik* [Tubingen: Max Niemeyer Verlag, 4. Auflage, 1976], S. 108）中說過：「存有以顯現來成就它的本質」（Sein west als Erscheinen）。其中的「本質」（Wesen）字眼以動詞 west 出之，更突顯海德格以動感來說本質一點。這表示存有的本質不是一動不動地停放在那裏，而是要看存有如何表現而成就。這便突破傳統的西方哲學一直以靜止的狀態來說本質，卻賦予本質以動感的內涵。這種存有顯現的思想與我在這裏說純粹力動必會顯現的義理很有相通處。

活動的兩極化的二元格局中。

在這裏，讀者可能提出一個問題：說絕對有和絕對無是終極原理，現在又提純粹力動作為一終極原理，則不是有三個終極原理麼？原理既然是終極性格，則只能有一，何來三呢？這的確是一問題。筆者的理解是，終極原理只能是一，而且這一是絕對的之意，不是作為數目看。我在這裏提出絕對有、絕對無和純粹力動，都作終極原理看，這並不表示我們可有三個終極原理。毋寧是，只有一絕對的終極原理，但對它可有不同的表述方式。絕對有與絕對無是表述終極原理的不同方式，其一著眼於它的肯定的、正面的、剛健的性格；這種性格能展現一種陽剛的、雄健的力量，摧破一切顛倒的念想與行為。另一則強調它的否定的、靈明的作用：否定是否定終極原理的實體、自性，以至一切邪說，靈明則展示終極原理的動感的明覺，能從事物的表層滲透入它的內裏，認證它的本質，這在佛教來說，即是空。這兩種表述終極原理的方式都不免於偏，不是偏於它的正面義蘊，便是偏於它的負面義蘊（這裏說負面，是就作用的性質而言，不含有價值的評估之意）。純粹力動作為一種超越的活動，比較起絕對有與絕對無來說，由於它對雙方有綜合作用，因此可說是表達終極原理的較為周延的方式。

讀者或許會提另一問題：純粹力動作為一終極原理看，是傾向於客觀或客體性的本體宇宙論的涵義；這對我們人的主體或主體性而言，是否具有適切性呢？倘若是的話，則純粹力動在我們的主體性或心靈來說，以甚麼方式來表示呢？我的回應是，純粹力動的確是具有濃厚的客體性義的終極原理，但它亦貫徹於我們的主體性或心靈之中，以睿智的直覺（intellektuelle Anschauung）而存在，表

現它的明覺的作用。純粹力動以其全體的存在性貫注於主體的心靈中，以成就其睿智的直覺的明覺。因此，就內容而言，純粹力動與睿智的直覺是完全同一的。雙方的區別僅在於主客的分際方面：睿智的直覺是主體性心，純粹力動則是客體性宇宙心，兩者都是理而不是氣。但理與氣是相互貫通的，理的詐現便成氣。

　　以下我要集中討論純粹力動現象學與當代新儒學與京都哲學的異同分際及其中的傳承關係。由於純粹力動現象學與京都哲學有較密切的關連，故我先把討論聚焦在京都哲學一面。純粹力動現象學與京都哲學的最深厚的淵源在於純粹力動與西田幾多郎的純粹經驗（pure experience）的純粹性。雙方都表示沒有任何經驗內容，同時對於一切的二元相對立的關係具有先在性與跨越性❸。從邏輯來說是如此，從存有論來說也是如此。即是，相對概念的意義依於絕對概念的意義；相對事物以絕對事物為根基，才能成立，絕對事物的分化，便成相對事物。這種分化不是分解的、分析的，而是辯證的。分解的、分析的做法不能衍生不同性格的相對的事物。唯有辯證的分化，憑著它本身的反（矛盾）的作用，才能衍生出不同性格的相對事物。這「反」並不如熊十力所說，表示絕對事物中具有複雜的成分，卻表示一種自我否定作用。由自我否定開出本來的自我與被否定而成的對反的自我。關於這點，我們可以參考《大乘起信論》的心真如門與心生滅門兩觀念來助解。這兩種門都發自眾生心，比喻分別作為淨染法的始基的本來的自我與對反的自我。染法

❸　關於西田的純粹經驗的詳情，參看拙著：《絕對無的哲學：京都學派哲學導論》，頁 5-10。

源於對反的自我，由原來的自我否定、自我反彈而間接開展出來的，並不是原來的自我或熊先生所說的本體本來便有的複雜成分。而淨法則是由本來的自我亦即睿智的直覺所直接開出的。由自我反彈而開出的成分，是自我反彈而發展出來的新的東西，並不是原來已有的。至於《大乘起信論》的眾生心，則譬喻純粹力動自身。

又，對於西田的絕對矛盾的自我同一這一重要觀點，西田的總的意思是，絕對矛盾在絕對無這一場所（place）這一意識空間之中，得到很圓融的解決，這即是在絕對無發展出來的自我同一。西田的這一重要觀點，倘若以純粹力動現象學的脈絡來解讀，可以得到意想不到的殊勝效果。所謂矛盾，一般來說，是相對性格的，例如善與惡、生與死、美與醜，以至上與下、高與低之屬。矛盾而又是絕對性格的，則很難說，除非用以指述絕對有與絕對無。這點很清楚。但雙方如何能達致一同一、自我同一的關係呢？純粹力動觀念在這點上可以助解。即是，純粹力動作為一終極原理，對於絕對有與絕對無有綜合作用：綜合雙方的殊勝性格或作用。這即是綜合絕對有的剛健而富有動感的作用，同時也綜合絕對無的虛靈無滯礙的明覺的作用。這種綜合不能在靜態的狀態中進行，卻需在一動感的歷程（process）中進行。即是說，純粹力動恆常在活動的狀態中，無所謂靜態；它有時表現得比較平和、靜穆，並不表示它是不動的死體，只是由於它的動感表現得較為微弱，我們不易察覺而已。它是不斷地在活動狀態中的；它即在這活動的歷程中，把絕對有與絕對無統合起來。所謂自我同一即在這綜合的歷程中說。關於絕對矛盾的自我同一的問題，在這裏不能詳細說明。我在自己寫的長文〈西田哲學的絕對無與絕對矛盾的自我同一〉有較周詳的探討。

　　另一點是，純粹力動現象學可以說是承接著西谷啓治的空的存有論所作的進一步的開拓。在西谷啓治來說，由於事物的本性是空，是緣起（這是順著佛教的說法而來），因而不具有恆常不變的自性（svabhāva）或實體（Substanz）；但事物也不是虛無、一無所有。事物以空這一原理作為邏輯的依據，因而可以相互摩盪、融攝，而成所謂「自體」。自體與自體有一種迴互相入的關係。這是一種存有論，但由於立根於空，因此是空的存有論❸❺。在純粹力動現象學來說，一切事物都沒有離開作為終極原理的純粹力動的外在的、獨立的本性，卻都是純粹力動經凝聚、下墮、分化而詐現出來的；由於沒有獨立自在的本性，事物不會相互排斥，卻是相互包容、相互支持，「萬物並育而不相害」，向著一個融通無礙的目標轉進，這便是一種現象學。西谷的空的存有論也是一種現象學。

　　現在討論純粹力動現象學與當代新儒學在義理上的關連。一言以蔽之，雙方的關連焦點在所謂「詐現」這一宇宙論的動作上。純粹力動是一超越的、終極的原理，它是抽象的，如何作為萬物的根基而成為具有具體性、立體性的後者呢？這只憑詐現這一宇宙論的動作、歷程而可能。即是，純粹力動以其抽象的原理而自行凝聚、下墮而詐現為形氣，這形氣復又分化而詐現萬物。萬物之為具體的、立體的，並不是絕對地、客觀地、獨立地是這樣的，它們只是純粹力動的詐現的結果而已。詐現是一個佛學特別是唯識學的概念，表示萬物的呈現，並不是真正的呈現，只是虛假地呈現，好像

❸❺　關於西谷的空的存有論的詳情，參看拙著：《絕對無的哲學：京都學派哲學導論》，頁 121-149。

真的有那種東西而呈現出來。「詐」即是虛假也。這是一宇宙論概念，目的是解釋或交代宇宙事物的生成與變化。在當代新儒家中，熊十力最喜以這概念來說宇宙萬物。他認為本體能生起、創生宇宙，憑著《大易》所闡述的大易或易體的「生生不息、大用流行」而開拓宇宙，萬事萬物便「宛然詐現」了**㊱**。

另外，牟宗三在他的名著《現象與物自身》中，判分兩重存有論：執的存有論與無執的存有論。雙方分別發展出執的知識論與無

㊱　「宛然詐現」字眼常出現在熊先生的著作中，如《新唯識論》、《十力語要》、《體用論》、《乾坤衍》等等。但「詐現」這一字眼並不是熊先生獨鑄的偉詞。它先出現在佛教唯識學（Vijñāna-vāda）的護法（Dharmapāla）的《成唯識論》（*Vijñaptimātratāsiddhi-śāstra*，玄奘譯本）中，它的相應梵文字眼是 pratibhāsa 或 pariṇāma，後者有時被譯作「變現」、「轉變」、「轉似」。關於這些字眼的確意，參看拙著：《唯識現象學一：世親與護法》，臺北：臺灣學生書局，2002年，頁 21-30。另外，筆者的純粹力動現象學與胡塞爾（E. Husserl）的超越現象學（transzendentale Phänomenologie）雖在某些論點上相一致，但在說詐現或詐現思想這一點上，很是不同。純粹力動現象學視詐現為一宇宙萬物的生成與變現原理。在胡塞爾的重要著作中，並沒有這種詐現思想，也找不到與這思想相應的字眼。他說意識（Bewuβtsein）藉著意向性（Intentionalität）指向或構架對象，但抽象的意識如何指向，如何構架對象，並使後者成為具體的、立體的事物或物體，胡塞爾並沒有明說，他的現象學並無宇宙論意味。參看拙著：《胡塞爾現象學解析》，臺北：臺灣商務印書館，2003年，頁139-141。有關這點的更周延的、詳細的說明，參看筆者的長文：〈純粹力動現象學與超越現象學〉，《鵝湖學誌》第 33 期，2004 年12 月，頁 1-100。此文另收入於拙著：《純粹力動現象學》中，頁562-641。

執的知識論。良知或知體明覺可認識事物的在其自己，亦即是物自身（Ding an sich），同時，它又可自我坎陷而限制自己，成為知性（Verstand），認識事物，同時執取之為獨立自在的。在純粹力動現象學中，現象學與現象論被區別開來，前者正相應於無執的存有論，後者則相應於執的存有論。同時，純粹力動或它的主體形態的睿智的直覺會進行自我屈折而成世諦智或認知主體，對事物生起有迷執的、顛倒的意味的認識，認識它們為實體，為具有恆常不變的自性❸❼。

　　以下要說的一點，涉及道家的老子的道。對於老子的道，唐君毅與牟宗三各自有他們的詮釋，也各自有其精采之處。唐先生對於老子的道，寫過兩篇文章：〈老子言道之六義貫釋〉❸❽與〈老子之法地、法天、法道，更法自然之道〉❸❾。唐先生基本上視老子的道為一客觀的實有❹❾。牟先生對於老子的道的理解，主要見於他的《中國哲學十九講：中國哲學之簡述及其所涵蘊之問題》一書的三章中，這即是：第五講〈道家玄理之性格〉、第六講〈玄理系統之

---

❸❼　關於睿智的直覺自我屈折而成知性與知體明覺自我坎陷而成知性一點，參看拙文：〈純粹力動屈折而開世諦智與良知坎陷而開知性的比較〉，拙著：《純粹力動現象學》，頁 787-809。

❸❽　此文分上、下部分，載於唐君毅：《中國哲學原論》上冊，香港：人生出版社，1966 年，頁 348-398。

❸❾　唐君毅：《中國哲學原論原道篇》一，香港：新亞研究所，1973年，頁 288-340。此文為書中的第 8 章及第 9 章。

❹❾　有關唐先生對老子的道的觀點，參看拙文：〈唐君毅先生對老子的道的詮釋：六義貫釋與四層升進〉，拙著：《老莊哲學的現代析論》，臺北：文津出版社，1998 年，頁 269-306。

性格：縱貫橫講〉和第七講〈道之「作用的表象」〉❹。另外，在
牟先生的《才性與玄理》❷、《現象與物自身》❸與《智的直覺與
中國哲學》❹三書也有涉及。牟先生視老子的道為一主觀的實踐境
界❺。視道為一客觀的實有、實體，是實體主義的看法；視道為一
主觀的實踐境界，則是有非實體主義的看法的傾向。道的這兩種面
相，可同時收納於筆者的純粹力動現象學體系之中。道作為一客觀
的實有，相應於具有濃厚的客觀性義的純粹力動；道作為一主觀的
實踐境界，則相應於純粹力動的主體性的形態：睿智的直覺；或更
精確地說，道可由睿智的直覺去體證。道同時具有客觀的實有與主
觀的實踐境界二義，實表示實體主義與非實體主義互轉，這正相應
於純粹力動與睿智的直覺是同一事件而從不同分位、面相來看一
點。這個意味比較複雜、深微，在這裏不能細論，容俟諸異日。我
只想在這裏簡單地指出，唐、牟就不同面相來詮釋、解讀老子的

---

❹ 牟宗三著：《中國哲學十九講：中國哲學之簡述及其所涵蘊之問題》，
　　臺北：臺灣學生書局，1983 年，頁 87-109、111-126、127-156。

❷ 牟宗三著：《才性與玄理》，香港：人生出版社，1963 年，第 5 章
　　〈王弼之老學〉，頁 128-167；第 6 章〈向、郭之注莊〉，頁 177-
　　180。

❸ 牟宗三：《現象與物自身》，臺北：臺灣學生書局，1975 年，第 7
　　章〈執相與無執相底對照〉，頁 430-435。

❹ 牟宗三：《智的直覺與中國哲學》，臺北：臺灣商務印書館，1971
　　年，第 19 章〈道家與佛教方面的智的直覺〉，頁 203-211。

❺ 有關牟先生對老子的道的觀點，參看拙文〈牟宗三先生對老子的道的
　　理解：主觀的實踐境界〉，拙著《老莊哲學的現代析論》，頁 245-
　　268。

道，表示實體主義與非實體主義的相互轉化，這種關係正可收納於純粹力動現象學中，相應於純粹力動與睿智的直覺的關係。作為客觀的實體、實有的道與作為實證、體證這道的主體的心靈（主觀的實踐境界的體現者），是相通的。純粹力動與睿智的直覺雖是客、主不同分際，但雙方的內涵也是相通的，更是一如的。

　　最後交代思維上的問題。純粹力動現象學強調純粹力動觀念是詮表終極真理的周延表述。即是，它同時綜合了絕對有與絕對無的殊勝意義，也同時超越了、克服了絕對有與絕對無所可能出軌地發展出來的流弊：常住論與虛無主義。此中的思維主脈，是對於兩端的東西的同時綜合與超越。這樣的思維形態，有佛教中觀學的對真理的思考依據：龍樹的四句法（catuṣkoṭi）。龍樹在他的最重要的著作《中論》（*Mūlamadhyamakakārikā*）中的一首偈頌說：

sarvaṃ tathyaṃ na vā tathyaṃ tathyaṃ cātathyameva ca,
naivātathyaṃ naiva tathyametadbuddhānuśāsanam.**㊻**

其意思是：

每一東西都是真如，都不是真如，同時是真如和非真如，既不是真如也不是非真如。這是佛的教法。

㊻　Louis de la Vallée Poussin (ed.): *Mūlamadhyamakakārikās de Nāgārjuna avec la Prasannapadā Commentaire de Candrakīrti*, Bibliotheca Buddhica, No. IV (St. Petersbourg, 1903-13), p. 369.

這偈頌顯明地包含下面四句：

> 1.每一東西是真如。
> 2.每一東西不是真如。
> 3.每一東西同時是真如和非真如。
> 4.每一東西既不是真如也不是非真如。

第一句表示對真如的肯定；第二句表示對真如的否定，而成非真如；第三句表示對真如與非真如的綜合；第四句表示對真如與非真如的否定或超越。這四句合起來，表示在體證真理上的層層升進：由肯定而否定，由否定而綜合，由綜合而超越。這種思維方式，顯然不是邏輯的進路，而是辯證法的進路，起碼由第一句到第三句是如此。第四句超越是對第三句的進一步開拓，那是辯證法所沒有的。純粹力動現象學中所述純粹力動對於絕對有與絕對無的同時綜合與同時超越，顯然是第三、第四句的思維方式❼。

　　有關這四句法的由辯證思維而展示出對事物的深層理解，就一般的經驗性格的現象而言，自無問題。同時它也對真理本身有適切性，故龍樹用真如（tathyam）作譬。就作為終極原理的絕對有、絕對無和純粹力動來說，也應能合法地表述真理的層層升進的歷

---

❼　龍樹的四句法是很重要的思維模式，在這裏不能多說。有關其詳，見
　　拙文：〈印度中觀學的四句邏輯〉，載於拙著：《印度佛學研究》，
　　臺北：臺灣學生書局，1995 年，頁 141-175；R.H. Robinson: "Some
　　Logical Aspects of Nāgārjuna's System," *Philosophy East and West*, 6: 4
　　(1957), pp.291-308.

程。即是，絕對有是正面說的真理，絕對無是負面說的真理，純粹力動則是綜合絕對有與絕對無而成的對真理較周延的表述。至於超越絕對有與絕對無而得的周延地表達真理的思維，則是黑格爾的辯證法所無的，這也是龍樹的四句思維法的殊勝之處。在佛學中，最能表現這樣的思維方式的，是對中道（madhyamā pratipad）的詮釋：是有是無，非有非無。是有是無是綜合，非有非無則是超越。中道基本上是建立在超越或雙非的思考上的。

後　記

　　以上這篇拙文，可說是拙著《純粹力動現象學》、《純粹力動現象學續篇》及《純粹力動現象學六講》的縮影，雖然篇幅不多，但主要的概念、觀念與問題大體上都有涉及。在研究的心路歷程中，我的運氣算是不錯，或竟可以說是很好。在香港中文大學，唐君毅、牟宗三、勞思光、徐復觀等名師都聚合在一起，讓我有機會聽他們的課。在日本和德國，我又受到京都學派、維也納學派和漢堡學派的薰陶。在加拿大，又接觸冉雲華、G. Vallée、J.R. Robertson、Hans Küng 和 H.-G. Gadamer 等名學者與哲學宗匠，全心全意地向他們學習，吸收他們的好處。這份小小的作品，或多或少都反映了以上所受到的影響。至於中、西、印各方的重要的著作，讓我能在哲學的道路上邁步，向前挺進，則更不用說了。想起這些，不禁感恩不已。這條哲學之路走得非常辛苦，也惹來渾身病痛，還是無怨無悔。想到小時候在農村的簡陋破舊的磚頭屋內的祖先神位兩旁掛著的兩行字：「心田先祖種，福地後人耕」，不期然

警覺與敬畏起來，感到自己的些微成就，是踏著無數哲學巨人的肩膊攀升而致的。這條路還要繼續走下去，這是生死相許的。

　　在當代新儒家與京都學派之間，後者的發展較為波瀾壯闊，我從他們中所吸收到的好處也較多，雖然在師承方面，我與前者有較密切的關聯。最近到日本一個月辦事，也順便對京都哲學作了廣泛的考察，發現有兩點值得注意：一是它的流傳更為國際化，對於它的介紹與研究，英文方面不用說了，在德文與法文方面，有明顯的拓展跡象，也流行於西班牙文學界。二是日本國內對於西田幾多郎的哲學的研究，在質與量上都有急激的上揚傾向；研究者更趨於年輕化，有很多竟較自己的年齡少於超過一個世代。西田哲學雖然難懂，但的確具有很強的魅力。他強調哲學不是起於驚異，而是起於悲哀，對於我來說，起了很深沈的震撼與共鳴。這悲哀應該不是指個人的主觀情感，而是一種客觀的天地宇宙的悲情，與牟宗三先生在其《五十自述》〈文殊問疾〉章所說的悲情三昧相近❹，真是異地同心。一日在京都無事，便逛書店，看到一本書說苦痛是人生的本質，便即買了。這樣說人生，對我來說，可謂點滴在心頭。近十年來，基於自己的存在的體會，我已有了人生來便是受苦的這樣的認識，只是不止於此，人需在苦痛中自我淬練，以求突破苦痛，和它交個朋友，以獲致身心的提升。我便是基於這種體會，寫成《苦痛現象學》與《屈辱現象學》的。

---

❹　牟宗三：《五十自述》，臺北：鵝湖出版社，1989 年，頁 162-168。

Appendix: A Critical Response to the Kyoto Philosophy in the Light of Chinese Philosophy and Buddhism

My connection with the Kyoto School started in 1974, when I came to Japan to do research at Kyoto University. I went to see Abe Masao in his residence in Kyoto. He gave me some of his articles published in *The Eastern Buddhist*. I read them all and found them interesting and inspiring. Someone told me that Abe was a member of the Kyoto School of Philosophy, I then looked for the writings of other members of the School in *The Eastern Buddhist*, such as Hisamatsu Shin'ichi, Nishitani Keiji, Ueda Shizuteru, Tanabe Hajime, and finally Nishida Kitaro, the founder of the School and also the most eminent philosopher in modern Japan. I read most of them carefully and felt that there was something new and valuable in the way of thinking, such as the logic of nothingness, which was lacking in the Contemporary New Confucianism with which I was acquainted. From then on I kept in personal contact with Abe and Nishitani for more than thirty years, until their deaths.❶

I must confess that I was, and am, significantly indebted to the Kyoto philosophy in the consolidation of my basic training in philosophy and, in particular, in constructing my own system of thought entitled "the Phenomenology of Pure Vitality".❷ On the one hand I highly value the Kyoto philosophy and regard it as quite on a par with the modern European phenomenology founded by E. Husserl and advocated by M. Heidegger and M. Scheler, as well as the hermeneutics developed by H.-G. Gadamer. On the other hand, there are some points in the Kyoto philosophy with which I feel uncomfortable. These mainly include Nishida's understanding of the Eastern philosophies and religions, and the dynamism of absolute nothingness as the highest principle having both subjective and objective implications. I consider these points the limitations of the Kyoto philosophy.

As far as my understanding goes, the fundamental notion of the Kyoto philosophy is absolute nothingness. The Kyoto philosophers propound and elaborate this notion in different ways, and they share, by and large, a basic understanding that this notion is capable of

---

❶ Abe died in 2006, Nishitani in 1990.

❷ Ng Yu-kwan, *The Phenomenology of Pure Vitality* (in Chinese) (Taipei: The Commercial Press, 2005), Ng Yu-kwan, *A Sequal to the Phenomenology of Pure Vitality* (in Chinese) (Taipei: The Commercial Press, 2008).

representing Eastern spirituality. ❸ Nishida speaks of absolute nothingness in terms of pure experience, God, place (*basho*) and the metaphysical synthetic force. Tanabe and Takeuchi take it as an other-power, namely, the Amitābha or God. Hisamatsu regards it as a formless self, whereas Nishitani sees it from the perspective of emptiness advocated in the Prajñāpāramitā and Mādhyamika literature. Abe puts forward the dialectical expression "non-Buddha and non-devil". Finally, Ueda proposes the transcendental state of overcoming the dichotomy of the person and ox (or subjectivity and objectivity) known in Zen Buddhism.

It is by all means understandable that the Kyoto philosophers see and emphasize absolute nothingness from various perspectives and with different terms, because absolute nothingness, as ultimate reality, is not something dead, but is rather, organic and active in nature. It is not something to be considered as an object in epistemological sense. It is beyond words and discursive thinking.

Now let us focus our attention on the claim by the Kyoto philosophers that absolute nothingness is the chief characteristic representing Eastern spirituality. To start, we have to take a look at how

---

❸ I identify the Kyoto philosophers as follows: Nishida Kitaro and Tanabe Hajime as the first generation, Hisamatsu Shin'ichi and Nishitani Keiji as the second generation, and Takeuchi Yoshinori, Abe Masao and Ueda Shizuteru as the third generation.

the Kyoto philosophers understand Eastern spirituality. There are, indeed, various philosophies and religions developed in the East. They can, however, be grouped into just two ideological styles: substantialism and non-substantialism. Substantialism regards absolute being as ultimate reality, which is expressed in a positive and affirmative way. It holds that numerous entities are produced by or in close connection with a substance in permanent and dynamic nature. This substance is also absolute, and is therefore absolute being. Different philosophies and religions carry different names for this substance, such as *brahman* in Brahmanism (Hinduism nowadays), *jīva* in Jainism, heavenly way or heavenly principle in Confucianism, *tao* in Taoist philosophy and *ch'i* in Taoist religion.❹

The Kyoto philosophers pay little attention to these philosophies and religions, and Nishida himself is an obvious example. This can be witnessed in his *A Sequal to the Fundamental Problems of Philosophy: the Dialectical World.*❺ In this work, Nishida fails to reveal a deep and correct understanding toward Eastern philosophies and religions. He starts his explication from Indian religions, claiming that they take

---

❹ It is extremely difficult to find a decent rendition for the concept of 氣 in Taoist religion, so I use the Romanized form here.

❺ *Nishida Kitaro zenshū* (*The Complete Works of Nishida Kitaro*), 19 vols (Tokyo: Iwanami Shoten, 1965), 2nd., VII, *Tetsugaku no kompon mondai* (*The Fundamental Problems of Philosophy*), vol. II, *The Dialectical World.* Hereafter as *The Dialectical World.*

nothingness as the very profound notion and basis, and that they negate the actual circumstances and aspire after the absolutely infinite reality. ❻ To be noted is that Indian religions in the text refer to Brahmanism exclusively. The most pivotal idea in this religion is, no doubt, *brahman*. It is correct to construe that *brahman* negates the actual circumstances and aspire after the absolutely infinite reality. Actually *brahman* itself is the absolutely infinite reality. However, it is questionable to regard *brahman* as nothingness, and as the absolute of non-being, as does Nishida.❼ And if this nothingness were taken as absolute nothingness, and the absolute of non-being as devoid of substance or *svabhāva*, the mistake would be even more serious. Let us look into the rise of Buddhism. It was initiated by an extremely important cause: the Buddhists' rigorous opposition to the fundamental doctrine of Brahmanism that *brahman*, as the highest principle and reality, possesses a substance. Instead of this, the Buddhists put forward the doctrine of dependent origination (*pratītyasamutpāda*), which severely rejected the ontological substance spoken in whatever forms. For Nishida to assert without reservation that the highest reality of Brahmanism as a non-substantial nothingness is by no means tenable.

As regards the understanding of Confucianism, the depth Nishida has touched is far from sufficient. Toward the whole scholarship of

---

❻　*The Dialectical World*, p.433.

❼　Idem.

Confucianism, Nishida, like the Western sinologists, merely looks into the matter of rites, ritual and cultivation. He has not concerned with the moral subjectivity or moral reason insisted in Confucianism. These is also no mention of the pivotal metaphysical notions such as mind (*hsin*) and nature (*hsing*). The moral philosophy and metaphysics of Chu Hsi and Wang Yang-ming, who have had much influence on Japanese thought and culture, have not attracted Nishida's attention either, except that he praises Wang for proposing the doctrine of identification of knowledge and action. It is good that he is aware of the Confucian notion of heaven (*t'ien*) and indicates that it carries a moral content, and is the basis of education and cultivation.❽

Now we come to Taoist philosophy. Nishida does not seem to reveal a better understanding of Taoist philosophy than of Confucianism, rather, he commits more mistakes. The most important notion in the philosophy of Lao Tzu and Chuang Tzu is, to be sure, *tao* or the way, but Nishida fails to emphasize it. Rather, he is much interested in the notion of nothingness (*wu*), which can be closely related to his doctrines of absolute nothingness and place.❾ As for the Taoist philosophy prevalent in the Wei-Chin dynasties, he does not offer a corresponding evaluation, but downgrades its concern to the field of sensation and emotion. This does not do justice to Taoist

---

❽　　Ibid., p.435.

❾　　Idem.

philosophy in that period at all. What is most disappointing is his interpretation of the notion *"tao-te"* seen in the title of the most important text of Taoist philosophy, namely, *Lao Tzu Tao Te Ching*. He holds that although this text opposes morality, its title yet carries the term *tao te*, or morality, and thereby the aim of the text is the promotion of moral orientation and moral thought.❿ This is a very serious misunderstanding, the term *tao te* does not mean morality at all. It has to be divided philologically into *tao* and *te*, in which *tao* denotes the true way, whereas *te* means inherit or share, and so the term denotes inheritance from the way as the ultimate truth. That Nishida, one of the greatest philosophers in the Eastern tradition should have made such a mistake is hardly conceivable.

Finally, an overall comment on Nishida's understanding of Chinese philosophy and culture. He has paid attention to the ground of cultural and social behaviors, taking the basis of Chinese culture as heaven, nature and the way.⓫ These notions are more emphasized in Taoist philosophy, not in Confucianism which offers the deepest and most extensive ideological influence on Chinese culture. And more, in which orientation or context are these notions raised? Are they related to a metaphysical substance? Do they carry any moral implications? How are they related to nothingness, absolute nothingness in particular?

---

❿　Ibid., p.437.
⓫　Idem.

These questions are not adequately discussed. With regard to the social behaviors, Nishida merely states that on the basis of the social behaviors, there is the principle of nature.❷ This so-called "principle of nature" should have more to do with Taoist philosophy, carrying the characteristics of ultimate truth. But in which context is this truth spoken of? Does this truth possess any sort of dynamism? None of these questions are discussed by Nishida.

In a nutshell, the Kyoto philosophers have not put sufficient emphasis on Indian and Chinese philosophies and religions, except Zen Buddhism. In consequence, their understanding of Asian philosophies and religions is significantly disproportionate to that of European philosophies and religions, the German idealism and mysticism in particular. Nishida's case is a remarkable example, and it is equally true with other members of the Kyoto school. Tanabe and Takeuchi do look into and elaborate on Chinese Pure Land Buddhism, manifesting a profound soteriological insight in the development of the philosophy of repentance known in philosophy as metanoetics. This is because they advocate the other-power style in practice, to which the Pure Land doctrines pertain. Hisamatsu and Nishitani are not remarkably different from Nishida in the issues mentioned above. It is true that Nishitani has written a book on Han-shan's poems.❸ But Han-shan is taken as a Zen

---

❷   Ibid., p.437.

❸   Nishitani Keiji, *The Poems of Han-shan* (Tokyo: Chikuma Shobo, 1988).

master, and the book was written in the context of Zen Buddhism. It may also be true that Abe has paid certain attention to the philosophy of Lao Tzu and Chuang Tzu, but this should be construed in relation to his interpretation of the philosophy of the two great masters as demonstrating absolute nothingness which is beyond the duality of being and non-being.[14]

As a matter of fact, Chinese and Indian philosophies and religions, except Buddhism and a portion of Lao Tzu and Chuang Tzu, pertain to the standpoint of substantialism. The Kyoto philosophers approach and grasp Eastern thought in terms of absolute nothingness, which pertains to non-substantialism, and take it as capable of representing Eastern spirituality, which is certainly controversial. To be frank with the readers, the fact is, when the Kyoto philosophers mentioned the so-called "Eastern spirituality", they had in mind only Buddhism in general, and Zen Buddhism in particular.[15] It is then natural that they propounded the notion of absolute nothingness to demonstrate Eastern spirituality. This sort of understanding is incomplete and does not do justice to Asian philosophical and religious traditions other than

---

[14] Abe Masao, *Zen and Western Thought*, ed. William R. LaFleur (Hong Kong: Macmillan, 1985), pp.124-125.

[15] This sort of understanding was not, indeed, confined to the Kyoto philosophers. It could be equally applied to the prestigious Japanese Zen masters such as Suzuki Daisetz, Shibayama Zenkei, Yamada Mumon and others.

Buddhism and Zen.

Given what has been depicted above, one may ask: which notion can be taken as accurately representing Eastern spirituality? My response, as stated earlier, would be that in the development of Eastern philosophies and religions there are two vectors or orientations, namely, substantialism and non-substantialism, and the core notions are absolute being and absolute nothingness respectively. Brahmanism, Confucianism, Lao Tzu of Taoist philosophy and Taoist religion are oriented toward substantialism, whereas Buddhism, Zen and Chuang Tzu and Kuo Hsiang of Taoist philosophy are oriented toward non-substantialism. Kyoto philosophy, needless to say, leans toward non-substantialism.

Now we shift our theme of discussion to the dynamism of absolute nothingness maintained by the Kyoto philosophers. Let me start from common sense. If a religion has a deep concern for the actual world and tries to initiate education and cultivation, so that sentient beings can be released from sufferings, sins and death, it must be in possession of a strong force or function, otherwise no action can be taken. In consequence, a religion needs to be dynamic in nature, or have sufficient dynamism. This is akin to a farmer who must be in good physical health and have strong force in order to plow the field. If not, he can do nothing. With regard to this problem, a religion characterized by substantialism does not have much to worry about; because it establishes a spiritual substance or absolute being as ultimate reality which constantly demonstrates dynamism and releases a strong force for a soteriological purpose.

Absolute nothingness characterized by non-substantialism is quite different. It originally came from the notions of emptiness in Indian Buddhism and nothingness in Zen. The pivotal nature of emptiness is demonstrated in the vehement rejection of a metaphysical substance or *svabhāva*. The original precise meaning of emptiness seen in Āgama Buddhism, Prajñāpāramitā literature, Mādhyamika and Vijñāna-vāda pinpoints the true state or *tathatā* of entities, namely, being devoid of a substance or *svabhāva*. This true state can be vividly seen in the doctrine of dependent origination. This true state of entities is spoken of in the sense of absolute quiescence, having nothing to do with dynamism. It is true that Indian Buddhism in its late period has developed the *tathāgatagarbha* thought which stressed strongly a Buddha-nature or *tathāgatagarbha* as the ultimate subjectivity that can produce a prajñā wisdom to penetrate into the empty nature of entities. However, Buddha-nature or *tathāgatagarbha* is none the less quiescent in nature and thereby cannot be the source of soteriological dynamism.

Even after Indian Buddhism was transmitted to China and developed into T'ien-t'ai, Hua-yen and Zen, the fundamental doctrine of emptiness was not forsaken. In Zen in particular, nothingness in the *Platform Sūtra* is not an ontological notion, but is a methodological one, and the expressions no-mind (*wu-nien*), no-image (*wu-hsiang*) and no-abidingness (*wu-chu*) are practical in nature. The notion of substance in whatever form does not exist in Chinese Buddhism.

The notion of absolute nothingness in Kyoto philosophy, as an ultimate principle, is closely related to the notion of emptiness in Mādhyamika and that of nothingness in Zen. In fact, the discussion of emptiness and nothingness in the Kyoto philosophers' writings is quite manifest. The meaning of absolute nothingness does not essentially differ from Nāgārjuna's emptiness and Hui Neng's nothingness, only that the Kyoto philosophers tended to use terminologies such as "absolute", "existential", "absolute negation" and the like to form the notions of "absolute being" and "absolute nothingness" which are more understandable to Western readers. There is not a remarkable difference between "nothingness", "absolute nothingness" and "emptiness" found in Prajñāpāramitā and Mādhyamika texts.

To go further, the Kyoto philosophers articulated the expression "true emptiness and wondrous being" to put forward the Buddhist notion of true emptiness in the doctrinal perspectives that emptiness and being are not separate, and that the transcendent and the conventional are not two realms without close relationship ontologically. The conception of "true emptiness and wondrous being" can be traced back to T'ien-t'ai and Hua-yen Buddhism.**⓰** What we are concerned about here is that emptiness and nothingness mainly demonstrate the truth or

---

⓰   Cf. Chih-i's *Fa-hua hsüan-i, Taishō*, vol.33, p.703a; Fa-tsang's *Wang-chin huan-yuan chang*, Taishō, vol.45, p.640a.

the true state of entities (emptiness), and the practical attitude of non-attachment and non-detachment toward entities (nothingness). More importantly, emptiness and nothingness, as two pivotal notions in Buddhism, are inclined to denote the true state of being devoid of a substance in entities, and the close relationship to the correct way to deal with entities in practice respectively. Neither the true state or the correct way have much to do with a substance and its dynamism. The notion of absolute nothingness is rigorously preached by the Kyoto philosophers. In view of its close relationship with the Buddhist emptiness and nothingness, its dynamism and function are hardly confirmable.

In a book edited by John B. Cobb and Christopher Ives, *The Emptying God: A Buddhist-Jewish-Christian Conversation,* ❶ Abe Masao has written a long essay entitled "Kenotic God and Dynamic Sunyata", in which he delineates Buddhist spirituality, explicating fully the dynamism of emptiness. What he regards as emptiness is precisely the emptiness found in Nāgārjuna's *Madhyamakakārikā* and the *Prajñāpāramitāhṛdaya-sūtra*. According to my knowledge, the literal meaning of Nāgārjuna's emptiness is the refutation of substance

---

❶   John B. Cobb and Christopher Ives, eds., *The Emptying God: A Buddhist-Jewish-Christian Conversation* (Maryknoll; New York: Orbis Books, 1990).

(*svabhāva*) and wrong views (*dṛṣṭi*).❽ The refutation of substance can by all means be incorporated into the refutation of wrong views. In view of the fact that the attachment to substance is often committed by people, it is useful to separate these two refutations. As regards the *Prajñāpāramitāhṛdaya-sūtra*, the concept of mutual identification of forms (*rūpa*) and emptiness (*śūnyatā*) therein revealed indicates that all forms are devoid of a substance and thereby are empty. Whatever case is referred to, the notion of emptiness means rejection of substance as well as wrong views. This notion of emptiness signifies the state of having no substance and wrong views exclusively, having nothing to do with a motion or dynamism. Even when Buddhism was developed further to the T'ien-t'ai School, in which Chih-i identified emptiness, Buddha-nature and the middle way, and articulated a new compound term "middle way-Buddha nature", or "Buddha nature-middle way", to form the supreme and synthetic truth, this truth is yet empty in nature. Chih-i himself has ascribed a function to this truth. However, in view of its nature of emptiness, whether it can initiate sufficient dynamism for soteriological purpose is questionable.❾ That Abe upgraded emptiness to form a dynamic emptiness is groundless both textually and

---

❽ Ng Yu-kwan, *T'ien-t'ai Buddhism and Early Mādhyamika* (Honolulu: University of Hawai'i Press, 1993). pp.13-20.

❾ For a comprehensive delineation of the middle way-Buddha nature, see ibid., pp.62-89.

doctrinally. The notion of dynamic *śūnyatā* or dynamic emptiness may reveal a deep philosophical and religious insight, and may be taken as a creative hermeneutics and development of the traditional idea of emptiness. But this is quite another question which I do not have the intention of discussing here.

Now we come to Hisamatsu Shin'ichi. In his prestigious work, *The Oriental Nothingness*, an article entitled "The Dynamic Nothingness" is incorporated, in which Hisamatsu puts forward a brand new notion of "dynamic nothingness".[20] He holds that all religions without exception possess a necessary moment, i.e., the inclination of absolute negation toward themselves. [21] He indicates that when man, in his deep reflection, rigorously criticizes his own extreme evils, will unavoidably and spontaneously initiate a consciousness toward himself. In the mean time, the absolute contradiction in his understanding, the absolute dilemma in his will and the absolute boredom in his feeling will become a triad, in which each element embraces the other. Within this triad there exists a self-consciousness of hopelessness. This is reminiscent of the religious moments: sin and death, on which Hisamatsu has laid considerable emphasis in a number of his works. Sin and death reveal

---

[20] *Hisamatsu Shin'ichi Chosakushū 1: Tōyōteki Mu (A Collection of the Writings of Hisamatsu Shin'ichi 1: The Oriental Nothingness)* (Tokyo: Risosha, 1982). pp.67-81.

[21] "The Dynamic Nothingness", p.68.

the limitation of human life, and it is precisely this limitation as a moment and cause that leads man to knock on the doors of religion in the hope of finding something to rely upon.㉒ Sin and death are also precisely the extremest evil that must be extirpated without reservation. It is in this context that Hisamatsu investigates the idea and problem of nothingness.

Hisamatsu asserts nothingness to be a subjective nothingness. He does not speak of an objective nothingness, as has been done in *Lao Tzu*. He proposes two kinds of subjective nothingness: dynamic nothingness and passive nothingness.㉓ Whether it be dynamic or passive, nothingness has to be subjective in nature. Only this kind of nothingness can be related to the religious enlightenment, liberation and soteriology. For Hisamatsu, what the Buddhists call true emptiness, *nirodha* and *nirvāṇa* must be a subjectivity of nothingness as well as a dynamic nothingness. ㉔ He ascribes this subjective and dynamic nothingness to the bodhisattva, whose practice is the wondrous manifestation of compassion (*karuṇa*) originating from the subjectivity of nothingness. For Hisamatsu, the compassion or love in question is not passive, but is active and dynamic. The behavior of the great

---

㉒ See my book *The Philosophy of Absolute Nothingness: An Introduction to the Philosophy of the Kyoto School* (in Chinese) (Taipei: The Commercial Press, 1998), p.92.

㉓ "The Dynamic Nothingness", p.67.

㉔ Ibid., p.76.

compassion is a dynamic nothingness.㉕ He also strictly divides the dynamic great compassion from the passive great compassion.㉖ The former relies on self-power whereas the latter relies on other-power. What we wish to look into here is the dynamic great compassion. According to Hisamatsu, this compassion is most compatible with the bodhisattva's sacred goal, which embraces simultaneously the merits of emptiness and being, the supreme world and the phenomenal world, and yet emptiness and being do not hinder each other, and the supreme world as well as the phenomenal world are not separate. It was then possible for Hisamatsu to define a bodhisattva: those who embrace mere being are ordinary sentient beings; those who embrace mere emptiness are *yāna-dvaya* of *hīnayāna*; those who simultaneously embrace being and emptiness without hindrance are bodhisattva; and those who stray freely between being and emptiness that penetrate each other, and again freely grasp and reveal entities are Buddha.㉗ To be noted is that being and emptiness are often spoken of by Buddhists in general and Vijñāna-vādins and Mādhyamikas in particular, and that "mutual penetration without hindrance" and "grasp and reveal entities freely" are elaborated

---

㉕ Ibid., p.79. The subjectivity of nothingness mentioned by Hisamatsu here is correspondent to what is usually regarded in Buddhist texts as *tathāgatagarbha* or *Buddhatā*. The subjectivity embraces the merits of wisdom and compassion or the six kinds of *pāramitā*.

㉖ Ibid., p.72.

㉗ Ibid., pp.78-79.

in Hua-yen Buddhism exclusively. By properly classifying the status of ordinary sentient beings, hīnayānists, mahāyānists (Vijñāna-vādins and Mādhyamikas), bodhisattvas and Buddha in terms of these ideas, Hisamatsu demonstrated, indeed, a comprehensive understanding of the Buddhist doctrines.

What I have just delineated is the dynamic nothingness, which pertains to the tradition of self-power liberation. Now I turn to look into the passive nothingness pertaining to the tradition of other-power liberation. Hisamatsu clearly points out that the subjectivity of passive nothingness completely vacates itself and relies on an other that is God or Amitābha-Buddha.❷ In Hisamatsu's understanding, the so-called "self-power tradition" denotes Zen, whereas the "other-power tradition" refers to Pure Land Buddhism or Christianity. The subjectivity of passive nothingness will submit himself deeply and sincerely to an other great power without the slightest reservation, and throw his existence wholeheartedly to the latter for an absolute liberation from all kinds of sin, suffering and death. To go further, Hisamatsu stresses that the other-power religion is a religion in which the practitioner relies on God as a great other-power to transcend the religion of nothingness. He will rise from absolute death to awaken to himself and thereby attain absolute life. He adds that the truly awakening life is no longer the

❷   Ibid., p.67.

practitioner himself, but the life of God.㉙ It can be taken as a wrong disposition of life. In other words, life has not been correctly disposed in the practitioner but wrongly disposed in God. In this situation, the subjectivity or the self of nothingness experiences absolute death and negation, then rises and attains rebirth and absolute life. These "death", "negation", "rebirth" and "absolute life" have nothing to do with the practitioner's physical body, but refer to his subjectivity of faith. He attains a soteriological new life via the grace of God. However, it is regrettable that life has been wrongly disposed, and God has dominated and controlled the practitioner's spirit. Hisamatsu quotes the *Bible's* saying that those who have lost their life will recover their life, and those who have sacrificed their life for the sake of others will regain their life. It is precisely because of the nullification of the self that everything has to be attributed to the other-power of God.㉚ Here Hisamatsu puts forward an understanding full of insight, he does not follow the traditional exegesis of the Buddhist notion of no-self in which the ever-abiding self or *ātman* is negated and thereby is subjected to the universal principle of dependent origination, and hence the transcendent state of emptiness is attained. Rather, he construes no-self in terms of vacating one's self before God, in which one does not have his own subjectivity and cannot make his own decision. Furthermore,

---

㉙　Ibid., p.74.
㉚　Ibid., pp.74-75.

the great death and the rebirth attained are not one's own achievements, but are what have been conferred by the grace of God. In such a situation, is there yet any absolute nothingness? Hisamatsu's response is affirmative. For him, Amitābha-Buddha and God are the absolute other, and what the practitioner has faith in is still absolute nothingness. However, this is not dynamic nothingness, but is passive nothingness, emptiness and *anātman*, which is called "an empty seat". Hisamatsu thinks that for Amitābha, those having faith in Him are absolutely nothingness; but for the latter, Amitābha is the absolute subjectivity.**㉛** This is precisely what I have called the wrong disposition of subjectivity. The subjectivity is moved from those having deep faith in Amitābha to Amitābha Himself.

Isn't everything in this essay here "from the auther"? Hisamatsu apparently is of the view that the "true subjectivity of nothingness" or "absolute nothingness" is not passive nothingness but dynamic nothingness. Dynamic nothingness is by all means full of motion and function. It can produce from within a tremendous and sharp force which is capable of cutting asunder all strongest fibres of attachment and ignorance (*avidyā*) hindering one's attainment to enlightenment. For Hisamatsu, this absolute nothingness or subjectivity of absolute nothingness, needless to say, comes directly from Chinese Zen, particularly the Zen tradition explicated and developed by Hui-neng,

---

㉛　Ibid., p.75.

Ma-tsu, Hwang-pi and Lin-chi. Furthermore, this Zen is a wonderful combination of Hui-neng's notions of self-nature and Buddha-nature with the wondrous function of non-attachment as well as non-detachment delineated in the Prajñāpāramitā and Mādhyamika literature. That is, self-nature or Buddha-nature, as the transcendeatal subjectivity, is the origin of the functions of compassion and wisdom which are practiced as the six pāramatās by bodhisattvas.

However, throughout the whole tradition of Chinese Zen Buddhism, the dynamism as presented by Hisamatsu was not seen. Chinese Zen doctrine did not embrace this dynamism. Looking into the emphasis on the characteristic and practice of the mind and the nature as a perspective, we can construe Chinese Zen as consisting of three traditions. The first one started with Bodhidharma and went doward, via Hui-k'e, Sang-ts'an, Tao-hsin to Hung-jen, and was added by Shen-hsiu's Northern Sect. The Zen advocated by this tradition put forward the notion of a transcendental true mind or true nature which is originally pure and taintless. Sentient beings become delutional because this true mind or nature is contaminated by external empirical factors. Once the contentaminations are moved asunder, sentient beings can retain their true mind or nature. So this tradition proposed the orientation of graduate cultivation and gradual enlightenment.

The second tradition was advocated by Hui-neng and others mentioned previously. It started from an ordinary mind that embraces an antinomy of ignorance and enlightenment, or *avidyā* and *dharmatā*.

One's liberation relies on a total breakthrough of the antinomic mind in which all illusions will all at once transformed into wisdom. This tradition proposed the orientation of sudden cultivation and sudden enlightenment.

The third tradition was led by one of Hui-neng's most outstanding disciples, namely, Shen-hui, and developed doward until Tsung-mi. This tradition put forward the notion of "intellectual wisdom and true nature", which is akin to the notion of true mind or true nature of Bodhidharma's tradition, except that the intellectual wisdom and true nature is all of a sudden awakened to. In practice, it adopted the gradual process. So the orientation of this tradition was gradual cultivation and sudden enlightenment.

Throughout these three traditions, the major understanding is that the universally endowed self-nature or Buddha-nature is the true subjectivity which can produce the functions of compassion and wisdom. The bodhisattvas and Buddha, in their authentic realization of Buddha-nature, and on the basis of these functions, can initiate cultivation and transformation in sentient beings, leading them to the soteriological goal of liberation. However, Buddha-nature is empty and quiescent and so is devoid of a substance, whether it be spiritual or physical. How then it is possible for Buddha-nature to initiate the functions of compassion and wisdom to help sentient beings and bring them to enlightenment, is indeed a pivotal problem in the present context. With absolute nothingness or the subjectivity of absolute nothingness put forward by Hisamatsu, how is it possible that the subjectivity as such can be a dynamic nothingness, embracing a tremendous and effective force to help sentient beings overcome all kinds of hindrance, delusion and catastrophie, is really an extremely difficult problem. Absolute nothingness is not a spiritual substance, and so cannot produce a spiritual force to initiate a universal salvation of sentient beings. Ueda's creative interpretation of absolute nothingness in terms of a transcendental state of overcoming the bifurcation of the person and the ox is derived from the aesthetic perspective and so is unable to play the role of religion, whose job is to awaken others to their Buddha-nature. Coming back to Hisamatsu, his dynamic nothingness is too weak to initiate an overwhelming salvation, much less his passive nothingness.

In view of the fact that the notion of absolute nothingness demonstrated by the Kyoto School was established under the deep influence of the notion of emptiness of the Prajñāpāramitā and Mādhyamika literature, and the notion of nothingness of the Chinese Zen, and that emptiness and nothingness are non-substantial in nature, it is natural that absolute nothingness is not substantive and lacks full dynamism.

To conclude, I wish to make the following comments. First, absolute being, as a positive expression of ultimate reality, has its rigidity and entitativeness and is inclined to the state of stagnancy and enclosure, and so does not embrace a strong dynamism for the religious purpose of cultivation of sentient beings. Secondly, absolute nothingness, seemingly being opposite to absolute being, is devoid of substantiality and is able to produce a rigorous wisdom which can penetrate into the essence of entities. However, this absolute nothingness, inclined to be the true state of entities, lacks a powerful source for its force and function, and so is weak in influencing others for a religious transformation. Thirdly, in order to incorporate the merits of absolute being and absolute nothingness on the one hand, and transcend the limitations of both on the other, a third notion which can illustrate the ultimate reality more comprehensively has to be established. This is what the present author calls "pure vitality" (*reine Vitalität*), which is neither a being nor a nothingness, but is a transcendental activity. This new notion has been dealt with in detail in the author's *The Phenomenology of Pure Vitality* and *A Sequal to the Phenomenology of Pure Vitality.*❷

---

❷　Cf. note 2.

參考書目

說明：

一、京都學派的著書非常多，這裏所列出的只是其中一部分，重要的基本上都收錄在內。我們採取寬鬆態度，所收錄的以哲學為主，宗教、藝術、文學、歷史諸方面也包括在內。

二、所收錄著書，依次分為日文、中文、英文、德文四個方面。在排列方面，日文依作者姓名假名字母次序排列，中文依作者姓名筆劃多少為據，英文與德文則依羅馬字母次序列出。

三、京都學派的成立，自西田幾多郎以來，已超過一個世紀。書目中所收錄的，都是較近期出版的，在市場容易找到，和可讀性高的。

四、書目不收錄全集，但收錄全集中重要的、個別的著作。

五、著書可能一版再版，致有多個版本，這裏所收錄的，以最近版為準。

六、書目中所收的著書，都經筆者翻閱過，即使不是全本讀過，也讀過其中某一部分，確認具有參考價值，才加以收錄。

一、日文

赤松常弘著《三木清：哲學的思索の軌跡》，京都：ミネルヴァ書

房，1996。

秋月龍珉著《鈴木禪學と西田哲學の接點：即非と逆對應》，《秋
　　月龍珉著作集》8，東京：三一書房，1978。

淺見洋著《思想のレクイエム：加賀、能登が生んだ哲學者 15 人
　　の軌跡》，橫濱：春風社，2006。

淺見洋著《西田幾多郎：生命と宗教に深まりゆく思索》，橫濱：
　　春風社，2009。

淺見洋著《西田幾多郎とキリスト教の對話》，東京：朝文社，
　　2000。

阿部正雄著《カントにおける「批判」と「形而上學」：カント哲
　　學入門》，京都：晃洋書房，1998。

阿部正雄著《虛偽と虛無：宗教的自覺におけるニヒリズムの問
　　題》，京都：法藏館，2000。

阿部正雄著《根源からの出發》，京都：法藏館，1996。

阿部正雄著《非佛非魔：ニヒリズムと惡魔の問題》，京都：法藏
　　館，2000。

荒谷大輔著《西田幾多郎：歷史の論理學》，東京：講談社，
　　2008。

石神豐著《西田幾多郎：自覺の哲學》，東京：北樹出版社，
　　2001。

石川博子著、FAS 協會編《覺と根本實在：久松真一の出立
　　點》，京都：法藏館，2000。

石塚正英、工藤豐編《近代の超克：永久革命》，東京：理想社，
　　2009。

板橋勇仁著《西田哲學の論理と方法：徹底的批評主義とは何か》，東京：法政大學出版局，2004。

板橋勇仁著《歷史的現實と西田哲學：絕對的論理義とは何か》，東京：法政大學出版局，2008。

市倉宏祐著《和辻哲郎の視圈：古寺巡禮、倫理學、桂離宮》，東京：春秋社，2007。

伊藤益著《愛と死の哲學：田邊元》，東京：北樹出版社，2005。

伊藤宏見著《西田幾多郎心象の歌》，東京：大東出版社，1996。

今井弘道著《三木清と丸山真男の間》，東京：風行社，2006。

岩城見一編《植田壽藏〈藝術論撰集：東西の對話〉》，京都：燈影舍，2001。

岩城見一編《木村素衛〈美のプラクシス〉》，京都：燈影舍，2000。

岩城見一編《「藝術哲學」論文集》，《西田哲學選集》第六卷，京都：燈影舍，1998。

岩崎允胤著《日本近代思想史序說：明治後期篇下》，東京：新日本出版社，2004。

上田閑照著《生きるということ：經驗と自覺》，京都：人文書院，1991。

上田閑照著《虛空／世界》，《上田閑照集》第九卷，東京：岩波書店，2002。

上田閑照著《經驗と自覺》，《上田閑照集》第二卷，東京：岩波書店，2002。

上田閑照著《ことばの實存：禪と文學》，東京：筑摩書房，

1997。

上田閑照著《自己の現象學》，《上田閑照集》第十卷，東京：岩
　　波書店，2002。

上田閑照著《宗教とは何か》，《上田閑照集》第十一卷，東京：
　　岩波書店，2002。

上田閑照著《宗教への思索》，東京：創文社，1997。

上田閑照著《十牛圖を步む：真の自己への道》，東京：大法輪
　　閣，2005。

上田閑照著《禪佛教：根源的人間》，東京：岩波書店，1993。

上田閑照著《西田幾多郎を讀む》，東京：岩波書店，1991。

上田閑照著《場所：二重世界內存在》，東京：弘文堂，1992。

上田閑照著《マイスター・エックハルト》，《上田閑照集》第七
　　卷，東京：岩波書店，2001。

上田閑照編《情意における空：西谷啟治先生追悼》，東京：創文
　　社，1992。

上田閑照編《禪の世界》，東京：理想社，1981。

上田閑照編《ドイツ神秘主義研究》，東京：創文社，1982。

上田閑照編《西田哲學：沒後五十年記念論文集》，東京：創文
　　社，1994。

上田閑照編《西田幾多郎哲學論集》Ⅰ-Ⅲ，東京：岩波書店，
　　1987-1989。

上田閑照編《「日記、書簡、講演集」》，《西田哲學選集》第七
　　卷，京都：燈影舍，1998。

上田閑照、堀尾孟編集《禪と現代世界》，京都：禪文化研究所，

1997。

上田閑照監修，皇紀夫、山田邦男、松田高志、吉村文男編集《人間であること》，京都：燈影舍，2006。

上田閑照監修，北野裕通、森哲郎編《禪と京都哲學》，京都：燈影舍，2006。

上田高昭著《西田幾多郎：苦惱と悲哀の半生》，東京：中央大學出版部，2005。

上田高昭著《西田幾多郎の姿態：戰爭と知識人》，東京：中央大學出版部，2003。

植村和秀著《日本への問いをめぐる鬪爭：京都學派と原理日本社》，東京：柏書房，2007。

內田弘著《三木清：個性者の構想力》，東京：御茶の水書房，2006。

大澤正人著《サクラは色ですか？西田幾多郎の思想》，東京：現代書館，2005。

大滝朝春著《三木清の存在論》，東京：早稻田出版社，2006。

大野順一著《わが內なる唐木順三》，東京：南雲堂フェニックス，2006。

大橋良介著《聞くこととしての歷史：歷史の感性とその構造》，名古屋：名古屋大學出版會，2005。

大橋良介著《絕對者のゆくえ：ドイツ觀念論と現代世界》，京都：ミネルヴァ書房，1993。

大橋良介著《西田哲學の世界：あるいは哲學の轉回》，東京：筑摩書房，1995。

大橋良介著《悲の現象論序說：日本哲學の六テーゼより》，東京：創文社，1998。

大橋良介著《美のゆくえ：かント、ヘーゲル、アドルノ、ハイデッガー》，京都：燈影舍，2007。

大橋良介著《ヘーゲル論理學と時間性：場所の現象學へ》，東京：創文社，1983。

大橋良介編著《京都學派と日本海軍：新資料〈大島メモ〉をめぐって》，PHP 新書，2001。

大橋良介編《大島康正〈時代區分の成立根據、實存倫理〉》，京都：燈影舍，2001。

大橋良介編《京都學派の思想：種種の像と思想のポテンシャル》，京都：人文書院，2004。

大橋良介編《九鬼周造〈エッセイ、文學概論〉》，京都：燈影舍，2003。

大橋良介編《「現象學」論文集》，《西田哲學選集》第四卷，京都：燈影舍，1998。

大橋良介編《下村寅太郎〈精神史の中の日本近代〉》，京都：燈影舍，2000。

大橋良介編《西田幾多郎による西田哲學入門》，《西田哲學選集》第一卷，京都：燈影舍，1998。

大橋良介、高橋三郎、高橋由典編《學問の小徑：社會學、哲學、文學の世界》，京都：世界思想社，2006。

岡田勝明著《フィヒテと西田哲學：自己形成の原理を求めて》，京都：世界思想社，2000。

岡田勝明編《唐木順三〈現代史への試み〉》，京都：燈影舍，
　　2001。

大峯顯著《永遠なるもの：歷史と自然の根底》，京都：法藏館，
　　2003。

大峯顯編《三木清〈創造する構想力〉》，京都：燈影舍，2001。

小川侃編《京都學派の遺產：生と死と環境》，京都：晃洋書房，
　　2008。

尾關周二編《戶坂潤〈科學と文學の架橋〉》，京都：燈影舍，
　　2001。

小野寺功著《絕對無と神：京都學派の哲學》，橫濱：春秋社，
　　2002。

小濱善信著《九鬼周造の哲學：漂泊の魂》，京都：昭和堂，
　　2006。

薗田坦編《西谷啟治〈神秘思想史、信州講演〉》，京都：燈影
　　舍，2003。

海邊忠治著《苦惱とけて絕對の信へ：西田哲學を契機として》，
　　京都：法藏館，2007。

河西善治著《京都學派の誕生とシュタイナー：純粹經驗から大東
　　亞戰爭へ》，東京：論創社，2004。

河西善治著《西田幾多郎の真實：獨創的哲學者の剽竊と戰爭協力
　　の構圖》，東京：株式會社ぱる出版，2005。

嘉指信雄編《「歷史哲學」論文集》，《西田哲學選集》第五卷，
　　京都：燈影舍，1998。

粕谷一希著《反時代的思索者：唐木順三とその周邊》，東京：藤

原書店，2005。

片柳榮一編著《ディアロゴス：手探りの中の對話》，京都：晃洋
　　書房，2007。

嘉戶一將著《西田幾多郎と國家への問い》，東京：以文社，
　　2007。

茅野良男、藤田正勝編《轉換期としての日本近代》，京都：ミネ
　　ルヴァ書房，1999。

河波昌編著《場所論の種種相：西田哲學を中心として》，東京：
　　北樹出版社，1997。

川崎幸夫等著《久松真一の世界》，《增補久松真一著作集》別
　　卷，京都：法藏館，1996。

河出書房新社編《西田幾多郎沒後六十年：永遠に讀み返される哲
　　學》，東京：河出書房新社，2005。

川村永子著《キリスト教と西田哲學》，東京：新教出版社，
　　1988。

北野裕通著《自覺の現象學》，京都：行路社，1999。

北野裕通編《務台理作〈社會存在の論理〉》，京都：燈影舍，
　　2000。

京都宗教哲學會編《溪聲西谷啟治》下，思想篇，京都：燈影舍，
　　1993。

木村素衛著《表現愛》，東京：こぶし書房，1997。

清真人、津田雅夫、龜山純生、室井美千博、平子友長著《遺產と
　　しての三木清》，東京：株式會社同時代社，2008。

九鬼周造著《偶然と驚きの哲學：九鬼哲學入門文選》，東京：書

肆心水，2007。

九鬼周造著，田中久文編《九鬼周造エッセンス》，東京：こぶし書房，2001。

九鬼周造著，奈良博英譯、註《對譯「いき」の構造》（*The Structure of Iki*），東京：講談社インターナショナル，2008。

黑崎宏著《「自己」の哲學：ウイトゲンシュタイン、鈴木大拙、西田幾多郎》，東京：春秋社，2009。

氣多雅子著《ニヒリズムの思索》，東京：創文社，1999。

高坂正顯著《哲學は何のために》，東京：理想社，1992。

高坂正顯著《西田幾多郎先生の追憶》，京都：燈影舍，1996。

高坂正顯著，高坂史朗編《歷史の意味とその行方》，東京：こぶし書房，2002。

高山岩男著《京都哲學の回想：舊師舊友の追憶とわが思索の軌跡》，京都：燈影舍，1995。

高山岩男著《道德とは何か：倫理學入門》，東京：創文社，1983。

高山岩男著《西田哲學とは何か》，京都：燈影舍，1988。

高山岩男著，花澤秀文編《世界史の哲學》，東京：こぶし書房，2001。

古在由重著，吉田傑俊編《古在由重の哲學》，東京：こぶし書房，2006。

小坂國繼著《西洋の哲學、東洋の思想》，東京：講談社，2008。

小坂國繼著《西田幾多郎をめぐる哲學者群像：近代日本哲學と宗

教》，京都：ミネルヴァ書房，1997。

小坂國繼著《西田哲學を讀む 1：場所的論理と宗教的世界觀》，東京：大東出版社，2008。

小坂國繼著《西田哲學を讀む 2：睿智的世界》，東京：大東出版社，2009。

小坂國繼著《西田哲學を讀む 3：絕對矛盾的自己同一》，東京：大東出版社，2010。

小坂國繼著《西田哲學と現代：歷史、宗教、自然を讀み解く》，京都：ミネルヴァ書房，2001。

小坂國繼著《西田哲學と宗教》，東京：大東出版社，1994。

小坂國繼著《西田哲學の研究：場所の論理的生成と構造》，京都：ミネルヴァ書房，1991。

小坂國繼著《西田幾多郎の思想：二十一世界をどう生きるか》上、下，東京：日本放送出版協會，2000，2001。

小林敏明著《西田幾多郎の憂鬱》，東京：岩波書店，2003。

小牧治著《和辻哲郎：人と思想》，東京：清水書院，1999。

齋藤義一編《高山岩男〈文化類型學、呼應の原理〉》，京都：燈影舍，2001。

佐伯守著《哲學のパロール》，奈良：萌書房，2007。

坂部惠編《九鬼周造〈偶然性の問題、文藝論〉》，京都：燈影舍，2000。

坂部惠、藤田正勝、鷲田清一編《九鬼周造の世界》，京都：ミネルヴァ書房，2002。

櫻井歡著《西田幾多郎世界のなかの私》，東京：朝文社，2007。

佐佐木徹著《西谷啟治隨聞》，京都：法藏館，1990。

佐佐木徹著《西谷啟治：その思索への道標》，京都：法藏館，
　　　1986。

重久俊夫著《時間幻想：西田哲學からの出發》，東京：中央公論
　　　事業出版社，2009。

下村寅太郎著《アッシシの聖フランシス》，東京：株式會社南窗
　　　社，1998。

下村寅太郎著《西田幾多郎：人と思想》，東京：東海大學出版
　　　會，1977。

下村寅太郎著《西田哲學と日本の思想》，《下村寅太郎著作集》
　　　12，東京：みすず書房，1990。

末木剛博著《西田幾多郎：その哲學體系》Ⅰ-Ⅳ，東京：春秋
　　　社，1983、1987、1987、1988。

末木文美士著《明治思想家論：近代日本の思想再考Ⅰ》，東京：
　　　株式會社トランスビュー，2004。

末木文美士著《明治思想家論：近代日本の思想再考Ⅱ》，東京：
　　　株式會社トランスビュー，2004。

鈴木亨著《西田幾多郎の世界》，東京：勁草書房，2004。

滝澤克己著，小林孝吉編《西田哲學の根本問題》，東京：こぶし
　　　書房，2004。

竹內良知著《西田幾多郎》，東京：東京大學出版會，2007。

竹內良知著《西田哲學の行為的直觀》，東京：農山漁村文化協
　　　會，1992。

武內義範、石田慶和著《淨土佛教の思想九：親鸞》，東京：講談

社，1991。

武內義範著，石田慶和編《親鸞の思想と歷史》，《武內義範著作集》第二卷，京都：法藏館，1999。

武內義範、大島康正、齊藤義一、小島章一編《哲學の世界》，東京：創文社，1985。

武內義範著，薗田坦編《宗教哲學、宗教現象學》，《武內義範著作集》第四卷，京都：法藏館，1999。

武內義範著，氣多雅子編《原始佛教研究》，《武內義範著作集》第三卷，京都：法藏館，1999。

武內義範著，長谷正當編《教行信證の哲學》，《武內義範著作集》第一卷，京都：法藏館，1999。

武內義範著，藤田正勝編《日本の哲學と佛教》，《武內義範著作集》第五卷，京都：法藏館，1999。

武內義範、武藤一雄、辻村公一編《田邊元：思想と回想》，東京：筑摩書房，1991。

竹田篤司著《物語京都學派》，東京：中央公論新社，2001。

武田龍精著《親鸞淨土教と西田哲學》，京都：永田文昌堂，1997。

竹村牧男著《西田幾多郎と鈴木大拙：その魂の交流に聽く》，東京：大東出版社，2004。

竹村牧男著《西田幾多郎と佛教：禪と真宗の根底を究める》，東京：大東出版社，2002。

田邊元著《懺悔道としての哲學》，東京：岩波書店，1993。

田邊元著《哲學通論》，東京：岩波書店，2005。

田邊元、唐木順三著《田邊元、唐木順三往復書簡》，東京：筑摩
　　書房，2004。

田邊元著，黑田寬一編《歷史的現實》，東京：こぶし書房，
　　2001。

田邊元著，小坂國繼編《佛教と西歐哲學》，東京：こぶし書房，
　　2003。

田邊元著，中埜肇編《田邊元集》，東京：筑摩書房，1975。

辻村公一著《ハイデッガーの思索》，東京：創文社，1991。

辻村公一編《一即一切：日獨哲學コロクィウム論文集》，東京：
　　創文社，1986。

津田雅夫著《戶坂潤と〈昭和イデオロギー〉：西田學派の研
　　究》，東京：同時代社，2009。

津田雅夫著《人為と自然：三木清の思想史的研究》，京都：文理
　　閣，2007。

津田雅夫著《和辻哲郎研究：解釋學、國民道德、社會主義》，東
　　京：青木書店，2001。

津田雅夫編《昭和思想新論：二十世紀思想史の試み》，京都：文
　　理閣，2009。

常俊宗三郎編《日本の哲學を學ぶ人のために》，京都：世界思想
　　社，1998。

天野貞祐、久松真一、高坂正顯、西谷啟治、下村寅太郎、高山岩
　　男著《西田幾多郎とその哲學》，京都：燈影舍，1985。

戶坂潤著《イデオロギーとロジック：戶坂潤イデオロギー論集
　　成》，東京：書肆心水，2007。

戶坂潤著《日本的哲學という魔：戶坂潤京都學派批判論集》，東京：書肆心水，2007。

戶坂潤著，吉田傑俊編《戶坂潤の哲學》，東京：こぶし書房，2001。

永井均著《西田幾多郎：絕對無とは何か》，東京：日本放送出版協會，2006。

長尾雅人、中村元監修、三枝充悳編集《講座佛教思想第五卷：宗教論、真理、價值論》，東京：理想社，1982。

中岡成文著《私と出會うための西田幾多郎》，東京：株式會社南窗社，1999。

中村桂子編《今西錦司〈行為的直觀の生態學〉》，京都：燈影舍，2002。

中村雄二郎著《西田哲學の脫構築》，東京：岩波書店，2000。

中山延二著《佛教と西田、田邊哲學》，京都：百華苑，1979。

南山宗教文化研究所編《キリスト教は佛教から何を學べるか》，京都：法藏館，1999。

南山宗教文化研究所編《宗教體驗と言葉：佛教とキリスト教との對話》，東京：紀伊國屋書店，1978。

南山宗教文化研究所編《宗教と宗教の「あいだ」》，名古屋：風媒社，2000。

南山宗教文化研究所編《絕對無と神：西田、田邊哲學の傳統とキリスト教》，東京：春秋社，1986。

南原一博著《近代日本精神史：福澤諭吉から丸山真男まで》，岡山：大學教育出版社，2006。

西谷啟治著《大谷大學講義》Ⅰ，《西谷啟治著作集》第二十四
　　卷，東京：創文社，1991。

西谷啟治著《大谷大學講義》Ⅱ，《西谷啟治著作集》第二十五
　　卷，東京：創文社，1992。

西谷啟治著《大谷大學講義》Ⅲ，《西谷啟治著作集》第二十六
　　卷，東京：創文社，1995。

西谷啟治著《神と絕對無》，《西谷啟治著作集》第七卷，東京：
　　創文社，1991。

西谷啟治著《寒山詩》，東京：筑摩書房，1988。

西谷啟治著《現代社會の諸問題と宗教》，京都：法藏館，1978。

西谷啟治著《根源的主體性の哲學》正、續，《西谷啟治著作集》
　　第一、二卷，東京：創文社，1991，1992。

西谷啟治著《講話宗教》，《西谷啟治著作集》第十六卷，東京：
　　創文社，1990。

西谷啟治著《講話宗教Ⅰ：西田哲學》，《西谷啟治著作集》第十
　　四卷，東京：創文社，1990。

西谷啟治著《講話宗教Ⅱ：哲學と宗教》，《西谷啟治著作集》第
　　十五卷，東京：創文社，1995。

西谷啟治著《講話佛教》，《西谷啟治著作集》第十七卷，東京：
　　創文社，1990。

西谷啟治著《宗教とは何か》，東京：創文社，1973。

西谷啟治著《正法眼藏講話》Ⅰ，《西谷啟治著作集》第二十二
　　卷，東京：創文社，1991。

西谷啟治著《正法眼藏講話》Ⅱ，《西谷啟治著作集》第二十三

卷，東京：創文社，1991。

西谷啟治著《禪の立場》，《西谷啟治著作集》第十一卷，東京：
　　　創文社，1988。

西谷啟治著《哲學論考》，《西谷啟治著作集》第十三卷，東京：
　　　創文社，1994。

西谷啟治著《西田哲學と田邊哲學》，《西谷啟治著作集》第九
　　　卷，東京：創文社，1993。

西谷啟治、吉川幸次郎著《この永遠なるもの》，京都：燈影舍，
　　　2009。

西谷啟治編《思想のシンポジウム 1》，京都：燈影舍，1985。

西谷啟治編《思想のシンポジウム 2》，京都：燈影舍，1986。

西谷啟治監修，上田閑照編集《禪と哲學》，京都：禪文化研究
　　　所，1988。

西田幾多郎著《意識の問題》、《藝術と道德》，《西田幾多郎全
　　　集》第三卷，東京：岩波書店，1978。

西田幾多郎著《一般者の自覺的體系》，《西田幾多郎全集》第五
　　　卷，東京：岩波書店，1979。

西田幾多郎著《英國倫理學史》、《心理學講義》、《倫理學草
　　　案》、《純粹經驗に關する斷章》，《西田幾多郎全集》第
　　　十六卷，東京：岩波書店，1980。

西田幾多郎著《現代に於ける理想主義の哲學》，《西田幾多郎全
　　　集》第十四卷，東京：岩波書店，1979。

西田幾多郎著《自覺に於ける直觀と反省》，《西田幾多郎全集》
　　　第二卷，東京：岩波書店，1978。

西田幾多郎著《思索と體驗》，《西田幾多郎全集》第一卷，東京：岩波書店，1978。

西田幾多郎著《續思索と體驗》、《日本文化の問題》，《西田幾多郎全集》第十二卷，東京：岩波書店，1979。

西田幾多郎著《宗教學》，《西田幾多郎全集》第十五卷，東京：岩波書店，1979。

西田幾多郎著《善の研究》，東京：岩波書店，1997。

西田幾多郎著《哲學概論》，東京：岩波書店，1980。

西田幾多郎著《哲學の根本問題：行為の世界》、《哲學の根本問題續編：辯證法的世界》，《西田幾多郎全集》第七卷，東京：岩波書店，1979。

西田幾多郎著《哲學論文集》第一、《哲學論文集》第二，《西田幾多郎全集》第八卷，東京：岩波書店，1979。

西田幾多郎著《哲學論文集》第三，《西田幾多郎全集》第九卷，東京：岩波書店，1979。

西田幾多郎著《哲學論文集》第四、《哲學論文集》第五，《西田幾多郎全集》第十卷，東京：岩波書店，1979。

西田幾多郎著《哲學論文集》第六、《哲學論文集》第七，《西田幾多郎全集》第十一卷，東京：岩波書店，1979。

西田幾多郎著《西田幾多郎キーワード論集：即の卷》，東京：書肆心水，2007。

西田幾多郎著《西田幾多郎日本論集：國の卷》，東京：書肆心水，2007。

西田幾多郎著《働くものから見るものへ》，《西田幾多郎全集》

第四卷，東京：岩波書店，1979。

西田幾多郎著《無の自覺的限定》，《西田幾多郎全集》第六卷，
　　　東京：岩波書店，1979。

西田幾多郎、香山リカ著《善の研究：實在と自己》，東京：哲學
　　　書房，2005。

西田幾多郎、三木清著《師弟問答、西田哲學》，東京：書肆心
　　　水，2007。

西田紀念館編《西田哲學を語る：西田幾多郎沒後 50 周年紀念講
　　　演集》，京都：燈影舍，1995。

新田義弘著《現代の問いとしての西田哲學》，東京：岩波書店，
　　　1998。

日本哲學史フォーラム（代表藤田正勝）編《日本の哲學第 1 號特
　　　集：西田哲學研究の現在》，京都：昭和堂，2000。

根井康之著《絕對無の哲學：西田哲學の繼承と體系化》，東京：
　　　農山漁村文化協會，2005。

根井康之著《創造的生命の形而上學：近代科學技術文明の超
　　　克》，東京：農山漁村文化協會，2007。

野家啟一著《歷史を哲學する》，東京：岩波書店，2007。

野家啟一編《「科學哲學」論文集》，《西田哲學選集》第二卷，
　　　京都：燈影舍，1998。

野家啟一編《下村寅太郎〈精神史としての科學史〉》，京都：燈
　　　影舍，2003。

野家啟一編《高橋里美〈全體性の現象學〉》，京都：燈影舍，
　　　2001。

延原時行著《ホワイトヘッドと西田哲學の〈あいだ〉：佛教的キ
　　リスト教哲學の構想》，京都：法藏館，2001。

J.W. ハイジック編《日本哲學の國際性：海外における受容と展
　　望》，京都：世界出版社，2006。

服部健二著《西田哲學と左派の人たち》，東京：こぶし書房，
　　2000。

長谷正當著《心に映る無限：空のイマージュ化》，京都：法藏
　　館，2005。

長谷正當著《欲望の哲學：淨土教世界の思索》，京都：法藏館，
　　2003。

長谷正當編《高坂正顯〈歷史的世界〉》，京都：燈影舍，2002。

長谷正當、細谷昌志編《宗教の根源性と現代》第 3 卷，京都：晃
　　洋書房，2002。

花岡永子著《宗教哲學の根源的探究》，東京：北樹出版社，
　　1998。

花岡永子著《絕對無の哲學：西田哲學研究入門》，京都：世界思
　　想社，2002。

花澤哲文著《高坂正顯：京都學派と歷史哲學》，京都：燈影舍，
　　2008。

花澤秀文著《高山岩男：京都學派哲學の基礎的研究》，京都：人
　　文書院，1999。

花澤秀文編《高山岩男〈超近代の哲學〉》，京都：燈影舍，
　　2002。

濱田恂子著《近、現代日本哲學思想史》，橫濱：關東學院大學出

版會，2006。

伴一憲著《家鄉を離れず：西谷啟治先生特別講義》，東京：創文
　　社，1998。

久松真一著《人類の誓い》，京都：法藏館，2003。

久松真一著《東洋的無》，《久松真一著作集》第一卷，東京：理
　　想社，1982。

久松真一著《絕對主體道》，《久松真一著作集》第二卷，東京：
　　理想社，1974。

久松真一著《覺と創造》，《久松真一著作集》第三卷，東京：理
　　想社，1976。

久松真一著《茶道の哲學》，《久松真一著作集》第四卷，東京：
　　理想社，1973。

久松真一著《禪と藝術》，《久松真一著作集》第五卷，東京：理
　　想社，1975。

久松真一著《經錄抄》，《久松真一著作集》第六卷，東京：理想
　　社，1973。

久松真一著《任運集》，《久松真一著作集》第七卷，東京：理想
　　社，1980。

久松真一著《破草鞋》，《久松真一著作集》第八卷，東京：理想
　　社，1974。

久松真一著《起信論の課題》、《對談集》，《增補久松真一著作
　　集》第九卷，京都：法藏館，1996。

久松真一著《即無的實存》，《久松真一佛教講義》第一卷，京
　　都：法藏館，1990。

久松真一著《佛教的世界》，《久松真一佛教講義》第二卷，京
　　都：法藏館，1990。

久松真一著《還相の論理》，《久松真一佛教講義》第三卷，京
　　都：法藏館，1990。

久松真一著《事事無礙》，《久松真一佛教講義》第四卷，京都：
　　法藏館，1991。

冰見潔著《田邊哲學研究：宗教哲學の觀點から》，東京：北樹出
　　版社，1990。

平林康之著《戶坂潤》，東京：東京大學出版會，2007。

FAS 協會編《自己、世界、歷史と科學：無相の自覺を索め
　　て》，京都：法藏館，1998。

藤田健治著《西田幾多郎その軌跡と系譜（桑木嚴翼、田邊元、高
　　坂正顯、山內得立）：哲學の文學的考察》，東京：法政大
　　學出版局，1993。

藤田正勝著《現代思想としての西田幾多郎》，東京：講談社，
　　1998。

藤田正勝著《西田幾多郎：生きることと哲學》，東京：岩波書
　　店，2007。

藤田正勝著《西田幾多郎の思索世界：純粹經驗から世界認識
　　へ》，東京：岩波書店，2011。

藤田正勝編《京都學派の哲學》，京都：昭和堂，2001。

藤田正勝編《〈善の研究〉の百年：世界から世界へ》，京都：京
　　都大學學術出版會，2011。

藤田正勝編《日本の哲學第 2 號：特集構想力／想像力》，京都：

昭和堂，2001。

藤田正勝編《日本の哲學第 3 號：特集生命》，京都：昭和堂，
　　　2002。

藤田正勝編《日本の哲學第 4 號：特集言葉、あるいは翻譯》，京
　　　都：昭和堂，2003。

藤田正勝編《日本の哲學第 5 號：特集無／空》，京都：昭和堂，
　　　2004。

藤田正勝編《日本の哲學第 6 號：特集自己、他者、間柄》，京
　　　都：昭和堂，2005。

藤田正勝編《日本の哲學第 7 號：特集經驗》，京都：昭和堂，
　　　2006。

藤田正勝編《日本の哲學第 8 號：特集明治の哲學》，京都：昭和
　　　堂，2007。

藤田正勝編《日本の哲學第 9 號：特集大正の哲學》，京都：昭和
　　　堂，2008。

藤田正勝編《和辻哲郎〈新編日本精神史研究〉》，京都：燈影
　　　舍，2002。

藤田正勝編、解說《西田哲學研究と歷史》，《西田哲學選集》別
　　　卷二，京都：燈影舍，1998。

藤田正勝、ブレット・デービス編《世界のなかの日本の哲學》，
　　　京都：昭和堂，2005。

藤吉慈海著《禪者久松真一》，京都：法藏館，1987。

藤吉慈海編《久松真一の宗教と思想》，京都：禪文化研究所，
　　　1983。

藤吉慈海、倉澤行洋編《真人久松真一》，增補版，東京：春秋社，1991。

船山信一著《ヘーゲル哲學と西田哲學》，東京：未來社，1984。

細谷昌志著《田邊哲學と京都學派：認識と生》，京都：昭和堂，2008。

町口哲生著《帝國の形而上學：三木清の歷史哲學》，東京：作品社，2004。

松丸壽雄編《唐木順三〈三木清、無常〉》，京都：燈影舍，2002。

松丸壽雄編《「宗教哲學」論文集》，《西田哲學選集》，京都：燈影舍，1998。

三木清著《人生論ノート》，京都：ＰＨＰ研究所，2009。

三木清著《哲學入門》，東京：岩波書店，2006。

三木清著《東亞協同體の哲學：世界史的立場と近代東アジア》，東京：書肆心水，2007。

三木清著，內田弘編《三木清エッセンス》，東京：こぶし書房，2000。

三木清著，內田弘編《三木清：東亞協同體論集》，東京：こぶし書房，2007。

峰島旭雄編著《戰後思想史を讀む》，東京：北樹出版社，1997。

宮川透著《三木清》，東京：東京大學出版會，2007。

村上嘉隆著《九鬼周造：偶然性の哲學》，東京：教育報導社，2006。

務台理作著《哲學概論》，東京：岩波書店，1998。

務台理作著，北野裕通編《場所の論理學》，東京：こぶし書房，1996。

村瀨裕也著《木村素衛の哲學：美と教養への啟示》，東京：こぶし書房，2001。

本山博著《場所的個としての覺者：人類進化の目標》，三鷹：宗教心理出版社，1995。

森哲郎編《西田幾多郎、西谷啟治、高坂正顯、鈴木成高……〈世界史の理論：京都學派の歷史哲學論考〉》，京都：燈影舍，2000。

八木誠一著《場所論としての宗教哲學：佛教とキリスト教の交點に立って》，京都：法藏館，2006。

山內得立著《意味の形而上學》，東京：岩波書店，1998。

山內得立著《隨眠の哲學》，東京：岩波書店，1993。

山內得立著《ロゴスとレンマ》，東京：岩波書店，1994。

山形賴洋、三島正明著《西田哲學の二つの風光：科學とフランス哲學》，奈良：萌書房，2009。

山本晃著《西田哲學の最終形態：精神病理學のみかたから》，東京：株式會社近代文藝社，2004。

山本誠作著《無とプロセス：西田思想の展開をめぐって》，京都：行路社，1987。

山本誠作、長谷正當編《現代宗教思想を學ぶ人のために》，京都：世界思想社，1998。

湯淺泰雄著《身體：東洋的身心論の試み》，東京：創文社，1981。

遊佐道子著《「傳記西田幾多郎」》，《西田哲學選集》別卷一，
　　京都：燈影舍，1998。

米谷匡史編《和辻哲郎〈人間存在の倫理學〉》，京都：燈影舍，
　　2000。

理想社編《理想 No.681：特集西田哲學の諸問題》，東京：理想
　　社，2008。

理想社編《理想 No.677：特集和辻哲郎》，東京：理想社，
　　2006。

和辻哲郎著《佛教倫理思想史》，東京：岩波書店，1985。

二、中文

九鬼周造著，藤田正勝原注釋，黃錦容、黃文宏、內田康譯註《粹
　　的構造》，臺北：聯經出版公司，2003。

小濱善信著，郭永思、范麗燕譯《九鬼周造的哲學：漂泊之魂》，
　　北京：線裝書局，2009。

卞崇道著《現代日本哲學與文化》，長春：吉林人民出版社，
　　1996。

卞崇道著《融合與共生：東亞視域中的日本哲學》，北京：人民出
　　版社，2008。

卞崇道主編《東方文化的現代承諾》，瀋陽：瀋陽出版社，1997。

卞崇道、藤田正勝、高坂史朗主編《東亞近代哲學的意義》，瀋
　　陽：瀋陽出版社，2002。

卞崇道等著，李鵬程主編《跳躍與沉重：二十世紀日本文化》，北
　　京：東方出版社，1999。

王守華、卞崇道著《日本哲學史教程》，濟南：山東大學出版社，
　　1989。

王守華、卞崇道編《東方著名哲學家評傳：日本卷》，濟南：山東
　　大學出版社，2000。

中村雄二郎著，卞崇道、劉文柱譯《西田幾多郎》，北京：三聯書
　　店，1993。

西田幾多郎著，代麗譯《善的研究》，北京：光明日報出版社，
　　2009。

西田幾多郎著，何倩譯《善的研究》，北京：商務印書館，1981。

西谷啓治著，陳一標、吳翠華譯注《宗教是什麼》，臺北：聯經出
　　版公司，2011。

吳光輝著《傳統與超越：日本知識分子的精神軌跡》，北京：中央
　　編譯出版社，2003。

吳汝鈞著《京都學派哲學七講》，臺北：文津出版社，1998。

吳汝鈞著《京都學派哲學：久松真一》，臺北：文津出版社，
　　1995。

吳汝鈞著《純粹力動現象學》，臺北：臺灣商務印書館，2005。

吳汝鈞著《純粹力動現象學續篇》，臺北：臺灣商務印書館，
　　2008。

吳汝鈞著《絕對無的哲學：京都學派哲學導論》，臺北：臺灣商務
　　印書館，1998。

吳汝鈞、陳瑋芬編《跨文化視野下的東亞宗教傳統：當代新儒學與
　　京都學派》，臺北：中央研究院中國文哲研究所，2011。

阿部正雄著，王雷泉譯《禪與西方思想》，臺北：桂冠圖書公司，

1992。

阿部正雄著，張志強譯《佛教》，上海：上海古籍出版社，2008。

林鎮國著《空性與現代性：從京都學派、新儒家到多音的佛教詮釋學》，臺北：立緒文化事業公司，1999。

林鎮國著《辯證的行旅》，臺北：立緒文化事業公司，2002。

徐遠和、卞崇道主編《風流與和魂》，瀋陽：瀋陽出版社，1997。

劉及辰著《西田哲學》，北京：商務印書館，1963。

劉及辰著《京都學派哲學》，北京：光明日報出版社，1993。

韓書堂著《純粹經驗：西田幾多郎哲學與文藝美學思想研究》，濟南：齊魯書社，2009。

三、英文

Abe, Masao. *A Study of Dōgen: His Philosophy and Religion.* Ed. Heine, Steven, New York: State University of New York Press, 1992.

Abe, Masao. *Buddhism and Interfaith Dialogue.* Ed. Heine, Steven, Honolulu: University of Hawaii Press, 1995.

Abe, Masao. *Zen and Comparative Studies.* Part two of a two-volume Sequel to *Zen and Western Thought.* Ed. Heine, Steven, London: Macmillan Press Ltd., 1997.

Abe, Masao. *Zen and the Modern World.* A Third Sequel to *Zen and Western Thought.* Ed. Heine, Steven, Honolulu: University of Hawaii Press, 2003.

Abe, Masao. *Zen and Western Thought.* Ed. LaFleur, William R.,

London: Macmillan Press Ltd., 1985.

Blocker, H. Gene and Starling, Ives, Chris. *Japanese Philosophy.* New York: State University of New York Press, 2001.

Botz-Bornstein, Thorsten. *Place and Dream: Japan and the Virtual.* Amsterdam-New York: Editions Rodopi B.V., 2004.

Bowers, Russell H., Jr *Someone or Nothing? Nishitani's Religion and Nothingness as a Foundation for Christian-Buddhist Dialgue.* New York: Peter Lang, 1995.

Buri, Fritz. *The Buddha-Christ as the Lord of the Ture Self: the Religious Philosophy of the Kyoto School and Christianity.* Tr. Oliver, Harold H., Macon, Georgia, Mercer University Press, 1997.

Cobb, John B. and Ives, Christopher, eds. *The Emptying God: A Buddhist-Jewish-Christian Conversation.* New York: Orbis Books, 1991.

Corless, Roger and Knitter, Paul F., eds. *Buddhist Emptiness and Christian Trinity: Essays and Explorations.* New York/Mahwah, N.J.: Paulist Press, 1990.

Dilworth, David A., tr. *Nishida Kitaro's Fundamental Problems of Philosophy. The World of Action and the Dialectical World.* Tokyo: Sophia University, 1970.

Dilworth, David A., Viglielmo, Valdo H., *et al*, Trans. and Eds. *Sourcebook for Modern Japanese Philosophy: Selected Documents.* Westport, Connecticut. London: Greenwood Press,

1998.

Franck, Frederick, ed. *The Buddha Eye: A Anthology of the Kyoto School.* New York: Crossroad, 1982.

Hanaoka, Eiko. *Zen and Christianity: From the Standpoint of Absolute Nothingness.* Kyoto: Maruzen Kyoto Publication Service Center, 2008.

Heisig, James W. *Philosophers of Nothingness. An Essay on the Kyoto School.* Honolulu: University of Hawaii Press, 2001.

Heisig, James W. and Maraldo John C. *Rude Awakenings: Zen, the Kyoto School, and the Question of Nationalism.* Honolulu: University of Hawaii Press, 1995.

Lam, Wing-keung and Cheung, Ching-yuen, eds. *Facing the 21st Century.* Frontiers of Japanese Philosophy 4, Nagoya: Nanzan Institute for Religion and Culture, 2009.

Nishida, Kitarō. *An Inquiry Into the Good.* Trans. Abe, Masao and Ives, Christopher. New Haven and London: Yale University Press, 1990.

Nishida, Kitarō. *Intuition and Reflection in Self-Consciousness.* Trans. Viglielmo, Valdo H. with Takeuchi, Yoshinori and O'Leary, Joseph. S., New York: State University of New York Press, 1987.

Nishida, Kitarō. *Last Writings: Nothingness and the Religious Worldview.* Trans. Dilworth, David A., Honolulu: University of Hawaii Press, 1993.

Nishitani, Keiji. *Nishida Kitarō*. Trans. Yamamoto, Seisaku and Heisig, James W., Berkeley: University of California Press, 1991.

Nishitani, Keiji. *On Buddhism*. Trans. Yamaoto, Seisaku and Carter, Robert E., New York: State University of New York Press, 2006.

Nishitani, Keiji. *Religion and Nothingness*. Trans. Van Bragt. Jan, Berkeley: University of California Press, 1982.

Nishitani, Keiji. *The Self-Overcoming of Nihilism*. Trans. Parkes, Graham with Aihara, Setsuko. New York: State University of New York Press, 1990.

Mayeda, Graham, *Time, Space and Ethics in the Philosophy of Watsuji Tetsurō, Kuki Shūzō, and Martin Heidegger*. New York and London: Routledge, 2006.

Mitchell, Donald W., ed. *Masao Abe: A Zen Life of Dialogue*. Boston: Charles E. Tuttle Co. Inc., 1998.

Ozaki, Makoto. *Individuum, Society, Humankind: The Triadic Logic of Species according to Hajime Tanabe*. Leiden: Brill, 2001.

Ozaki, Makoto. *Introduction to the Philosophy of Tanabe: According to the English Translation of the Seventh Chapter of the Demonstratio of Christianity*. Grand Rapids, Mich: Eerdmans Publishing Company, 1990.

Raymaker, John. *A Buddhist-Christian Logic of the Heart: Nishida's Kyoto School and Lonergan's "Spiritual Genome" as World Bridge*. Lanham: University Press of America, 2002.

Roy, Louis O.P. *Mystical Consciousness: Western Perspectives and Dialogue with Japanese Thinkers*. Albany: State University of New York Press, 2003.

Takeuchi, Yoshinori. *The Heart of Buddhism. In Search of the Timeless Spirit of Primitive Buddhism*. Ed. and Trans. Heisig, James W., New York: The Crossroad Publishing Company, 1983.

Tanabe, Hajime. *Philosophy as Metanoetics*. Trans. Takeuchi, Yoshinori, Berkeley: University of California Press, 1986.

Unno, Taitetsu, ed. *The Religious Philosophy of Nishitani Keiji*. Berkeley: Asian Humanities Press, 1989.

Unno, Taitetsu and Heisig, James W. eds. *The Religious Philosophy of Tanabe Hajime*. Berkeley: Asian Humanities Press, 1990.

Waldenfels, Hans. *Absolute Nothingness: Foundations for a Buddhist-Christian Dialogue*. Trans. Heisig, James W., New York/Ramsey: Paulist Press, 1976.

Watsuji, Tetsurō. *Watsuji Tetsurō's Rinrigaku: Ethics in Japan*. Trans. Yamamoto, Seisaku and Carter, Robert E., New York: State University of New York Press, 1996.

Yusa, Michiko. *Zen and Philosophy: An Intellectual Biography of Nishida Kitarō*. Honolulu: University of Hawaii Press, 2002.

四、德文

Brüll, Lydia. *Die Japanische Philosophie: Eine Einführung*. Darmstadt: Wissenschaftliche Buchgesellschaft, 1993.

Buri, Fritz. *Der Buddha-Christus als der Herr des wahren Selbst: Die Religionsphilosoph der Kyoto-Schule und das Christentum.* Bern und Stuttgart: Paul Haupt, 1982.

Eberfeld, Rolf, ed. *Logik des Ortes: Der Anfang der modernen Philosophie in Japan.* Darmstadt: Wissenschaftliche Buchgesellschaft, 1999.

Hamada, Junko. *Japanische Philosophie nach 1868.* Leiden: E.J. Brill, 1994.

Laube, Johannes. *Dialektik der absoluten Vermittlung.* Hajime Tanabes Religionphilosophie als Beitrag zum "Wettstreit der Liebe" zwischen Buddhismus und Christentum. Mit einem Geleitwort von Yoshinori Takeuchi. Freiburg i Br. 1984.

Nishitani, Keiji. *Was ist Religion?* Trans. Dora-Fischer-Barnicol. Frankfurt: Insel Verlag, 1986.

Nishida, Kitaro. *Über das Gute.* Trans. Peter Pörtner. Frankfurt: Insel Verlag, 1989.

Ohashi, Ryosuke, ed. *Die Philosophie der Kyoto-Schule: Texte und Einführung.* Freiburg und München: Karl Alber, 1990.

Waldenfels, Hans. *Zur Grundlegung des Dialoges zwischen Buddhismus und Christentum.* Freiburg: Herder, 1976.

索　引

凡　例

一、索引條目包括三大類：哲學名相、人名、書名。其中人名類中
　　也包含宗派、學派名稱；書名類中也包含論文名稱。

二、三大類的條目各自再細分為：

　　　1.中、日文

　　　2.英文

　　　3.德文

　　　4.梵文

　　另有少量其他歐洲語文條目歸入德文次類中，少量藏文條目則
　　歸入梵文次類中。

三、條目選擇的原則方面，較重要的名相在首次出現時均會標示，
　　此後，在文中對該名相有所解釋或運用時，會再次標示。人名
　　和書名方面亦相近，首次出現時均標示，其後再有所介紹或引
　　述時，會再標示。條目在文中如重複出現，但未有再作解釋或
　　引用時，則不再標示。

四、書名及論文名稱標點方面，中、日文書名以《　》標示，論文
　　名稱以〈　〉標示；英、德、梵文書名均以斜體標示，論文名

稱則以＂　＂標示。

五、條目排序方面，中、日文條目以漢字筆劃較少的先排，日文假
　　名為首的條目排在漢字之前，以字母的次序排列；英、德、梵
　　文均以羅馬體字母排序。

六、在人名的條目的列出方面，中、日文人名都是姓先名後。英、
　　德文人名亦是姓先名後，名有時只列第一個字母，有時全名列
　　出。

哲學名相索引

二、英文

三、德文

四、梵文

人名索引

一、中、日文

一休, 348
九鬼周造, 316
八木誠一, 355
三木清, 149, 470
三宅剛一, 324
三宅雪嶺, 336
三枝充悳, 360
三論宗, 352
下村寅太郎, 88, 148, 315, 362
上田泰治, 357
上田閑照, IV, 82, 185, 225, 275, 279,
　　299, 318, 323, 330, 346, 355, 360,
　　479
丸山圭三郎, 354
丸山真男, 387
久松真一, 11, 20, 152, 159, 160, 164,
　　172, 175, 198, 217, 355, 367, 417,
　　431, 441, 468, 469, 470
大峯顯, 227, 402
大島康正, 88, 357
大橋良介, 27, 227, 318, 339, 349, 402,
　　424, 432
大燈國師, 54, 70, 95
子思, 354

小川侃, 334
小島章一, 357
小坂國繼, III, 82, 205, 227, 322
小野寺功, 335
小濱善信, 336
山內得立, 38, 90, 149, 352
山本誠作, 149, 358
山田弘明, 365
山田無文, 431
川村永子, 330
工藤豐, 415
中山延二, 419
中村元, 37, 277, 360
中村雄二郎, 328, 434, 435
元好問, 208
元遺山, 208
內田圭二, 415
六祖慧能, 160
卞崇道, 434
天台宗, 54, 66, 67, 279, 364, 390, 439
天台智顗大師, 476
孔子, 148
巴克萊, 408, 409
巴特, 59, 301, 304
巴斯噶, 292

聖多瑪斯, 63, 232

聖法蘭西斯, 148

葉適, 460

葛達瑪, 44, 234

詹姆斯, 99, 264, 404

道元, 156

道綽, 431

鈴木大拙, 70, 149, 241, 404

鈴木成高, 88, 318, 415

鈴木亨, 335

僧肇, 352

廓庵禪師, 275, 346

熊十力, 407, 451, 459, 461, 462, 463, 474, 488

熊谷征一郎, 365

福澤諭吉, 387

蓑田胸喜, 338

說一切有部, 103, 363

趙州, 145

齊克果, 142, 208, 243, 295, 301, 304

劉及辰, 350, 433

劉文柱, 434

劉述先, 453

廣松涉, 354

慧能, 152, 370, 438, 456, 469

摩西, 206

摩爾, 103, 230

數論, 167

樓備, 349

儒家, V, 246

曇鸞, 431

親鸞, 57, 66, 91, 112, 343, 344

錢穆, 451

龍樹, 33, 155, 158, 238, 352, 440, 470, 491

龍澤克己, 335

戴維斯, 362

濱田恂子, 351

禪宗, V, 249, 364

臨濟, 238

謝林, 99, 392

齋藤義一, 357

懷德海, 44, 155, 256, 319

羅素, 103, 230

羅曼羅蘭, 207

羅濱遜, 37

藤永伸, 425

藤田正勝, III, 227, 315, 317, 328, 336, 362, 364, 365, 375, 401, 406, 434

蘇武, 207

蘇非派, 425

釋迦, 49

釋迦牟尼, 206

釋徹宗, 81

護法, 15, 488

顧炎武, 460

二、英文

著書、論文索引

一、中、日文

二、英文

國家圖書館出版品預行編目資料

絕對無詮釋學：京都學派的批判性研究

吳汝鈞著. － 初版. － 臺北市：臺灣學生，2012.05
面；公分

ISBN 978-957-15-1551-9 (平裝)

1. 日本哲學 2. 詮釋學 3. 現代哲學

131.94   100022159

絕對無詮釋學：京都學派的批判性研究(全一冊)

著　作　者：吳　　　　汝　　　　鈞
出　版　者：臺　灣　學　生　書　局　有　限　公　司
發　行　人：楊　　　　雲　　　　龍
發　行　所：臺　灣　學　生　書　局　有　限　公　司
　　　　　　臺北市和平東路一段七十五巷十一號
　　　　　　郵　政　劃　撥　帳　號：00024668
　　　　　　電　話　：(02)23928185
　　　　　　傳　眞　：(02)23928105
　　　　　　E-mail：student.book@msa.hinet.net
　　　　　　http://www.studentbook.com.tw

本 書 局 登
記 證 字 號：行政院新聞局局版北市業字第玖捌壹號

印　刷　所：長　欣　印　刷　企　業　社
　　　　　　新北市中和區永和路三六三巷四二號
　　　　　　電　話　：(02)22268853

定價：新臺幣七八〇元

西 元 二 〇 一 二 年 五 月 初 版

臺灣學生書局出版
中國哲學叢刊

臺灣 學生書局 出版

文化哲學叢刊